中央财经大学"双一流"建设文化传承与

中财大学人（第一辑）

The Scholars of Central University of Finance and Economics

中央财经大学《中财大学人》编写组 编著

1949-2019
中央财经大学

经济管理出版社
ECONOMY & MANAGEMENT PUBLISHING HOUSE

图书在版编目（CIP）数据

中财大学人．第一辑/中央财经大学《中财大学人》编写组编著．—北京：经济管理出版社，2019.9

ISBN 978-7-5096-6754-5

Ⅰ.①中… Ⅱ.①中… Ⅲ.①中央财经大学—教师—生平事迹 Ⅳ.①K825.46

中国版本图书馆 CIP 数据核字（2019）第 143327 号

组稿编辑：郭丽娟
责任编辑：任爱清
责任印制：黄章平
责任校对：赵天宇

出版发行：经济管理出版社
　　　　　（北京市海淀区北蜂窝8号中雅大厦A座11层　100038）
网　　址：www.E-mp.com.cn
电　　话：（010）51915602
印　　刷：三河市延风印装有限公司
经　　销：新华书店
开　　本：720mm×1000mm/16
印　　张：25.5
字　　数：443千字
版　　次：2019年10月第1版　2019年10月第1次印刷
书　　号：ISBN 978-7-5096-6754-5
定　　价：108.00元

·版权所有　翻印必究·
凡购本社图书，如有印装错误，由本社读者服务部负责调换。
联系地址：北京阜外月坛北小街2号
电话：（010）68022974　邮编：100836

序

大学，国之魂魄所承，国之文化所载，国之栋梁所育。1931年，前清华大学校长梅贻琦在清华的就职演说时说道："所谓大学者，非谓有大楼之谓也，有大师之谓也。"大学之精髓莫过于有大师传道授业解惑，承中华文脉，传四海精粹。大师是一所大学的脊梁，是他们支撑起一所大学的格局与风貌，缔造、滋长、崛起、明朝，无不浸透着大师的风骨。故，每一位大师均须镌刻于大学史册之中。

中央财经大学（以下简称中央财大）是新中国中央人民政府创办的第一所新型财经院校。新中国成立之初，急需人才，应时顺势，学校始成，为新天地财经院校之肇始，是中华人民共和国财经管理专家之摇篮。

忆我中央财大，肇起于20世纪40年代，勃兴于五六十年代，特起于改革之初，腾飞于千禧之后。70年筚路蓝缕，不辱使命，于今发展成为以经济学、管理学和法学为主，文学、哲学、理学、工学、教育学、艺术学等多学科协调发展的高等学府。先后成为国家"211工程"重点建设高校、"985工程"优势学科创新平台、首批建设高校和国家"双一流"建设高校。回首中央财大七十载，与国同体，构筑复兴基础；经世致用，培育强国栋梁。

中央财大始终秉持"忠诚、团结、求实、创新"校训，传承"求真求是，追求卓越"办学理念，应"大众教育"之势，办"精英教育"之学。老师宿儒，不减千里之志；新生才俊，恒有弄潮之能。学者宏论，常传于杏坛；专家灼见，多纳入国策。回首中央财大七十载，砥砺求索，历风雨而弥坚劲；化育桃李，汇涓流而成江海。

中央财大从中华人民共和国的晨光中走来，在老一代教师中，著名经济学家和学者陈岱孙、崔敬伯、崔书香、李宝光、刘光第、胡中流、李天民、张玉文、闻潜、姜维壮、王佩真、魏振雄、李继熊、侯荣华等先后来校任教。正是因为这些老师用他们博古通今、学贯中西的深厚学养和对国家的忠诚，所以才为中华人民共和国培养了一大批财经管理专家。

2019年，值中央财经大学建校七轶华诞之际，为了让海内外校友、广大师生以及社会各界人士铭记曾为中央财经大学的过去和现在呕心沥血、鞠躬尽瘁做出卓越贡献的先辈、师者，我们搜集了自我校初创至今不同时期具有正高级专业技术职务的退（离）休教授、专家学者的基本情况、学术成就及社会贡献，结集为《中财大学人》（第一辑）一书，以此为中央财经大学建校70年华诞献礼。此书亦是对我校建校70周年教学科研成果的梳理归纳，更是对中财大人的勉励与鞭策！

《中财大学人》作为我校"双一流"建设项目系列丛书之一，是70年春风化雨的凝结，又是续写新华章的滥觞。铁肩担道义，愿中财大学人引领我们去逐梦、筑梦，助力中财大走向更美好的未来！

编者

2019年5月

目 录

财政税务学院 | 001

 崔敬伯教授 | 002
 胡中流教授 | 006
 姜维壮教授 | 009
 韩璧教授 | 017
 潘启华教授 | 020
 麦履康教授 | 023
 赵春新教授 | 025
 董庆铮教授 | 028
 崔维教授 | 032
 尹卫生教授 | 035
 门惠英教授 | 039
 何清波教授 | 041
 李保仁教授 | 043
 赵雪恒教授 | 050
 汤贡亮教授 | 055
 梅阳教授 | 061
 刘玉平教授 | 066

金融学院 | 071

 张焕彩教授 | 072
 刘光第教授 | 078
 张玉文教授 | 088
 王佩真教授 | 094
 俞天一教授 | 102
 曹兴华教授 | 109
 陈传新教授 | 114

 丁邦石教授 | 119
 吴慎之教授 | 123
 潘金生教授 | 127
 徐山辉教授 | 132
 姚遂教授 | 136

会计学院 | 143

 张伟弢教授 | 144
 孙昌湘教授 | 146
 李天民教授 | 149
 祁永彪教授 | 151
 沈克俭教授 | 153
 吴春澧教授 | 156
 董孟婉教授 | 158
 魏振雄教授 | 160
 肖德长教授 | 167
 许相琼教授 | 169
 王君彩教授 | 173
 王允平教授 | 180
 奚淑琴教授 | 183
 翟欣教授 | 186
 李爽教授 | 189

保险学院 | 191

 李继熊教授 | 192
 陈继儒教授 | 198

统计与数学学院 | **103**

  李宝光教授 | 204
  崔书香教授 | 206
  陈文灯教授 | 209
  潘省初教授 | 213
  葛斌华教授 | 217
  黄惠青教授 | 221

经济学院 | **225**

  陈岱孙教授 | 226
  刘宗时教授 | 228
  孙开镛教授 | 230
  闻潜教授 | 238
  龙志美教授 | 243
  王云志教授 | 249
  侯荣华教授 | 254
  陈丽珠教授 | 262
  张逮隆教授 | 265
  李焕岭教授 | 268
  王柯敬教授 | 274
  万钧教授 | 280
  李淑湘教授 | 282

商学院 | **289**

  鲍学曾教授 | 290
  李永春教授 | 292
  王巾英教授 | 294

管理科学与工程学院 | **297**

  姚梅炎教授 | 298
  林犹恭教授 | 301
  徐湘瑜教授 | 306

体育经济与管理学院 | **313**

  姜春华教授 | 314

法学院 | **317**

  蔺翠牌教授 | 318
  甘功仁教授 | 325

文化与传媒学院 | **333**

  闵庚尧教授 | 334
  霍唤民教授 | 337

外国语学院 | **343**

  袁德芳教授 | 344
  张铁刚教授 | 346
  彭苏颖教授 | 348

信息学院 | **351**

  赵天寿教授 | 352
  董承章教授 | 354
  葛人飞教授 | 356

财经研究院 | **359**

  凌大珽教授 | 360
  商季光教授 | 366
  陈嘉亮教授 | 372
  程玉英教授 | 376
  孙翊刚教授 | 380

图书馆 | **389**

  张继光研究馆员 | 390
  张世兰研究馆员 | 392

学术期刊社 | **397**

  赵秀英研究员 | 398

后记 | **401**

财政税务学院

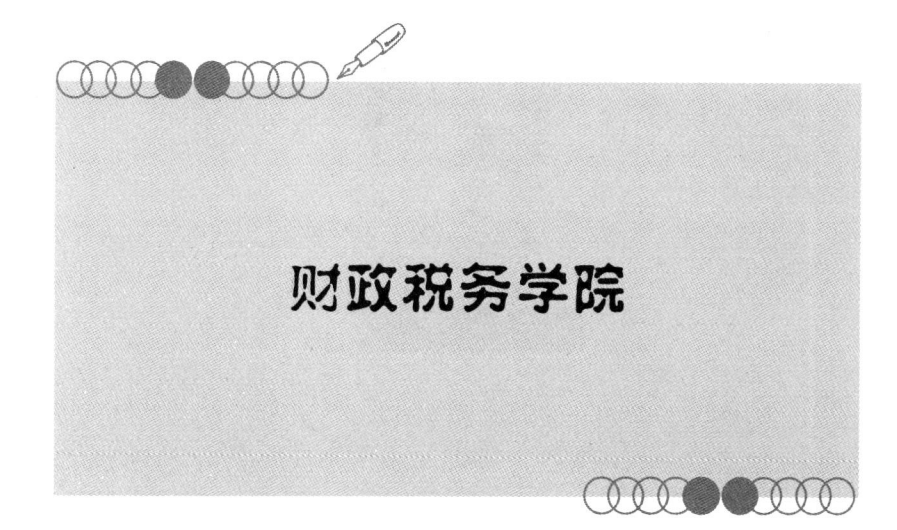

崔敬伯教授

一、个人履历

崔敬伯（1897~1988），名翊昆，字敬伯，号钦壁。笔名：静泊、劲柏、天吁、千山万水偻主人、风雪荡舟客、鲁敬、六无居士。天津汉沽人。中央财政金融学院顾问、教授。我国财政学、财政史学泰斗，著名财经教育家、文学家、诗人。1916年南开中学毕业，同年保送直隶公立法政专门学校商科三班，1919年毕业，留校执教，这一年积极参加五四运动。1927年留学日本东京大学，师从大内兵卫，选修财政学，从此钻研德贝尔的原著《社会主义通史》。

1928年北伐革命成功后，第一届河北政府成立，应河北省政府秘书长、日本新中学会（周恩来也是其中成员）领导人马洗凡（后任中央大学法学院院长）之邀，回国担任河北省政府秘书。

1930年留学英国伦敦大学政治经济学院，主修财政学。师从拉斯基教授（与凯恩斯、哈耶克并称三个改变世界的经济学家，英国工党领导人）等名师。

1932年因九一八事变，未竟学业，提前回国，共赴国难。回国后，先后受聘于燕京大学、北平大学、中法大学（现北京理工大学）、中国大学、民国大学、朝阳学院（现中国人民大学）教授，讲授《财政学》《租税论》《预算论》等。

1934年担任民国两大研究机构之一的国立北平研究院秘书、总干事、经济研究会财政组主任，参与了国立北平研究院（中国科学院的前身）的创建工作，开创了我国财政学科研究。

1932~1937年，回国后积极参加学运，如一二九运动、北平救亡协会、北平文化界救国会、华北文化界救国会、教授时局意见书。

1936~1937年兼北京大学教授。1937年上半年，应冀察政务委员会委员长宋哲元之邀与许德珩、李达一起分别就《财政学》《政治学》和《社会学》进行学术探讨。1937年7月15日，参加第一期全国各界学术名流、社会贤达云集的庐山谈话会，并代表中国财政界作主题发言《建立非常时期财政，坚持全民抗战》。7月29日北平沦陷，他遭日伪通缉。在战争年代，决定战争胜负的首要因素是财力。为国理财，对于有财政专长的崔敬伯来说义不容辞。1937年，他应邀加入民国政府财政部所得税筹备委员会，成为特邀研究员，主导起草了我国第一部《所得税法》。

1938~1945年，他担任民国政府财政部川康直接税局局长，主导创办了所得税、非常时期过分利得税、遗产税。他为培养直接税人才举办"税务人员考试训练班""直接税税务人员进修会""全国财务人员训练所""中央训练团财政税务人员培训班"。在盐税、统税、关税遭到破坏、税收严重困难的情况下，崔敬伯的"直接税税收"政策保证了抗战资金。抗战八年，兢兢业业，为官清廉，政声卓著，得到各界好评。

在战时陪都重庆的八年，业余时间，还在重庆大学讲授《财政学》，中央大学讲授《租税论》，中央政治学院讲授《直接税制度》，也执教过重庆求精学院。抗战八年，日本敌机整整轰炸了6年零10个月，在防空洞、草棚极艰难的环境下，崔敬伯笔耕不辍，1944年在刚刚创刊的《大公晚报》开辟专栏，作为《时事新报》《大公报》《新民报》等报纸杂志的主笔留下了超过600篇的社评、论文、杂文。

1945年11月，在国共两党谈判时期，毛主席发表著名诗词《沁园春·雪》，引发国共两党文坛笔战，一时间文坛热闹非凡。崔敬伯站在民生的角度发表原标题"蒋管区的所谓的大后方——调寄"诗词《沁园春·雪》，并加了小序："顶天立地之老百姓，亦当有其立场也。"

《沁园春·雪串词》

一夕风横,八年抗战,万里萍飘。恨敌蹄到处,惟余莽莽;衣冠重睹,仍是滔滔。米共珠殊,薪同桂贵,欲与蟾宫试比高。抬望眼,盼山河收复,忍见妖娆。

名城依旧多骄,引多少"接收"竞折腰。惜蒿里鹑衣,无情点缀;泥犁沟壑,未解风骚。天予良时,稍纵即逝,苦恨颃梁不可雕!沧桑改,念今朝如此,还看明朝!

1945年12月初,崔敬伯辞去川康直接税局局长。财政部部长俞鸿钧极力挽留,随后于同年12月9日,任命其为直接税署副署长。1946年,直接税署迁往南京。在南京从政期间,应南京金陵大学校长吴贻芳和中央大学校长吴有训的邀请,在两校讲授《财政学》课程。1947年应中央大学校长顾毓琇之邀,为该校讲授《直接税制度》课程。1948年5月,崔敬伯辞去财政部直接税署副署长职务。此时,由3000人联名推荐,以独立候选人身份参选在中国大地首次举行的全民直选的立法委员,最终以超过60多万选票当选为河北选区立法委员。他以立法委员身份,提出"大力改革,制止通货膨胀;征课豪门资本,实施临时财产税;结束训政,走向宪政"等主张。1948年民国两大研究机构国立北平研究院和中央研究院评选第一届院士,崔敬伯当选为北平研究院学术会议会员。1948年11月,对国民党颇为失望的崔敬伯辞去国民党立法委员职务,应我党领导人之一同为留日好友的李达之邀,赴湖南大学执教,参与了湖南地下组织的和平解放运动。

二、工作成就

1949年9月,应时任华北人民政府副主席杨秀峰、蓝公武电邀,加入中央政府财政部,被任命财政部税务总局副局长,主导了新中国税制体系的创建工作。1950年,从政之余在北京大学讲授《中国近代财政史》,在北方交通大学讲授《财政学》。为新中国储备最急缺的财经人才,筹备华北税务学校。1950年1月30日,在亲拟的政务院以通令发布的《关于统一全国税政的决定》中,一共提了五条,特别是在第五条中提到:"中央税务总局,除扩大税务学校,积极培养干部之外,还应再注意督促各区税务管理局及各省市税务局,开办短期训练班,注意补充缺额人员,提高干部政策与业务水平",并担任华北税校招生委员会主任。1955年兼任中央财政干部学校副校长,主管教学工作。在任期间制定了《教师每周工作计划执行情况表》《教师工作统计表》；统一了中央、西北、华东三校《税务课程教学大纲》《预算会计与分析教学大纲》《国家预算统一教学大纲》；给税专学员及教职员分别作了题为《税工同志向科学进军》《试论财政科学中的百家争鸣》《从历史价格的形成谈税与价的关系》《税务研究方法》《税收工作》《关于周转税若干问题》《社会主义改造高潮后有关商品流通税、货物税问题》的报告；制定了《中央财政干部学校教学大纲和教材编审、印发试行办法》；在校举办第一次科学讨论会，校内外17个单位202人参加了会议；制定了1956~1957学年至1967~1968学年《中央财政干部学校十二年工作规划（草案）》，该规划涉及学校的发展方向、规模、学制、专业设置、教学计划、科研和教材编写、教师进修、教学法、制度建立和健全、图书资料、干部工作、政治思想工作、机构编制等方面；审定指导了《国家收入》《国家预算》《工业统计》《统计学》《工业会计》《预算会计》教材编写工作。

1957年11月，崔敬伯被打成右派，故辞去中央税务总局副局长、中央财政干部学校副校长职务。1958~1960年在资料室工作，负责搜集财政相关参考资料，编出《有关人民公社资料索引》《关于中国近代财政史资料纂辑提纲》《财政资料目录索引》，审阅《辞海》修正词目等。1960年摘掉右派分子帽子。1961年完成《中国近代财政史料》。1964年讲授《中国财政史》课程，在高等财经院校第一次开设了财政史学科的教学和研究工作。完成《中国财政史讲义》第二稿。20世纪60年代初期，负责大量政协文史资料审稿工作。1966~1982年四次捐书，共计5000册。1979年财政部党组为其落实政策，被任命为中央财政金融学院顾问，副院长级。1980年2月出版了新中国成立后第一部全国高等院校统编教材《中国财政简史》。崔敬伯带领团队整理编写出几百万字的财政史史料、专著和丛书，如《中国财政历史资料选编》《中国历代理财人物选记》《中国历代食货志汇编简注》《工商税史长编》《民国工商税史》《经济辞典——财政卷》《中国抗战时期税制概要》《建国以来税收史料长编初稿》等。

三、人物评价

崔敬伯一生勤奋好学，知识渊博，热爱教育事业，著述颇多。主要著作有：《崔敬伯财政文丛》《财税存稿选》《中国财政简史》《财政学各论》《静泊诗词荟萃》《崔敬伯杂文选集》《崔敬伯书信选集》等。

胡中流教授

一、个人履历

胡中流教授（1921~2005），河南省南阳市人，我国著名税收学家。1943年毕业于西北大学法商学院政治系。新中国成立前加入中国共产党，曾参加地下革命活动。新中国成立后的1951~1953年，他曾担任上海市税务局老闸区（今黄浦区）分局副局长（时任上海市市长陈毅元帅为其颁发了委任状）。1953年调入中央财政金融学院从事税收教学工作。"文革"期间，学校停办，他被调到山东省前财政税务学校任教员。1978年复校后调回中央财政金融学院财政系从事税收教学科研工作。1985年税务系成立，他任税务系教授。曾担任中国税务学会常务理事、荣誉理事，北京市税务学会副会长，河南省税务学会特邀顾问，还被多所著名大学和科研机构聘为兼职教授。1990年退休返聘至中央财政管理干部学院财政系，从事财税干部教育培训工作。

二、工作成就

胡中流教授学术成果丰硕、声名远播，曾与厦门大学著名财税学家邓子基教授并称为"南邓北胡"。20世纪80年代，我国进入以经济建设为中心的改革开放新时期，他的学术研究和学术交流活动也进入了黄金阶段。胡中流曾在《税务研究》《中国税务》《国际税收》《中国税务报》等专业刊物上发表税收论文近百篇，其中《社会主义初级阶段税收的特点》和《市场经济与税利分流》获国家税务总局优秀科研成果一等奖，为改革开放初期中国税收理论的繁荣和税法知识的普及做出了重大贡献。

胡中流教授一贯遵循马克思主义唯物辩证法的立场、观点和方法，以社会主义初级阶段党的理论、路线、方针、政策为指引，密切关注我国改革开放的形势和税制改革、税收征管、国际税收等方面的实际进展，思想敏锐、观点独到，给人启发。他谦逊和蔼，开放包容，善于借鉴吸收他人的学术观点，不断丰富完善自己的学术思想。他总体上持"国家分配论"观点，从经济基础与上层建筑的辩证关系方面把握我国税收理论与税收改革的大方向。在税收本质的问题上，他主张税收是以国家为主体的特殊分配关系，具有经济与政治等多重属性；在税收性质的问题上，他主张以公有制为基础的社会主义税收不同于私有制社会的税收，具有"取之于民，用之于民"的特殊优越性；在税收形式特征的问题上，他坚持税收具有强制性、无偿性、固定性的三性特征；在税收职能的问题上，他主张税收具有筹集收入、调节经济、监督管理等职能，应在保证财政收入的前提下，重视发挥税收杠杆的独特调节功能，并与其他经济杠杆紧密配合；在效率与公平的关系问题上，他主张效率优先、兼顾公平，公平税负，鼓励竞争；在税负轻重的问题上，他主张税负轻重没有固定不变的标准，但总体上来说，轻税有利于经济发展，有利于改善民生；在税负公平的问题上，他主张要处理好横向公平与纵向公平的关系，重视运用税收杠杆调节国民收入分配，实现共同富裕；在税与非税的关系问题上，他主张强化税收的主体地位，清费立税，大力减轻纳税人的非税负担；在税制模式的选择问题上，他主张我国应建立流转税与所得税双主体并重的模式；在税收征管模式问题上，他主张建立征管查适当分离的专业化协作模式，加强征管权力的监督制约，内防不廉，外防偷漏；在税收管理与服务的关系问题上，他主张在强化管理、打击违法乱纪的同时，要提高税收征管效率，改进税收服务，降低税收成本；在人治与法治的关系问题上，他主张依法征税、依法纳税、依法减免、依法监督，避免人治对税收法治权威的冲击；在税法稳定性与税制改革的关系问题上，他主张税法要保持基本稳定，以增强权威性和公平性，但也要与时俱进，适时改革完善；在国际税收关系的问题上，他主张加快与有关国家签订避免双重征税的协定，加强国际税收合作，保护我国涉外税收权益，为内外资企业创造公平竞争的环境。他还主张加强税法宣传普及，提高全社会的税收法治意识，培养纳税习惯。

三、人物评价

胡中流教授在 40 余年的教学生涯中，桃李满天下，聆听过他讲课和教诲的学生不计其数，涵盖脱产、非脱产学历教育和在职财税、财会人员培训等多个层次。其中作为中央财经大学首批硕士生导师，培养硕士研究生 20 多名，这些学生分布在政府机关、高等院校、科研院所、中介组织等各领域，已成为部门单位的重要骨干力量。他曾担任中央广播电视大学《国家税收》课的主讲教师，主编的专用教材《国家税收》发行数十万册，多次加印，影响十分广泛，为我国税收教育事业做出了杰出贡献。

胡中流教授对待学术问题十分严谨，不人云亦云，讲究独立思考；对待弟子则既当严师又像慈父，以学术大家的崇高师德风范和春蚕吐丝、蜡炬成灰的无私奉献精神，影响了一代税务人，是中财人的骄傲，值得财税新辈永远怀念和敬仰。

姜维壮教授

一、个人履历

姜维壮（1923~2017），山东黄县人（今龙口市），中共党员，中央财经大学教授，著名经济学家、财政教育家，我国财政学科的奠基人之一，中国财政理论研究"终身成就奖"获得者。获得全国优秀教师、全国财政系统劳动模范、北京市优秀教师、优秀共产党员等荣誉称号，享受国务院"政府特殊津贴"。

1. 没有辜负父亲的期望

姜维壮1923年12月出生于山东黄县一个贫寒的农户家庭。在他4岁时，父亲不堪生活的重负撒手人寰。"父亲用几乎听不见的声音，对母亲说出最后的遗言：'将来一定要让孩子上学读书，即便拉着棍子讨饭……'父亲做过学徒工，当过小学教员，上学深造是他平生最大的心愿。因为他一心认定，只有学到知识，才能使祖国摆脱落后和屈辱，才能使乡亲们走出贫困和苦难……"姜维壮在诗作《爸爸的遗言》中这样写道："虽然父亲去世了，但父亲的临终遗言却深深印在了脑海，影响了我的一生。"

小学六年，他的学习成绩始终名列前茅。但生活却一天比一天艰难，无助的母亲常常坐在父亲的坟前哭泣,姜维壮陪在母亲身旁,过早地领略了人间的冷暖。勉强支撑到小学毕业,母亲再也无力供他上学。"我去想办法挣钱吧。"姜维壮要为母亲分担忧愁。母亲不肯,伤心地哭着:"要不就把房子卖了吧……""绝对不可以那么做!"姜维壮的态度十分坚决。于是,含泪告别了母亲,告别了家乡,告别了他挚爱的学校,姜维壮随着亲戚从山东黄县来到沈阳,在吉顺丝坊做起了学徒。

那一年他才满14岁。吃的是高粱米咸菜,受的是凌辱责骂,干的是烧炕、擦地板、刷痰桶的脏活累活,以致不到15岁白发已近半头。那时,他常常偷空凭窗遥望千里之外的家乡,思念母亲和亲人,有时夜里用被子蒙头痛哭。后来,他在一首题为《望乡》的诗中记述了这种情感:"风甜十里菜花香,山蓝海碧是家乡。云天望断肝肠热,破被湿透泪水凉。"20世纪60年代初期,他在返京回乡探望母亲的途中,也表达了对故乡和母亲的浓郁感情:"我走得越远,你越使我怀念;我见得越多,你越使我眷恋。"透过这种情感,我们多少能感到当年一名童工的坚韧和生活的凄凉,领悟到他在苦难中磨砺的意志和为日后发奋而凝聚的力量。苦难并没有磨灭姜维壮求学的渴望,反而更激励着他发奋图强。没钱买书,他卖掉衣服。白天把书藏在厕所的纸篓下,干活歇口气儿的工夫,躲在厕所里看上几页;晚上别人睡了,他偷偷看书学习直到深夜。两年后,他从学徒改做出纳,账箱成了他小小的书柜。不料终被老板发觉,劈头又是一顿责骂。姜维壮心里恨恨地想:"日本人把我们不当人,你也整天欺负我们。我就是要争这口气,读书长本事,早一天离开这个鬼地方,再不受你们的窝囊气!"亲戚在丹东帮他找了个会计的差事。在那里,姜维壮结识了一个中学生,由此接触到更多的知识,并开始在夜校补习功课。每天早晨四点,姜维壮就会从床上爬起来,坐在楼梯上看书背单词。1945年,日本鬼子投降,饱受亡国之苦的姜维壮欣喜若狂。"我要上学"这个念头一天比一天强烈。

1946年,姜维壮从丹东来到北京,硬是凭着他的倔强,考上了北平华北文法学院经济系。他十分珍惜这梦寐以求的机会,如饥似渴地钻研经济学和相关学科的知识,赢得了全年级名列前茅的好成绩。大学生活十分清贫。写稿子、抄文件,生活半饥半饱。他实在饿极了,就到校外的贫民食堂等上一口黑馒头。只有拿到稿费的那天,才可以到外面的饭摊儿上买碗荞麦面,坐在洋车夫们中间,饱饱地吃上一顿,这就算改善生活了。冬天一身毛衣裤外罩一件大褂,宿舍没有火炉,冷得不行,就出去跑上几圈。虽然生活困难,但有学上,姜维壮的心里就充满了快乐。他在心里默默呼唤着:"父亲,我没有辜负您的期望。"

2. 学好本领报效祖国

1949年2月,姜维壮开始参加革命工作,随后从华北大学分配至中华全国总工会国际部做翻译。不久,又到中央劳动部政策研究室从事调研和翻译工作。1950年,他响应党和政府"保家卫国"的号召,积极参加"抗美援朝",毅然离开中央劳动部,随部队开赴东北,并被留在东北财政部。这位书生意气、挥斥方遒的年轻人,虽未直接跨越鸭绿江,投身到炮火纷飞的战场,但他仍然以满腔热忱,在后方的岗位上表达对祖国的赤诚。

1953年"抗美援朝"结束后,姜维壮经过严格的考试,以优异的成绩被选派为我国第一个留苏的财政学专业研究生,同年,他光荣入党。出国前夕,他和其他留学生一起聆听了刘少奇和周恩来的送行谈话。在莫斯科财政学院攻读期间,他时刻铭记周总理的嘱咐,在"需要70多户农民辛勤劳动一年的成果哺育一个留学生"的条件下,他发誓要为中国人争口气,力争在异域他乡、在当时称为"社会主义老大哥"的苏联学习真本领,以服务于祖国的发展与建设。姜维壮是各国留苏研究生中最用功的,成绩也是最好的。因为他清楚地知道,他代表的不仅是他自己,更是新中国的万千学子;他承载的不仅是母亲及家乡亲人们的期望,更肩负着党和人民的重托。正是基于这种信念,留苏第一年,爱好广泛、热爱运动的姜维壮没有看过电影,没有滑过冰,每天早起晚睡,在学习压力大、生活不习惯、很多留学生因神经衰弱而辍学回国的情况下,硬是支撑着完成了学业。在留苏期间,他还担任学生会工作,热情为同学服务,不仅以其出色的成绩和勤勉的作风,更以中国人的质朴、热忱和坚韧不拔的毅力,博得了"老大哥"们的钦佩与尊重。"看到你们,就想起我们三四十年代的那个时候,那么朴素,那么坚强。"苏联的老师对姜维壮十分欣赏,很希望他们留在苏联。"那怎么可以!""老百姓花这么多钱供我们学习,我们唯一能做的,就是早点回去,报效祖国。"

1957年,姜维壮以优异的成绩毕业并获得苏联经济学副博士学位(享受博士待遇)。他怀着报效祖国的雄心回到了北京。我们通过他的《比鉴录》这首诗,可以看出他当时的心情:"历尽冰霜更知暖,尝遍苦辣最识甜。走过环球读透史,倍感祖国是春天。"诗中流露出"知暖、识甜"的欢欣,无疑透射出他当年学成归国后的鸿鹄之志。

3. 无比坚定的信仰

1957年回到国内，姜维壮被分配到财政部科研所工作。然而，正当他以满腔热血投入社会主义建设事业时，一场政治风暴降临了。当时，姜维壮本着严谨科学的态度向某些领导汇报了自己在科研等问题上的想法，对农村三年实现机械化的冒进观点提出了质疑。就因为一句"山东黄县怎么可能三年全面实现机械化"，姜维壮背上了"用相对论怀疑、反对中央政策"的罪名，成了当时财政部受到批判的四大重点人物之一。由此，他被卷入1959年开始的"反右倾"运动中，遭到大会小会的严厉批判，1960年，姜维壮到河北正定下放劳动；1962年，其"右倾"问题得到平反，随后主动请调中央财政金融学院；1963年，"四清"开始；1966年，"文革"爆发。"臭老九""修正主义门徒"被扣在姜维壮的头上。姜维壮在"群众专政学习班"一关就是一年多。除了扫院子、挨批斗之外，姜维壮还带着大家读报、做操，买了推子学理发。"文革"期间，他又被加上种种莫须有的罪名，受尽了折磨和迫害。他却以"雨打叶增翠，风吹花更香"的信念，以"心倾低俗净，体裸污垢光。身轻不虑落，为人分秒长"的胸襟，直面那黑白颠倒的岁月。他不怕"风霜落叶天，疏疏秃枝寒"，自慰"麻雀不厌我，嬉戏西窗前"。

1969年中央财政金融学院下马。当时全国的财经院校只剩下东北财院一家。年底，姜维壮和师生们开赴河南干校。"立冬时节离京城，飘萧风雨送我行。长辞京城眼无泪，归去田园儿时情。"这是临行前姜维壮写下的诗句。在赴河南"五七干校"的途中，他站在如故乡一般苍茫的"广阔天地"上，尽管"担担屎尿进菜园，肩头肿痛腰腿酸"，却依然"眼看点滴都有用，越挑心里越香甜"。拉水、烧水、浇地、种菜。虽然日子很苦，但依然乐在其中。他让老伴买了种菜的书从北京寄来，照着书上有板有眼地干。一看蔬菜打蔫了，要么到老乡家里上门求教，要么坐在马路边上等着老乡经过问个究竟。他不仅在诗里抒发菜园情致，也在日记中记下不少种菜的知识。

这种乐观和自省，使他在最困难时并没有灰心、失望，也没有因此对党和国家有任何抱怨，更没有对社会主义理想产生怀疑。他坚信党的"实事求是"的原则，相信绝大多数同志是公正无私的，任何关于他的不实之词，最终都能水落石出。这一信念，毫无疑问缘于他对苏联社会主义曲折历程的认识和理解，对中国社会主义事业的思虑与期盼。1971年，东北财经学院调他任教，姜维壮举家前往，这一去就是八年。"那些年浪费的时间太多了。老百姓为送我出国学习做出那么多牺牲，我却不能用学到的知识为他们做点事情，回想起来，这是我最大的遗憾。"每言及此，姜老都会发出深深的叹息。

4. 拥抱科研教学的春天

党的十一届三中全会指明了全中国人民的奋斗方向，年过半百的姜维壮感到"飞雪迎来春风暖，泪水洗出笑开颜"，恨不得用十倍、百倍的干劲，把从留苏回国到"文革"结束这20年"虚度"的光阴夺回来。1978年12月，他在一首《时间的价值》中写道："日以分计总嫌短，事以秒争犹觉迟。古人以金喻时贵，万金惜换寸光阴。"他以只争朝夕的精神，全身心投入到党的财经教育事业上。1979年，中央财政金融学院复校，姜维壮回到北京。也就是从那时开始，姜维壮才真正开始了他科研和教学的春天。这一年，他56岁。"风霜雨雪六十载，苦辣酸甜过半生。为人更知时光贵，无我只觉一身轻。"

此后，姜维壮先后担任了中央财政金融学院财政系教授、研究所所长、科研处处长，并兼院教师职称评审委员会副主任、院学位委员会副主任、学报副主编以及北京市人民代表等职，多次获得全国优秀教师、全国财政系统劳动模范、北京市优秀教师、优秀共产党员、北京市教育系统颁发的"关心下一代工作"奖等荣誉称号，是国务院"政府特殊津贴"获得者。他为本科生、研究生、博士生讲授过财政学、外国财政、财政理论研究、比较财政管理学、马克思主义和当代西方财政思潮、中外财政管理体制比较等课程。他曾任北京市第八、第九、第十届人民代表和人大常委会财经委员，财政部学位委员会和全国在职财政干部培训指导委员会委员、国家教育部出国留学人员资格评审委员、北京市教育局高级学术职称评审组副组长，《人民日报》海外版特聘专家顾问委员会常委，财政部财政科学研究所、江西财经大学兼职教授，财政部教材编审委员会财税组长等。

在很多人看来，五六十岁已经老了。姜老却说："哪有这样的事？我56岁刚开始工作。"的确，60岁以后姜维壮发表论文150余篇，出版专著、教材、译著等30余部，主持多项国家级、财政部、教育部等科研课题，十几项成果获得国家级、省部级优秀科研成果奖励。这些科研成果所呈现的财政学术思想，在我国经济社会发展的不同历史阶段，深刻地论述了财政理论发展的重大命题，促进了财政学科的繁荣和发展，为党和国家财政经济决策、财政制度法制建设提供了科学依据。他较早提出，财政监督是财政的重要职能之一，并提出依法理财、民主监督的财政管理思想；他强调财政信息要向公众公开、接受人民监督，这些学术思想的提出，具有很强的前瞻性和现实意义。他创建了"比较财政管理学"理论体系，指出要立足于我国国情，认真研究和学习借鉴世界各国一切反映社会化生产规律的理论、政策、管理方法和经验教训，并坚持以马克思主义的基本原理为指导，"取其精华、去其糟粕"，为完善我国财政制度建设提供经验借鉴。

鉴于姜维壮教授对我国财政科学建设的卓越贡献，中国财政学会在2017年年会上授予姜维壮教授首届中国财政理论研究"终身成就奖"。

5. 把爱献给党的教育事业

从苦难日子里熬过来的姜老师，对党更是有着一份特殊的感情。他曾多次谈到，没有党，他就没有机会到苏联去学习；没有党的培养，就没有他的今天。也因此，他把全身心都献给了党的教育事业。

姜维壮是最受学生爱戴的老师之一，在年近90岁高龄之时，还撰写论文，出版教材，担任授课教师，指导研究生，担任本科生的成长导师。2009年，中央财经大学启用沙河校区，新生入住沙河，为了让新生体会学校、学院大家庭的温暖，每年的本科生与成长导师见面会也特意安排在沙河，虽然路途较远，但姜维壮每次都从学院南路校区坐车到沙河校区看望学生，全程参加整个下午的活动。值得一提的是，他还与时俱进，不断进行教学方法的改革，摒弃单纯的课堂讲授方式，采取教学和研讨相结合的互动教学方式，并将他探索的行之有效的教学方法形成教改论文，使更多的年轻老师深受启发，也使更多的学生能够从这种新的教学方法中受益。除了在课堂上授课之外，姜维壮还经常在课后与学生座谈，为学生、为青年老师批改论文，小到标点符号、大到学术观点，他都一一点评，评语的字数甚至超过了论文的字数。可以说，在教学上，姜维壮倾注了全部的心血。

有一年，一个毕业多年的学生在工作中犯了比较严重的错误，姜维壮得知这个消息后，特别痛心，回忆起来，他说，这个学生挺好的，末了，他语重心长地说："是我们没有把学生教育好啊！"若不是深爱着党的教育事业，是说不出这样触动灵魂的话语的。做老师，就要对学生一辈子的成长负责，这是怎样的一种胸怀，这是怎样的一种担当，这是怎样的一种大爱！后来，在学习党的十八大报告后，他写了一篇心得，当时他这样说"'人民满意的教育''更好的教育'，是什么样的教育？根据我几十年的教学科研工作的实践感受，我认为在毕业的学生中，如果在工作中出现违法被判刑或出国求学一去不回，以及身体不健康英年早逝等现象，这肯定不是人民满意的和期盼的教育，也是使教师痛心和亏心的教育。"

二、工作成就

1. 姜维壮主要获奖作品

（1）《当代财政学若干论点比较研究》一书于 1987 年由中国财政经济出版社出版，此书获北京市哲学社会科学 1991 年第二届优秀成果奖。

（2）《自觉运用价值规律是财政理论研究的主要课题》一文获 1989 年中国财政学会优秀科研作品一等奖。

（3）《财政体制改革理论探索》获 1995 年中国财政学会第二次全国财政理论研究优秀成果奖。

（4）《比较财政管理学》获财政部 1996 年优秀教材荣誉奖。

（5）《财政监督的几个理论认识问题》一文获财政部监督司和《中国财政》杂志社 1998 年有奖征文特别奖。

（6）《中国分税制的决策与实践》一书获北京市 1998 年第五届哲学社会科学优秀成果二等奖。

（7）《公共收费研究报告》是其主持的财政部课题，于 1998 年完成，获 1999 年中国财政学会第三次全国财政优秀理论研究成果一等奖。

（8）《财政支出若干问题成因与对策思考》一文发表于《财政研究》1998 年第 4 期。此文获中国财政学会 1999 年第三次全国优秀财政理论研究成果特别奖。

（9）《中国当代财政学》一书获北京市 2000 年第六届哲学社会科学优秀成果二等奖。

（10）《财政改革与制度创新运作指导》一书于 2002 年由中国财政经济出版社出版。此书获北京市 2004 年第八届哲学社会科学优秀成果一等奖。

2. 姜维壮获得的主要荣誉

（1）1983 年获北京市教育系统先进工作者；

（2）1987 年获北京市教书育人先进工作者；

（3）1989 年获北京市 1989 年度优秀教师称号；

（4）1989 年获全国优秀教师称号；

（5）1989 年获全国财政系统劳动模范称号；

（6）1991 年获北京市表彰优秀共产党员；

（7）1992 年享受政府特殊津贴；

（8）1995年获北京市先进工作者称号；

（9）2004年8月获北京市教育系统关心下一代工作委员会颁发"为下一代健康成长献计献策"活动优秀奖；

（10）2006年获"北京市教育系统关心下一代先进工作者"荣誉证书；

（11）2006年获中国老教授协会颁发第三届"老教授科教工作优秀奖"；

（12）2017年获"中国财政理论研究终身成就奖"。

三、人物评价

姜维壮辛勤耕耘，执着追求，像春蚕吐丝一般，默默地为社会、为人民贡献着一切，被人民誉为好党员、好干部、好教师和学术上的模范带头人，被学界公认为文品和人品堪称楷模的专家。而姜维壮本人，却从来不曾以老专家自居，站在大海边，他渴望"襟怀汇江河，肢体衔天地"，总觉得自己太渺小，流水太无情，何况事业重千钧，岂敢务虚名。他常说："以己之长比人之短，越比越短；以己之短比人之长，越比越长。"姜维壮自谦"虽然我这一生做了一些工作，但概括起来，可以用16个字来总结：德才平平，贡献丁丁；民恩国情，伴我同行。"

韩璧教授

一、个人履历

韩璧（1925~2012），男，汉族，中共党员，河北省博野县人。1944~1948年就读于北京大学中文系。1948年9月至1949年3月在北平大中中学担任语文教师。1949年3月至1950年3月在华北大学（二部）中文系学习一年。1950年3月至1953年7月在中国人民大学财政系学习，1953年7月分配到财政部预算司任科员。1958年8月至1972年2月在中央财政干部学校、中央财政金融学院财政系任教师、讲师。1972~1978年在辽宁财经学院财政系任教。1978年开始在中央财政金融学院财政系任教，1980年12月晋升为副教授，1983~1985年曾任财政系主任等职，1993年11月晋升为教授。

二、工作成就

1. 教学工作

韩璧教授长期从事国家预算教学的研究，为专修生、本科生、研究生、电大学生、全国地市财政局长讲授过"国家预算""国家预算研究""国家预算管理体制"等课程。其中：在为地方财政局长训练班讲课时，由于在教学过程中不断探求新知，总结经验，注意理论联系实际，教学水平逐渐提高，在1982年5月的第一期讲课中就受到了学员的广泛好评；在本科教学中，亦深受广大学生的欢迎；在为研究生讲课过程中，不断探索研究生讲课的方法和经验，受到研究生的好评；在为财政专修科学员讲课中也颇受赞誉。总之，韩壁教授经过不同层次的教学实践，教学效果确实有长足的进步和提高，受到了学生和学员的广泛好评。

2. 科研工作

韩壁教授具有多部编著、著作、教材。他接受中央电大的委托，编写了两本《国家预算》教材（1984年版和1986年版），先后由中央广播电视大学出版社出版，其中1986年出版的教材，根据财政预算工作实践进行了充实和修改，该教材符合社会需要，具有社会影响力；接受财政部预算司的委托，并同该司的同志一道编写了《国家预算管理》一书，该书1986年由中国财经出版社出版；1987年，韩壁教授与麦履康教授共同主编了高等财经院校试用教材《国家预算》，由中国财经出版社出版；1987年，参编了《财政知识问答预算分册》（综合计划司组织），由中国财经出版社出版；还参编了成人教育的《国家预算》教材，由东北财经大学出版社出版。韩壁教授又为各层次学生编写了教学大纲。1981年5月，受财政部人事教育司的委托，编写了《高等财经院校国家预算教学大纲》，全国财政系统领导干部训练班用的《国家预算教学大纲》《国家预算自学考试大纲》，于1985年12月由中国人民大学出版社出版；《国家预算和单位预算成果提纲》（中直机关行政单位会计业务讲座），于1982年由中直机关事务管理局印刷。

韩壁教授就预算管理问题发表了多篇论文。于1982年5月、1984年4月、1988年6月分别在《中央财政金融学院学报》上发表《财政管理体制问题刍议》《对预算外资金的几点看法》《财政体制如何适应有计划商品经济发展》。此外，韩壁教授还在《电大经济》等杂志发表了《中央预算和地方预算的收支划分——预算管理体制的重要问题》《以收定支，一年一变和以收定支，几年不变——预算管理体制的一个重要问题》《预算管理体制的历史和现状》《坚持收支平衡是编制国家预算的基本方针》《国家预算体制的有关问题》《国际预算收支分类的几个问题》《统一领导，分级管理是预算管理体制的基本原则》等论文。

韩壁教授的多篇论文受到社会上的重视。1983年受财政部综合计划司委托编写《对预算外资金的几点看法》，原刊载在该司编印的《预算外资金参考读物》上，后遴选在《新时期财政工作——党的十一届三中全会以来财政文选》，该书由财政部办公厅编辑，在文选的《前言》中称"我们把1979年到1985年这七年有关财政方面比较重要的文件、文章和讲话遴选出200余篇编辑这本文选，较系统地反映这一阶段财政工作的概貌，同时也希望通过这本书的出版能够为从事财经理论研究和管理工作的部门和人员，提供一些有益的帮助。"此外，《预算管理体制与社会经济效益》于1984年在《中央财政金融学院学报》发表以后，被中国人民大学书报资料中心全文转载。

三、人物评价

韩璧教授一贯坚持党的路线、方针、政策，忠于党的教育事业，勤勤恳恳，任劳任怨，谦虚谨慎，认真负责，数十年如一日出色地完成各项教学科研任务。韩璧教授不仅讲课条理清楚，重点突出，由浅入深，通俗易懂，深受广大同学和老师的称赞，而且他还十分重视科研工作，他参加编写、修订和总纂的全国统编教材《国家预算》，在全国财经院校有很深的影响，受到广大师生和同行的好评。他的科研论文，观点正确，论据充分，有理有据，受到理论和实践部门的重视。

韩璧教授是当时学校国家预算学科的主要带头人之一，他对国家预算的造诣很深，有丰富的实战经验和雄厚的理论基础，对学校国家预算学科处于全国财经院校的领先地位做出了较大贡献。韩璧教授是我国预算外资金理论研究的开创者，从理论和实践的结合上，对预算外资金概念、基本特征和作用进行了科学性地阐述。他的论文《对预算外资金的几点看法》入选财政部办公厅《党的十一届三中全会以来财政文选》，是部属五所高校中唯一的一篇，有很强的创造性和较高的实用价值。

韩璧教授在担任财政系主任期间，对财政系的教学管理、教材建设、师资培养等方面的工作步入正轨做出了突出的贡献，在广大师生同行中有较高的威信。

潘启华教授

一、个人履历

潘启华（1927~2014），男，汉族，江苏省宜兴市人，中共党员。1955年毕业于中国人民大学财政学专业，硕士学历。1950年就读于复旦大学商学院，攻读银行专业。1952年分配至上海财经学院财政金融系，攻读财政金融专业。1955年10月硕士毕业后，在中央财政干部学校财政教研室、中央财政金融学院财政系任教员、讲师。1972年11月至1978年7月在北京化工机械厂财务科、宣传科工作。1978年7月回到中央财政金融学院财政系财政教研室继续任教，1982年晋升为副教授，1990年晋升为教授。

二、工作成就

主要讲授《社会主义财政理论》《社会主义财政学》《财政概论》等课程。研究领域为财政理论。

1. 主要著作

主编教材《财政学概论》，中国财政经济出版社，1982年出版；主编教材

《社会主义财政概论》，中央财政金融学院，1986年3月出版；主编《财政知识问答》财政理论分册，中国财政经济出版社，1989年2月出版；参编《财会知识手册》，天津科学技术出版社，1983年9月出版；参编教材《社会主义财政学》，中央广播电视大学出版社，1984年4月出版；参编《经济大辞典（财政卷）》，上海辞书出版社，1987年11月出版。

2. 主要论文

《银行信贷收支有差额吗?》，《第一次全国财政理论讨论会文集》（下册），1964年；

《对友谊农场五分场二队农业现代化试点的几点看法》，《财政研究资料》，1979年第57期；

《财政在国民经济综合平衡中的地位和作用》，《中国财政问题》，1981年；

《正确处理国家与国营企业之间的财政关系》，《中国财政问题》，1981年；

《社会主义财政学的几个问题》，《中央电大经济月刊》，1984年第10期；

《美国农业发展与农业教育》，《教育与经济》，1987年1月；

《苏联教育投资的建设与比例》，《外国教育动态》，1987年3月；

《试论财政赤字形成原因及其解决途径》，《经济日报》，1987年12月19日；

《自筹资金——苏联企业经营机制改革的关键》，《世界经济》，1988年3月；

《关于财政控制的几个问题》，《中央财政金融学院学报》，1988年；

《社会总供求对比关系的探讨》，《中央财政金融学院学报》，1989年；

《论经济发展与财政合理分配关系》，《中央财政金融学院学报》，1989年。

3. 主要观点

潘启华在论著中提到的对我国社会总供求对比关系，应"实现总需求略小于总供给的局面是宏观经济管理所要求的最优形式"；以及对如何建立财政与经济关系的最佳模式问题上，主张建立"在促进经济稳定发展上合理分配和调节资金……的良性循环"的观点对促进经济体制改革，加强宏观经济管理与调控，以及振兴财政，发挥了有益的作用。潘启华探讨财政与经济关系的最佳模式是：经济的稳定发展决定财政资金积累的稳步增长；平衡的稳固的国家财政促进经济的稳定发展；持续稳定的发展是经济和财政增长自身运动的规律。

三、获奖与荣誉

1983年被评为北京市教育系统先进工作者，1985年被评为中央财经学院先进工作者，1986年被评为中共北京市委优秀共产党员，1987年被评为全国财政系统劳动模范，1987年被评为中央财经学院党委优秀共产党员。

四、人物评价

潘启华教授长期从事财政理论教学和研究工作，有较丰富的课堂教学经验和较高的科学研究水平。认真贯彻执行党的方针，热爱教育事业，治学严谨，勤勤恳恳，工作积极，具有埋头苦干精神。教学效果好，深受广大同学的欢迎。

潘教授在教学工作中备课勤积累新鲜资料，勤思考探索问题，勤更新教材和讲稿，不断充实财政实践的成功经验及其规律性，以提高教学质量。讲课中注意联系当前建设和改革的实际，帮助学生掌握财政基本理论，培养学生观察、分析和解决问题的能力。在理论探讨中，从实际出发，根据现有材料，通过分析，提出个人独特看法。在教材建设中，潘教授主编了《财政学概论》等教材，内容充实、质量较好；编写的《财政概论》讲义对教学内容起到更新作用，供函授教学用。科研中运用马克思主义的立场、观点、方法，从历史经验中探讨我国财政领域中若干现实问题，提出自己的观点。

潘启华教授撰写的论文均能在广泛深入调查研究的基础上，总结财政工作经验，并提出正确处理若干财政关系的基本原则，对现行制度提出改进意见。其著作观点鲜明，行文结构严谨，层次清晰，语言准确，具有较好的理论基础和学术水平，对当时财政实际工作具有一定的指导意义，在社会上产生了一定的影响。

麦履康教授

一、个人履历

麦履康（1927~2002），男，中共党员，广东省东莞市人，我国著名的预算管理专家。1951年华中大学（现改为华中师范大学）本科毕业，1953年中国人民大学研究生毕业，先后在中国人民大学、厦门大学任教。1979年3月调入中央财政金融学院工作，1987年7月任教授。曾兼任北京市财贸管理干部学院教授、北京财政学会理事、中央电大主讲教师。1993年起享受国务院政府特殊津贴。于1996年9月退休。

二、工作成就

麦履康教授长期从事国家预算理论与实务的研究和教学工作，在这一领域取得了较大的成绩，并具有自己的特色。改革开放以来，他又致力于城市财政理论与实务以及国有资产经营与管理方面的研究。他为在我国建立《国家预算》《城市财政学》和《国有资产经营与管理》三门学科体系做出了重大贡献。自20世纪80年代以来，他主编出版的这些方面的专著、教材共计15本，公开发表学术论文数十篇。麦履康教授的主要著作有：《国家预算》（中央电大教材，主编）、

《国家预算》（高校本科教材，主编）、《西方政府财政与预算管理》（主编）、《国有资产管理》（主编）、《国有资产经营》（主编）、《城市财政理论与实务》（主编）、《证券公司成功之道：决策、经营、管理》（主编）、《中国政府预算若干问题研究》（主编）等。

三、人物评价

麦履康教授于1986年荣获"全国广播电视大学优秀主讲教师"称号；他在教育领域辛勤耕耘了40余年，终身为教育事业发挥自己的光和热。

赵春新教授

一、个人履历

赵春新（1928~2003），男，汉族，中共党员，山东省寿光县（现寿光市）人。我国著名的财政学家、财经教育家。1945年10月至1950年2月，先后任村青救会长、区委宣教干事、山东渤海军区三军分区政治部联络科干事、华东军区教导总团第四支团秘书、南京市公安学校秘书等职。1950年2月考入中国人民大学财政信贷系学习，1953年7月毕业至离休前，先后任财政部人事司科员，中央财政干部学校、中央财政金融学院教师，北京市交通局财务处长，中央财政金融学院副教授、教授（1988年1月）、财政系主任、副院长（1983年1月）。1992年从副院长岗位上离职，专任教授，1995年起享受国务院政府特殊津贴。1996年3月离休。

二、工作成就

赵春新教授长期从事财政科学理论与政策的研究工作，丰富的人生阅历、敏锐的学术洞察力加之那一代人特有的学术积累方式使其在财政基础理论研究方面具有独到的学术建树和敏锐的学术预见性。早在1988年，即我国实施改革开放刚好十周年之际，赵春新教授就在其独自编著出版的《社会主义财政学》一书中阐述了他对财政与社会发展关系问题的具有开拓性的见解。他认为，财政同社会发展之间存在着密切的关系，社会发展必须得到财政的支持。赵春新教授所说的社会发展内容包括：国土的开发整治；社会经济运行与发展、民众生活水平的提高、社会服务业的建立和发展；人口增长、劳动就业、社会保障制度的建立和完善等。赵春新教授将上述社会发展内容进一步分为两个方面，即国土的开发整治和基础结构的建设与完善，同时对财政学必须研究财政与社会发展之间关系的理论依据做了深刻系统的阐述。赵春新教授独到的学术建树和敏锐的学术预见性主要体现在两个方面：一方面，他旗帜鲜明地提出，要把财政与社会发展关系问题作为财政学的重要研究领域，这对于改革开放刚刚十年、我国财政学术界仍在争论是否继续实施生产型财政来说，无疑是独树一帜的学术观点；另一方面，即使到了今天，当财政学术界开始反思我国全盘引进的英美财政学派过度经济学化的理论缺陷时，我们会发现，赵春新教授关于财政与社会发展关系的重要学术论点实际上早已暗示财政科学范式和范围对经济学的跨越方式和方向，其科学的预见性可见一斑。除了上述重要学术创建以外，赵春新教授还在财政与经济的关系、传统的"三大基金理论"及其与财政的关系等领域均有艰深的研究和独到的见解，在全国财政学术界赢得了崇高的学术尊重。他曾经在《光明日报》《大公报》等重要全国性报刊和《财政研究》《财政月刊》等学术期刊发表多篇学术论文阐述他的学术研究成果，其中，"财政的基本特征""财政信贷平衡和宏观经济控制""经济换算和财政管理"和"经济结构与财政"等学术论文在当时国内的学术界均产生了较大的学术影响，特别是"经济结构与财政"一文在中国财政学会1990年首届全国财政科学研究优秀成果评选中获得"财政理论研究佳作奖"，这表明了赵春新教授在全国财政学界的学术地位和影响力。

赵春新教授长期关注教材建设，从20世纪60年代初即根据当时中央财政干部学校学员和当时中央财政金融学院本科学生不同特点编写适用教材，为我国财经教育事业做出了重要贡献。改革开放以来，应邀为中央广播电视大学讲授《财政学》并编写教材出版；为适应经济体制转换及建立社会主义市场经济的要求，先后为全国高教自学考试编著《社会主义财政学》和借鉴市场经济有益经验的《财政学》，作为全国通用教材，由全国自学考委经济管理类专业委员会批准出版。此外，还主编出版了《财政知识问答》财政理论分册。

赵春新教授担任中央财政金融学院副院长期间曾经主管科研、研究生教学和外事等方面的工作，为学校的教育管理事业做出了重要贡献。特别是他作为分管领导参与主持的中央财政金融学院与世界银行经济发展学院合作办学项目——世界银行北京培训中心，邀请了包括后来担任国务院总理的朱镕基、时任瑞典财政部部长、世界银行高级专家等国内外知名学者和政治家来中央财大讲学，不仅为国家培养了一大批改革开放急需的专业人才，同时也在一定程度上扩大了学校的国际学术影响力。

三、人物评价

赵春新教授热心推动我国财税科研事业发展，承担了许多重要的全国性学术组织和社会公益性组织的领导职务，是组建中国财政学会、中国税务学会、北京财政学会等学术团体的主要成员，曾任中国财政学会副秘书长、常务理事；中国税务学会常务理事；北京财政学会常务理事、副会长。高等教育自学考试是高教社会办学新生事物，赵春新教授当时被聘任为全国高等教育自学考试指导委员会经济管理类专业委员，参与对全国经济管理类各选考课程的教学大纲和教材的审核，为我国高等自学考试与教育事业发展做出了突出贡献。

董庆铮教授

一、个人履历

董庆铮,男,汉族,中共党员,1931年2月出生,河北省青县人。1950年毕业于天津财经学院速成班。1950~1955年在天津市税务局河西区分局任科员、股长、副科长等职,主管工商税的查账稽核工作。1955年选派进中央财政干部学校学习,1956年毕业后留校任教,历任教员、团委副书记、党总支副书记。1969年中央财政金融学院停办,调甘肃省工作。1979年调回中央财政金融学院,先后在财政系、税务系任讲师、副教授、教授(1990年12月)、硕士生导师及党总支书记、系副主任、系主任等职。1996年退休。

董庆铮教授长期致力于财税教学和理论研究工作,在社会上和学术界有较大的知名度。主要社会兼职有:中国税务学会理事、北京市税务学会理事、中国税收教学研究会顾问、扬州大学税务学院兼职教授、国家税务总局科研所特邀研究员、全国人大法律工作委员会咨询专家等。董庆铮教授曾多次参加国际学术交流,1985年应世界银行经济发展学院的邀请赴美国马里兰、耶鲁、哈佛、加利福尼亚等大学及科研机构考察并进行学术交流。1987~1994年在国内先后与来自日本、瑞典及苏联的财经学院代表团等财税专家进行学术交流,并参加国际税收比较研讨会。

二、工作成就

董庆铮教授在税收专业上具有较高的学术造诣和丰富的实践经验。为税收战线培养了大批高级专业人才。他科研成果丰硕，对税收的若干基本理论，例如，税收本质和性质、税收起源和决定因素、税收基本矛盾、税收参与国民收入的分配依据和分配层次等问题，有独到见解，对税收理论研究产生了深刻影响。所著《税收理论研究》专著，获得国家税务总局和中国税务学会全国优秀成果一等奖，在《中国税务》上发表的论文——"谈谈税收本质及其本质属性"和"依据社会主义初级阶段理论，对社会主义税收分配层次的再认识"获国家税务局和中国税务学会1989年十年科研成果佳作奖。

董庆铮教授对税制建设的科学化、合理化做出了重大贡献。1980年发表的"论现行工商税制的改革"一文，较早地勾画出被以后税制改革实践所证实的税制结构轮廓，即以增值税为基础，以所得税为主导，多税种配套调节的模式。此外，在税制建设上关于对税率运用的深刻研究、关于增值税具有避免重复课税的观点，均具有现实的意义。

董庆铮教授主编、合编《国家税收》《中国赋税史》《中国改革全书·税收管理体制卷》《新税务大辞海》等大型著作多部。

1. 在税收职能方面

董庆铮认为，税收客观地具有三种职能，即：为国家取得财政收入的财政职能、对经济发生影响和进行调节的经济职能、对纳税人的纳税行为进行监督和管理的监督职能。税收职能是不变的，与税收共生共存，具有不以人的意志为转移的和不可分割的客观性。而税收职能的强化或弱化，是指由于主观或客观条件的变化，税收职能发挥作用的力度、范围和方向出现相应的变化，这种变化应归结为税收的作用，而不是税收职能本身。在社会主义市场经济条件下，税收的职能更需要大力强化，使市场经济建设顺利进行，为市场经济的发展提供有力保证。[①]

2. 在税制改革方面

董庆铮认为，要适应社会主义市场经济的要求，今后我国税制结构体系应该

[①] 董庆铮，秦瑞宁.适应社会主义市场经济要求强化税收职能[J].税务研究，1995（3）：2-6.

是：以增值税为基础、所得税为主导、多税种配套调节的复税制体系。增值税必将成为我国税制体系中的基础税种，基础的含义是指增值税既是国家时政的基础，又是市场经济所要求的具有中性的优良税种。消费税在税制结构体系中，是增值税的配套税种，增值税普遍征收，消费税特殊调节。所得税在税制体系中的主导作用体现在它的税基要求排除各种客观因素的影响，并需要建立相应调节性的税种。资源税、工资调节税、社会保险税、遗产和赠予税作为所得税的配套税种，通过发挥调节作用弥补所得税的不足，实现税负公平。①

在论述社会主义市场经济和税收关系时，董庆铮提到，市场经济不仅是用市场机制合理配置资源的手段，同样，税收也是利用物质利益导向调控市场、调节价格和利润、合理配置资源的手段，两者目的相同、作用互补，有密切的关系。税制必须相应改革，税务工作须加快改革步伐，为建立社会主义市场经济服务。同时他为税制改革提出四点建议：转换国有企业特别是大中型企业的经营机制、加快市场体系的培育、深化分配制度和社会保障制度的改革、加快政府职能的转变。②

在论述税收优惠和经济结构的关系时，董庆铮认为，税收和产业结构的关系实质上就是税收和生产力的关系。产业结构的变化决定着税收收入结构的变化，税收又反过来对产业结构的调整形成巨大的反作用力。主要表现在按照产业政策的要求，将不同税种、税率、税基、减免税优惠施加于产业结构之上，通过扶持保护某些产业的发展而实现产业结构合理化。在处理税收优惠与产业结构、经济区域结构和产品进出口结构的关系中，税收优惠政策的制定应以优化产业结构为核心，在经济区域内部和产品进出口环节实施的税收优惠必须服务于国家整体产业政策的要求而不能背弃。③

三、人物评价

董庆铮教授根据社会主义初级阶段基本理论，对社会主义税收分配层次进行再认识，他认为，社会主义税收属于再分配范畴。从税收的本质来看，不论是什么社会形态，税收都是国家凭借政治权力对国民收入在初次分配基础上的再分

---

① 董庆铮. 市场经济、商品价值、税制改革 [J]. 税务研究，1993（11）：26-31.
② 董庆铮. 社会主义市场经济与税收 [J]. 中央财政金融学院学报，1993（2）：33-35.
③ 董庆铮，吕业术. 论税收优惠与经济结构的关系及其协调途径 [J]. 涉外税务，1991（3）：16-20.

配。所以，根本不存在社会主义税收可以参与两个层次分配的问题。税收的性质，即税收这种特殊的再分配关系的阶级性是可变的，然而税收性质的改变，丝毫不会影响税收本质的变化，不会由再分配转变为初次分配，由凭借政治权力转变为凭借财产权力。[1]

---

[1] 董庆铮.依据社会主义初级阶段理论，对社会主义税收分配层次的再认识[J].中国税务，1988（4）：38-41.

崔维教授

一、个人履历

崔维，女，汉族，中共党员，1935年生于黑龙江省呼兰县。1960年毕业于苏联莫斯科大学经济系。1960~1987年在北京师范大学任教，先后在政教系、外国问题研究所、外国教育研究所等部门从事政治经济学和美国经济问题研究工作。1987年调入中央财政金融学院财政系，任外国财政教研室副教授，1993年12月任财政系教授、硕士生导师和美国经济学会理事。

二、教学工作

崔维教授任教期间主要为本科生、研究生和助教进修班等讲授外国财政、西方财政思想、比较财政等课程。崔维教授按照学生层次的不同采取相应的教学方式。

崔维教授为研究生讲授课程，主要采取专题研究形式，目的是通过本课教学使学员在以往学习外国财政基本理论知识基础上深入开展研究。在讲课过程中，注意引导学生自觉地运用马克思主义的辩证唯物主义方法去透过现象看本质，同时注意培养学生运用比较分析的方法对外国财政政策体制等方面问题做横向和纵向比较，以期从外国财政课的研讨中找出对我国财政改革具有借鉴意义的合理成分。在为本专科生讲授外国财政课时，在讲清楚外国财政基本理论和基本概念的基础上，着重讲述西方财政与经济的联系，以便开阔学员们的眼界，打开思路，激发学生对学习外国财政课的兴趣。

崔维教授在教学过程中，为避免"满堂灌"，不断进行启发式教学的尝试。为此，在讲解外国财政课时，她适当地采取了"纲要信号图示教学法"，即提高简明的图示传递复杂的信息，促使学生在课堂上形成思维活跃优势和兴奋中心，从而打破课堂的沉闷气氛，为创造师生和谐生动的课堂气氛而向前迈出一步。

崔维教授在讲授专业课时，还重视教书育人，特别重视对学生进行爱国主义和社会主义教育。鼓励学生为承担新时期的历史重任而努力学习。她利用课余时间深入到学生中间，和他们进行思想交流，关心他们的生活，做学生的良师益友，得到了学生信任和尊敬。

三、科研工作

崔维教授在长期的教学实践中，深深地体会到教学和科学研究必须紧密的结合，她不断更新自己的知识结构，不断提高自己的学术水平以适应培养高级财会人才的需要。

崔维教授的科研主攻方向为西方财政宏观调控。著作有《西方财政宏观调控的理论与实践》《美国政府对经济的干预》《科技教育与战后美国经济发展》等。其中，《西方财政宏观调控的理论与实践》一书分为三篇十二章，共30余万字，系统地阐述了西方国家财政宏观调控的理论、政策和手段。同时还着重考察了美国政府运用财政杠杆对产业结构、科学技术、农业发展和地区之间经济发展不平衡等方面进行宏观调控的实践。在对西方财政理论与政策的比较分析中，以大量的数据与事实阐述自己的观点，特别注意运用马克思主义唯物辩证法去伪存真，从中找出一些对我国如何加强财政宏观调控具有借鉴意义的合理成分。《科技教育与战后美国经济发展》一书，着重论述了科技与经济的关系，特别阐述了美国政府间接调控经济发展的财政手段。该书以翔实的资料和充分的数据揭示了社会运转中的科技力量，对于读者加深理解科技是第一生产力具有重要作用。

崔维教授除著书之外，还在报刊上发表了有关外国财政、教育投资效益等方面的论文、译文和译著，其中对俄罗斯的教育投资做了较为深入的探讨。发表的主要论文有《西方国家分税制与财政转移支付制度的几种主要模型》《我国现行财政转移支付制度的改革思路》《克林顿财政政策评析》《财政对美国农业发展的调控》《财政对美国地区经济发展平衡的调控》《美国公债结构变化与期限结构的选择》《九十年代美国财政政策与货币政策的结合》《企业财政补助的宏观模型》等数十篇。还在《莫斯科国际生活》等杂志发布了数篇俄文论文，共计4万多字。

崔维教授在阐述理论问题时，除进行质的分析之外，还运用了逻辑演绎、计量模型、数理推导和纲要图示等方法，以使读者加深理解。在考察美国财政宏观调控的某些具体问题时，运用了马克思主义唯物辩证法，并以大量的数字与事实进行分析比较，从中找出对我国如何加强财政宏观调控具有借鉴意义的部分。

四、人物评价

崔维教授在教学科研中以高标准要求自己，努力使自己从事的外国经济研究工作更好地服务于国家建设的宏伟目标。1979~1981年，崔维教授着重研究美国国防经济问题，所撰写的论文"美国军事—工业综合体与国家垄断资本主义"，是国内经济论文中首次对美国军事—工业综合体的实质、结构及其影响做出的较为系统的剖析，得到了研究人员的重视。1981年之后，崔维教授将研究重点放在科技革命与美国经济发展上。她力图用辩证的方法对美国科研体制的历史沿革进行分析，对美国工业发展战略、科技革命对战后美国经济结构、就业结构的影响以及美国的对策等进行了系统的分析和研究，相关科研成果引起了国家科委有关同志的重视。此外，崔维教授在研究外国科技与经济发展的基础上，进一步拓展了研究范围，把外国科学、教育与经济之间的关系作为重点课题进行研究。崔维教授的科研成果具有较高的理论水平，在全国财政理论界产生了一定的影响。

崔维教授还将科研和教学有机结合起来，把自己最新的科研成果充实到教学当中，有助于学员扩大知识面，激发学生的学习兴趣。在课堂教学中，她积极探索有效的教学方法，在课堂讨论中培养学员提出问题和解决问题的能力。

尹卫生教授

一、个人履历

尹卫生，男，汉族，中共党员。1937年10月出生，河北南皮人。1964年从河北财经学院（现天津财经大学）财政金融系财政与信贷专业毕业后，被分配到中央财政金融学院工作。曾任财政系主任兼党总支书记、成人教育学院常务副院长。1992年晋升为教授。曾长期兼任中国财政学会理事、副秘书长，中国成本研究会理事、副秘书长，全国高校财政学教学研究会理事长、顾问。

二、工作成就

尹卫生教授以财政理论研究和财政学科建设为治学重点。主要出版的编著有《中国社会主义财政学》《中国社会主义财政学修订版》《中国社会主义财政管理学》《社会主义财政学概论》《国家预算与税收》，参加了国家统一组织的巨型丛书《当代中国》中的《当代中国财政》以及财政部组织的《中国社会主义财政简史》《当代中国财政史》等著作的撰写。发表的主要论文有《重新认识财政概念》《银行经济责任制与信贷独立平衡》《财政平衡原则是财政政策的基石》《浅谈社会主义成本价值构成》《快速折旧在我国现时条件下是行不通的》《浅谈综合财政》《成本管理是企业价值管理的核心问题》等数十篇。部分论著曾获中国财政学会优秀奖、佳作奖、成果奖以及校内科研奖。

尹卫生教授论著中的观点对于当时的财政理论界是有一定影响的。其在20世纪90年代初发表的《重新认识财政概念》一文中，对主流派"社会产品和国民收入分配论、共同需要论、价值分配论、剩余产品分配论"等理论提出了不同的论点。他在文章中写道，"虽然上述各大派别的观点各不相同，但有一个共同点，就是都认为财政是一个分配问题。我们认为，这种认识并没有完全概括社会主义初级阶段的财政特征，因此，有进一步研究之必要。从财政产生发展过程来看，作为一个经济现象，它首先是一个分配问题。即国家为实现其职能的需要凭借政治权力对一部分社会产品进行的分配。这是就一般财政而言。对社会主义国营企业来说，国家是以政治权力和生产资料所有者代表双重身份对其产品进行分配。这是财政内涵的主导方面，它导源于国家政权的存在。这说明财政是国家赖以存在和发展的经济支柱。离开财政的支持，任何国家都难以维持其正常活动，发挥其对内、对外和政治、经济等各方面的职能。然而这却不能完全说明社会主义初级阶段财政的特征。作为社会主义初级阶段的财政还有另外一个方面的内涵，即国家对经济的管理。也许有人提出这样的问题：有分配活动就有管理活动，管理寓于分配之中，因而在财政概念里不应把管理加进去。我们认为，不然。的确，有些财政管理活动是寓于财政分配活动之中的。例如，根据财政分配规律制定财政方针、政策与制度，以规范财政活动，实施财政管理；采取有力措施增收节支，以实现财政平衡；通过合理的财政收支活动，协调财政与信贷、外汇、物资等方面的关系，以促进实现国民经济综合平衡；通过调整财政分配结构促进积累与消费比例关系、国民经济结构、社会经济结构的合理调整；通过具体的财政收支活动实现对国民经济的反映和监督；通过合理的财政分配来实现较好的经济效益、环境效益和社会效益等。这些管理，有的是对财政分配活动本身的管理，有的是通过财政分配活动实现对国民经济的宏观调控。如果说管理仅指这些，那么在财政概念上面加进管理两字就毫无意义。我们所说的管理主要是指国家对全民资产的管理，全民资产是年复一年财政投资的结果。从这一点来讲，对全民资产的管理既同财政分配有直接关系，又是相对独立于财政分配活动的一种国家管理经济的活动。所谓财政分配，是指国家利用价值形式对一部分社会产品进行的分配。而作为对财政分配的结果——全民资产进行的管理，在有计划的商品经济条件下，主要是为充分发挥其效益而进行的经营活动。这显然不仅是个分配问题，其活动范围还超出分配领域，涉及生产、流通等领域。财政内涵的这个方面，导源于国家是生产资料所有者代表的身份。从这个意义上来讲，全民资产就是国有资产，国家对自己所拥有的资产实施管理是理所当然的。""国家对全民资产的管理是财政分配活动的进一步延伸，这就是它成为财政现象的客观基础。"该文通过大量客观而科学的分析，最后得出结论："社会主义初级阶段财政，就是国家以政治权力和生产资料所有者代表双重身份，利用价值形式对一部分社会产品进行的分配以及与这种分配相联系的管理。"

三、人物评价

尹卫生教授除了研究财政理论之外，对与财政相关的企业财务问题也有较多的研究。在20世纪70年代中后期，有些人主张在我国当时计划经济条件下要实行西方国家的"快速折旧法"。尹教授坚决反对，在1980年初发表了《快速折旧在我国现时条件下是行不通的》一文，指出"快速折旧违背了马克思主义关于固定资产折旧的基本理论，脱离了我国的实际情况，在我国既无实行之必要，又无实行之可能。""主张快速折旧的同志，片面强调了无形损耗这个因素，主张不顾实际损耗的程度，人为地缩短固定资产使用年限，大幅度提高折旧率，这样做实际上失去了计提折旧的真正意义。另外，主张快速折旧的同志，其理论根据就是马克思关于无形损耗的理论。但是，他们忘了马克思在分析无形损耗时所强调的情况。马克思特别强调：迫使旧的劳动资料在它们的自然寿命完结之前，用新的劳动资料来替换的情况是在竞争，特别是在发生决定性变革时产生的。一方面，资本家在平时为了竞争的需要，经常采用新的劳动资料，把旧的劳动资料更新掉；另一方面，资本家在发生决定性变革时，为了扭转危局，战胜对手，争取生存，不得不把大量已失去竞争能力的劳动资料废掉，而采用最新技术设备，以增强竞争能力。上述两个方面劳动资料的更换，一般是以旧劳动资料的废弃为前提的。因为资本主义生产的目的是最大限度地追求高额利润，榨取剩余价值，没有竞争能力的旧劳动资料是无销路的，何况这种情况又往往随着生产过剩的经济危机而产生。所以马克思进一步强调说：迫使企业设备提前按照更大的社会规模实行更新的，主要是灾祸、危机。所以说，那种根据无形损耗的理论而得出的在我国当时的经济情况下必须实行快速折旧的结论，是不符合马克思主义关于计提折旧的基本原理的。"该文认为，从我国的具体条件来看："目前我国经济状况表明，在我国实行快速折旧不仅没有必要，而且也没有可能。我国的国民收入水平较低，可供安排积累和消费的国民收入都少得可怜。按现有全国工业固定资产计算，折旧率提高1%，就能增加折旧基金几十亿元。如果采用快速折旧，折旧率在现有4%的基础上要提高到10%~20%，新增加的折旧基金将是一个非常可观的数字。其结果很有可能是明为更新，实际上绝大多数折旧基金要用于基建，搞扩大再生产。这实际上挤了已经少得可怜的消费基金而提高了积累率，只能是进一步加深比例失调，严重地影响了人民生活的安排。退一步讲，折旧基金全部用于更新，就目前生产力水平，尤其是从第一部类生产水平来看，要在五年或十年之内使全国的固定资产全部改朝换代，恐怕是幻想。""折旧率与成本变化成正比，与利润变化成反比。折旧率的提高，意味着企业成本的提高，利润的下降，财政收入的减少。实行快速折旧将使财政收入每年减少几百亿元，这在目前国家财力的情况下，势必严重影响对科学、文教、卫生、行政、国防等财政支出的正常安排，使整个社会经济的发展失去平衡，给国民经济造成混乱。"尹卫生教授在财政平衡、银行信贷经济责任制与信贷独立平衡、社会主义国营企业成本价值构成等方面都有深入的研究和独到的见解。

门惠英教授

一、个人履历

门惠英,女,汉族,中共党员,1937年12月出生,河北省安平县人。1960年就读于中央财政金融学院财政专业,1964年毕业留校任教。1971～1978年先后在北京无线电一厂、无线电联合厂、国营六九七一厂任会计等工作,1978年调回中央财政金融学院财政系任教,曾任财政系副主任、财政系党总支书记,1988年被评为副教授,1996年被评为教授。

二、工作成就

门惠英教授长期从事财政预算教学和科研工作,特别是党的十一届三中全会以后,积极投身我国财经体制改革和财政预算理论、政策和制度研究,发表了大量有关财税预算方面的著作和论文。1990年初撰写了多篇论文阐述我国预算制度从单式预算改为复式预算的改革问题。在复式预算国际研讨会上发表了对我国实行复式预算的看法,承担和完成了财政部"八五"课题《建立我国复式预算制度》。出版专著《复试预算理论与实践》,全面阐述复式预算产生、发展及西方主要国家的复式预算制度,提出我国复式预算改革的可行性、条件及改革模式和配套改革措施，是预算学科一部少见的著作。在财政体制改革中著文论述走出财政困境的对策、深化分税制的改革措施、改革社会保障制度的基本框架。对企业制度改革提出"企业法人应享有资本积累产权"等观点。

门惠英教授的科研成果有专著《复式预算理论与实践》，1996年出版；教材包括《新编国家预算教程》《国家预算管理》《国家预算》《中国社会主义财政学》《财政学概论》等10多部。在《中国财经报》《当代经济研究》《投资导刊》《财政研究资料》《财务与会计》《中央财政金融学院学报》《预算会计研究》《金融管理研究》等全国性报纸杂志上发表论文30多篇，主要有《对我国复式预算几个理论问题的探讨》《复式预算实施中存在的问题的探讨》《复式预算实施中存在的问题及解决途径》《实行复式预算的配套改革》《分税制的深化改革与完善》《关于国有企业深化改革的几个问题》《企业法人应享有资本积累产权》《财政管理环节多元结构是社会发展的历史选择》《我国社会保障制度所面临的严峻形势及改革思路》等。其中《对我国复式预算几个理论问题的探讨》一文获全国财政理论研究成果二等奖。

何清波教授

一、个人履历

何清波，男，汉族，1939年4月出生，湖南常德人。1956年秋，入长沙银行学校银行会计专业学习一年，1957年因国家教育改革入安徽合肥银行学校银行会计专业学习两年；1959年入安徽财贸学院财政专业学习四年；1963年8月于安徽财贸学院毕业，分配到中央财政金融学院财政系任教；1969年11月，到河南省淮滨县"五七干校"劳动锻炼两年；1971年9月起到北京电子计算机一厂财务部门工作七年；1978年11月回中央财政金融学院财政系任教，担任企业财务教研室主任，1992年12月任教授。

二、工作成就

在科研方面，何清波教授独著、合著、主编、参编出版的著作20余部，在社会上有较大影响的有《工业财务管理教程》《国有资产评估》《企业财务策划》《工商企业财务管理》《国际企业财务管理》《企业理财要务》《漫画学经济》等；在《科技日报》《金融时报》《中国企业报》《数量经济与技术经济研究》《中国工业经济》《财政》《中央财经大学学报》等报刊发表论文50余篇，有较大影响的有《风险型投资决策的经济分析》《资产评估收益现值法的理论与实践》《资产评估重置成本法及其应用研究》《论市场经济体制下企业财务管理的目标》《对企业财务管理目标的再认识》《市场经济条件下企业理财的基本理论问题》《企业财务失败的原因、预警与补救》《增强投资风险意识，加强投资风险管理》《开展企业资信评估需要研究的几个问题》《财税体制改革与企业技术进步》等。

三、获奖记录

何清波教授的专著《工业财务管理教程》于1992年获财政部科研二等奖；《国有资产评估》于1994年获中央财政金融学院教材二等奖；论文《风险型投资决策的经济分析》于1989年获中国投资学会投资理论研究成果奖；论文《论市场经济体制下企业财务管理的目标》于1994年获中央财政金融学院科研成果一等奖；论文《财税体制改革与企业技术进步》于1996年获中央财政金融学院科研成果一等奖；论文《注会面临企业会计制度新要求》于2001年获北京亚太华夏财务会计研究中心优秀论文；论文《市场经济条件下企业理财的基本理论问题》于1998年被选入《中国改革发展文库》一书。

四、人物评价

何清波教授从事教育工作期间，先后兼任高校财务教学研究会常务理事、财政学会企业财务研究会理事、中惠会计师事务所注册会计师和中惠会计师事务所资产评估与审计部经理、中国企业管理培训中心和北京现代经济学校客座教授、西南财经大学博士生论文评审专家、教育部文科重点研究基地评审专家组组长、北京双高人才发展服务中心人才测评专家委员会委员、中国人民政治协商会议北京市海淀区第六届委员会委员等职。退休后，曾担任中央财经大学本科教学督导工作和中央财经大学老教授协会副会长职务。

何清波教授主讲的课程有：企业财务管理、财务会计、国有资产评估、公司治理结构等。在长期的教学、科研、审计、资产评估和财会实际工作中，他积累了较丰富的财会理论知识和实践经验，为数以万计的大学本科生、研究生、大专生、国家机关领导及工作人员、企事业决策人员及工作人员授课，受到不同层次教学对象的好评。在担任教研室主任期间，他认真组织教材建设、更新教学内容，取得了良好的效果。

李保仁教授

一、个人履历

李保仁，男，汉族，1942年6月生于辽宁省抚顺市，1971年9月加入中国共产党。1966年6月毕业于辽宁财经学院（现东北财经大学）财政系，本科学历；1991年6月调入中央财政金融学院工作，任校党委书记，教学关系在财政系；1988年10月晋升为副教授，1993年为硕士研究生导师；1996年11月晋升为教授，2001年享受国务院政府特殊津贴，同年为博士研究生导师；2005年3月退出校领导岗位，仍为财政税务学院教授，2017年7月退休。

二、曾任职务

1. 党政职务

1974年10月至1975年12月，任中共塔城地委机关、塔城地区革委会机关党总支副书记（兼职）；1975年6月至1980年12月，任新疆塔城地区财政局副局长；1984年8月至1991年6月，先后任辽宁财经学院、东北财经大学党委副书记；1991年6月至2005年2月，先后任中央财政金融学院、中央财经大学党委书记。

2. 学术兼职

1980年7月，新疆维吾尔自治区财政学会第一届理事会理事；1980年7月，新疆塔城地区经济学会第一届理事会副会长；2005年至今，中国高等教育学会高等财经教育分会第一、第二、第三届理事会顾问。

3. 社会职务

1994年1月至1999年1月为北京市海淀区第十二届人民代表大会代表；1998年1月至2018年1月为北京市第十一、第十二、第十三届人民代表大会代表，北京市第十二、第十三届人民代表大会财政经济委员会副主任委员，北京市第十一、第十四届人大常委会预算监督顾问；2000年11月被全国人大财政经济委员会聘为《中华人民共和国政府采购法》起草组顾问；2007年3月至2013年3月，被中共教育部党组聘为教育部直属高校巡视专员。

三、工作成就

研究领域：财政学、经济学、管理学、党建研究。

讲授课程：国家预算、财政学、行政事业财务。

学术成果：李保仁教授大学毕业后先后在新疆塔城、辽宁大连和北京工作，从事过财政业务、财政教学和财经研究、高校管理与党建研究等工作，因此，他的研究成果可分为财经研究、党建研究和教育管理研究三个方面。

1. 财经研究

李保仁教授从教以来，先后在《财经问题研究》《中央财经大学学报》《财政研究》《财贸经济》等报刊上发表论文数十篇，主持了多项课题研究、主编了多部论著。其代表作有：

（1）《浅谈民族自治地方的财政自治权问题》，《财经问题研究》1983年第5期，人民大学报刊复印资料曾转载。

在计划经济时期，民族自治地方在经济与社会发展进程中，除了客观条件差、历史遗留问题多等各种困难以外，其财政权限与非自治地方的财政权限并无多大差别，既没有体现宪法规定的民族地区实行区域自治的精神，也不利于民族自治地方因地制宜地自主解决问题。该文提出，"特殊的问题应以特殊的办法解决"，要科学界定民族自治地方的财政自治权，并探讨如何规范好、使用好财政自治权等问题，具有一定的理论意义和实践意义。该文的观点基本符合全国人大常委会于1984年5月31日修订的民族区域自治法精神。

（2）《借鉴国际成功经验，构建中国公共财政管理框架体系》一文收入《财政形势与政策研究》论文集中，于2003年7月由中国财政经济出版社出版。

建设中国公共财政管理制度，是我国在改革发展中的一项重要任务，也是学界、社会各界及各级政府共同关心的热门话题。李保仁教授和时为博士研究生的安秀梅教授借鉴国际上一些发达国家公共管理支出的经验，结合中国实际进行研究，建立了适应市场经济与社会发展需要的、科学规范的公共财政管理制度框架体系，并提出了建立这一框架体系所要遵循的"理念—目标—规则—机制—程序—基础—技术"的逻辑顺序，具有一定的参考价值。

（3）《迈入21世纪的中国经济》（第二辑）一书于2000年12月由中国财政经济出版社出版。

当21世纪来临之际，中央财经大学分别与江苏、甘肃、山东三省财政部门合作，组织专家学者共同研究编写《迈入21世纪的中国经济》这套书。全书共分三辑，李保仁教授和甘肃省财政厅赵春副厅长为第二辑主编。该书涉及许多热点、难点问题，例如，在经济全球化过程中我国市场结构的变动及其政策选择问题；缩小中国东西部地区的经济差距问题；中国的反贫困问题；对构建我国公共财政基本框架问题等。在全体编写者的共同努力下达到了预期目的。该书评审专家的评审意见指出：本书注重理论联系实际，有重要的参考价值和指导意义。

（4）由李保仁教授和出版社的贾杰社长任主编的《邓小平财经理论与中国财政改革》一书于2004年8月由中国财政经济出版社出版。

在邓小平同志百年诞辰前夕，中央财经大学与中央财经大学出版社联手组织专家学者编著此书。这部书以邓小平财经理论为指导，从改革、发展、强国、富民的逻辑出发，以转变财政观念、发挥财政职能、深化财政改革为主线，旨在实现党的十五大报告提出的"振兴国家财政，建立稳固、平衡、强大的国家财政的战略要求"。

这部书列入了中共中央宣传部当年的百本重点图书。此书出版后，李保仁教授作为主编应邀到中央人民广播电台介绍此书，并回应读者关心的问题，在《经济之声》节目中专题播出。

（5）由李保仁教授和贾杰社长主编的《邓小平财经理论与现代财政制度》一书于2015年2月由中国财政经济出版社出版。

建立现代财政制度是党的十八届三中全会立足全局、面向未来提出的战略部署，是全面深化改革的重点之一。《邓小平财经理论与现代财政制度》这部论著回答了什么是现代财政制度、为什么要建立现代财政制度以及怎样建设我国的现代财政制度等问题。全书以邓小平财经理论为指导，认真贯彻了党的十八届三中全会精神。这部书在第一版第一次印出后很快告罄。

李保仁教授除与副主编、主要撰稿人商定全书的框架结构、主要观点之外，还对某些章节做了强化。例如，在财税法体系建设中，他提出要以财政基本法建设为中心的观点，并对此法的地位、作用及主要内容等加以论述，还就推进其立法工作提出了建议。

2. 党建研究

李保仁教授曾任东北财经大学党委副书记7年，担任中央财经大学党委书记14年。在这21年中，他曾在党建研究方面发表过多篇论文，现择一简介。

《谈谈领导集体中的核心问题》一书获北京高校领导干部论文二等奖，收入《学习与思考》论文集，于1994年11月由首都师范大学出版社出版。

邓小平同志曾指出："任何一个领导集体都要有一个核心，没有核心的领导集体是靠不住的。"李保仁教授就这个问题进行研究。为什么没有核心的领导集体是靠不住的；领导班子的核心人物与班子中其他成员应是什么关系，与领导集体又是什么关系；一个被任命或被选成班子中主要负责人的核心人物，虽然从组织上来讲，他已具有核心地位，但不等于就能发挥好核心作用。那么怎样才能发挥好核心作用，李保仁教授从理论上和实践上提出了有益的建议。

3. 教育管理研究

李保仁教授在两校领导岗位工作的21年中，也曾就教育管理方面发表论文，现择一简介。

《以提高质量为主线，开创研究生培养工作的新局面》，此论文发表在国务院学位委员会主办的《学位与研究生教育》杂志2005年第2期。

随着经济全球化进程的不断加快，国内外高等教育正在发生重大变革。我国的重点大学肩负重任，应当实行大众化教育下的精英教育，研究生培养的质量比以往任何时候都格外重要。"培养研究生要以'质量为核心，创新为灵魂'，紧紧把握质量和创新两个关键。"他提出"研究生重在'研'，导师重在'导'"的观点，要大力培养研究生的研究兴趣，提升研究能力，多出创新性的研究成果；导师要站得高一些，要提升"导"的艺术，提升疏导、引导的能力，为多出创新性研究成果、多出创新性人才而引领、而奠基。

四、社会活动及影响

1. 参加国内活动主要情况

（1）2000年11月14日起，李保仁教授作为《中华人民共和国政府采购法》起草组顾问，多次参加关于采购立法的国际、国内研讨会，开阔了视野，在研讨中他能真诚发表己见。

（2）2011年6月24日，北京市人大常委会与北京市人民政府共同召开推进预算绩效管理制度建设研讨会。李保仁教授在发言中提出，应树立科学的绩效理念，强化预算绩效的指标体系、强化政府决策和绩效评估、强化人大的相关立法工作，即以"一个树立、三个强化"为着力点推进预算绩效管理制度建设，效果反响较好。这次研讨会详见北京市人大网和北京市政府网。

（3）2008年8月，应邀参加"烟台市政府采购运行模式研讨会"，与会者既有政府采购法原起草组的顾问，也有诸多学者和政府采购部门的专家。李保仁教授以"烟台模式是创造性贯彻政府采购法的典范"为题在会上发言，刊登于《中国政府采购》杂志2008年第9期。

2. 参加域外活动主要情况

（1）率团赴日本演讲。1992年11月，即党的第十四次代表大会闭幕不久，根据财政部安排，组成了由李保仁教授为团长、经贸部的童宜中司长为副团长、国家税务总局原副局长牛立成为顾问、中央财政金融学院魏振雄教授和中惠会计师事务所有关人员参加的七人代表团赴日演讲，介绍我国改革开放十四年来在经济、财税、会计等方面所取得的新成就，在建设社会主义市场经济体制新形势下的新趋势。代表团在东京、大阪两地演讲并回答了与会者提出的问题，反响热烈。我国驻日本大使、驻大阪总领事分别出席了两地演讲会，并给予很多鼓励。此次演讲活动加强了中央财经大学与日本有关方面的合作交流，扩大了中央财经大学的影响。

（2）参加"中国香港与内地金融合作前景座谈会"。在中共第十五次代表大会闭幕的第八天，中国香港回归祖国近三个月之际，中央财经大学与中国香港经济与法律出版社于1997年9月26日在中国香港联合举办"中国香港与内地金融合作前景座谈会"。中央财经大学参会者有李保仁、陈传新、王佩真、贺培四位教授，中国香港出席座谈会的有多位教授、银行家、金融专家，新华社中国香港分社研究室主任及有关专家也应邀与会。李保仁和王佩真两位教授在大会上发言，李保仁发言的题目是"加强交流研究，促进两地金融合作发展"。关于这次座谈会的综合报道及各位专家学者的发言，刊登在《经济与法律》（双月刊）1997年第5期上。

（3）参加"面向21世纪中国大学展"。根据时任国务院副总理李岚清与俄罗斯副总理马特维延科的会谈决定，自2002年起每年在俄中大城市举办俄中教育展。中国第一次赴俄参展的有60所知名高校，中央财经大学名列其中。经过充分准备后，2002年5月24~26日在莫斯科、6月1日在圣彼得堡相继展出，李保仁教授和国际合作处原处长罗永志代表中央财经大学参展。教育部部长陈至立出席了盛大开幕式并讲话。在几天的展出和交流中，在中央财经大学展台前的参观、咨询者络绎不绝，给参会者留下了深刻印象。在会展后期，中央财经大学与圣彼得堡国立财经大学签订了合作协议，列入此次会展成果。

五、获奖与荣誉

李保仁教授自从教以来曾多次获得褒奖。在两校领导岗位工作的21年中，虽可称为"双肩挑"，但他把主要精力放在了履行领导岗位职责上。在此期间他获得的主要荣誉有：

1989年9月6日，获东北财经大学"优秀教育工作者"称号（以学校名义为时任学校领导班子成员授予荣誉称号是不多见的）；1990年2月，获中共大连市委授予的"大连市宣传工作优秀领导干部"称号；1991年6月，获中共中央组织部、中共中央宣传部、国家教委、共青团中央、全国教育工会联合授予的"全国普通高等学校优秀思想政治工作者"称号；1996年6月，获中共北京市委、北京市人民政府授予的"北京市优秀思想政治工作者"称号；1997年11月，获北京市教育工会授予的北京高校"依靠教职工办好学校先进党委书记"称号；2003年7月，获北京抗击非典联合领导小组、北京市人民政府授予的"首都抗击非典型性肺炎工作先进个人"称号。

六、人物评价

李保仁教授的人生轨迹有两大特点：

一是一条主线。半个多世纪以来，他曾在多地区、多岗位工作，但他从未离开过"财政"这条主线。他在大学读财政专业，毕业后先做十多年的财政业务工作，后到高校从事财政教学与研究；在担任校领导期间仍承担一定的财政教学科研工作，在从事全国、北京市、海淀区三级人大机构某些工作的24年里，主要面对的仍然是财政经济问题。因此，他与财政有不解之缘，并怀有深厚感情。

二是努力向上。他的事业心和责任心强，无论何时何地做何工作，也无论客观条件怎样，他都能满怀信心，积极向上，求真务实，敢于负责，努力把事情办好，办出成效。

赵雪恒教授

一、个人履历

赵雪恒，女，汉族，1943年12月出生于四川成都，中共党员。1963年考入中央财政金融学院财政系财政专业，1967年毕业，大学本科学历。1968年在黑龙江省军区锻炼两年，之后在国有企业和财政部门从事财会和企业财务管理工作。1978年9月调入中央财政金融学院任教，先后在财政系任教研室主任、科研处任副处长、财经研究所任副所长。1988年晋升为副教授，1992年任硕士研究生导师，1997年晋升为教授，2006年在财政系退休。

二、工作成就

赵雪恒教授从教近30年间，致力于国家的高等教育事业，倾心于财经理论研究和教学工作。她主要的研究方向为财政理论，主讲财政专业理论课程《财政学》，同时还讲授过《财政概论》《财政与金融》《货币经营与管理》《金融概论》《财政控制理论》《财政管理学》课程。

1982年赵雪恒任财政教研室主任,当时恰逢改革开放初期,财政学科体系正面临重大改革。时不待人,她与教研室的同事主动联络全国各高等院校的财政专业,联结成学术交流平台,于1986年在吉林召开了"第一届高等院校财政学学科建设研讨会"。在会议上,财政理论界的著名学者和教授们积极发言,对重塑财政理论体系提出许多建设性的意见。每年这样的学科交流,都不断地充实并完善着财政学科体系的建设。在教研室同事的共同努力下,除传统的《财政学》课程以外,还陆续开设了《数量财政学》《财政管理学》《比较财政学》《财政控制系统》等选修课程;给其他专业讲授《财政概论》《财政金融学》等课程。

赵雪恒教授更重视的是把学科建设的成果应用到教学的实践中去。所以她特别注重教学方法的改革,在实践中摸索出一套基本教学法,即在阐述基本理论的基础上,提出问题,让学生主动思考,鼓励学生说出来、写出来,这种说与写并用的教学手段,不仅极大地激发了学生的学习热情,而且培养了学生多方面的能力。互助互动的课堂气氛构建了和谐的师生关系,取得了理想的教学效果。赵雪恒教授的教学方法曾作为教学成果在校报上推广,并在《财经高校研究》刊物上发表了她有关教学经验的文章《教学实践中的探索》。

1994年受中央电视台教育频道的聘请,赵雪恒以电视教学方法为电大学生主讲《财政学》课程。电视教学必须做到重点、难点突出,详略得当,精辟简洁。她用心琢磨电视教学的特点,设计了问答式教学方式,课堂气氛生动活泼,受到电大学生的喜爱,由此受到《中央电大经济》编辑部的采访和报道。

赵雪恒教授受中央党校在职研究生班之邀,从2002年起前后三年赴广东、山东、四川、海南等地,为在职研究生授课,指导毕业论文并参与毕业论文答辩,为财经系统培养高级管理人才做出了努力。

1993年赵雪恒调到学校科研处任副处长,在管理全校科研工作中做了大量的工作。她依据教师科研成果的类别、字数、刊物等综合因素,量化科研工作量,系统而全面地制定了适合本校教师科研工作量的考核办法。这是一次比较全面和可操作性的方案,为以后考核科研工作奠定了基础。除了积极组织国家、部委每年常规下达的科研课题的申报以外,她所在的科研处还主动与地方政府、经济部门联系合作课题,这样不仅打开了课题渠道,为地方解决了实际问题,同时也缓解了课题经费问题。出版教材是科研处的一项重要工作,由于受学校出版经费的限制,每年通过校方资助出版的教材极为有限,为此,赵雪恒联系并协调其他院校中有相关课程的合作出版教材,既解决了出版发行量的问题,又使许多老师编写的教材能得以出版。在加强学术交流的工作中，科研处转换了思维，除了从国内外请进专家学者来做学术报告以外，还多次组织中央财经大学知名教授讲学团，特邀姜维壮、李天民、刘光第等知名教授赴江苏、上海、广西、山东等地讲学，受到当地政府各部门、工商界、大专院校的热烈欢迎，也极大地提高了中财的声誉。

赵雪恒教授热衷于海峡两岸的学术交流活动，2000年她通过苏州大学的校友关系，将中国台湾东吴大学的校际关系引进到中财，从此建立了中央财经大学与中国台湾东吴大学的学术互访。2000年她受中国台湾东吴大学商学院的邀请，赴中国台湾参加"海峡两岸财经会计及税务研讨会"，并在研讨会上宣讲了论文《试论中国大陆财政支出结构》。在这次交流活动的基础上，中央财经大学台湾经济研究所与徐州市财政局联合举办了两岸农村经济研讨会，主题是研究两岸农产品交流、农村经济比较、土地所有制等。出席会议的有来自中国台湾的学者、企业和商团代表，有中国大陆经济部门的领导、农业经济研究专家、金融机构、社会团体。

三、教学与学术科研

赵雪恒教授主编、参编的书籍有30余部，发表的论文有50余篇，承担7项科研课题，其撰写160多万字。

著作类：主要作品有《财政学》《当代财政学主要观点》《经济大辞典·财政卷》《财政金融学》《当代财政金融若干问题研究》《国家税收》《迈向二十一世纪的中国经济》等。

独立编写的《财政学》，于2005年由中国财经出版社出版。随着经济专业设置的增加，多学科之间的交融与连接越发密切，财政学已不限于财政专业课程，而成为各经济专业的必修课程，教材的社会需求量也日趋增长。赵雪恒编著的《财政学》内容新颖、体系完整、思维清晰、通俗易懂，教材一经出版就十分畅销。

主编的《财政金融学》一书，从1994年第一版出版到2004年第四版修订版出版的十年间，几乎每年都以万册以上的规模印刷发行，被各高等院校所广泛采用。教材以市场经济为主线，以财税金融体制改革为重点，在基本理论和主要观念上做了全新的调整，有较强的适用性，在社会上有很好的销售市场。并且她所带领的参编人员都是财税、金融、保险专业中年轻有为的教师，在十年的编写修订过程中也促进了青年教师的成长。

部级统编教材《财政学》一书，是1987年由财政部五所部属财经院校各出一名教师参与编写的教材，赵雪恒代表中财参与编著第五篇"国家财力综合平衡"。这是一次部属院校横向协作、教师联合创作的劳动结晶。教材在内容和体系上都有较大的突破，可以视为财政学教材建设上的一部精品，曾一度是财政部部属院校的指定教材，同时也广泛被其他各高等财经院校所使用，1988年荣获财政部优秀教材二等奖。

主编的《现代商业企业财务管理》一书于1995年由中国财经出版社出版，专门应用于商业界和企业界的财务管理，有明确的适用范围和对象。由于该书的针对性很强，而适用于这方面的书籍又比较冷门，所以在一定程度上弥补了专业空缺。1997年获江苏省优秀教材二等奖。

参编的《经济大辞典·财政卷》是上海辞书出版社特别聘请一批专业人员撰写的工具书，所有参编者都必须通过阅读大量的资料，准确把握住概念，下笔精练到位。虽然每条词语字数不多，但字字须反复推敲，只字不差。

参编的《当代财政学主要观点》和《当代财政金融若干问题比较》如同是姐妹篇，都属于归纳性很强的作品。在收集和泛读各类史料的基础上，归纳出各种不同学派的代表性观点，分门别类，进行比较研究。这两部著作弥补了我国基础理论研究中的薄弱环节，对历史性的研究成果做出了高度的概括和总结。

《中国社会主义财政学》一书是由财政教研室集体编写的，用于校内的教材。1987~1990年度获中财优秀教材二等奖。

《迈入21世纪的中国经济》一书是在世纪之交的时刻，赵雪恒教授以财经研究所的科研力量为中心，跨系、跨专业组织的由10名老教授、12名优秀教师、10名年轻的博士，由校领导牵头共30余人的写作班子，分别与江苏、山东、甘肃财政厅的数十名干部联手编著的，全书共上百万字，分3辑出版，包括精装版和普通版。该书对迈入新世纪以后的经济发展进行了前瞻性、探索性、创造性的研究，更多地从宏观方面选择经济热点、难点问题，以期对21世纪初叶的我国若干经济问题做出理论研究和对策研究。这部专著在赵雪恒教授的全面策划和细心组织下，自始至终严格选定课题、制定计划、安排会议、审核稿件、耗时2年。

论文类：代表作品有《财政总控制系统概论》《财政货币政策的有机结合》《论财源的对应性结构》《税收返还制度与公开利益原则》《依法纳税促进两税增长》《农业税政策再探》《抑制通货膨胀要从紧》等发表在《经济科学》《投资研究》《财政》《当代经济科学》《中国财经报》《中国税务报》《工商时报》

《中国证券报》《经济参考报》等各报纸、杂志上。

《财政总控制系统概论》一文是用现代控制论的科学方法研究财政系统的一般规律，并以此把财政系统的运行引导到预期需要达到的目标。她是我国最早用控制论、信息论、系统论的原理论证财政控制系统的研究者之一。财政总控制系统的拓扑结构是由财政监督、财政效益、财政信息、财政调节所组成；财政收支是财政的执行系统；而生产性和非生产累积、后备基金是财政累积资金系统。文章分析了各系统的协调和制约关系。论文获1988年中财优秀论文二等奖。

《论财政职能》一文重点探讨外在环境和社会经济体系对作为内在功能的财政职能转换的重要性，提出调节分配关系是财政调节职能的核心，而社会财力的配置是财政资源配置的核心。1995年该论文被《新华文摘》摘登。

此外，对税收返还和财政转移支付制度、依法治税确保税收增长、实施财政货币政策的有机结合、财源的对称性结构、银行公开市场业务的条件等方面都进行了专门研究和论证。

课题类：从1994年开始赵雪恒教授承担了七项课题并完成结题报告：1993年参与中央财经大学科研处与徐州财政局的市校级课题《振兴农业大县》，1994年9月完成课题，形成2万字的结题报告；1994年参与中央财经大学科研处与徐州财政局的市校级课题《财政与经济增长》，1995年完成课题，形成4万字的结题报告；1995年参与国家社科基金课题《分税制问题研究》，负责终审稿件，形成30万字专著；1998年参与中央财经大学研究所与徐州财政局的市校级课题《经济增长方式转变与财政对策》，1999年完成课题，形成6万字的结题报告；2001年主持校级课题《我国继续实施积极财政政策措施的研究》，2001年完成课题，形成4万字的结题报告；2002年参与江苏省省级课题《小城镇建设与财税对策研究》，2003年完成课题，形成4万字的结题报告；2004年主持中央财经大学财政系与徐州市财政局农村财政研究会合作课题《中国农村财税政策的协调性研究》，共十一项分课题，2006年完成课题，形成31万字的结题报告。

专题讲座类：自2000年以来，赵雪恒教授先后受广州市财政局、珠海市税务局、成都市财政局、汕头市财政局、东莞市税务局、潍坊市税务局等财税部门的邀请做专题报告。讲座的标题有《我国实施积极财政政策的可持续研究》《我国与中外财政支出的比较研究》《我国公共财政的基本框架》《我国财政结构的改革》等。专题讲座涉及的都是改革中的重点问题，在讲授过程中，既有利于增强与财税干部之间的交流，也有利于更理性地理解各项改革的意义。

汤贡亮教授

一、个人履历

汤贡亮，男，汉族，1945年12月出生，浙江诸暨人，中共党员。1968年12月毕业于中央财政金融学院财政系，1978年考入内蒙古师范大学经济学专业研究生。1992年6月调入中央财政金融学院工作，先后任税务系副主任、党总支书记，科研处处长，财政系党总支书记，税务学院院长。1988年3月晋升为副教授，1995年11月晋升为教授。1993年担任硕士生导师，2001年担任博士生导师。2003年被评为中央财经大学优秀共产党员，2004年11月享受国务院政府特殊津贴。学术兼职：中国法学会财税法学研究会顾问（原副会长），中国税收教育研究会副会长，中国税务学会常务理事、学术研究委员，中国国际税收研究会常务理事、学术研究委员，国家税务总局税收科研所特邀研究员，世界税法协会（ITLA）理事，中央财经大学税法研究中心主任，中央财经大学台湾经济研究所所长，上海财经大学中国公共财政研究院兼职研究员，《财经法学》杂志副主编（2015~2018），《国际税收》杂志编委（2013~2018）。2016年1月退休，但仍在指导博士研究生与合作指导博士后研究人员。

二、教书育人与教材建设

自 1992 年汤贡亮回到中央财政金融学院以来，给本科生、硕士生、博士生讲授《财政学》《税收学》《中国税制》《税法》《比较税制》《西方税收思想》《税收理论与政策》《经济学管理学前沿专题》等课程。主编普通高等教育"十一五"国家级规划教材《税收应用基础》（中国财政经济出版社 2001 年第一版，2006 年第二版），主编财政部"十五"规划教材、全国高等院校财经类专业教材《税法》（经济科学出版社 2004 年第一版、2009 年第二版），主编 21 世纪高等院校研究生精品教材《税收理论与政策》（经济科学出版社 2012 年版）。担任中国税收教育研究会副会长，任《中国税务教育发展报告》（1949～2012 年，2013～2014 年，2015～2016 年）副主编，由中国财经出版社和中国税务出版社出版。

汤贡亮作为主要成员参与的"税务专业应用型创新人才培养模式优化改革"项目于 2018 年 4 月获北京市人民政府 2017 年北京市高等教育教学成果二等奖。

作为硕士生导师、博士生导师、博士后合作导师，自 1993 年以来，他培育了 9 位应用经济学博士后、38 位博士、70 位硕士和多位访问学者，为财税事业培养了一大批专业人才。

三、融入财税改革与法治建设的时代浪潮

1989 年，汤贡亮作为常务副主编担任《税收大辞典》（王美涵主编，时任国务委员兼财政部长王丙乾题词，辽宁人民出版社 1991 年版）的全书总纂。

自 1992 年以来，汤贡亮亲历并参与了随后浓墨重彩登上历史舞台的一系列重大财税体制改革。他参加了由国务院研究室主持的"财税改革研究"课题组的研究工作，他参与编写的成果《财税改革研究》一书于 1993 年由中国财政经济出版社出版，该书全面系统地研究了财税改革问题，为即将开启的财税改革重头戏提供了富有价值的决策参考。

他主持、承担、完成财政部、国家税务总局、世界银行、联合国开发计划署、中国税务学会、中国法学会等重要课题的研究 20 余项。例如：1998～2000年承担世界银行对中国财政部技援项目《中国增值税分项目实施方案》，为中方主要专家，主持完成了"中国增值税转型问题研究"课题；2000 年 2 月参加该项目中外方专家会议，代表中方专家发言；2000 年 12 月作为财政部特邀中方专家参加财政部主办的"商品与劳务税国际研讨会"，作题为"中国实施增值税转

型问题研究"的学术演讲,该演讲刊于财政部税政司编《流转税的改革与政策选择》,于2002年6月由中国财政经济出版社出版。

2004年10月至2005年5月主持完成财政部课题"个人所得税费用扣除项目及标准问题研究",主持完成"我国个人所得税费用扣除标准调整的具体测算与建议"的研究报告,刊登于《税务研究》2005年第9期。

2006~2007年主持完成联合国开发计划署(UNDP)项目"完善中国地方税制研究",并承担、完成中央政策研究室课题"完善我国地方税制研究",作为主要撰稿人之一完成研究报告"借鉴国外地方税制建设经验,加快完善优化我国地方税收体系",提交中央政策研究室上报中央主要负责同志。有关部门负责人发来感谢信。

2010~2011年主持完成财政部课题"促进资本市场发展的税收政策研究",完成了研究报告,时任财政部副部长的王军对研究报告作了批示。

多年来,汤贡亮以推进税收法治化与国际化为着力点,积极为我国财税体制改革建言,他的学术研究视角聚焦于我国推进税制改革与税收立法的历程。

汤贡亮的主要研究方向为财政税收理论与政策、财税改革、财税法,多年来他出版著作(专著、主编、编著、参编)40余部,主要有《走向市场经济的中国税制改革研究》《中国税法监督基本问题》《中国财税改革与法治研究》《中国税收制度与管理》《税收理论与政策》《税改双轮驱动——税收法定与税制改革》等,在《税务研究》《国际税收》《财政研究》《财贸经济》等刊物上发表学术论文140余篇,多次荣获全国税收学术研究优秀成果一等奖。

四、落实税收法定原则,研究税改双轮驱动

1. 论述、宣传税收法定原则

作为我国财税学界较早与法学界取得紧密联系的学者之一,汤贡亮的专著《走向市场经济的中国税制改革研究》于1999年由中国财经出版社出版,该书以市场经济对税制改革的内在要求为主线,思考和探索了自1994年中国税制改革以来在实践中提出的若干重要课题。书中有专门章节论述"坚持税法至为重要的基本原则——税收法定主义原则"。2004年他主编的财政部规划教材、全国高等院校财经类专业教材《税法》出版,被国内多所财经院校采用,"税收法定原则"作为重要内容写入了这本教材。2013年党的十八届三中全会《中共中央关于全面深化改革若干重大问题的决定》提出"落实税收法定原则",汤贡亮在

2013年12月的《中国税务报》上发表题为"税收法定原则的时代张力与实现路径"的论文,从七个方面详细论述了税收法定原则的实现路径。他积极参与2015年初《立法法》的修订工作,为税收法定原则在法律上的准确表述做出了努力。

2. 致力于《税收基本法》的立法研究

在税制改革进程中,《税收基本法》(或称《税法通则》)的立法也是汤贡亮倾注较多精力的一个研究方向。从1994年《税收基本法》研究起步到现在,他多次发文建议加快推进《税收基本法》立法工作,2014年7月在中国税务学会纪念1994年税制改革20周年之际,他发表了"税制改革呼唤税收基本法"的论文。由刘剑文任组长、汤贡亮等任副组长起草的《中华人民共和国税收基本法(税法通则)》(专家稿)是目前最有代表性的《税收基本法》两种文本之一。

3. 论述中国税法监督基本问题,提出完善我国税法立法、执法和司法监督机制的建议

汤贡亮主编的《中国税法监督基本问题》一书于2006年由中国税务出版社出版。该书论述了税法监督的理论基础与法律依据、税法监督的价值目标和应当遵循的基本准则,提出了完善中国税法立法、执法、司法监督机制的政策建议。

4. 提出"税改双轮驱动",积极参与税制改革与立法研究

汤贡亮认为,深化税制改革与落实税收法定原则、加强税收立法应是相互推动、相得益彰的,只有并行不悖的"双轮驱动"才能推动财税体制改革在更高层面上取得新的进展,真正发挥好"国家治理的基础和重要支柱"的职能作用。

汤贡亮积极参与各项税制改革与立法研究。2018年1月,中国财政经济出版社以"当代税收名家丛书"出版了他的《税改双轮驱动——税收法定与税制改革》一书,该书包括上篇"税收法定"与下篇"税制改革",收入了他关于增值税、消费税、个人所得税、企业所得税、房地产税、地方税体系的改革与完善等税制改革与立法的论文。该书2018年7月入选"2018年度影响力图书推展·第贰季"财经类(20种)。

五、学术讲座、学术交流与主编《中国税收发展报告》

自1994年税制改革以来,汤贡亮在一系列重要学术会议上发表演讲或作学术讲座,例如,2000年4月19日在浙江省委、省政府举办的"领导干部财税专题研讨班"上作"关于社会主义市场经济税收问题"的讲座,阐述了我国在市

场经济条件下税制改革的发展与税收法定原则的贯彻。时任浙江省委书记的张德江、省长柴松岳同志在会前与汤贡亮就税制与税法进行了交流。

2003年11月4日他参加全国人大常委会预算工作委员会主持召开的"企业所得税法国际研讨会",作题为"企业所得税改革中几个主要问题研究"的演讲。

2013年11月16日接受《人民日报》海外网记者的采访,在《人民日报》海外网上发表"建立现代财政制度,深化财税改革——对十八届三中全会公报有关内容的解读"。

2010年,汤贡亮担任税务学院院长一职,这一年,他已经64岁,为了自己热爱的税收教学科研事业,他惜时如金,每一天都在朝乾夕惕,奋发有为。他积极参与搭建中央财经大学国际税务研究中心、税法研究中心、税收教育研究所等学术研究平台。他主编的《中国税收发展报告》(2009/2010、2010/2011、2012)作为学院标志性的学术成果,自2010年发布以来,连续3年由中国税务出版社出版,先后围绕"经济与社会转型中的税收改革""'十二五'时期中国税收改革展望""中国国际税收发展战略研究"等主题,记录我国税收改革与发展的进程,建成税收理论与实务界共同的学术家园。

他积极组织参与国际税务学术交流,学院与奥地利维也纳经济大学国际税法研究院、美国密歇根大学等建立教研合作。例如,举办"中美国际税务论坛",2012年11月在学院与美国奥巴马竞选团队税务总顾问Reuven S. Aviyonah一行举办"世界税收政策发展趋势座谈会",汤贡亮在会上作主旨发言。他与北京大学、维也纳经济大学联合研究并在欧洲出版"Europe-China Tax Treaties",刘剑文、汤贡亮教授为中方主编。

他还兼任中央财经大学台湾经济研究所所长,不仅主办了教育部两岸交流项目"促进海峡两岸经贸发展的税收合作"学术研讨会(2012年12月),还组织老师们积极参与海峡两岸税收、税法学术研讨会。例如,2010年4月,他率中国财税法学研究会代表团参加在中国台湾大学举行的"两岸财税法学术研讨会",作题为"纳税人权利保护与《税收征管法》的修订"的主旨演讲。2017年12月,他在中国税务学会与中国台湾"中国租税研究会"在台北共同举办的"第32次海峡两岸税收学术交流会"上作题为"反避税立法、管理与前景展望"的主旨演讲。

六、获奖与荣誉

(1)论文"关于我国开征遗产税若干问题的探索"于1996年12月获北京

市第四届哲学社会科学优秀成果二等奖。

（2）论文"税收调控、税收中性与深化税制改革"于1998年11月获中国国际税收研究会第一次国际税收优秀科研成果佳作奖。

（3）论文"试论我国增值税类型转换过程中的若干问题"于1999年3月获国家税务总局、中国税务学会全国第三次税收学术研究优秀成果一等奖。

（4）论文"中国增值税类型转换问题研究"于2000年11月获中国国际税收研究会第二次国际税收优秀科研成果一等奖。

（5）专著《走向市场经济的中国税制改革研究》于2000年12月获北京市第六届哲学社会科学优秀成果二等奖。

（6）论文"近期我国推进税收立法与深化税制改革的构想"于2002年12月获中国法学会2002年度财税法优秀论文二等奖。

（7）专著《走向市场经济的中国税制改革研究》于2003年1月获国家税务总局、中国税务学会全国第四次税收学术研究优秀成果一等奖。

（8）论文"对制定我国《税收基本法》的几点思考"于2004年12月获中国法学会2004年度财税法优秀论文二等奖。

（9）论文"出口退税政策的经济效应：理论分析和实证研究"于2005年5月获国家税务总局、中国国际税收研究会第四次国际税收优秀科研成果一等奖。

（10）论文"进一步改革与完善我国税制的背景分析"于2006年11月获国家税务总局、中国国际税收研究会第五次国际税收优秀科研成果一等奖。

（11）著作《中国税法监督基本问题》于2008年4月获中国税务学会第五次全国税收学术研究优秀成果二等奖；于2008年9月获中国法学会财税法学研究会优秀著作一等奖。

（12）论文"国际上地方税制建设的经验借鉴及完善我国地方税制的思路与建议"于2009年11月获中国国际税收研究会第六次国际税收优秀科研成果一等奖。

（13）著作《2010/2011中国税收发展报告——"十二五"时期中国税收改革展望》于2012年12月获中国税务学会第六次全国税收学术研究优秀成果一等奖。

（14）论文"关于房地产税改革若干问题的思考"于2015年10月获中国国际税收研究会第八次国际税收优秀科研成果一等奖。

此外，由于在税法的理论和实务的研究方面成绩突出，1999年10月，汤贡亮被中国税法学研究会、北京大学税法研究中心评选为"全国税法学中青年专家"，授予荣誉证书。

梅阳教授

一、个人履历

梅阳，男，汉族，生于1953年7月，北京市人，中共党员。1969年上山下乡到黑龙江生产建设兵团，1978年考入中央财政金融学院财政系，1982年毕业留校任教，曾先后在财政系、科研处、学报编辑部、财政税务学院工作。1995年任财政系副主任、1997年任科研处副处长，2000年起任《中央财经大学学报》编辑部主任，执行主编，1993年任副教授、2004年任教授。2018年8月退休。

梅阳教授曾担任北京财政学会理事、全国人文社会科学学报学会理事、北京高校学报研究会常务理事、全国社科学报财经联络中心副主任、中央广播电视大学《财政学》主讲教师、青海省委党校外聘教授等。

二、工作成就

长期以来，梅阳教授致力于财政教学和科研工作，主持或参加国家社科基金、教育部、北京市的研究项目，主要学术著作有《中国分税制的决策与实践》《社会保障资金筹集、运用和管理》《中国财政运行的实证分析》《财政学》《现代政府理财学》等；主要论文有《财税体制改革跟踪的几点研究》《论财政在社会保障中的主体地位》《论改革和健全社会保障资金筹集与运行系统》《实现社会公平是政府财政不可推卸的责任》《防范金融风险，促进经济稳定发展》等数十篇，分别发表在《经济学动态》《财政研究》《中央财经大学学报》（以下简称《学报》）等刊物上。在担任《学报》编辑部主任期间，《学报》多年荣获全国社科类核心期刊、中文社会科学引文索引来源期刊（CSSCI）、全国百强社科学报、北京市高校人文社科学报名刊，梅阳教授本人也多次被评选为全国学报学会优秀主编、北京高校学报优秀主编。

梅阳教授在教学工作中，主要讲授《财政学》《社会保障》《中国税制》《财政与金融》《财政理论与政策研究》等课程。在财政科学研究方面，对财政在社会经济资源的配置和收入分配职能问题、财政政策与财政体制等问题进行潜心研究，注重财政与社会经济资源的配置、财政与社会公平分配、财政运行与民生之间的密切关系问题，在其完成的专著《社会保障资金筹集、运用和管理》和论文《论财政在社会保障中的主体地位》《论改革和健全社会保障资金筹集与运行系统》《我国养老保险制度改革研究》《论中国市场经济条件下的社会保障筹资模式》《实现社会公平是政府财政不可推卸的责任》《缩小东西部差距的财税对策选择》等都在密切关注财政和我国社会保障事业的改革与发展，关注着财政对社会经济运行的影响，以及财政与民生之间的密切关系。

三、主要学术观点

梅阳教授在研究课题《社会保障资金筹集、运用和管理》中较为系统地阐述了我国社会保障在发展和改革过程中政府的作用，社会保障资金的筹集和运用，以及社会保障资金存量的保值和增值。在社会保障资金管理和运营方面，梅阳教授在 21 世纪初提出：要解决资金问题，首先要解决制度问题，这是解决社会保障问题的前提条件。在资金筹集方式上，虽然不主张立即开征社会保障税，但可以利用税收作为社会保障资金的辅助来源。同时提出，变现部分国有资产、增加财政投入等措施以增加社会保障资金的来源。在现实情况下，社会保障要扩大覆盖面，核实缴费基数，扩大社会保险基金的收入来源；多渠道筹集社会保障资金；切实增加财政投入，提高财政社会保障支出的比重。在资金的使用和管理方面，建立健全社会保障法律体系，改善社会保障资金筹集使用活动的管理体制；建立规范的社会保障预算，强化财政预算监管；加强财政专户管理，完善社会保障财务监管制度;加强社会保障资金支出管理,降低支付风险,例如,加强退休年龄管理,规范支出调整机制等;建立社会保障信息网络,强化基础管理工作;改革社会保障管理体制,促进管理监督工作和决策的科学化;在资金的运营方面,提出了社会保障资金投资的原则和投资的领域,确保资金的保值和增值。

在强化政府财政实现社会公平方面,梅阳教授通过对我国收入分配不公,逐渐出现两极分化的现象进行分析,指出:收入分配不公已经成为经济和社会发展的障碍,具体表现在五个方面:一是收入分配不公已经抑制了社会需求和经济增长;二是城乡收入差距的扩大,引致城乡公共服务条件差异扩大,严重影响城乡经济社会的协调发展;三是地区差距阻碍了经济一体化的发展,并对国家和社会稳定构成了潜在的影响和威胁;四是地区差距的扩大已经引起了中国社会公众对收入分配不平等的强烈反应,正在成为严重的社会问题;五是收入分配不平等的日益严重也产生了社会贫困问题,贫困面的扩大必定会对经济增长和社会稳定产生一定的冲击。梅阳教授分析其原因指出,收入差距形成的一个重要原因即政府职能的缺位与错位,主要表现有:税收调节不到位,没有真正发挥税收应有的调节作用;国有资产监管不力,引致国有资产流失,形成了新的强势集团;教育、医疗等改革措施不配套,缺乏相应的措施;社会保障制度不健全,一部分社会成员被置于保障范围之外。并进一步分析指出,政府财政是解决社会分配不公的有力工具,并提出具体的建议:一要正确认识市场经济中政府的职能和作用,避免"缺位"和"越位"行为;二要正确界定公共产品,充分发挥政府在市场经济中的作用;三要强化政府财政对调节收入手段的驾驭能力,解决收入分配差距过大的问题。

我国于1994年开始进行财税体制(分税制)改革,梅阳教授在《财税体制改革跟踪的几点研究》一文中,提出了实施过渡期转移支付制度应明确的一些问题。研究指出,对于当前各地提出的一些建立完善转移支付制度的设想和具体实施方案,由于受不同环境条件的影响,意见分歧比较大。而我国目前及未来一段时期,中央预算赤字较大和债务负担较重的财政紧运行状态难有大的改观,可用于转移支付的资金规模也存在着相当大的局限性,统计数据不完整不准确也直接影响标准收入能力和标准支出需求的准确可靠性。西方一些发达国家大多是在建国初期,随着宪法的颁布和政府分级分权管理体制的建立以及事权的以法划分就建立起分税制框架的,继而转移支付制度也随之建立,并在长期的实施过程中,适应形势的变化逐步得到完善。而我国是在长期实行财政包干体制的基础上实行分税制的，这就必然要处处受到财政支出刚性的制约，为规范性转移支付制度的建立和推行带来了相当大的困难。

针对当时的这些情况，中央主管部门提出了"过渡期转移支付"的方案，确定了政策目标以及指导思想。其政策目标是：近期内中央财政根据财力状况，采用相对规范的办法，在一段时期内先实施过渡性转移支付，同时积极创造条件逐步向规范化转移支付制度转变。涉及过渡期转移支付方案的指导思想：一是暂不调整地方既得利益，由中央财政从收入增量中拿出一部分资金，逐步提高对地区利益分配格局调整的力度；二是兼顾公平与效率，力求转移支付公正、合理、规范，同时适当考虑各地的收入努力程度；三是转移支付有所侧重，重点放在缓解地方财政运行中的突出矛盾上，体现对民族地区的适当倾斜。

从过渡期转移支付制度的设计方案来看，它力求较全面地反映我国财政当前的经济和技术条件，并全面体现各方面对转移支付制度提出的建议和要求，表现出一定的可行性。但从分税制的实施目标和实践情况以及各地反映出的矛盾现象来看，过渡期转移支付制度的实施还有必要着重明确以下两个问题：第一，从这个制度的基本内容来看，它还不能有效地解决当前由于分税制的实施给一些经济落后地区特别是少数民族地区造成的所谓"雪上加霜"的财政困难，而这些困难如果不及时有效地解决，不仅对这些地区甚至会对全国的经济发展和社会稳定造成十分不利的影响。因此，在实施过渡期转移支付制度的历史时期，有必要以多种有效的方式，根据国家财力的可能，与外资运用、税收优惠等政策一起，加强对这些地区（重点是少数民族地区）的财政支持。这不仅是国家政策的要求，也是当今世界实行市场经济的国家普遍采用的做法。第二，应该明确宣布，过渡期转移支付制度只是在我国特定历史条件下实行的一种有时间性的制度，它的政策目标应当是在实施的过程中，在规定的时间内，积极为建立规范的转移支付制度创造必要的条件。这不仅是完善转移支付制度本身，也是提高分税制的可行性和规范性的客观要求。根据我国的条件，可设想过渡期转移支付制度的实施，主要应限制在近期，即"九五"时期，并在实施过程中积极创造条件，在下一个五年计划时期，应过渡到当今世界大多数国家实行的那种类型的转移支付制度，即以专项补助为主，辅之以宽口径项目补助与平衡补助的转移支付，并较大幅度地提高转移支付在各级政府预算支出中所占的比重。这是实行市场经济国家的财政管理体制在长期的历史实践中表现出的一个带有普遍性的倾向。经过两个五年计划的实践以后，再根据具体的发展变化，着重参照德国模式的转移支付制度，进一步建立起一个更科学规范的转移支付制度，即多层次、多形式、覆盖面广、计算方法科学规范的转移支付制度。

四、人物评价

梅阳教授在 2000~2013 年担任《中央财经大学学报》编辑部主任和学报的执行主编，作为学报编辑部主任，梅阳教授在学报编辑、出版管理工作中，坚持民主开放，勇于创新，充分发挥大家的积极性，增强凝聚力，学报工作得到了较大的发展，通过不断建设，从外在形象和内在质量上都明显提高。其在学报工作期间，完成了学报的成功改版和封面及版式设计，体现了中央财经大学学科特点和学术氛围。2006 年起，学报又增加了版面，在工作量增加的情况下，梅阳教授与编辑部的同志努力勤奋工作，较好地完成了编辑、校对、出版和发行工作。随着学报的社会影响力的扩大，学报的来稿数量和质量都有了明显提高，审阅稿件的数量明显增加，梅阳教授和编辑部的同仁们一直努力工作，不断提高学报的质量。在这期间学报从由原来的自办发行改为邮局发行，发行量有了大幅度的提高，大大地增强了《中央财经大学学报》在社会上的影响力。经过多年努力，《中央财经大学学报》成为全国社科类核心期刊，中文社会科学引文索引来源期刊，并成为全国社科类百强学报，北京市高校人文社科类学报的名刊。有很多篇所刊登的文章被《新华文摘》、人民大学书报中心《书报复印资料》等二次文献刊物转载，学报中的"财政税收"栏目被中国高校社科学报学会评为优秀栏目，梅阳教授本人也多次被中国高校社科学报学会和北京市高校社科学报研究会评选为优秀主编。

刘玉平教授

一、个人履历

刘玉平教授（1963~2015），山东龙口人，1985年7月毕业于上海财经学院（现上海财经大学），同年分配到中央财政金融学院（现中央财经大学）任教。1999年9月晋升为教授；2005年7月获得经济学博士学位；2007年被聘为博士生导师。自1997年5月起，历任财政系副主任、财政与公共管理学院副院长、财政学院副院长、资产评估研究所所长、中央财经大学共事协商委员会委员等职。担任全国资产评估专业学位研究生（MV）教育指导委员会委员兼秘书长，北京市海淀区第七、第八届政协委员，昌平区第三、第四届政协委员，财政部资产评估准则委员会委员，全国人大资产评估法起草顾问小组成员，中国资产评估准则专家组成员，审计署高级审计师评审委员会委员，国家知识产权局知识产权资产评估促进工程特邀专家，中国学位与研究生教育学会常务理事，中国国有资产管理学会理事，中国资产评估协会理事，中国房地产估价师与房地产经纪人学会理事，中国土地估价师协会理事等职务。

二、工作成就

刘玉平教授长期从事资产评估教学和研究工作，见证了中国资产评估行业发展的全过程。刘玉平教授默默奉献，勇于担当，视"中国资产评估"为自己的责任与事业追求。自20世纪90年代以来，刘玉平教授将关注点逐渐由财务管理转向资产评估。他主讲《企业财务管理》《资产评估》《企业价值评估》等专业核心课程，撰写《资产评估教程》《中国资产评估准则》《资产评估理论与管理》等专著和国家级、省部级精品教程20余部，主持完成财政部、中国资产评估协会、国家知识产权局等重大课题近30项。刘玉平教授还在中国资产评估协会以及全国各地、各行业举办的资产评估培训班和注册资产评估师后续教育培训班授课。2002年参与组织出版适用于注册资产评估师后续教育的第一套教材，担任《不动产、机器设备、珠宝首饰、资源资产评估实务》主编。

刘玉平教授重视资产评估理论研究。2000年开始担任中国资产评估协会首批资产评估实践基地——中央财经大学资产评估研究所所长。从2001年起发起并主办中国评估论坛第一、第二、第三届，并从第四届开始协助中国资产评估协会举办中国评估论坛。主办"国际会计准则对资产评估与财务报表的影响研讨会"等。在各类国际国内会议上就资产评估问题进行演讲。承担中国资产评估协会、财政部、国家知识产权局等有关资产评估课题研究。在评估机构内控制度建立、评估机构绩效考核、知识产权评估准则、资产评估基础理论研究等方面进行了探讨。

刘玉平教授积极促进资产评估教育教学改革。率先在高校开设资产评估课程。在中央财经大学开设资产评估本科专业，指导资产评估硕士研究生、博士研究生。2009年，接受国务院学位委员会委托，论证、申请资产评估专业学位研究生培养资格，并在中央财经大学开展资产评估专业学位研究生试点。2009年在国务院学位委员会全国资产评估专业学位研究生教育委员会担任委员兼秘书长。积极探讨专业硕士培养模式和方式，在实践基地建设、双导师培养、论文形式等方面做出了积极的努力和探索，取得了有效的成果。

他担任财政部资产评估准则委员会委员以来，参与研究起草了我国第一项资产评估准则《资产评估准则——无形资产》，后来主持起草《资产评估准则——评估报告》，参加起草《资产评估准则——机器设备》《资产评估准则——利用专家工作》《资产评估准则——企业价值》《企业国有资产评估报告指南》《专利资产评估指导意见》《商标权资产评估指导意见》等。同时参与各项资产评估准则的研究、制定、论证，并对资产评估准则的内容进行讲解。

1995年他作为中国注册资产评估师考核领导小组成员，参与了全国首批注册资产评估师的考核工作。参与注册资产评估师考试科目设计、教材编写和审定、师资培训以及命题等工作。1997~1999年，作为中国资产评估协会专家评审会成员，审定上市项目等100余项。并参与了资产评估有关案例的论证。从2006年开始，作为全国人大财经委评估立法顾问组成员，参与了《中华人民共和国资产评估法》研究起草工作。承担该法起草研究中的相关课题研究，研究起草有关条款，接受有关部门咨询论证，并就资产评估法发表论文进行学术探讨。

三、获奖与荣誉

刘玉平教授获得诸多奖励和荣誉，例如，论文《无形资产评估准则制定中的若干问题研究》获中国资产评估协会一等奖；论文《经济增长与财政政策选择》获2005年中国财政学会优秀成果三等奖；论文《再论价值类型》获中国资产评估协会2003年论文一等奖；著作《经济增长波动与政策选择》获2002年北京市第六届哲学社会科学成果二等奖等。

刘玉平教授在知名期刊发表了上百篇有关资产评估的文章，主要涉及资产评估理论与方法研究、资产评估行业研究、资产评估实务研究、资产评估学科建设研究、财务管理和国有资产管理等领域。主要分为四个部分：一是资产评估理论与方法研究，主要学术观点包括：资产评估概念有广义和狭义之分；资产评估是资产管理的重要环节；资产评估促使国有资产保值增值；资产评估价值是独立的经济范畴；资产评估的价值类型具有非单一性；资产评估方法受制于评估目的，无论哪种评估方法，其难点都在于所涉及参数的正确选择和计量。二是资产评估行业研究，主要学术观点包括：资产评估是不可或缺的行业，必须加强资产评估行业的统一管理；加强资产评估准则、立法和资产评估报告建设，深化资产评估机构的建设与发展。三是资产评估实务研究，主要涉及企业价值和无形资产价值。四是资产评估学科建设研究，主要学术观点包括：资产评估专业硕士的培养应当突出其应用性和操作性；专业硕士依然需要构建完整的学科教育体系；全国资产评估硕士专业学位教育指导委员会应建立完善的认证指标体系等。

四、人物评价

刘玉平教授一生致力于资产评估理论与实务研究，是我国资产评估教育家、杰出的资产评估学者，我国资产评估学科理论体系的奠基人之一，对我国资产评估行业发展、学科建设、人才培养做出了巨大的贡献。他在企业价值评估、无形资产评估领域所提出的理论和方法，深刻地影响着我国资产评估行业的发展；他针对国有资本经营预算制度的研究结论，对我国全口径预算管理改革起着重要的推动作用；他对资产评估专业学位硕士研究生培养模式的创新思考，引领了全国资产评估专硕的人才培养实践。

金融学院

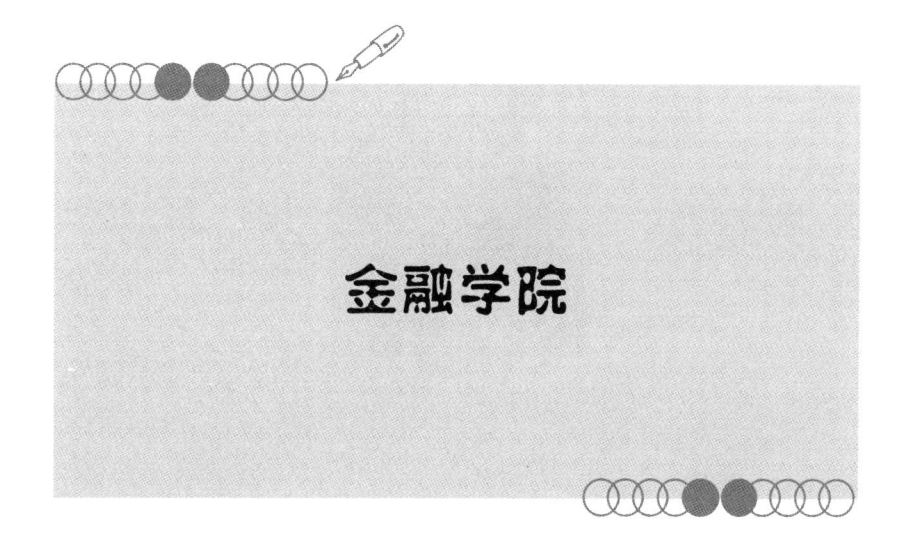

张焕彩教授

一、个人履历

张焕彩（1915~1985），原名张文昶，男，汉族，河南省南阳县（现南阳市）人。我国著名金融学家、会计学家、教育家。中央财政金融学院副院长，金融系、会计系主任。中国会计学会第一届理事会副会长，中国农村金融学会第一、第二、第三届理事会副会长。2000年，作为20世纪中国会计学界名人被收入《中国会计学界百年星河图》，列为三星人物。

1935年，年仅24岁的张焕彩就加入了中国共产党领导的中华民族解放先锋队，开展抗日救国和民族解放运动。1938年加入中国共产党。1940年任西北联合大学地下党支部书记和陕南学委书记。1941年肄业于国立西北联合大学法商学院经济系，之后曾在民主建国大学学习。1942~1944年在国民党59军、98军做地下工作。1945~1946年，在中原解放区新四军搞民运后勤工作，后在民主建国大学学习。1946~1948年，任冀南银行审计科长，晋冀鲁豫根据地冀南银行建业会计学校教务主任。1948~1957年，任天津市军管会审计科长，在中国人民银行总行任科长、专员。1958年起任中央财政金融干部学校副校长、中央财政金融学院副院长、金融系主任兼会计系主任，兼任中国金融学会第二届理事会常务理事。张焕彩教授是银行会计核算制度的制定者及新中国财政金融教育的创始人和开拓者。

二、主要贡献和事迹

1. 参加抗日救亡活动

1935年，张焕彩参加了中华民族解放先锋队，不久后即担任区队长的职务。"一二·九"运动期间，在一次游行示威的活动中，为了掩护大家撤退，他的额头上曾经留下了宪兵的刀痕。当时在北平学生组织的地下党准备发展他为中共党员，但是由于假期和形势紧张他便回到了家乡。回到家乡以后他继续从事抗日救亡的宣传工作。于1938年加入了中国共产党。他在家乡做了大量的救亡宣传工作，为南阳县的地下党组织工作做出了杰出的贡献。他曾经在南阳县委任过委员，主管宣传和组织工作。

1937年抗日战争爆发后，张焕彩离开家乡来到西北联大继续学习。在西北联大学习期间，由于局势紧张，张焕彩设法加快向延安输送应届毕业生，不让毕业生中被敌人点名的地下党员填表登记，也不让要文凭。为了预防敌人在去延安的路上堵截，又重新修订了路线，采用化装的方法，躲过敌人路口、车站的视线，照顾有恋爱关系的同志一同走。对在应届毕业生中未暴露的地下党员，劝其留在白区工作，并安排好他们每个人离校的联系人。有的人去外地没有路费，张焕彩还帮助解决了路费，胜利地完成1941年暑假向延安输送15名毕业生的任务，躲过了敌人的盘查堵截。

2. 培育早期会计人才

抗日战争结束后不久，张焕彩来到晋冀鲁豫根据地冀南银行建业会计学校。这是一所由晋冀豫边区银行总行——冀南银行领导的、在河北邯郸创办的培养会计人才的专门学校，校长由冀南银行副行长胡景沄兼任。张焕彩除担任审计学等专业课程的教学任务之外，还兼任学校的教务主任，负责学校的日常工作。由于他既有扎实的理论知识，又有丰富的实践经验，讲起课来生动活泼、深入浅出，因此，深受大家欢迎。

张焕彩在会计学校尽职尽责，不怕苦不怕累，工作很出色。据当时会计学校的学生李雨田、张成荣、马旭光等回忆，"张教员学识渊博，深入浅出，讲授开始就能把学生的注意力全部吸引到课堂上来，讲课既有理论，又有实际，同学们都非常愿意听他的课。同学们有不懂的疑难问题，都很愿意找他求教。张焕彩主任是学校里最忙的人，除上课安排教务之外，还负责从太原、石家庄招收新生的工作，亲自出考试题，亲自组织考试，审批考卷，批准入学。他日夜操劳，十分繁忙。新招来的青年学生在思想上既有上进心、热情高的一面，同时又有由于国民党长期歪曲宣传我们党的政策，即学生对我党还持有疑惑的思想。当张教员发现这种情况后，就针对学生存在的问题上大课，进行政治教育，然后开展讨论，明辨是非"。

张焕彩对党忠诚，对工作高度负责。他好学，进取心强，严于律己，宽以待人，关心他人胜过关心自己，对学生要求严格而又善于谆谆教导，以理服人。

3. 制定银行会计核算制度

中国人民银行总行于1948年底成立，因为缺乏干部，又把张焕彩调入中国人民银行，担任会计科长。接管天津时他又担任军管会审计科长。后又回到中国人民银行总行担任会计司专员。

张焕彩党性强，觉悟高，对党忠心耿耿，对马列主义的信仰坚定不移。他在白区工作时期失掉了党的关系，组织上对其当时情况一时搞不清楚，也因此，影响了组织对他的安排与提拔重用。他经得起考验，总是抱着早晚一定会搞清楚，干什么工作都是干革命的态度，所以上级不论安排他做什么工作，都从来没有影响他的个人情绪。

在会计司建立核算工作之前，曾决定让他去苏联学习会计核算业务制度，他也做好了充分准备。应该说，他去是比较合适的，学过多种外语，有一定基础，当时测验合格，他又请秦炎（国务院业务局局长）帮他辅导。他对接受这项任务十分高兴，但是由于情况有变化最后突然把他的名字取消了，对此他也没有任何怨言。调他去干校工作，根据当时会计司工作情况是不能走的，因为要从专员中安排司长，如果按工作需要和能力当然首先应提拔他，但又因为"历史问题没有搞清楚"不能提拔，只好将他调开。

张焕彩在建立新中国人民银行会计核算制度中倾尽了他所有的心血，几乎所有的制度都是经他制定，再经过行长审阅后上报国务院批准实行的，他是新中国人民银行会计制度的主要制定者。据中华人民共和国成立后第二任中国人民银行曹菊如老行长的女儿回忆："我父亲生前说过，焕彩同志在制定银行会计制度上借助苏联的经验打造出了我国的第一部会计核算制度。在这方面他是主要起草制定者，也是当之无愧的红色会计专家。"

4. 创建中央财政金融学院

1958年，张焕彩调到中国人民银行总行干部学校，任金融教研室主任。1958年12月，由中央财政干部学校和中国人民银行总行干部学校合并成立中央财政金融干部学校。1960年，成立中央财政金融学院。中央财政金融学院是在财政、银行两个干校的基础上建立起来的，底子薄，师资队伍不整齐，没有成套教材，等于白手起家。学校如何办？主办人姜明远和张焕彩两人商量办校的方针和教材问题。办校的方针是"做啥教啥"，另外，加理论教学。在政治、哲学方面，可以按照党校的办；在业务方面，张焕彩的老伙伴姜明远副院长说："我懂财政，焕彩同志懂银行和会计，还能带头干，他负责领导金融和会计两个系。"

张焕彩教授是一位进取心强、有开拓精神的教育工作者。他不怕困难，善于动脑筋想办法，勇于改革创新，自创教材。建校时他任金融系主任，开创了金融系的教学工作。金融系老主任张玉文教授说："金融系是一门新课题，因为全国各大学中当时还没有一所大学有金融系，中央财政金融学院设立金融系，是首创金融系，没有经验可取，一切靠自力更生。在开课方面，张院长很有战略眼光，极力主张开办农村金融业务课和国际金融专业，还大力强化两个金融教研室的力量，在张院长的主持下，从各处调来年富力强的教师，充实到农村金融教研室。他对教师们说，我们是农业大国，一定要开好农村金融课，要培养好农村金融工作人才。同时也要放眼国外的金融业务，现在看来，他在那时就能提出这些观点实在是很有远见的。"

张焕彩很注意培养青年教师，从具体事情入手，要求做到"六个第一"，即在一定时间内通读一本书，一定时间内学会一门外语，一定时间内要写一篇东西。他具体帮助提高青年教师授课水平。王自端教授说，"我当年给越南学生讲课，开始有点害怕，认为是给外国学生讲，怕讲不好。张院长鼓励要大胆地讲，外国学生也是学生，就是要像给中国学生讲课一样，不要怕。他还帮助我备课，具体指出某些方面怎样修改讲稿。在讲课时，他还亲自到教室门口外边坐着听课，怕讲课人怯场，不到课堂里边听。听完课，再给讲课人提出不足之处。他就是这样耐心细致地实实在在地培养青年教师，我至今不能忘怀。"

5. 恢复中央财政金融学院

1977年下旬，党中央和国务院决定恢复中央财政金融学院，于是张焕彩和他的老搭档姜明远副院长又凑到一起商量复校的工作。因为复校要比建校难度大得多，自从"文革"时期中央财政金融学院被解散，仅仅留下了几位所谓善后的留守人员，所有的房屋都被北京卷烟厂占据。教室变成了厂房，宿舍也被占据了大部分，尤其是原来他们辛辛苦苦建立起来的教师队伍都被发配到了祖国各地，还要准备当年招生，复校困难重重。

为此，当时的财政部长张劲夫和中国人民银行行长李葆华多次专门找他们谈话了解情况，并大力支持学院的复校工作，特别表示，如果复校困难可以缓几年再招生。但是他们表示一定要在1979年开始招生。

张焕彩和姜明远商量复校方案：复校后的发展历程分为三个阶段。第一阶段为复校时期。这个阶段又分为两段：一是主要恢复招生、调回师资和要回校园；二是改造校园、适当增加专业、争取学术更上一层楼。第二阶段为学校向多学科大学转变时期。通过扩展学科，为学校向高水平大学发展奠定基础。第三阶段为建设高水平大学时期。经过努力，让学校成为国家重点高校。

1978年5月中央调财政部老部长戎子和到中央财政金融学院任书记兼院长，戎老给张焕彩的工作安排是：全院的教学总管，主管金融系和会计系以及其他学科的恢复和新开，兼管马列主义教研室和全院的后勤。尽管那时他已经百病缠身，但是还在努力的工作，当时学校恢复的信息，促使许多在外地的干部都产生想调回北京的想法，张焕彩的家里几乎天天有人来，有说情的，也有毛遂自荐的，还有送礼的等，张焕彩都一一接待，但是从不收礼。选人是择优录取，还通过自己的老战友把一些急需的干部和教师"走后门"调了回来。使学校的早期开学有了师资的保障。并且为了金融系和会计系主任的人选也费尽了心血。因为当时教育战线都在恢复期间，人才奇缺，许多适合作为金融系主任人选的同志一时都不能到位，张焕彩主动提出自己兼任金融系主任（"文革"前他已经辞去了这个职位）。1978年中财第一届招生工作正式开始了。

6. 管理会计学科建设

1980年初，作为中央财政金融学院主管教学的院长，张焕彩力推国外会计教研室的创建，这在全国尚属首倡。在张焕彩指导下，学院组织了四位老同志在半年期间内翻译了1万余字的国外会计参考资料。一方面，向社会介绍西方会计动态；另一方面，为会计教学的改革积累一些素材。经过半年多的消化吸收，终于弄清了西方工业发达国家从20世纪50年代开始把现代企业会计正式划分为财务会计、管理会计两大系统的前因后果及其主要内容。前者主要是通过定期编制基本财务报表为企业外界有经济利害关系的团体或个人服务，重点放在反映过去。而后者则主要是通过规划与控制经济活动的各种专门方法，为企业内部各级管理人员提供有效经营和管理决策的有用信息，以便为改进经营管理，提高经济效益服务。

管理会计的出台，标志着中国的现代会计科学进入了充满活力的新阶段，其影响之深远堪与1494年世界上第一本由意大利人卢卡·帕乔利编著的《簿记论》相媲美，从而成为中国会计发展史上的第二个里程碑。

1980年10月在北京召开的全国会计工作会议上，张焕彩呼吁中国会计界要重视管理会计，并借鉴其中有用的经验。在此之后，他更坚定了开设这门课程的决心，并以此作为对会计教学进行改革的契机。他决定根据"洋为中用"的原则来编一本教材。按照改革开放的需要，对西方管理会计的全部内容有选择地加以消化吸收。凡不适合我国国情的部分，一概予以鄙弃。至于教材内容的结构安排，则进行重新组合。

1981年8月，张焕彩的《管理会计基础》一书由知识出版社出版，被列为新编立信会计丛书。这是我国第一本自编的管理会计教材，在全国会计界引起了很大震动。1984年春，应中央广播电视大学的要求，在原有基础上全面加以修改补充，写成《管理会计学》。1985年正式出版，并于同年9月在中央电视一台播出，影响面更广。截至1989年，上述两书已先后发行95余万册。目前全国财经类的大专院校与中等专业学校都普遍开设了管理会计课程，并以此作为硕士生和博士生的研究方向，张焕彩在会计研究方面做出了杰出贡献。

刘光第教授*

一、个人履历

刘光第（1917~1996），男，汉族，湖北仙桃市人，我国著名经济学家、教育家。1939年就读于重庆大学商学院银行专业，1943年获商学士学位，同年就读于西南联合大学南开经济研究所，1945年获货币金融专业硕士学位。毕业后曾担任重庆中央设计局货币银行组研究员，兼任重庆求精商业专科学校和沪江东吴联合商学院代理教授、上海证券交易所统计室主任、上海中国经济研究所研究员，1949年7月至1953年2月，先后任中国人民银行华东区计划科科长、研究员，上海《经济周报》总编辑，上海财经学院副教授。1953年调入北京，曾先后在中国人民银行总行干部学校、中央财政金融干部学校、中央财政金融学院、北京财贸学校任教。1978年调回中央财政金融学院任教，1979年任教授。

---

* 全文刊登在中国财政经济出版社出版的《文心》第10期和《中央财经大学校报》2017年第23期。2019年6月9日，此文以《清风明月襟怀阔　纵横文章报国心——忆刘光第先生》为题刊登在《学习时报》第7版"学术人生"栏目时有删减。

二、主要贡献

中华人民共和国成立之初，刘光第教授亲历了上海金融业的接收与改造，为新中国金融制度的建立和国民经济快速恢复做出了重要贡献。他是改革开放初期最活跃和最有影响的经济学家之一，发表了一系列重大研究成果，许多政策建议被政府采纳，推动了我国经济金融改革。1992年被英国剑桥国际名人传记中心列为当年国际名人。在中华人民共和国成立之初，他为国家培育了大批金融人才，是中央财经大学金融学科和经济学科发展的推动者。

三、事迹

刘先生是我大学时期的老师，是我学术成长道路上最重要的引路人之一。在我的心中，刘先生是一位循循善诱、品格高尚的好老师，一位潜心学问、慎思明辨的学者，一位具有强烈家国情怀的知识分子。

1. 抗战烽火中立志学术救国，研习探求富民强国之道

刘先生出生于职员家庭，自幼喜好读书与思考，有很好的古文功底和文化修养。日本侵华战争爆发后，中国军队先是不抵抗，后是节节败退。他深切感受到偌大的中国被日本所欺，皆因中国虽大但却积贫积弱，救国的根本之路在于尽快使中国富强起来。面对日军不断向内地侵入、祖国山河支离破碎的景象，1939年，他从武汉辗转来到重庆，考入重庆大学商学院学习富民强国之道。当时马寅初先生担任商学院院长，给学生讲授《货币银行学》和《中国金融论》两门课程。记得刘先生曾跟我说起，马先生的第一堂课就说中国的问题在于贫、弱、愚、私，根本的出路在于使中国富强起来，经济学就是探求富强之道的，希望同学们在这国难当头之时，能够怀着这样的爱国热忱来学习经济学。马寅初先生的一席话使他激动不已。马寅初先生强调学习要理论联系实际，对中国经济和财政金融问题只有做深入的调查研究，才能获得有创见的知识。刘先生说，我们这一代人就是抱着知识救国的愿望和马先生教我们的方法学习和研究经济学的，希望你们也能这样做。

刘先生求学期间的学习环境是非常恶劣的，由于日军对重庆实施战略轰炸，他们不能正常上课，每天都要跑几次防空洞。虽然如此，马寅初先生对学生要求还是非常严格，鼓励他们不管环境怎样艰苦，都要努力抓紧时间学习。他本人也以身作则，在进防空洞时总是带着书，在微弱的灯光下阅读。每当看到这种情

形,同学们都深受鼓舞,进而从他身上汲取无形的力量。大多数同学在这样艰苦的环境下完成了全部课程圆满毕业,获得商学学士学位。

1943年秋,立志继续深造、怀揣着盖有刘大钧院长印章的本科毕业证书,刘先生来到享誉中外的西南联合大学南开经济研究所报到。这个学术机构由耶鲁大学博士毕业生何廉先生于1927年秋创办,其主旨是"为我国社会经济问题作实际解决之准备,兼谋我国社会科学之发展",坚持将西方经济学理论和方法与中国经济实际相结合、教学与研究相结合两个原则,培养经世济民之才,探究中国社会经济问题,首创中国物价指数,在学术上取得了累累硕果,声名远播。研究所从1935年开始招收两年制硕士生,至1948年前后共计招收培养了11届60名研究生,他们中绝大多数人都在推动中国迈向富强文明的历史进程中卓有建树。刘光第先生是第7届学生,同届同学还有陈志让、雍文远、张本懿3人。彼时研究所师资力量雄厚,以伦敦政治经济学院模式培养人才,给学生们授课的不仅有经济系的老师,还包括陈序经、张纯明等政治学、社会学名师,学科交融,兼容并包,极大地拓展了学生的知识结构与眼界。与在重庆大学读本科时一样,研究所师生关系密切,感情深厚,老师们教书育人,常请学生到家里吃饭,探讨解惑学业、人生与社会等问题。

1945年秋,刘先生以优异的成绩毕业,获得货币银行专业硕士学位,论文题目是《瑞典学派之货币理论与货币政策》。据研究所研究主任方显廷先生回忆,受1936年英国经济学家凯恩斯出版《货币通论》后兴起的"凯恩斯革命"影响,1940年前后,研究生培养方向重点从实际领域诸如土地制度与改革、乡村合作、地方政府和财政转向经济理论与货币问题。这篇论文是他后来成为货币金融大家的奠基之作。论文指导老师是后来在北京大学任教的著名经济学家陈振汉先生。陈先生的妻子崔书香教授毕业于哈佛大学,当时亦在研究所任职,后来她先后在燕京大学和辅仁大学任教,1952年院系调整时转入中央财政金融学院(中央财经大学前身)。巧合的是,1953年刘先生从上海调入北京,在中央财经大学与崔书香教授成为亦师亦友的同事。硕士毕业前,刘先生曾想到国外大学攻读博士学位,然而并不富足的家境需要他尽快参加工作以补贴家用的现实,让他打消了这个念头。毕业离开南开时,老校长张伯苓先生、经济研究所何廉和方显廷等诸位先生坚毅卓绝的办学精神已内化于刘先生心中。

1939~1945年,刘先生以顽强的毅力和勤勉寻求到了学术救国、富民强国之道。他曾说过,那六年,在很多博学多闻、古风犹存的先生身上不仅学到了科学知识救国富民之术，也深为先生们发自内心的爱学生、爱学术、爱国家的品格和精神所感染。尤其是马寅初先生的铮铮风骨，对他影响极大。

为准确了解刘先生在重庆学习时期的具体情况，我曾委托我的同事杨禹强博士查阅了中央财经大学和重庆市档案馆保存的刘先生的档案。档案中有一份当时在江苏省水利厅任职的大学同学丁星钰先生 1952 年提供的政审材料《关于刘光第情况的介绍》，这份材料写道："刘光第在大学读书期间，是同班中最用功的一个，平时不大过问政治，但在思想认识上是比较中肯的，为人颇富正义感。例如，当时马寅初先生展开与'四大家族'的斗争所发表的言论，他是非常拥护和赞扬的，马先生被捕，他是非常愤慨与同情的，后马先生被释放回到重庆歌乐山家中闲居时，他时常和一些同学去看马先生，同时也很希望马先生重回到重大商学院来领导青年学习。只恨当时反动政权为了避免扩大影响，不准许这样做，所以他当时很为马先生抱不平。他对马先生那种威武不能屈的人格，是极端钦佩的。"

2. 亲历经济领域的"淮海战役"，为中华人民共和国金融事业的良好开端培养了最初一批宝贵人才

1945 年 9 月，刘先生研究生毕业后，经所长何廉先生介绍，到重庆中央设计局货币银行组任研究员，并在沪江大学和重庆求精商业专科学校兼任教员。1947 年 8 月，他离开重庆到上海，先后任上海证券交易所调查研究处统计室主任、上海中国经济研究所副研究员。1949 年 5 月上海解放，刘先生于 7 月调入中国人民银行华东区行担任研究员、计划科科长，身处上海金融业接收改造的第一线，亲历了由陈云同志领导的"两白一黑"战争（即大米、棉纱、煤炭战争）。此役大捷，被毛主席评价为"不下于淮海战役"。刘先生用自己所学的系统经济金融知识，为迅速稳定财政金融和恢复经济秩序做出了重要贡献。时隔 30 年后，当我进入大学读书时，刘先生还跟我们说起这场险象环生、惊心动魄的战役，他赞叹陈云同志高超的经济领导才能，对国民党统治时期恶性通货膨胀、物价飞涨、民不聊生的状况深恶痛绝。在新中国成立之初的国民经济恢复时期，他满腔热情地投入其中，为朝气蓬勃的新中国建设倾注了全部热情和力量，特别是为新中国金融制度的建立贡献了自己的智慧和才华。这一时期，他还在上海《经济周报》兼任总编辑，在上海财政经济学院（上海财经大学的前身）兼任副教授，在《解放日报》《大公报》《中国金融》等报刊发表了多篇有关经济金融方面的学术论文，并出版了专著《货币管理》。他的著作和论文在学术界引起广泛关

注，为新中国金融制度建立和货币金融管理提供了重要理论支撑。

1953 年，中华人民共和国开始第一个"五年计划"的经济建设，金融事业发展迫切需要一大批专业干部，刘光第先生因其系统深厚的经济金融学理论功底和成功的金融实践经验，于当年 3 月调入北京，任教于中央财经大学前身之一的中国人民银行总行干部学校，担任政治经济学组长。先后主讲《货币制度和货币管理》《政治经济学》《经济学说史》等课程，为中华人民共和国金融事业的起步开拓培养了最初的一批宝贵人才。1958 年，中国人民银行总行干部学校与中央财政干部学校合并成立中央财政金融干部学校，1960 年在此基础上成立中央财政金融学院，直至 1996 年学校更名为中央财经大学，刘先生一直在这所学校潜心学术研究，精心教书育人。即使在"文革"下放河南劳动期间，他仍然坚持学术研究，不忘初心，勤奋耕耘。在这一时期，他集中研究了苏联计划经济体制下的经济金融政策和实践效果，梳理了西方经济金融理论的成果，特别是紧密结合当时中国的经济金融状况，投入更多精力于马克思主义政治经济学理论研究，其著述的《政治经济学》（资本主义部分）作为高等院校教材使用，出版印刷 30 余万册，还发表了多篇学术论文。这一时期的潜心研究和持续不断的深入思考，使他在"文革"结束后成为推动经济改革最有影响的第一批理论先锋之一，也是他后来给我们上课时深入浅出、纵横捭阖、引人入胜的重要原因。

3. 改革开放浪潮中尽显峥嵘，卓越学术成就为富民强国贡献力量

党的十一届三中全会拉开了中国改革开放的大幕，虽然刘光第先生年过花甲，但他像朝气蓬勃的年轻人一样以极大的热情和勇往直前的精神投身于经济体制改革和金融体制改革的理论与政策研究之中，迎来了他学术创作的高峰期。在改革开放初期，我国理论界关于经济体制改革的研究出现一片繁荣景象，但许多问题争议很大，反对改革的声音也不小。刘先生以坚实的经济学理论基础，从客观的经济规律和社会发展的总趋势出发，论证经济改革的必要性和迫切性。从农村联产承包到城市经济改革，从改革试点到全面改革，从"计划经济体制"到"计划经济为主、市场经济为辅"，再从"有计划的商品经济"到中国特色的"社会主义市场经济"的论证中，刘先生都发表了他的创新观点，是推动这一进程的重要经济学家之一。

面对改革开放后经济体制的重大转型，他以极大的勇气投入到理论学术研究中，创新成果不断涌现。先后在《中国社会科学》《经济研究》《金融研究》《人民日报》《光明日报》等发表了几十篇学术论文，相继提出了宏观经济价值

管理说、人民币价值基础说和金融市场发展战略论，在学术界、理论界和实务部门中都产生了重大影响。例如，在货币信用的理论问题上，改革初期不少学者把货币信用问题作为一个部门经济来看待，认为国家对经济的管理主要还是靠实物指标直接管理，刘先生特别论证了货币在经济管理中的地位与作用，在专著《论中国宏观经济价值管理》一书中提出了"国民经济货币化是我国经济体制改革的主线"以及"宏观经济管理应由实物管理为主转向以价值管理为主"的观点，引起学界和决策部门的高度重视。宏观经济的价值管理首先是一种总量管理，其管理的目标是实现社会总供给与社会总需求的平衡。实行以价值管理为主，就是要把货币和货币资金的运动作为经济管理的主要内容，着力通过对货币和货币资金计划来分配和调控，间接地实现对社会生产、交换和分配的调控。刘先生的宏观经济价值管理说强调了货币、银行在国民经济运行中的作用，为中央银行运用货币政策调控社会总需求提供了理论基础，对建立系统的中央银行间接调控体系发挥了重要作用。

又如，从计划经济走向社会主义市场经济，必然会有一个经济货币化的过程，在这个过程中要保持货币的相对稳定，就必须正确认识人民币的价值基础，而长期以来学术界对金币流通规律和纸币流通规律的解释是模糊的。1980年，刘先生与焦玉兰教授在金融研究动态上发表了《论纸币和黄金的联系》一文，明确指出"人民币价值的基础不是商品，也不是商品价格的综合指数，而是黄金"的核心观点。他们认为，纸币流通不能按纸币流通规律的作用进行，而必须按金币流通规律的作用行事；金币流通规律与纸币流通规律既有联系，又有区别；在纸币流通条件下要自觉地使纸币流通符合金币流通规律，以实现稳定币值、稳定物价的目标。1981年，刘先生将这篇论文进行了扩展和完善，由《中国社会科学》杂志公开发表，成为这一学术领域的经典文献。这一研究让人们进一步清晰了对马克思货币理论的认识，丰富了货币理论，对经济宏观管理部门制定正确的货币政策和物价政策提供了理论支撑。

随着我国经济体制改革的逐步深入，20世纪90年代我国金融市场起步阶段，出现了许多令人担忧的问题。刘先生发表了一系列论文，例如，《当前我国股票市场存在的问题及股市发展战略选择》《关于发展中国证券市场的几个问题》《对发展我国金融市场的几点看法》等，提出应按照金融市场的发展规律，有顺序地发展我国金融市场体系，即优先发展货币市场，再发展资本市场；在资本市场中，应优先发展债券市场，再发展股票市场；在股票市场中，应着重发展与实质投资相关的一级市场，再发展二级市场，二级市场的发展应以提高证券的流动性，为一级市场创造良好环境为目的，而不应脱离一级市场单纯追求交易量；无论是债券市场还是股票市场，都应优先发展现货市场，再有限制地开放期货市场。刘先生的观点在我国金融市场发展过程中起到了积极的引领作用。

1993年，他主持了国家社会科学基金"八五"重点课题"中国货币政策及其宏观调控体系研究"，对改革开放以来的货币政策理论和实践进行了系统研究，搭建了宏观调控体系的总体框架。

刘光第先生的经济思想是以货币金融为主线的。他对现代市场经济中金融的核心作用、货币稳定的内在基础、金融机构经营与实体经济的密切关联、资本市场发展的顺序与资源配置、经济金融体制的运行和宏观调控等方面的精深研究显示了强大的理论逻辑和真理性力量，是我们的宝贵财富。

在改革开放初期的十几年中，刘光第先生还积极活跃于各种学术论坛，他经常参加国家体改委、国务院发展研究中心、中国人民银行等组织的金融体制改革、货币政策、金融形势分析等方面的座谈会，是国家经济决策部门和改革的智库机构经常邀请的经济学家之一。20世纪80年代，当中国金融学会恢复活动后，他担任常务理事，1993年中国城市金融学会成立，他是首届常务理事和学术委员会委员。他对经济改革和经济运行中的宏观政策特别是财政金融政策提出的重要建议，许多都被采纳，为中国经济改革与发展贡献了全部智慧与才华。

4. 儒雅简静谦谦君子风，关爱学生关心学科浓浓家国情

作为中央财经大学最知名的教授之一，刘先生身上传承着中国优秀知识分子特有的儒雅、简静和谦逊的气质，温润如玉又有风骨。

关于刘先生的为人，杨禹强博士在中央财经大学档案馆保存的刘先生档案中看到一份政审材料，是他的故交南开大学钱荣堃教授于1957年1月提供给单位的。这份《关于刘光第同志的某些情况》中是这样评价的："刘光第在重庆大学和南开大学研究所学习期间比我低一级。根据我的了解，他是一个好学不倦、不问政治、自命清高、自以为超越政治超越党派的知识分子。他不喜欢也不善于钻营，不善于逢迎，在旧社会没有得到什么好处。他的作风也比较正派，有人说他是老夫子。"

这位同学眼中的"老夫子"，在"文革"结束改革开放之初，面对强烈渴求知识的我们，像许多重获自由的老师一样，恨不得将身上所有知识一下子都传授给我们。1979年我来北京读书时，他给我们上《政治经济学》和《中国社会主

义经济理论》课程，在读研究生阶段，他讲授《中国经济改革专题》，他的课学理性和思想性都很强，感受到他对中国经济改革的强烈责任感。他的教学方法不是照本宣科，而是启发学生思考问题，对教学中的一些难点，总是鼓励和引导我们多发言，大胆表达自己不同的观点，课堂上气氛活跃，效果很好，很受同学们欢迎。课余时间，像那些重庆大学和西南联合大学的先生一样，他经常来学生宿舍看望我们，特别愿意与那些爱学习、爱思考的同学探讨学问和人生、社会问题。

那时的中央财政金融学院校舍还没有完全收回，条件非常艰苦，友谊楼东侧那间能容纳200人的第一教室排满了一场接一场的学术讲座，推动经济改革的第一代经济学人大多都在此做过讲座，有薛暮桥、陈岱孙、于光远、吴大琨、刘国光、张卓元、杨培新、刘鸿儒、吴敬琏、厉以宁等，也有一批活跃的中青年学人。除他自己演讲、主持或点评以外，刘先生每次都坐在第一排，笔记本上记录得密密麻麻。那时，刘先生已是国内最有影响的经济学家之一，但他仍保持着谦谦君子风。他在发表自己意见的同时，也非常注重倾听其他专家的观点，不仅对同辈学者的观点极为尊重，而且对年青一代学人的观点更为关注，不时流露出赞许的目光。

刘先生非常关心学生成长，在同学中有口皆碑。在我的成长过程中，刘先生给予了特别的教导和鼓励。在学习他的课程时，他还组织了一些小组讨论，我是参加最多的学生之一。1981年，李克穆、何绍华等1978级师兄发起组织复校后的第一次论文竞赛，由学生组成的组委会对提交的论文进行初评，然后由学校的著名专家复评，我的论文就是刘先生评阅的，成为6篇获奖论文之一，并被刚刚创刊不久的学报正式发表。在读研的三年时间里，由于我们第一届研究生只有财政学和货币银行学两个专业共六名学生，刘先生对我们的关心指导就更多，他还经常约我们到他家讨论问题。那时，经常有崭露头角的年轻学者从全国各地前来向他求教，后来成为中国人民银行总行金融研究所所长的秦池江、曾任西南财经大学校长的王裕国、曾任中国人民银行货币政策司司长的戴根友等就是我在他家中初次相识的。1986年我研究生毕业后留校任教，同时借调到国务院经济研究中心做咨询研究，与刘先生一同参加学术活动的机会就更多了。1992年我评教授时，他是我的推荐人之一，对我的嘉许和奖掖至今激励着我不懈奋斗。他的学术和为人令我极为钦佩。

刘先生十分关心学科的发展。他经常说，一所优秀的大学必须有一流的师资、一流的学生、一流的学科,西南联大在那样艰苦的环境中办学,之所以誉满全球,原因即在于此。由于中央财政金融学院复校时只有财政、金融、会计三个专业,当时刘先生在政治理论教研室,他多次呼吁扩展学科,特别是理论经济学科。他认为,没有理论经济学的支撑,应用经济学很难达到一流水平。他多次与闻潜、孙开铺、汤国君、张淳等教授,还有陈昭和我等商议,向学校提出建议成立经济系。他认为中央财政金融学院的前身中央税务学校和中央财政学院在1952年全国院系调整时,与北京大学、清华大学、燕京大学、辅仁大学四所大学的经济学科合并成立的中央财政金融学院,当时的理论经济学是全国最强的,形成了很好的理论经济学传统,有坚实的基础,应该尽早建设理论经济学学科。由于当时校舍还没完全收回,条件实在不允许,直至1995年承担理论经济学科建设任务时经济系才得以成立。可以告慰刘先生的是,经过20多年的建设和发展,学校的经济系已发展成为具有重要影响的经济学院,一大批潜力巨大的青年经济学家正在迅速成长。

虽然刘先生的故交钱荣堃先生评价他"不问政治",但那是指在特殊的年代和环境中。其实刘先生内心深处始终激荡着浓浓的家国情怀。本校文化与传媒学院王强教授在《斯人风景旧曾谙——中财大几位名师小记》中曾提到,"在20世纪80年代,刘先生与我们一些年轻人一样地指点江山,激扬文字。90年代初,小平同志南方谈话传达后,先生同我说,中国共产党就是伟大,小平同志就是英明。"

四、尾声

1996年4月2日下午,刘先生在他工作的书桌旁突发心脏病,经抢救无效,永远地离开了我们。书桌上面的大稿纸上呈现的是他刚刚完成的《中国货币政策及其宏观调控体系研究》书稿的最后一页,稿纸还散发着墨水的清香,钢笔的笔帽还没有插好。在八宝山第一告别室举行的追悼会上,闻讯从四面八方赶来的亲朋好友、专家学者、青年学生、领导同事排成了长长的队伍,在悲伤的哀乐声中,一一向这位面容安详似酣睡的赤子做最后的道别……

2017年初,我和几位同志一同去看望他的夫人郭凤琛阿姨,她仍住在学校家属院6号楼,这栋楼是20世纪80年代初盖的,当时叫"教授楼",其实每户建筑面积只有70多平方米。刘先生在世时,我经常去他家。家中的陈设基本没变,特别是那间书房完全保持着刘先生生前的样子,紧挨窗台的书桌还放在那里，桌上的台灯仍在，沙发还是那样摆放着，那些铅字印刷已尘封了 21 年的珍贵书籍还是满满的排放在靠墙那一排老旧的书柜里……这些年，郭阿姨接待了许多学生以及从各地前来拜访的青年学者及亲朋故交，郭阿姨用这种方式怀念刘先生，保存他们温馨的回忆。当我说起学校想整理出版《刘光第全集》和《刘光第学术人生画册》以纪念先生百年诞辰时，郭阿姨说，刘先生在世时经常说到大家对他的关心，他心里很感谢大家。他去世后，你们还出版了他的《经济学文集》，就不要再搞纪念仪式了，他不愿给大家添麻烦。

一生探求民富国强之道，爱学生、爱学术、爱国家——这是刘光第先生留给我们的共同财富，我们永远怀念他！

张玉文教授

一、个人履历

张玉文（1920~1997），北京人，女，汉族，中共党员，教授，著名金融学家、金融教育家。1943年毕业于辅仁大学经济学系，获经济学学士学位。毕业后先后曾在唐山市私立培仁女子中学（现唐山第十一中学）、北京市教育局、北京辅仁大学、中国人民银行总行干校、中央财政金融学院、厦门大学等单位任职和任教。1978年起，先后任中央财政金融学院金融系党总支副书记、主任。她兼任中央广播电视大学（现国家开放大学）主讲教师、中国农村金融学会理事、北京市金融学会顾问等职。1960年被财政部授予"三八"红旗手称号，曾任福建省第五届人民代表大会代表、第四届妇女代表大会代表和厦门市第八届妇女联合会执行委员。

二、主要贡献

张玉文教授是我国当代金融理论创新的代表人物，是改革开放初期中国金融改革的理论推动者之一。她重视金融基础理论研究，在通货膨胀、货币信用理论、财政与金融关系等领域有丰硕的成果，其观点和建议具有前瞻性。她长期在教育一线工作，为我国培养了一大批优秀的金融人才。她多年致力于教材建设，对《货币银行学》内容改革有深入研究，主持编写了多部不同版本、适用于不同类型人群的《货币银行学》教材，社会影响广泛。她还积极参与广播电视课程的教学，为传播金融学知识，推动金融普及性教育做出了重要贡献。

三、事迹

张玉文教授一贯重视金融基础理论研究。自 1979 年我国实行改革开放以来，货币信用、金融宏观调控等领域涌现许多待研究问题。基于多年教学实践，她预感研究这些问题，正表明《货币银行学》这门课程内容亟待改革。因而，研究基本理论，探索《货币银行学》内容改革，成了她近十年的主攻方向。她的金融宏观、微观的辩证理论，通货膨胀和信用膨胀的观点对解决中国金融问题有重要参考价值。

自 1979 年以来，她共发表论文 60 余篇，编写了《货币银行学》教材，并于 1984 年获北京市优秀教学成果奖。1986 年，她为中央广播电视大学编写了《货币银行学原理》，1990 年参与出版了《中国金融百科全书》，担任金融市场部分主编。1991 年为高校本科新编的《货币银行学》（中国财经出版社），是对课改的初步尝试。1993 年为中央广播电视大学重新编写了《货币银行学》，同时对高校本科也做了修订，内容改革又深了一步。1993 年，在国家社科基金科研项目的资助下，主编了《金融改革与经济发展》一书。

她曾获得各种奖励和荣誉。1988 年获北京市高教系统先进工作者称号；1989 年获北京市高教系统教学成果奖，获奖论文为《对"货币银行学"课程内容改革的若干认识》（刊于《中国财政教育》）。1989 年获北京市优秀教师称号；1993 年起享受政府颁发的特殊津贴。

1. 学科建设贡献

1978 年，张玉文教授从厦门大学调入中央财政金融学院，参与金融系的复建工作，为金融学科的建设和发展做出了重要贡献。在她亲笔撰写的《回顾与展望——金融系复办以来的六年》中，详细地记述了复校的艰辛与取得的成果。

张玉文教授回忆道，"1978 年国庆节前后，金风送爽，晴空万里，北京的秋天显得格外宜人。在一片欢欣鼓舞声中，我院复校后的首届本科生入学了，沉睡了十二年之久的金融系又迎来了新生。"当 1978 级同学入校时，学校还是"三无"——无教室、无球场、无图书馆。学生们只能"头顶木板，身蹲马扎"上课。一切皆是从零开始。"文革"前的教材和资料荡然无存。在财政部和北京市委的领导下,办学条件逐步得到改善,师资队伍逐步扩大。但是,许多从外地调回或调来的同志只能暂住在附近农民的房屋,他们为了备好课,曾经熬过无数不眠之夜。物质条件的不足,不仅加重了政治辅导员们的思想政治工作,而且政治辅导员们还要担负着学生的生活管理。资料室的同志们急于供应教学资料,为找资料书刊而四处奔波。

辛勤的劳动终于换来了收获。1978~1984年,复校六年间,金融系共招收本科生500名,研究生9名,为中国人民银行办了四期中心支行行长培训班,一期经济师进修班,两期"文革"中毕业大学生补课班;并承担了外出讲课、高教自学考试等多种任务。截至1984年夏天,已经有了三届本科毕业生219人。六年中,金融系自编和参加银行组织统编的教材,正式出版的已逾10册;共开出了18门专业课。此时的资料室已初具规模,具有全国金融类和有关经济管理的期刊。对于得到如此成果的原因,她谈到主要有四点,一是由于从上到下每个同志有一股强烈的事业感;二是虽然立足于自力更生,但也有社会上的相互支援;三是对于"教学与科研并重,理论与实践结合"的要求,在思想上比较明确;四是多种形式办学,相互汲取"营养"。

2. 主要学术成果及其思想

(1) 银行信用相关研究。改革开放初期,我国财政资金与银行信用的界限尚不明确。张玉文教授撰写多篇论文,对银行信用进行了阐述和论证,并认为,财政与金融必须独立,否则会引起信用膨胀。这种观点对社会主义金融理论的完善做出了重大的贡献,对中国金融实践有重要的借鉴意义。

1980年,张玉文教授在《中国金融》杂志上发表了《我国社会主义银行信用的性质与作用》一文,对社会主义银行信用进行了界定和辨析,批评了当时流行的关于"银行信用是国民收入的分配与再分配"的错误观点。她指出,社会主义银行信用的实质是银行通过信用中介的形式,集聚社会闲散资金,为社会主义生产过程的物资周转提供购买手段或支付手段。社会主义银行信用的作用包括三个方面:一是资金和调剂资金,促进生产的发展;二是调节国民经济,促进有计划按比例地发展;三是反映监督,发挥国民经济晴雨表的作用。要发挥银行信用的作用,就要求银行在信贷业务上有自主权,也要使银行负相应的责任。这些观点从当时来看非常具有前瞻性。我国此后推行的一系列金融体制改革均体现了其观点的正确性。

1981年，张玉文教授在《金融研究》杂志上发表了《我国有无信用膨胀？》一文，对当时的信用膨胀做出了判断，并分析了导致我国信用膨胀的原因。她认为，只要不是为物资周转服务的银行信贷，就属于信用膨胀。在不存在信用流通工具的条件下，信用膨胀往往不如货币发行过多易于察觉，要通过调研分析才能暴露。她指出，当前的信用膨胀最主要是由于物资周转发生障碍和财政收支不平衡形成的，其中主要的原因并不属于银行工作的差误。银行只是对一些不应贷的往往被迫贷放，或是对那些使用不当的贷款监督不力，而究其根源是银行没有信贷的自主权。当时有观点认为，"银行要替财政多背点投资贷款，以减少财政赤字"。针对这一观点，她做出了有理有据的反驳。财政是对国民收入的分配，银行信用是对国民经济各部门资金余缺的调剂；财政和银行两个部门各有自己的任务，不容混淆。若是要银行替财政背包袱、分担任务，也就是要求把银行贷款用于基建或财政其他方面的拨款。因此，就会产生两个不易解决的问题：一是以银行贷款代替财政拨款，是否能有相应的物资？二是贷款用于长期，是否会影响存款的提取？特别是，财政已经出了赤字，为什么还要用银行贷款去做财政开支呢？若如此，财政赤字非但不能减少，恐怕还会增加。

1981年，张玉文教授还在《中央财政金融学院学报》上发表了《社会主义信贷资金的特点》一文，进一步阐述了社会主义信贷资金的特点，辨析了信贷资金与财政资金的差异。她指出，建立在公有制基础之上的，以国家计划为主、市场调节为辅的社会主义经济，必然要求信贷资金的分配和使用也是有计划的。这是社会主义信用区别于资本主义信用的重要之处。有计划的、以国家银行为中心的信用活动，是社会主义制度下信贷资金运动的显著特点。财政资金与信贷资金的区别在于，财政资金是无偿转移的，信贷资金是以偿还为条件的价值让渡。正因为信贷具有偿还性，所以才能灵活及时地调剂国民经济各部门、各单位间的资金余缺。

关于财政资金与信贷资金的使用界限问题，张玉文教授还进行了许多深入的研究。1982年，她在《金融研究》上发表的《论信贷资金与财政资金的使用界限——兼及银行发放固定资金贷款问题》，对信贷资金与财政资金的使用界限做了深入的讨论。她认为，过去强调的"财政资金与信贷资金、基本建设资金与流动资金必须分口管理、分别使用"；加以财政统收统支的管理体制，企业的税、利全部上缴财政，扩大再生产的资金需要全部由财政按预算拨款，只有流动资金的一部分由银行贷款。因而，长期以来形成了一个固定不移的概念：基建资金由财政给，银行只能贷流动资金。这就把银行信贷的作用范围限制起来了。但事实上，扩大再生产的资金需要也未能全部由财政拨付，因为扩大再生产不仅有固定资金的需要，也有流动资金的需要。多年来，由于基本建设安排过多，财政应增拨企业的流动资金始终未能拨足，结果企业仍需挤占银行贷款，造成一部分信贷资金不能周转使用，信贷的经济杠杆作用不能充分发挥。"信贷资金与财政资金分口管理、分别使用"原则仍需坚持。但两类资金分别使用的界限，不能以固定资金和流动资金来区分，而应以有无偿还来划分。同时，从当前的资金来源构成情况来讲，中国人民银行发放固定资金贷款有其可能性，这样做也不违反资金分口管理的原则。

（2）金融体制相关改革。改革开放以来，在金融体制改革的过程中，我国政府遇到了很多前所未有的问题。张玉文教授针对金融体制改革中遇到的问题进行了深入研究，为国家推进改革提供了重要的建议。

我国社会主义银行是企业还是国家金融管理机关，抑或两者兼而有之？这一问题放在今天是非常容易回答的，但是在当时，是金融理论探讨和实际工作者追根究源、众说纷纭的议题。1987年，张玉文教授在《中央财政金融学院学报》上发表的《论我国专业银行的性质》一文，对此问题进行了分析和解答。我国专业银行的性质关系到专业银行的发展方向，影响到金融体制改革所采取的措施。她认为，专业银行是社会主义金融企业。专业银行所经营的是"货币资金"这一特殊商品。除了它所体现的生产关系不同于资本主义之外，就其业务活动方式来说，与资本主义经济中的商业银行并无二致。但专业银行与资本主义商业银行又有显著的不同。第一，在有计划的商品经济下，银行必须按照国家宏观决策的要求，有计划地管理信贷资金；第二，西方国家除了商业银行之外，一般还设置若干专业信用机构（有的名为财务公司、投资公司，有的也是银行，如储蓄银行、农业银行等"专业银行"），而我国的专业银行兼有西方商业银行与"专业银行"的双重特征；第三，我国社会主义专业银行，虽然在将来日臻完善的金融市场上也有优胜劣汰的问题，但它们还要作为市场的中坚力量，受中央银行委托充当市场的管理者，并对企业的资金使用负有监督职责；第四，专业银行尚不能以营利为唯一目的。

1985年，张玉文教授在《金融研究》杂志上发表的《对中心城市银行体制改革的探讨》一文对建立金融中心进行了研究。当时，有观点认为，金融中心是金融机构体系的中心。张教授认为，这可能是把金融中心与当前商业体制改革突破一、二级站所组织的"贸易中心"等同起来了,纯属误解。金融中心应是经济中心的组成部分。当时,我国城市经济改革正在深入发展,建设现代化中心城市是一项发展经济的战略措施。毫无疑问,金融工作势必要做相应地改革,建设金融中心的意义在于三个方面:第一,社会主义银行为国家所有,运用信贷杠杆实现既定的经济目标,具有比较优越的条件。金融中心可以为实现经济区的经济发展战略目标服务。第二,为适应现代化的中心城市的发展,金融业务方式必须灵活多样,以利于搞活经济,提高经济效益。第三,在当前经济改革中,企业通过改组、联合,可以跨区经营,工农商亦可以联合成一个经济实体。

王佩真教授

一、个人履历

王佩真（1927~2018），女，汉族，出生于内蒙古清水河。教授，著名金融教育家、金融学家。1952 年毕业于中国人民大学，研究生学历，毕业后留校任教；1954~1963 年在中国人民解放军后勤学院任教；1963 年 3 月调入中央财政金融学院任金融系副主任；1971~1978 年在辽宁财经学院金融系任系副主任；1978 年回到中央财政金融学院，先后担任金融系副主任和名誉主任。曾任中国金融学会分会副会长、北京市投资学会理事等职。1991 年获北京市优秀教师称号，1993 年获财政部全国财政系统优秀教师称号。1993 年起享受国务院政府特殊津贴。2015 年获中国金融学科终身成就奖。

二、主要贡献

王佩真教授是我国著名的金融教育家和金融学家。她从教 60 余年来长期坚守教学第一线，为本科、硕士、博士各层次学生授课，积极参与社会各种形式的金融教育活动，为我国金融学科建设、师资队伍建设和金融人才的培养做出了突出贡献。她科研成果丰硕，理论水平高，学术影响力大；教学效果好，勤勉敬业，师德高尚，是我国金融教育教学战线的优秀代表。

三、事迹

王佩真教授是新中国培养的第一批硕士研究生，可谓巾帼翘楚。她的丈夫王克华先生是中国人民大学财政金融学院的知名教授，伉俪两人在事业上志同道合，相得益彰，为新中国金融教育事业做出了突出贡献，在名家荟萃的金融教育领域被赞誉为"金融二王"。难能可贵的是，她从教60余载一直站在金融教育第一线，在三尺讲台辛勤耕耘，将毕生精力和才智完全奉献给中国的金融教育事业。王佩真教授作为一名教育者，是中国金融学科建设的重要参与者和贡献者，是金融人才培养模式的积极探索者和践行者，中国金融教育师资团队建设的倡导者和引领者，是为人师表之楷模和高尚师德之典范；作为一名研究者，她在金融学科的基础理论、货币信用理论及金融宏观调控、金融体制改革的探索中求真务实、勇于创新，大胆提出了一系列富有理论和实践价值的观点和建议。她始终坚持将金融教学与科研工作融为一体，在互动中汲取灵感与精华，在融合中推动双向发展，为中国金融事业发展做出了突出贡献。

1. 中国金融学科建设的重要参与者和贡献者

从教60余年间，王佩真教授全面参与了新中国金融教育体系各个重要构成部分的创建和发展，特别是在金融学科建设上不遗余力，深入研究金融学科建设中的重大问题，结合国情探讨金融学科的定位和发展路径，提出了许多真知灼见并付诸实践，为中国金融学科的建设贡献出毕生之力。

王佩真教授力主金融学科建设应立足国情，兼容并蓄。自中华人民共和国成立以来，由于经济发展模式的变化，中国金融学科总是面临如何适应中国国情和外国经验的取舍问题。王佩真教授认为，中国金融学科建设必须立足国情，满足中国社会经济发展对金融人才的需要。早在20世纪50年代计划经济模式下，她在主讲金融课程时明确指出苏联模式不适合中国国情的地方。60年代，王佩真教授给中财金融62班主讲货币银行学时，不仅讲解马克思主义和以苏联模式为代表的金融理论，而且冒着政治风险大胆结合中国实际探讨金融理论的真谛和实务发展的路径。改革开放初期，面对新形势对金融人才的需求，她提出金融教育必须与时俱进，既要注重基本理论和原理的阐述，又要注重中国改革发展的特点；对待国外的东西既不能盲目，也不能全盘接收；开设双语课程和引进国外教材的根本目的是培养发展中国金融事业的优秀人才等观点。

在金融学科的研究视角方面，她较早提出金融教学应正确处理微观金融与宏观金融的关系，既要重视微观金融运作，又不能忽视宏观金融研究。认为金融是特殊产业，有鲜明的宏观特征，金融业对整个国民经济运行的重要影响、银行体系与货币供给及其均衡的关系、货币政策与宏观调控、金融业的系统风险与监管、金融全球化及其国际金融关系的协调等问题，都难以用微观金融理论解决问题，如果金融专业教育教学改革只重视微观层面将会出现偏差。在金融学科的研究方法上，她一直倡导定性分析与定量分析相结合，认为过去的金融专业教育注重定性分析，定量分析不够，但也不能矫枉过正，以定量分析取代定性分析。这些理念和观点充分体现在她的教学和科研成果之中，受到学生的欢迎和同行的尊重。

2. 中国金融人才培养模式的积极探索者和践行者

自1963年起王佩真教授长期担任教学主管工作，为培养金融人才殚精竭虑。她极为注重金融人才的素质培养，认为"素质教育任何时候都不可或缺"，倡导"要把爱国、敬业精神作为金融人才培养之魂"的金融教育理念。在金融人才培养过程中她极为重视理论与实践的紧密结合。早在20世纪60年代，她主持中财金融系教学工作时，倡导"实践—认识—再实践"的规律，先给学生开设业务课，然后再上理论课，使学生从感性认识升华到理性认识。在业务课教学中强化理论与实践相结合，采取现场教学的形式，要求教师亲自带领学生深入工厂农村做调查、到基层银行做实习。学生毕业后很快就能在业务中独当一面，他们中的许多人成长为国家部委领导和各大金融机构的领军人物，"文革"前的中财金融系亦被赞誉为"中国金融黄埔系"。复校后王佩真教授仍然担任主管教学的系副主任，在课程体系设置、教学内容安排和教学管理上继续秉持素质教育优先、理论联系实际的金融人才培养理念，在培养的学生中有很多人成为中国金融学界的著名学者、改革开放的实干家和金融机构的中坚力量。在中财金融专业教育教学的显著成就中王佩真教授功不可没。

在金融人才的培养模式上，王佩真教授提出应针对我国不同经济发展时期金融人才的需求特点采取多元化的培养方式。她认为，改革开放以后中国金融业发展对金融人才的需求是多层次多种类的，既需要博识多闻、运筹帷幄、勇于创新的精英型金融人才，也需要脚踏实地甘当一线员工的大众型金融人才；既需要擅长金融业务操作的实务型金融人才，也需要对金融发展规律进行探究的理论型金融人才，因此，中国金融人才培养模式应该多样化。为解决改革开放进程中金融人才短缺的瓶颈，扩大以传统大学为标志的经院式教育培养模式非常重要，同时发展其他各种借助于现代传媒的社会化培养模式也不可或缺。王佩真教授亲力亲为，为此进行了不懈的探索和努力。从20世纪50年代初起，她在学校承担了本科、硕士和博士多层次的教学工作，主编过20余本教材，探索不同学历层次的教育教学内容、重点及其衔接性；在超额优异完成校内教学任务的前提下，她以开放包容、勇于创新的心态积极参与包括电视大学、函授教育、自学考试等各种新兴金融人才培养模式的开创活动。1981年王佩真教授以其在金融教育领域的崇高声望成为中央广播电视大学的第一批特聘教授，与王克华教授共同主编了《货币银行学》教材并担任主讲教师；1984年参与金融函授教育工作，主编函授教材《金融概论》；1989年参加军地两用人才的培养，为中国军地两用人才大学主编教材《金融学》；1992年以专家身份为全国高等教育自学考试教材编写配套读物《社会主义货币银行学自学考试指导》；2000年为全国高等教育自学考试主编教材《金融概论》。王佩真教授的教学活动使不计其数的学者从中受益，为及时满足中国金融业快速发展对各类金融人才的需求做出了突出贡献，在社会上具有极其广泛的影响力。

3. 中国金融教育师资团队建设的倡导者和引领者

王佩真教授在长期的教学管理工作中对师资队伍建设颇有研究。她认为教师队伍建设状况直接决定金融人才培养质量，要打造一支高水平的教师队伍应该抓住以下几点：一是要热爱金融教育事业，把主要精力放在教学科研上，要站好讲台讲好课；二是要关爱学生，教书育人；三是老中青教师要优势互补，精诚合作，凝聚团队力量，共同提高教学水平。在这三点上王佩真教授自身率先垂范。她一生笃爱金融教育事业，将自己的毕生精力投入到教学科研之中，耄耋之年仍然保持勤奋的工作状态，指导硕士研究生，期间从未辍笔懈怠，85岁高龄还在讲台上为博士生上课，她教学艺术高超，讲课逻辑清晰，内容丰富，表达流畅，深受学生喜爱。王佩真教授在思想上、学业上和生活上对学生关怀备至，1997年起她每月拿出自己的一部分工资资助十余名贫困生完成学业。王佩真教授非常注重青年教师的培养，对他们在事业上指导，生活上关心，为提高教学水平提供条件，引导青年教师健康发展。20世纪60年代，她任金融系副主任时，就根据教师的不同情况制定不同的传帮带方案：对从业务部门调来的教师，着力引导他们提高理论素养；对应届毕业进来的教师着重增强实践能力，安排到金融业务部门挂职工作1年。改革开放后，王佩真教授继续以身作则，作为课题组牵头人组织老中青教师共同完成"《货币银行学》课程教学改革研究",荣获2001年北京市教育教学成果二等奖。她平易近人,对同事真诚相待,从不争名争利,无论哪位同事生病,她都会亲自看望。晚年功成名就的王佩真教授依然甘当人梯,乐于奉献,积极参加和支持教学团队建设的各项活动。在她的引领和示范下,中财金融教学团队形成了良好的工作氛围和团结进取的精神,团队成员精诚合作,获评首批国家精品课程、首批资源共享课程和北京市教育教学成果一等奖,2007年荣获首批"国家级教学团队"称号。

4. 我国金融学科基础理论的大胆创新者

王佩真教授长期从事金融理论的教学和研究,科研特色:一是注重学科基础理论的研究,二是教研相长,良性互促。在这一过程中形成的许多学术成果对推动我国金融学科基础理论发展做出了重要贡献。早在1966年,她与王克华教授在《经济研究》上联合撰文"人民币究竟代表什么",论述并提出计划经济下货币本质的科学观点,讨论人民币与黄金之间的关系,澄清了对信用货币的认识问题,为计划经济下的货币管理提供了理论基础。

改革开放初期,王佩真教授对转轨时期的货币流通、货币需求和供给、货币政策工具和目标、社会主义资金运行、银行信贷、储蓄和经济发展关系等宏观金融问题进行了深入的探索,立足于金融基本原理提出的不少真知灼见对厘清当时货币信用领域各种问题的模糊认识发挥了不可磨灭的作用。她是改革开放初期最早提出社会主义资金管理体制改革的学者之一。早在1980年,她就提出国企资金应从计划体制下的"财政资金供给制"向市场化的信贷方式转变的改革思路(《关于社会主义资金分配方式的改革问题》,《金融研究论文选集》,1980年)。她认为,"财政资金供给制的实质在于否定商品经济,否定价值规律对生产和分配的调节作用",主张通过信贷方式运用资金,强调利用利息杠杆搞活国有企业、发挥宏观经济管理的作用。

早在20世纪80年代初,王佩真教授就开始深入研究货币政策工具和目标,提出了影响深远的理论观点。1981年,她提出货币政策首要目标是保持币值稳定,驳斥主张搞通货膨胀的政策;同时澄清了计划经济下的通货膨胀问题,以及财政政策与货币流通、通货膨胀之间的关系(《关于通货政策的几个问题》,《全国货币理论论文集》,1981年)。1983年,她又深入分析了转轨时期货币政策二元目标的合理性,提出"促进生产、繁荣经济和保持货币流通的基本稳定,是货币流通战略目标的两个不可分割的侧面"(《关于货币流通战略目标等问题》,

《金融研究》，1983年）。1989年，在讨论"金融宏观调控模式及方法的选择"时，她强调当前我国货币政策需要采取既控制货币总量又控制信贷总量的双轨制（《金融宏观调控模式及方法的选择》，《农村金融研究》，1989年）。这一观点时隔20多年仍然是中国人民银行货币政策操作的重要依据。

王佩真教授是对我国货币需求进行数量研究的最早学者之一。1985年，《关于货币需求和供给总量计算模式的探讨》一文从货币数量论的角度最早用回归方法分析了我国计划经济下的货币需求函数，成为测算我国货币需求量"系数法"的代表人物，她提出的"货币容纳量弹性机制"成为实现物价稳定的操作原理。

1989年，王佩真教授出版专著《货币经济学》，集中体现了她在20世纪80年代对经济与货币信用问题的深入思考。在该书中，她系统地论证了经济与货币的关系，从货币运行的角度研究整个经济的运行规律、机制和调控。该书涉及的内容囊括了货币经济的性质、内容、规律，货币供给与需求、控制及均衡，还深入探讨了货币与资金、货币与财政、货币与信用、货币与社会再生产各环节之间的关系。

1997~2001年，王佩真教授集中对中国香港回归后"一国两制"下的货币金融运行机制进行了深入研究。研究主题涉及中国香港银行业监管，两地经济金融合作和发展，两种货币制度的共存和发展，两地的利率、汇率和外汇储备问题等。其研究专著《一国两制下的货币金融比较研究》荣获北京市第六届哲学社会科学优秀成果一等奖。

2007年，80岁高龄的王佩真教授出版了专著《中国经济发展中的资本问题研究》。该书总结了她对社会主义市场经济下的经济和金融发展的思考，从资本运行角度系统研究了经济发展规律。通过对资本流动规律、经济金融体制改革、货币积累和劳动价值创造、企业资本积累、虚拟经济与虚拟资本、经济周期与宏观调控、开放经济下的资本流动等问题的深入研究，探寻金融运作的基本规律，提出了一系列新时期下经济与金融运行新的理论见解，为金融学科基础理论体系的建设添砖加瓦。

5. 我国金融体制改革的积极推动者

作为中国货币经济学的著名学者，王佩真教授积极参与转轨时期金融宏观调控政策和金融体制改革的探索。她对我国不同时期的通货膨胀问题都进行了深入的研究，并提出有针对性的治理措施。对20世纪80年代末的通货膨胀问题，她设计了一揽子的综合治理通胀的措施，提出"紧缩需求、增加供给、加强管理、深化改革"的治理方针，强调结构调整、深化经济改革、整顿流通秩序的重要性（《抑制通货膨胀需要进行综合治理》，《中央财政金融学院学报》，1989年）。对90年代上半期出现的高通胀现象，她深入分析了当时存在的资金紧缺和通货膨胀并存的深层次原因，强调以通胀治理为基点，深化企业改革，综合治理，加强宏观控制的治理思路，提出包括从紧的财政政策和货币政策、深化投资体制改革、优化投资结构、深化企业改革等一揽子治理措施（《论资金紧缺与通货膨胀并存的缘由与对策》，《天津金融月刊》，1995年）。

1993年王佩真教授主编出版的《经济体制改革与货币政策》体现了她对改革开放条件下货币稳定与经济体制改革的思考。该书针对当时深化经济体制改革中面临的严重通货膨胀问题，研究改革开放能否在稳定的货币条件下进行；体制转轨是否必然伴随通货膨胀；如何建立配套改革的体制和措施来弱化改革开放带来的副作用；如何建立金融微观基础对宏观决策调整的灵敏反应机制。她以大胆创新和求真务实的精神，对我国改革开放进程中各个领域体制改革的经验教训以及对货币稳定的影响进行探讨。书中提出的不少建议措施对于加强宏观控制、抑制通货膨胀、深化经济改革发挥了积极的现实意义。该书荣获北京市第三届哲学社会科学优秀成果二等奖。

在金融体制改革方面，除了上面提到的关于资金管理体制的改革设计之外，王佩真教授还在货币流通体制改革、信用体制建设、金融机构体制改革、农村金融体制改革、金融监管体制改革等问题上提出了一系列大胆并富有远见的设想。在货币流通体制改革上，她强调合理的发行制度对保持货币平稳流通的重要性（《关于货币流通战略目标等问题》，《金融研究》，1983年）。在信用体制建设上，她强调银行和信用对于社会主义经济发展的重要性，是国内最早提出发展多种信用形式，发展非银行信用机构设想的学者之一（《信用经济是现代经济的重要形式——论信用经济与商品货币经济的关系》，《中国金融》，1985年；《宏观调控与金融体制改革》，《金融科学》，1989年）。在金融机构体制改革上，她较早提出以信用合作社为基础成立地方银行的设想（《宏观调控与金融体制改革》，《金融科学》，1989年）。在农村金融体制建设上，她强调多层次多种类金融机构并存的重要性，提出发展农村政策性金融机构、组建农业合作银行的设想（《创建有中国特色的农村金融体系是深化金融体制改革的关键环节》，《中央财政金融学院学报》，1994年）。在金融监管体制改革上，她强调不同金融行业监管协作的必要性，提出应注重协调中央银行货币政策与金融监管的关系（《浅析当前金融体制改革中有争议的几个问题》，《中央财经大学学报》，2002年）。中国经济和金融改革历程证实了她提出的诸多金融改革设想，且具有可行性和前瞻性，她的科研成果对完善金融学科的理论体系、推动金融业的稳健发展产生了深远的影响。

俞天一教授

一、个人履历

俞天一,男,汉族,1927年出生,浙江上虞人,教授,我国著名金融学家、金融教育家。1942年进入上海宝康银行工作,1950~1952年底在东北银行总行信贷处任副科长,1953~1958年在中国人民银行工作。1959年调入中央财政金融干部学校金融教研室任教研组长、讲师,1978年任金融系副主任,1984~1986年任系主任,1987~1997年任中央财政金融学院副院长兼金融系主任,兼任中国金融学会常务理事和副秘书长、中国城市金融学会和中国农村金融学会常务理事、北京市金融学会和北京市农村金融学会副会长、中国金融学会学术委员会和财政部学术委员会委员等职。教学科研成果获得省部级以上奖励7项,1992年起终身享受国务院政府特殊津贴。2015年获中国金融学科终身成就奖。

二、主要贡献

俞天一教授注重理论联系实际、西为中用的金融教育,为国家培育出改革开放后第一批金融业务骨干队伍。他坚持市场化的银行体制改革和利率管理体制,他不仅是我国银行和资金管理体制改革的直接推动者,也是中国金融学院的主要创办者之一。

三、事迹

俞天一教授在金融教育战线工作的40年，在金融教育教学、金融学科建设、金融体制改革和中国货币信用理论等方面做出了突出贡献。

1. 崇学尚用，积极倡导"理论联系实践"的金融教育家

（1）将金融理论的教学与金融实践活动紧密结合。俞天一教授实行启发性教学，着力培养学生分析和解决问题的能力。俞天一教授一直倡导理论与实践教学紧密结合，身体力行成为理论联系实际的金融教育家代表。俞天一教授1942年就在银行工作，实践经验丰富。从事金融教育工作后，俞天一教授长期密切关注金融发展和实务变化，及时将最新变化引入课堂教学。20世纪60年代初期，为破解金融教学唯苏联式的本本主义，俞天一教授经常深入银行了解情况提出问题，引导学生对现实问题进行理论分析并探讨解决方案；针对国内教材稀缺的问题，他组织教师自编《工商信贷与结算》等教材；他紧跟现实把最新变化及时纳入教学之中，俞天一教授讲课不用教案，而是先发提纲，每讲内容随时更新并成稿印发给学生，到期末合订起来就成了一本活学活用的教材。这种以问题为导向的研究性教学方式把金融理论教活了，培养了学生探究问题的能力。

（2）将参与改革的研究成果引入课堂，大大丰富了教学内容。改革开放以后，俞天一教授积极参与金融体制和经济体制改革，很多研究成果受到决策部门的重视或在实践中得到采纳和应用。他每次上课都会从理论上解读亲身参与改革形成的研究成果及其学术讨论的问题，使学生们及时获知金融体制改革的最新动态和理论发展成果。

（3）大兴调查研究之风，亲自带领学生下基层实习，做改革课题，教学与研究相结合。俞天一教授强调学生除课堂学习外，还应该通过实习、调查研究等方式亲身体验和参与金融实践活动，学行并举。20世纪60年代，在他主讲中财业务骨干课程《工商信贷和结算》时，亲自带队，率领本科生到中国人民银行分行进行为时三个月的专业实习，他和学生们一起，跟随信贷员站柜台、跑工厂，亲身体验基层信贷工作，内容丰富的实践教学完善了学生的知识结构，提高了专业素养，影响了学生的个性塑造和人生观的形成，培养了一大批担任国家重要部门的领导和金融机构高管的高水平金融人才。例如，在中财金融系62级学生中任司局级以上职务的就有30多人，被誉为中国金融黄埔系。俞天一教授不

仅为他们授课、亲自带领他们实习，在毕业时还亲自为他们谱写了一首名为《未来的金融战士》的歌曲，鼓励他们为国家多做贡献，为此俞天一教授也被誉为中国金融黄埔系的打造者。20 世纪 80 年代，当他担任中财金融系主任后，继续坚持课堂教学与实践教学紧密结合的教学理念，亲自奔波安排所有学生进行学年实习和毕业实习，带领学生深入各地银行调查研究问题，使学生受益匪浅。

2. 因时立教，大胆探索现代金融人才培养模式的学科建设者

俞天一教授视野宽阔，开放包容，积极推动开放型金融学科建设与教育教学改革，在开设新课、引进讲座、对外交流、服务社会等方面做出了突出贡献。

（1）大胆将西方先进的金融理论与实务运作引入课堂。改革开放后，俞天一教授敏锐地意识到基于计划体制的封闭型金融教育必须进行改革。1983 年，在他担任中财金融系副主任时，在课程体系改革中敢为人先，在国内率先倡议并安排开设了《当代西方货币金融学说》课程；1984 年，他大胆开设西方商业银行经营管理的讲座，把西方银行先进的经营管理模式引入课堂，培养学生的国际化视野；1994 年，俞天一教授率团到中国台湾参加第一届海峡两岸金融学术研讨会，完成了两岸金融实践和教育教学经验交流的破冰之旅。

（2）热情普及金融知识，大量培训在职金融人才。俞天一教授的金融教育教学活动范围甚广。改革开放以来，他利用各种途径向全社会普及金融知识，积极承担高等院校服务社会的责任。为了解决"文革"造成的金融实务领域人才匮乏和在职人员更新知识结构的难题，他组织和参加了大量金融系统干部培训活动，除西藏以外，在全国所有省份都举办过数百场金融讲座，他深厚的金融理论造诣和丰富的实践经验在金融业界赢得了很高的声望。

（3）创办中国金融学院并奠基学科建设。1987 年 9 月，隶属于中国人民银行的中国金融学院正式成立，首任院长刘鸿儒教授亲自点将，将俞天一教授调至中国金融学院担任副院长并兼任金融系主任。为落实陈云同志"办好中国金融学院，培养新一代银行家"的指示，为改革和发展中的中国金融事业培养市场化、外向型的新型金融人才，俞天一教授在金融学科的新建和课程建设方面倾注了大量心血。在他的领导下，中国金融学院的金融学科建设坚持处理好改革与发展、素质教育与专业教育、引进与特色三方面的关系，在引进国内外先进专业模式和课程体系的同时，突出培养适应经济市场化和国际化金融人才的特色。特别是在课程体系改革方面，一是基础理论课程突破"资""社"分立的传统教育模式，率先引进发达国家的货币银行学教材，形成了单一的、体现经济市场化的、

能够与国际接轨的货币银行学课程模式；二是专业课程设置率先开设市场经济下的《商业银行业务与经营》课程，取代计划体制下的《银行信贷管理学》，很具先见性和前沿性，使中国金融学院金融学科的培养模式从建立初始就具有了鲜明的特色和高水准的起点，是中国金融学院金融学科建设的奠基者。

3. 建言献策，是我国银行和资金管理体制改革的直接推动者

俞天一教授科学研究的最大特点是求真务实，从实践中发现问题，在理论上深入论证，切合现实提出可行性强的解决对策。因此，他的研究成果贴近我国金融体制改革的进程，受到决策部门重视和采纳的比率高，在现实金融运作中的应用面广，在学界和业界的影响力大，是理论联系实际进行科学研究的突出代表。

改革伊始，他便以饱满的热情投身其中，前瞻思考改革的方向，密切关注改革的进程，切实研究改革中的问题，有针对性地提出深化改革的政策建议，形成了大量学术成果，为推动我国金融体制改革做出了重要的贡献。2000年以前，金融领域在整个经济体制改革背景下提出的重要问题，他几乎都参与了讨论研究并提出自己的见解，主持了国务院经济研究中心、国家计委委托和社科基金"八五"国家重点科研项目，向中央领导和决策部门提交了12份内部研究报告，发表了近60篇相关的论文和讲话稿，比较突出的贡献主要有以下几个方面：

（1）坚持以市场化取向推进银行体制改革。俞天一教授从改革初始一直坚持市场化导向的银行体制改革方向。早在1979年俞天一教授就提出了推动银行经营机制从计划向市场化转轨的新办法——销售资金率贷款法，关注企业产品的市场接受度，强调贷款效益。该办法被中国人民银行采纳，在多地试点的基础上，逐步在全国银行系统推广，成为推动银行经营机制转轨的最早措施之一。1980年他在《财贸战线》上撰文，明确提出"要给银行以较大的经营自主权"，"与此同时银行要建立一整套符合客观经济规律的制度和管理办法"，是国内最早主张专业银行实行企业化经营的学者之一。1986年，针对专业银行身兼政策性和商业性业务于一身带来的矛盾，他在国内率先提出建立政策性和经营性的双轨制银行体系，组建政策性银行，将政策性业务从专业银行分离出去，将专业银行改组成独立经营、自负盈亏、综合业务、以利润为目标的商业银行，这个观点在当时是非常超前并具有前瞻性的。在有关银行改革的一系列论文、内部政策建议中，他都结合经济金融体制改革的进程，力推市场化的银行体制改革，仅1986~1993年他就发表了41篇文章，系统论证了专业银行市场化改革的必要性和方向、存在的问题与原因，提出了"专业银行应按市场化原则向商业银行转

换"（1986）、"国家专业银行应实行股份制改造"（1991）、"银行经营机制应向市场化方向转换"（1992）、"专业银行应转换经营机制和向综合性银行发展"（1993）等一系列具体的改革建议，为我国银行业成功转轨提供了大量被实践证明是正确的意见，有力地推动了我国银行体制的市场化改革进程。

（2）实事求是地推动资金管理体制的渐进式改革。1979年，俞天一教授针对国营企业流动资金供应的弊端，在中国人民银行内刊上撰文，分析了原因并澄清了一些模糊看法，提出为了改善企业经营管理和提高资金使用效率，定额内的流动资金应由财政拨款改为银行贷款，实施全额信贷制，发挥银行信贷的经济杠杆作用，具体提出了以周转速度为标准衡量资金使用效率，作为掌握贷款发放和采取不同利率予以奖惩等实施方案。1983年，他在接受国务院经济研究中心的委托研究中央银行如何管理货币流通和信用的课题时，指出当时实行的"差额包干"办法的弊端，认为在这种管理办法下银行可以通过创造派生存款的方式实现多存多贷，对造成货币供应的扩大和通货膨胀的危险，提出银行应该"以销定贷"，按企业销售资金率发放贷款，走市场化信贷决策之路。他的研究成果和政策建议引起了高层重视并在实践中得到应用。

（3）倡导市场化的利率管理体制改革。俞天一教授凭借深入的理论研究和多年银行工作的经验，敏锐地抓住了市场化金融改革的重要杠杆——利率，从改革之初就倡导改革利率管理体制，充分发挥利率的杠杆作用，他主张改变几十年固定利率的管理方式，根据实际情况灵活调整利率水平；改善利率结构，解决存贷款利率倒挂问题；充分发挥利率的杠杆作用。特别是1983年在他承担的国务院经济研究中心课题"关于如何进一步发挥利息杠杆作用"的内部研究报告中，从市场经济的要求出发，系统地论证了利息是与价值规律密切联系的经济杠杆，尖锐地指出了计划经济体制下利率管理的弊病，有针对性地提出了实行差别利率调整行业结构以促进产业结构合理化、对企业贷款按经济效益的好坏实行浮动利率、运用利率杠杆鼓励企业进行内部资金积累以提高内源融资能力、调整存款和贷款利率结构并增加利率灵活性等具体的政策建议，为决策层提供了积极而又可行性的参考意见，对于推进金融体制的市场化改革发挥了正向作用。

（4）从金融视角力推企业体制改革。俞天一教授对我国转轨时期的企业体制改革进行了深入的研究，并提出了有影响力的政策建议。1979年，他在"金融研究动态"上撰文剖析计划经济下的国营企业流动资金管理体制的弊端，提出改革信贷体制，给企业更多的经营自主权的主张；1984年，他提出了"企业内部积累奖息制",主张用利率等经济杠杆激励企业进行内部资金积累,减少对外部资金的依赖。他发表的"企业内部利益机制的重新构造"(1986)和"职工收入应与企业积累挂钩"(1989)等文,提出了"积累率奖金分成制",解决企业财务管理与利益脱节问题,克服短期化行为,加强企业自我发展和自我约束机制。该成果被新华社《国内动态》和《经济消息》作为内部资料刊登。

4. 创新求是,转轨时期货币信用和宏观调控理论的探索者

(1) 俞天一教授是国内著名货币经济学家。在20世纪80年代,俞天一教授敢于突破计划经济体制下的一些理论框架,紧紧抓住市场化改革方向和渐进式改革进程,实事求是地探索研究我国转轨时期的货币信用理论,大大推动了国内货币理论和宏观调控政策的研究,澄清了转轨过程中对货币理论的一些错误认识,为制定正确的宏观调控政策提供了理论依据。

(2) 俞天一教授依据市场经济中货币运行的基本原理,针对我国改革进程中的实际问题,深入研究转轨时期的货币信用理论。他仅在《金融研究》发表的货币信用理论文章就多达8篇,包括"怎样才算真正的信贷平衡"(1981)、"要搞活国民经济必须强调贷款经济效果"(1982)、"如何发挥银行在宏观经济中的调节作用"(1983)、"论中央银行怎样发挥集中资金保证重点"(1983)、"改用'银行宏观利润'考核信贷资金效益的建议"(1984)、"论制定我国统一的社会主义银行信贷基本原则"(1984)、"重新考虑流动资金统一管理问题"(1984)、"论银行信贷资金的数量规律"(1987)、"亟待澄清的若干金融理论问题"(1988)。这一时期,他提出的关于货币流通范围和层次的观点、关于必须通过控制贷款调控货币数量的观点、关于重新考虑信贷原则和改善资金管理的观点等,对我国货币金融理论体系的建设和宏观调控体系的建立起到了积极的推进作用。其中,他提交的"怎样才算真正的信贷平衡"作为内部资料被天津金融研究参政资料转载,"关于中央银行如何管理货币流通和信用的意见"(1983)和"关于如何进一步发挥利息杠杆作用的意见"(1983)作为内部资料被国务院经济研究中心印发。

(3) 俞天一教授对宏观调控政策,尤其是金融宏观调控问题的研究一直走在改革的前沿。早在20世纪80年代初他就对货币政策和宏观调控提出了超前的观点,相继发表了"发挥银行经济调节作用的设想"(1980)、"人民银行怎样发挥中央银行作用"(1981)、"试论我国的货币政策"(1982)、"关于中央银行如何控制和管理货币流通与信用的意见"(1983)、"关于稳定币值与发展经济的统一"(1984)、"论我国中央银行进行宏观调节的目标、手段和条件"(1984)、

"论金融宏观控制和微观自动调节"（1985）、"论金融宏观控制"（1986）、"论信贷资金来源对总供求的影响"（1988）、"我国的通货膨胀与体制、政策、理论"（1989）等20多篇论文，主张发挥银行体系在宏观调控中的作用，强调利率杠杆在宏观调控中的重要性，深入探讨了货币政策的目标、手段和条件，剖析了我国通货膨胀的成因、特点和对策等。特别是在1983年他主持的国务院经济研究中心委托课题研究报告中，明确提出中央银行控制货币必须要重视存款货币及其派生问题，强调在银行信贷是社会唯一融资方式的情况下，控制信贷对控制货币量的重要性，具体从八个方面提出了中国人民银行如何通过控制贷款来实现对货币流通总量和现金流通量控制的方案，被国务院经济研究中心作为内部报告印发。他的一系列研究成果和政策建议大大推动了我国货币政策理论与实践沿着市场化改革的方向前行。

曹兴华教授

一、个人履历

曹兴华（1929~2003），男，河北省徐水县人，中共党员，教授。1954年，毕业于中国人民大学财政信贷专业，在西安市人民银行工作多年后，1965~1976年先后在陕西师范大学、陕西财经学院和西北工业大学等院校讲授银行信贷课程，1975年被陕西财经学院聘为信贷课兼职教师。1979年5月，调入中央财政金融学院金融系任教。

二、主要贡献

曹兴华教授一生致力于教育和科研工作，教学成果优秀，科研成果突出，受到广泛好评和一致赞赏。在改革开放初期，他为中国金融改革的理论发展做出了积极贡献，在流动资金管理、银行体制改革等领域都取得了丰硕的成果，其观点和建议具有前瞻性。他长期奋斗在教育一线，培养了一大批优秀的金融人才。此外，他还致力于教材建设，参与编写了多部不同版本、适合不同人群的《货币银行学原理》教材，协助编纂了《金融概论》，在社会上产生了广泛影响。曹教授积极宣传自学考试，对推动自学成才发挥了一定的作用。

三、事迹

曹兴华教授兢兢业业、勤勤恳恳，在不同的岗位上都有卓越表现。在西安市人民银行工作期间，曾连续五年被评为先进工作者。在中央财政金融学院金融系任教后，于1984年7月被任命为金融理论教研室主任，主要负责讲授《货币银行学原理》，同时承担《金融概论》授课任务。除院系教学科研工作之外，同时还兼任北京市自学高考委员会金融专业课程考试委员。1992年9月被评为海淀区成人教育先进教师。

曹兴华教授一直重视并积极参加科研项目。根据财政部指定，参与三人研究小组研究并提出部属院校"金融专业教改计划"，该草案于1985年6月完成，并于1985年9月报送财政部。根据国务院经济研究中心确定的项目，参与并主持小组研究"外国商业银行的企业化经营"，1986年7月完成论文《关于西方商业银行的经营与管理》，并报送国务院经济研究院中心审阅。在学科建设方面，他参编的《金融概论》教材，获1992年4月财政部〔（92）财教字第18号〕第二届全国财政系统大、中专优秀教材二等奖。

1. 爱党敬业

曹兴华教授一直热爱党、热爱社会主义，坚定地执行党的方针、路线和政策，不仅在革命征程上为共产主义大厦添砖加瓦，在教学工作岗位上也发挥其先锋模范作用。几十年的工作经历体现了他为党的事业、为教学工作奋斗终生的信念和严于律己的工作态度。从他进入中央财政金融学院任教开始，超额完成对金融专业1978~1985级学生的《货币银行学原理》的授课任务，在完成校内教学的基础上，根据组织安排还承担了一些校外教学的任务，同时作为学院学位评定委员会金融系分会委员，也负责学生论文指导的工作。曹兴华教授为人师表，勇挑重担，教书育人，全面和出色地完成教学任务，体现了共产党员勇于担当、无私奉献的崇高品质，得到包括时任金融系主任陈传新教授在内的众多学者的一致认可和高度赞扬。由于其出色表现，1987年获得副教授任职资格，1992年被确认为教授任职资格。

2. 主要学术成果及其思想

曹兴华教授重视科研工作，尽管教学任务繁重，但他仍然积极进行科学研究，能够联系经济和金融体制提出理论和实际问题，提出有独到见解的观点，并对我国当时的经济金融建设工作有一定的实际价值。主要体现在以下两个方面：

(1) 流动资金管理。受国务院经济研究中心委托，曹兴华教授参与研究财金第七课题，与王柯敬教授合写并主笔《关于加强流动资金管理的意见》。在这一意见书中，调研组指出当时我国企业资金占用多、效益差的基本状况，曹兴华教授基于这一状况提出建议。

曹兴华在文章中指出，提高经济效益是一个核心问题，而"重产值、速度，轻品种、质量，忽视经济效益"的倾向却造成企业资金占用过多的现象。一方面，调研组建议用综合性价值指标取代工业总产值，把企业和职工利益与资金使用效果挂钩。同时贯彻"以销定产、以销定购"、禁止强迫收购的原则。另一方面，在当时经济工作中存在着重复建设、盲目生产的现象，调研组研究认为，造成这种情况的根本原因是不能正确处理局部与全局的关系，而且实施的财政政策和价格政策也助长了地方盲目建厂扩产的行为。针对这一问题在意见书中指出，应当对乱上项目追究经济责任，同时要适当减少地方财权和尽快进行价格制度的改革。

1983年6月国务院发布100号文件，规定国营企业流动资金由银行统一管理。在此背景下，曹兴华等认为，尽管这一措施有利于提高流动资金使用的经济效益，但是国家仍然要在总结实践经验的基础上不断完善"统管"制度，而且需要进一步研究"固定资产投资与流动资金的综合平衡问题"和"关于企业原有国拨流动资金的处理问题"。由于在意见书纂写时我国的经济政策仍然以计划经济为主、市场经济为辅，所以调研组认为，实行银行统一供应和管理流动资金后仍然必须对财政收支和信贷收支进行统一平衡。同时对当时工商企业享有1200亿元国拨流动资金，曹兴华等认为，把国拨流动资金改为银行贷款是必要的，在现今发展来看，这一观点也是正确和必然的。

此外，调研组还提出重视技术改革，促进产品更新换代；加强中长期计划指导和经济信息工作；从宏观经济效益出发，加强信贷结算监管；改革物资管理体制，逐步实现物资库存社会化；进一步改革商业和外贸管理体制，加强商品流通等建议。从整体来看，意见书立足于当时中国的社会经济情况和问题，从制度体制、协调管理和技术改革等方面提出了颇有实际意义的建议。部分观点形成《改革经济管理体制，提高工业流动资金的使用效率》一文，于1985年1月31日刊登在《金融研究》上。

1983年是改革开放提出并实施的第五年，正是需要社会各界人士为国家建设献计献策的时候，曹兴华等的建议基于长远发展为国家和社会发挥了积极的作用。

（2）探讨我国银行体制。曹兴华教授先后发表三篇有关国家银行体制的文章。1980年，与俞天一教授合作纂写的《论我国银行在国民经济中的地位与作用》发表在《财经问题研究》上；1984年，与张玉文教授合作的《论我国中央银行的信用调节》一文发表在《中央财政金融学院学报》上；1985年，与张玉文教授合作的《对中心城市银行体制改革的探讨》一文发表在《金融研究》上。

《论我国中央银行的信用调节》一文基于1983年9月17日国务院颁布《国务院关于中国人民银行专门行使中央银行职能的决定》的背景，对我国中央银行进行宏观信用调节的意义、目标、手段，以及当前需要解决的一些问题进行了分析。

党的十一届三中全会以后，我国银行在机构体系和业务制度方面进行了许多改革，并取得了显著成效。在机构和业务方面，银行的作用都得到了进一步的发挥，同时也促进了国民经济的调整与改革。但是出现的问题也不容忽视。曹兴华与张玉文指出，在银行改革过程中出现了资金使用分散、管理多头、资金使用效益较低等现象。在经济快速发展下，社会各方面势必需要大量资金，所以客观上就要求国家运用银行这个经济杠杆，加强宏观控制，集中资金保证重点建设，因此，人民银行向中央银行职能的转变完全是出于客观的需要。

首先，所谓"信用调节"，是指由中央银行通过集中管理信贷资金来控制货币发行。曹兴华和张玉文认为，信用调节是解决资金管理多头和被迫发票子的重要措施。中央银行通过宏观信用调节来贯彻正确的货币政策。又由于中央银行是在国务院领导下，是管理国家金融事务的国家机构，这一性质决定了中央银行必须立足于宏观处理问题，以实现整个社会的经济效益为目标，通过信用调节，促进国民经济比例关系协调。同时这一性质也赋予了人民银行进行宏观信用调节的可能性。

其次，曹兴华和张玉文提出，我国中央银行信用调节的目标应该是既要促进生产发展，又要保持货币稳定局面。由于我国中央银行和各专业银行虽均为国家的银行，但仍然会不可避免地出现局部与全局不相适应的情况，所以中央银行必须通过一定手段来控制信贷资金和协调专业银行的业务活动。但是这并不等于我们可以照搬西方国家中央银行调节信用的"三大法宝"，而是应该从我国实际情况出发，选择性的运用，并建议可以采取存款准备金与计划管理相结合的调节方法。

为了落实存款准备金制度，国务院当时决定，除财政金库存款和机关、团体等财政性存款划归人民银行以外，各专业银行吸收的存款要按一定比例存入人民银行作为存款准备金。曹兴华和张玉文认为，在我国实行存款准备金制度可以实现平衡银行信贷收支，集中资金，以便于扩大再贷款规模和进行信贷结构调整的政策目的。但是由于我国专业银行资产业务结构单一，存款准备金率的调节缺少弹性，且调整准备金率是事后调节，所以需要结合计划管理的办法来达到信用调节预期的目的。那为什么要把财政金库存款和其他财政性存款也归人民银行管理呢？他们在文章中指出，人民银行代理财政金库可以保证信贷计划的执行不受财政收支的影响。从理论上来讲，财政赤字不可以由信贷资金来弥补，货币增发应该只与商品生产增长、流通扩大的情况相匹配。所以要保持币值稳定，必须坚持财政、信贷、物资的综合平衡。

　　在详细分析中央银行的目标、调节工具和职能转变意义后，曹兴华和张玉文在最后也针对不足之处提出了几点建议，对当时中央银行的建设和权力完善产生了积极有效的影响。从文章整体来看，曹兴华和张玉文教授的分析剔肤见骨，从经济发展的客观要求到理论依据的合理性，详细论证了人民银行职能转变的必要性和正确性，但也指出了制度设计的不完善之处，对人民银行转型并促进国家经济建设、构筑社会信心起到了一定作用。

陈传新教授

一、个人履历

陈传新（1935~2001），男，汉族，湖北省沙市人，中共党员。1951年在沙市人民银行参加工作，曾于1959年获"沙市人民银行标兵"称号。1960年9月考入中央财政金融学院攻读金融专业，1964年毕业后留校任教。1964年8月至1978年先后在中央财政金融学院政治理论教研室、北京师范学院（今首都师范大学）读书班任教；1978年8月调回中央财政金融学院金融系任教，先后担任金融系理论教研室党支部书记、系副主任、系党总支书记、系主任等职务。他曾兼任中国金融学会会员、北京市金融学会常务理事、中国人才研究会金融人才专业委员会常务理事、北京高等教育自学考试《货币银行学》课程考试委员、中国工商银行北京经济信息咨询公司专家委员会委员等职务。

二、主要贡献

陈传新教授从教30多年，一直致力于经济学、金融学的教学和研究事业，研究问题涉及货币供求与均衡、利率理论及应用、金融市场形成及发展规律等诸多领域，发表了大量的著作和学术论文，社会影响广泛。他在经济和金融理论研究上造诣颇深，有很大影响。

三、事迹

陈传新教授一生兢兢业业，无私奉献，长期工作在金融教育第一线。他主讲的课程包括《政治经济学》《资本论》《货币银行学原理》《货币银行学》《金融概论》等；主编了《金融概论》《货币银行学》，参编了《金融学》《当代中国经济大辞库》等十多本教材和工具书，这些书籍满足了当时不同层次学历人员的学习需要，在普及金融知识、培养金融人才等方面发挥了重要作用。

1. 先人后己、无私奉献，悉心培育人才

自 20 世纪 80 年代中期起，陈传新教授先后担任中央财政金融学院金融系主任、金融系党总支书记等主要领导职务，长期深入教学一线，始终在教书育人岗位上兢兢业业，在学生、教师间挖掘和培育人才等工作上付出大量心血与劳动。

作为系主任，为了在金融系形成一种良好作风，陈传新教授为人师表、克己奉公、默默奉献，为了使当时他的助手——潘金生和王广谦能有更多精力从事教学、科研工作，他主动承担了大量的日常工作事务；而在评定高级职称时，考虑到当时指标有限，他又两次主动谦让给其他老师（一次申报副高职称，一次申报正高职称）。对于教师中优秀的人才，陈传新教授也会不遗余力地为其推荐，例如，曹兴华、万长荣等优秀教师在进行职称评定时，陈传新教授便在其中发挥了重要的推荐作用。此外，他也尽其所能地做好教职工的思想政治工作，注重解决教职工们的各种实际问题，从而使得教职工们能够沉下心来认真履行教书育人职责，发挥全系职工教书育人的整体力量，以更好地培育未来的金融人才。

为了更好地做好、做足学生思想工作，让学生们能够健康成长、少走弯路，陈传新教授更是深入学生第一线，成为学生党支部一员。他对于学生党支部所开展的每一次组织活动都积极参加，并且在每次活动中都会分享个人体会并语重心长地对学生党员们做一些期许，毫无保留地对学生们给予悉心的指导。在他的高尚人格魅力的感召和带领下，金融系形成了一种有利于人才健康成长的团结、向上的氛围，金融系发展迅速，金融学科建设成果斐然：金融系多次被评为北京市和学校先进单位，金融学科被财政部评为部属院校首批重点学科；他本人也被授予"中央财经大学优秀共产党员十杰"和"北京市德育先进工作者"等荣誉称号。

2. 主编、参编教材十余本，社会影响广泛

陈传新教授长期从事经济学、金融学的教学和研究工作，研究问题涉及货币供求与均衡、利率理论及应用、金融机构改革与经济体制改革、金融市场形成及发展规律等诸多领域，尤其在货币银行学领域卓有建树。为了能够让更多的人系统地学习、掌握金融领域的相关知识，陈传新教授花费了大量时间与心血投入到关于《货币银行学》《金融学》等教材的编写工作中去。他一共主编、参编十余本教材、工具书，满足了当时高等财经院校、函授大学、业余大学、电视大学、财经系统在职培训等多层次学历的教材需求，社会影响广泛。他主编的两本重要教材是《金融概论》和《货币银行学》。

（1）《金融概论》。早在1987年，陈传新教授就和中央财政金融学院的多位教师一同以"《金融概论》编写组"之名编写、出版了国内最早一批面向高等财经院校非金融专业使用的《金融概论》教材。在考虑到改革开放以后，我国经济、金融领域的改革不断向前推进，金融领域持续出现日新月异的发展和变化，社会上不同学历层次的人员对金融知识的渴求度大大增加，1990年陈传新教授和潘金生教授共同主编出版了《金融概论》一书。该书反映了当时货币银行学科的新发展，以及在社会主义计划商品经济条件下，国民经济运行对货币银行学科的新要求，重在满足当时的函授大学、高等财经院校非金融专业和任职干部自学教材的需要。全书系统性地介绍了货币与货币流通、信用、银行及金融体系、国际金融、保险、货币政策与金融调节等知识。在编写逻辑上，该书是在论述马克思主义的货币、信用、银行基本原理的基础上，着重阐述了社会主义制度下货币、信用、银行的新特点，并且在编写内容上尽量吸收当时我国金融理论研究和实践中的最新成果，适当介绍了当时西方货币银行业务的新发展，内容丰富、全面，既有深入浅出的理论分析，又尽可能地与实际相结合，该书一经出版便广受好评，也因此获评财政部优秀教材二等奖。

（2）《货币银行学》。1996年，陈传新教授和曹兴华教授共同主编出版了《货币银行学》一书。该书是供当时高等教育自学考试金融专业和高等财经院校非金融专业使用的教材，同时也满足了当时函授大学、业余大学、电视大学及财经系统在职培训等学习需求。全书以马克思主义经济理论为指导，研究货币、信用、银行的产生和发展及其运动规律；阐明了当时西方发达国家的金融现状和趋势，以及我国的货币信用、银行与银行业务、金融市场、金融宏观调控等理论与实践。该书以马克思主义货币银行基本原理为基础理论，深入浅出地介绍了货币

银行学原理和我国社会主义金融理论的主要内容；同时也重视理论联系实际，分析了当时国际金融活动的新发展和我国金融体制改革的新动态；既注意了教材的针对性，又保持了教材的科学性和稳定性。值得一提的是，该书在每一章介绍完基本概念、基本理论之后，又增加了对当时我国实际情况的介绍和分析，许多章甚至设置独立一节专门介绍我国的情况，这不仅便于读者对相关理论知识的吸收，同时也激发起读者思考我国现实金融问题、分析未来金融发展方向的兴趣，获得了社会的广泛好评。

3. 探索创新，为现实问题建言献策

面对我国从计划经济转向市场经济过程中出现的许多现实问题，陈传新教授除了投入大量的精力编写教材之外，还积极参与学术界的相关讨论，展开了深入的研究，其所提出的不少真知灼见都为后来的学术研究以及操作实践提供了重要参考。下面重点介绍他关于利息和利率机制的主要观点：

（1）银行利息的性质。对银行利息性质的分析，不仅直接影响到现实中对企业相应的经济核算处理办法、对社会利息率及数量界限的确定，从长远来看，也影响了利息的经济杠杆作用的发挥。改革开放初期，学术界就对该问题展开了热烈的讨论，当时学界主要有三种看法：一是认为，利息就是成本的一部分，利息应计入企业的成本支出；二是认为，虽然利息是利润的一部分，但仍应计入企业的成本支出，以利于企业的经济核算；三是认为，利息是利润的一部分，利息应从利润或是企业利润留成中支出。

1982年陈传新教授撰文分析了这个问题，他支持第三种观点。他从成本的真实性和借贷资金运动规律的要求两个角度论证了利息是利润的一部分，并且强调正确看待银行利息的性质有着重要的现实意义。首先，认同利息是利润的一部分，则国家在制定银行一般放款利率时有据可依，即应以社会平均资金利润率作为一项重要依据。陈传新教授认为，当时我国利率长期偏低，主要是由于受"左"的错误的影响，片面地强调利息越低越能体现社会主义的优越性，甚至认为，利息是剥削，使利率一再降低，甚至出现银行存放款利息倒挂的不合理现象。其次，利息是利润的一部分，能加强企业的经济核算，不断减少物化劳动和活劳动的消耗，降低成本，提高劳动生产率。最后，利息是利润的一部分，可以根据企业向银行借款的主客观原因，由利润或企业利润留成来支付利息，从而把利息支出直接与企业和职工的利益联系起来，促进企业精打细算，更好地发挥利息的经济杠杆作用。

（2）治理整顿时期的利率政策的选择。1984~1988年，我国经济处于加速发展的飞跃时期，但同时也出现了经济过热、重复建设较为严重、物价波动大等现象。对此，1988年9月党的十三届三中全会提出了治理经济环境、整顿经济秩序、全面深化改革的方针，并决定把1989年和1990年两年改革和建设的重点放到治理整顿上来。

面对当时的经济特点和形势，1989年，陈传新教授撰文指出，当时的治理整顿未能充分发挥利率的经济杠杆作用，应尽快调整利率体制，这不仅能促进治理整顿工作的开展，而且对我国财政金融宏观调控体系的完善具有重要的意义。他强调利率机制的基础是利率对借贷资本供求状况的真实反映，能够调节经济主体的利益变化。他肯定了经济体制改革以来对利率的多次调整改革，但也指出当时利率机制依然难以发挥出对宏观经济的调控作用，主要表现在三个方面：一是贷款利率过低，不能影响到企业的自主利益。二是存贷利率倒挂，不符合经济规律。三是负利率严重地影响了储户的利益。陈传新教授认为，要发挥利率在治理整顿工作中的作用，必须尽快建立双重浮动利率机制，向现代的动态利率机制转化，即要求中央银行依据资金供求的变化在稳定中调整基准利率，同时实现政府意图；专业银行依据中央银行划定的浮动幅度，根据市场上资金供求状况来确定利率的实际水平。此外，面对当时存在通货膨胀较高的情况，陈传新教授主张应实行高利率政策，强调利率状况应跟踪物价水平的变动，从而才能使各经济主体对利率变化具有相应的敏感性，更好地发挥利率的经济杠杆作用。实践证明，陈传新教授的主张正确且具有前瞻性，为后续我国利率机制的改革提供了重要的借鉴作用。

丁邦石教授

一、个人履历

丁邦石，男，1938年5月生，江苏张家港人。1963年，他调入中央财政金融学院金融系工作。1980年复校后，他又回到中央财政金融学院金融系工作。1986年担任中央财政金融学院科研处副处长，1992年担任中央财政金融学院学报编辑部副主任兼副主编，1997年担任中央财经大学学报编辑部主任，2009年担任中央财经大学第三届教学督导组组长。他从教40余年来，发表了多篇有影响力的著作，并多次主持科研工作。

二、工作成就

1. 货币政策与宏观调控

丁邦石教授的研究领域比较宽泛，著作多，涉及面广。在改革开放初期，中国金融业转型发展的需求十分迫切，在此背景下，他发表了多篇关于货币政策的重要文献，包括《论我国当前货币量的计量与控制》《关于货币量的计量与控制的探讨》《关于当前我国货币政策若干问题的思考》《论我国当前的货币政策》

《对我国实行扩张性货币财政政策扩大内需的效果分析》和《强化宏观调控、稳定货币币值》等。在这些文献中,他对我国体制转轨时期的货币政策环境进行了深入的分析,提出多项具有建设性的政策建议,例如,坚持确立"双重"货币政策目标、掌握与经济增长目标相一致的货币供应量等。丁邦石教授根据历史经验和当时的金融环境,提出了一些比较具有突破性的设想和理论,例如,根据现金量占货币供应量的比例和货币量占国民收入的比例等指标来设定合理的货币发行量等。这些设想和理论探索在市场经济的转型过程都很有前瞻性。

在改革开放初期,丁邦石教授就积极强调金融稳定的重要性,他指出,防范和控制金融风险,不仅是对金融行业负责,也是对全社会负责。丁邦石教授认为,在当时金融机构经营机制尚未健全的情况下,唯有加强金融监管才能保障金融安全。在《加强监管,确保一方金融平安》一文中,他重点分析了在当时环境下的金融稳定问题,提出了一系列政策建议,例如,健全和完善稳健的金融监管制度、实施资产负债比例管理和风险管理、调整银行经营机制、建立我国有特色的存款保险制度等。这些建议在当时对金融行业的良好秩序和稳定发展起到了推动作用。

2. 金融体系改革发展

在银行业改革转型方面,丁邦石教授发表了《专业银行向商业银行转变中的几个问题》《试论专业银行向商业性银行转变》《专业银行向商业银行转变的难点与对策》和《试论专业银行向国有商业银行转制》等多篇具有影响力的文章。他在文献中综合分析了专业银行的弊端,指出专业银行的改革难点在于传统观念的局限、产权不明、新旧体制摩擦、金融效益低下和人员素质不足等方面,并提出政策性贷款与经营性贷款分账管理、全面推行资产负债管理、明确经营目标、改善管理体制等一系列政策建议,极大地推动了我国商业银行的改革步伐。

在《我国资产管理公司与债转股的困境分析》和《试述债转股运作中的问题与政策建议》中论述了债转股的困境、道德风险和引发的社会问题等,并给出了明确主体、完善职能、加强信息披露等政策建议。文章指出:债转股不应该是资产管理公司治理不良资产的唯一手段,资产管理公司不可能也不应该是中国治理不良资产的唯一模式,这一论断非常具有前瞻性。

此外,央行的机制改革也是金融体系改革的重要部分,在《建立分层次金融宏观调控体系,强化和完善中央银行职能》一文中,他提出了在多个地区设立央行分支机构，在央行系统内实行分层次调控，通过给予金融宏观调控系统内各控制层因地制宜、灵活调控辖区内金融活动的权力和责任来达到既全国统一协调又保证地区经济发展的理论。

除了央行改革、银行改革和货币理论之外，丁邦石教授还在金融业的各个改革发展领域都有所涉猎。他的《当前经济形势与金融改革深化》《试论我国金融业经营制度改革》《论非银行金融机构的改革》《浅谈银行在宏观控制和微观搞活中的调节作用》等文章深入探讨了中国的金融市场改革，包括银行、证券、保险、信托、租赁等领域，涉及分业经营、股票发行、金融法律规范等多个话题。《谈谈确定银行利率依据的几个问题》从理论上分析银行利率相关的几个因素，给出了计划经济下制定和调整利率的理论依据和政策建议。

此外，丁邦石教授还非常关心农业金融的发展。在《如何提高农贷资金的使用效益》一文中，丁邦石教授倡导"因地制宜地支持开展多种经营，发展商品生产，讲究经济效益，活跃农村经济"。在《加快商业企业流动资金周转，提高贷款经济效益》一文中，他提出"农业设备和工副业贷款按生产周期掌握的做法，由于适合农、副业经济收支活动的规律，不仅资金运用充分，而且有力地促进了农业和工副业生产的发展"。他认为，对商业企业应当"以销定贷"，从而促进商业企业主动加快资金的周转速度，提升银行资金的使用效率。在《农业总产值与所需资金的依存关系及对 2000 年的预测》一文中，他用计量模型预测 2000 年的农业总产值等。此外，他还著有《农村金融》《社会主义农村金融学》等学术著作，探讨了农村资金的信用活动与农村货币流通的特殊规律，论述货币信用活动与农业再生产过程的相互依存关系，以及运用货币信用的职能作用对农村货币资金科学管理的途径。丁邦石教授对农村金融提出的改革措施十分具有应用价值和前瞻性，为我国的农业发展和金融体系的完善起到了直接的推动作用。

三、获奖与荣誉

1996 年，丁邦石教授负责的科研课题《商业银行经营风险分析及其控制》获中央财经大学校级立项奖；1998 年，他撰写的论文《强化宏观调控，稳定货币币值》发表于《中国金融》，并获得中央财经大学优秀科研成果三等奖；1998 年，他出版一部学术专著《社会主义农村金融学》获奖。

四、人物评价

丁邦石教授是我国知名的金融学专家、金融教育家。他在中央财经大学从事高等财经教育和科研工作 40 余年，教学成果优秀，科研成果突出。他在改革开放初期，对中国的货币政策和银行业发展转型做出了重要的学术贡献，发表了在银行改制等领域有重大影响的研究文献十余篇。此外在农村金融发展方面也做出了开创性的研究，著有《社会主义农村金融学》等多篇专著。

在中财工作的二十多年里，丁邦石教授兢兢业业，深耕学术，教书立人，为中财的科研和教学工作做出了突出贡献，培养了许多能力卓著的金融行业人才。在退休后，他仍然心系学校的发展情况。2018 年 5 月 2 日，学院工作人员为丁邦石教授庆祝八十大寿，丁邦石教授精神矍铄，详细询问了学院"双一流"建设情况、学科发展状况、两校区建设规划、师资队伍建设等，与工作人员畅聊中财新发展，表现出对学校的极大关心。在纪念马克思 200 周年诞辰系列活动中，丁邦石教授出席活动并表达了对青年学子的殷切期望。丁邦石教授在发言中提到，前进道路上要高举马克思主义的伟大旗帜奋勇向前，在习近平新时代中国特色社会主义思想的指导下，不忘初心，牢记使命，在不同的岗位上踏踏实实做本职工作，为实现中华民族伟大复兴而贡献自己的一分力量。勤勉踏实，尽心尽责，这也是丁邦石教授在中央财经大学工作二十多年来的真实写照。

吴慎之教授

一、个人履历

吴慎之，男，汉族，1939年7月出生，河北人，中共党员。1967年毕业于中央财政金融学院金融专业，1969~1978年在基层银行从事信贷管理工作，1978年开始在中央财政金融学院金融系金融专业任教，并担任硕士研究生导师。1988年1月被聘为副教授，1992年任投资经济管理系副主任，1993年被聘为教授，任投资经济管理系主任。1993年后，先后担任校教务委员会主任、教务处处长、学生处处长、图书馆馆长以及组织部部长。2004年9月退休。此后于2004年任中央财经大学第一届教学督导组组长，2005年兼任中央财经大学关心下一代工作委员会委员，共产党员先进性教育活动领导小组办公室联系指导组成员。

二、主要贡献

吴慎之教授从教40年一直坚守教学第一线，著书立说，将理论联系实际，为新中国培育了大批金融人才，是我国金融学科和经济学科发展的推动者。吴慎之教授科研成果丰硕、理论水平高、学术影响力大，在银行经营管理、信托与租赁以及房地产金融理论上深挖细掘，是我国金融教育工作者的优秀代表。

三、事迹

吴慎之教授先后主编撰写《银行经营管理学》（1989）、《中央银行概论》（1990）、《工商信用与结算》（1992）等著作，并在《中国农村金融》《中央财经大学学报》等优秀期刊上发表了《专业银行商业银行化的必然选择》《商业银行提高资本充足比率的途径》《国有企业重组与深化金融体制》《对发展我国住房金融的思考》和《我国国有商业银行资本问题研究》等学术论文，对我国银行和住房体制的改革做出了不可或缺的理论贡献。

1. 多年精耕学术，理论联系实践，传承学科建设大旗

改革开放之初，中国银行体系建设拉开了帷幕，机遇与挑战接连而至，吴慎之教授以极大的热情和勇往直前的精神投身于经济体制改革和金融体制改革的理论与政策研究之中，并于1978年回到母校中央财政金融学院任教，担起了培养未来专业金融人才的重任。在此后近40年的教学生涯中，吴慎之教授尽职尽责，发光发热，真正诠释了"教书育人"的伟大内涵。从1979年起，吴教授主讲了《工商信贷与结算》等系列课程。据1963级金融1班魏盛鸿校友回忆，20世纪60年代，我们学校的课程设置以实际工作为导向，老师大都来自于银行系统，工作实践经验相当丰富，大学学习生活留给他印象最深的是《工商信贷与结算》和《生产队会计》这两门课程。

1990～1992年，吴慎之教授为了使课堂教学体系更为完善，总结了多年课堂经验，主编或参编了《银行经营管理学》《中央银行概论》和《工商信用与结算》等教材，系统地阐述了银行体制改革后的经营与管理、中央银行的产生与职能等金融专业知识，广受师生欢迎。其中《银行经营管理学》介绍了商业银行的基本概念及产生发展的过程和基本业务框架，包括商业银行如何设置（市场准入）和如何关闭（市场退出）等。然后，按照现代商业银行最终要实现股东权益最大化的目标，深入贯穿"三性"原则的主线展开对商业银行的全面介绍。

进入21世纪，即使工作重心已经转移到了行政工作上，吴慎之教授仍然时刻关心着金融学科的建设与发展。2004～2006年，吴慎之教授任校第一届教学督导组组长，主要负责投资经济系的督导工作，具体工作为检查教师备课是否充分、授课过程是否完整流畅、教学内容是否更新，同时，重点检查教案是否完整，能否按教学大纲和教学计划（进度）进行教学，是否教书育人，能否严明

课堂纪律，维护正常教学秩序，为课堂秩序的稳定和教学效果的提升做出了巨大贡献。2010年，已经退休的吴慎之教授仍积极参与中央财经大学金融学院商业银行学课程体系的建设，这一课程也获得了校级精品课程的荣誉。吴慎之教授时时刻刻心系学术，躬耕学术，传承了金融学科建设的大旗，是我国金融学科现代化建设的拓路人和先行者。

2. 教学体制改革倡导者，学科国际交流践行人

吴慎之教授不仅在学术上颇有建树，也深刻认识到，学科发展离不开教学体制的改革与创新。1996年，吴慎之教授担任图书馆内部体制管理改革小组成员，在内部人员结构、管理流程上进行了卓有成效的改革，使图书馆第二课堂的作用得到了进一步的发挥。

在加强学科的国际化交流方面，吴慎之教授也时刻采取开放学习的态度，"取其精华，去其糟粕"，于1998年10月赴汉城参加韩国幸福家庭协议会主办的"十月讲座"，访问了汉城的几所大学和金融机构，并代表学校与其展开了更进一步的学术与教育方面的合作，促进了学科的国际化建设与发展。

3. 心系学生，联系群众，为国家发展建言献策

吴慎之教授除了兢兢业业做好教书育人的本职工作之外，还不忘关注社会万象，展现了济世苍生的胸怀。

在中央财经大学金融学院投资经济系任职期间，吴慎之教授先后在《中国农村金融》《中央财经大学学报》等期刊上发表了《专业银行商业银行化的必然选择》《商业银行提高资本充足比率的途径》《国有企业重组与深化金融体制》《对发展我国住房金融的思考》和《我国国有商业银行资本问题研究》等十余篇学术论文，为我国的金融体制改革和住房市场改革积极献言献策。

早期，吴慎之教授主要聚焦商业银行和金融体制改革领域，在1997年的《国有企业重组与深化金融体制》一文中，吴慎之教授提出，要实现国有经济重组，必须深化金融体制改革，具体来看，应该加快专业银行向商业银行转化、制定并实施信贷倾斜政策、推行银团贷款和大力发展金融市场。这样的观点在今天看来仍然是有政策意义的。在《论我国专业银行的经营目标》一文中则提出，我国社会主义专业银行是具有自身行业特点的金融企业，应该确立利润和社会效益双重的经营目标，且只有增强专业银行自我改造和发展的能力才能提高其社会服务水平，有力抨击了当时存在的银行不能追求利益的错误观点。在《国有商业银行内控制度研究》一文中，他提出加强内控制度建设是国有银行商业化改

革的内在要求，是构建金融监管体系的客观需要，是防范与化解经营风险的必然选择。为了完善国有商业银行内控制度，商业银行需要健全内部法人治理结构、加强业务制度建设、建立健全员工及经营者激励与约束机制和推进内部稽核体制改革。

21世纪以来，吴慎之教授则更多关注住房市场和个人信贷等领域。2003年的《强化融资租赁功能：中小企业融资的必然选择》一文聚焦中小企业融资，在描述融资租赁基本特征、分析融资租赁特定功能的基础上，指出强化融资租赁功能是解决中小企业资金难问题的必然选择和有效途径，并提出强化融资租赁功能的对策思路。2002年《构建我国个人信用制度对策选择》一文则提出建立适合我国国情的个人信用制度已成为当务之急，应该从健全个人信用法律法规体系、培育专业化个人信息征信机构、实行个人信用档案制度和完善个人资信评估指标体系四个方向进一步建设。该文章还从个人自然状况、个人职业状况和个人与银行关系三个维度构建了一个个人资信评估体系，具有较强的创新性。在《论我国住房抵押贷款证券化》一文中提出住房抵押贷款证券化是我国商业银行的必然选择，因为其有利于拓宽商业银行的融资渠道，有利于降低商业银行的经营风险，有利于提高商业银行的盈利能力，有利于加强商业银行的资本管理，有利于完善中央银行的宏观金融调控，有利于推动我国资本市场的发展。为了更好地进行证券化，我们应该选择合适的商业银行作为发起人，完善住房抵押贷款的一级市场，组建专门的住房抵押证券公司——SPV，分阶段推出不同品种的住房抵押贷款证券，创造良好的外部环境。

潘金生教授

一、个人履历

潘金生，女，1941年出生，河北沧县人。1963年毕业于天津财经学院（现天津财经大学）财政金融专业。先后在中央财政金融学院、河北大学工作。曾任中央财政金融学院教授，硕士生导师，金融系副主任，中国金融学会财金分会副秘书长。1992年被评为优秀骨干教师。

二、工作成就

潘金生教授长期从事高等财经教育和科研工作，教学成果优秀，科研成果突出，受到广泛好评。在改革初期，为金融知识的传播和普及做出了重要的贡献。自20世纪80年代以来，编著的著作、教材、工具书，发表的论文等累计500多万字，其中，主编教材6本，工具书7本，发表有较大影响的论文10余篇。多项研究成果受到财政部系统和学校嘉奖。她在证券、信托、金融法律等方面的研究具有开拓性，为新学科、新课程的开设奠定了良好的基础。

主要著作有：主编《信托知识手册》，于1989年由北京科学技术出版社出版；主编《涉外金融法案》，于1989年由中国政法大学出版社出版；主编《金融实用手册》，于 1990 年由经济科学出版社出版；担任《证券知识手册》副主编，于 1990 年由中国金融出版社出版；主编《金融概论》，于 1990 年由中国华侨出版社出版；主编《比较银行法》，于 1991 年由中国金融出版社出版；主编《中外证券法规资料汇编》，于 1993 年由中国金融出版社出版；担任《社会主义金融理论》主编之一，于 1993 年由中国财经出版社出版；主编《证券投资理论与实务》，于 1994 年由中国财经出版社出版。

三、主要学术成果及其思想

（1）货币金融理论——储蓄与积累问题。潘金生教授 1982 年发表在《中央财政金融学院学报》上的《我国储蓄存款与社会积累的关系》一文，对社会主义储蓄存款与社会积累的关系进行了讨论。她认为，储蓄存款和社会积累的关系是一个重要的理论问题和实际问题，搞清这一问题对于正确运用储蓄存款，发挥储蓄在国民经济中的作用有着现实的意义。根据马克思对资本主义社会资本积累的分析，有人认为，社会主义积累就是通过国民收入分配和再分配以后所形成的归社会分配的那部分。针对这一观点，潘金生教授提出了反驳，她指出，马克思分析资本主义社会的情况指的是绝对意义上的积累，从社会主义社会的实践来看，国民收入经过分配再分配以后形成的归社会分配的积累基金，是社会总积累的一部分，消费基金中用于个人消费的部分会采取储蓄存款的方式转化为生产建设资金，即扩大积累；补偿基金中的折旧基金在一定限度内也会转化为积累基金。所以，用于生产投资的社会总积累包括三个部分：第一部分是国民收入经过分配再分配以后形成的社会积累基金；第二部分是以个人储蓄的形式转化的社会积累；第三部分是固定资产折旧在一定限度内用于积累的部分。

（2）证券市场建设。在 1991 年、1995 年潘金生教授相继发表了《我国证券市场的发育及其管理的法律对策》《完善我国证券市场的几点思考》等文，对证券市场的建设与发展提供了很多政策建议。

股市作为金融市场的组成部分，运作有其相对的独立性。但它作为国民经济总体运行的一种市场表现总是受制于宏观经济状况，由宏观经济决定。1995 年初以来，我国国民经济形势在总体趋好的情况下，出现了高通货膨胀，控制通货膨胀已成为经济稳定的关键环节。依照我国的经验，控制通货膨胀，在宏观调控上，主要是控制固定资产投资规模、控制消费基金膨胀、控制货币供应量。在宏观经济环境偏紧的情况下，指望有大量资金流入股市是不现实的。根据以上分析的宏观经济状况，潘教授认为，发展、完善股市，不断规范其行为，当务之急应着手去做的问题有以下三个方面：

1）发展投资基金，推广大众化投资工具，为股市的繁荣、稳定注入新的活力。中国当前的股市处于初始阶段，中国的股民处于"幼稚期"，具体表现为：投资者普遍年轻化；中小投资者散户众多，投资者来源狭窄；以套取差价为主，投资资产组合单一，风险意识淡薄等。据此，发展投资基金这一投资形式是很适合中国国情的。投资基金是由不确定的众多投资者不等额出资汇集而成的信托资产，交由专业性的管理者运用于有价证券或其他投资，而投资者则按其出资比例承担相应的风险及分享投资收益。即集体投资、专家经营、分散风险、共同受益。截至1995年，我国居民储蓄存款及持币量合计已达1600亿元左右，这些资金急需寻找多种投资出路，尤其是在高通货膨胀情况下，有计划地发展投资基金，规范基金入市，对于改变投资者结构，为股市的繁荣、稳定注入新的活力具有重要意义。

2）疏通渠道，建立多层次的证券交易市场网络，活跃股市。我国证券交易市场是很不安全的，不能适应证券交易发展的需要。被中央批准的沪深两个证券交易所主要限于个人股流通；两个场外电子报价交易系统，因法人股流通政策问题得不到解决，交易量小且不活跃。面对现实，建立多层次、多样化的证券市场迫在眉睫。潘教授认为，一要借鉴国外经验，逐步创造条件，均衡设置证券交易所，缓解扩容压力；二要设置区域性交易市场，作为国家级交易市场的补充。

3）加强宏观调控，综合治理股市。建立权威性强、办事效率高的证券监管机构。证券监管机构与中央银行、与政府协调配合，综合运用经济、法律和必要的行政手段，实施宏观调控。

（3）国有企业融资问题。1996年潘金生教授相继发表《试析国有企业新型融资机制的建立》《对国有企业融资机制转化的思考》等文章，对国有企业融资问题进行了探索，提出的观点切中要害，对于理解我国企业改革具有重要意义。

她指出，长期以来，我国国有企业单纯依赖银行的间接融资机制带来了不良的后果和危害。主要体现在以下六个方面：第一，企业利息负担过重，加大了企业的经营成本。近些年，银行的贷款利率高于国有企业的资本收益率，企业赚的钱不足以还银行利息，造成国有企业大面积亏损。加之，很多企业技术改造后的技改项目收益率低于银行利率，技改企业亏损严重。第二，企业对银行过度依赖。大量的银行贷款成为企业的铺底资金，银行不良贷款增加，逾期、呆账、死账贷款比例上升，压得企业和银行都喘不过气来，资金陷入不良循环之中。第三，银行金融风险加大，杠杆作用难以发挥。由于企业自有资金很少，甚至为零，生产经营资金主要靠银行贷款和拖欠货款来维持，因此，企业的经营风险转嫁给银行。尽管银行明知企业无偿债能力，但却仍然向企业发放贷款维持企业生计，为了补充资金来源，银行提高储蓄存款利率，增加银行资金成本，加大银行经营风险，增加国有专业银行向商业银行过渡的困难。第四，企业借新贷还旧贷，或继续扩大贷款规模，加大信贷资金的投入，从而扩大非正常的货币供应量，成为导致通货膨胀的重要诱因。第五，居民是构成我国建设资金环流中最大规模的净债权主体。国有企业亏损、银行亏损以及居高不下的通货膨胀引起货币贬值，最终都会转嫁到居民身上，居民成为最终受害者，从而不利于社会的稳定。第六，国有企业内外债务的最后承担者是国家，国家承担亏损企业的补贴和物价补贴等多种投入，从而扩大财政开支，导致财政赤字连年增加。

我国现代企业面向市场的新型融资机制的建立还存在不少困难，它需要和企业转制、银行转制、资本市场、宏观调控诸方面的改革同步而行。具体包括以下四个方面：第一，现代企业制度的建立是企业融资新机制形成的前提和基础。在走向市场经济的过程中，现代企业制度的建立是对传统国有企业根本性的挑战。第二，商业银行破产机制的建立是国有企业新融资机制实施的催化剂。改革开放以来，金融业已成为发展速度最快的产业之一，但高收益随着高风险的市场经济规律却被大锅饭所掩盖。第三，社会保障制度的建立是解除国有企业向现代企业转化之中后顾之忧的重要保证。建立现代企业制度要求有相应配套的社会保障制度，而我国多年在计划体制下形成的社会福利体系与此格格不入。第四，发达成熟的资本市场是现代企业融资的重要场所。

总之，现代企业新型融资机制的建立需要各方面的配套改革，同时企业内部应建立和运用融资机制，设立融资机构和专门的人员，进行研究和探索，随着掌握金融信息和金融形势变化，有选择地运用适宜的融资形式，形成资金良性循环机制。

(4) 金融体制改革。潘金生教授早在1986年就发表了《横向经济联合与金融体制改革》一文，讨论在横向经济联合背景下的金融体制改革问题。

她指出，最近几年，城乡经济体制改革最明显的变化是企业寻求横向联系，出现各种各样的联合体。横向经济联合已初步形成了资金、物资、人才、技术四位一体的协作与融合，并且多渠道、多层次、多形式发展。这种联合表现出五个特点：一是区域性联合发展迅速，由以前的按行政命令的捏合转向自愿互利、取长补短的联合；二是打破地区间、部门间、不同所有制企业间的界限，形成新的联合；三是科技与生产联合成为主要内容；四是打破民用与军工企业的界限；五是内陆与边疆的联合日益展开。横向经济协作与企业的横向联合，是发展社会主义商品经济的客观要求，是社会化大生产的必然趋势。

横向经济联合大大发展了生产力，发挥了现有企业的潜力，促进技术和人才的合理交流，普遍提高了生产专业化水平和经济效益，有利于促进经济结构和生产力布局合理化，给各地经济发展带来无限的生机与活力。横向经济联合是商品经济发展的内在要求。这种要求汇集到一点，就是要破除自然经济和产品经济的观念，树立商品经济思想，树立市场观念、竞争观念和效率观念；就是要冲破传统的经济体制，在国家计划指导下，放开搞活市场经济，完善市场机制。当前，消费品市场已形成，商业贸易中心兴起；生产资料市场逐步形成，生产资料由国家计划调拨转化为大部分产品通过市场交易。目前，原材料一定程度上依赖市场采购的企业占90%；技术市场出现了信息、设计、咨询等多种形态的知识产品，甚至出现常年开放的技术市场和技术零售商店；建筑市场的扩大和发展，招标、投标竞争的范围扩大。市场已从产、供、销诸方面对企业经营发生有力的约束作用。横向经济联合向广度、深度发展迫切要求资金的横向融通。强烈要求打破传统的资金供应体制，建立以中心城市为主体、中央银行为中心的辐射网络式资金融通体制，发展完善资金市场。

2000年，潘金生教授发表了《中国金融体制的变革要顺应21世纪金融自由化的进程》一文，讨论了在金融自由化背景下的中国金融体制改革问题。她指出，尽管一个国家的金融体制决定于其经济体制，经济体制的变革必然影响其金融体制的变革。但经济体制、金融体制均决定于其经济基础，有什么样的经济基础，决定着有什么样的经济体制和金融体制。在经济全球化、金融自由化发达的市场经济中，必然要求与其相适应的金融体制。文章提出的具体措施包括四个方面，第一，要加大金融业的开放力度；第二，金融业要大力支持高新技术产业发展；第三，完善有效金融监管制度；第四，建立复合型金融人才的培养和起用制度。

徐山辉教授

一、个人履历

徐山辉，1942年出生，男，汉族，湖北人，中共党员。1961年就读于湖北大学（现中南财经政法大学）经济系财政金融专业，1965年毕业。1965~1971年任中央财政金融学院金融系教师。1971~1978年任辽宁财经学院（今东北财经大学）金融系教师。1978~1986年任中央财政金融学院金融系理论教研室教师，1986~1991年任中央财政金融学院教务处副处长，1991~1994年任中央财政金融学院院长助理（履行教学、科研副院长职责），1994~2003年任中央财经大学党委副书记，1995~2003年，先后担任中央财经大学纪委书记、工会主席、教代会执委会主任等，2003年晋升教授。曾担任北京市经济学总会理事。

二、主要贡献

徐山辉教授长期从事高等财经教育和科研工作，在金融体制改革和中国国债市场理论领域颇有研究。从教40余年，出版专著7部，代表作品有《中国国债市场》等，发表论文多篇，主持财政部"八五"重点课题1项。他长期服务于学校的管理岗位，为学校各项事业的发展做出了重要贡献。

三、事迹

1. 不忘初心，立足三尺讲坛，传递一世书香

徐山辉教授自1965年调入中央财政金融学院任教，前前后后伴随中财38个春秋，见证中央财经大学金融学院的发展。作为一名中财教师，为金融学院的发展做出重要贡献。教学期间，他主要讲授《货币银行学》《货币银行原理》《金融概论》等课程，教学成果良好，曾获"92年度院德育优秀工作者"称号。

（1）"教学的青年时期还没有进行就步入了中年"。由于"文化大革命"的停校风潮，学校被迫停办，1971年，徐山辉教授前往辽宁财经学院（今东北财经大学）任教。他说，自己教学青年的时期还没有进行就步入了中年，遗憾自己在年轻气壮时没有机会投身到自己喜欢的教育事业中去。

1978年复校，徐山辉教授回来之后教学条件十分艰苦，那时学校大部分校舍被卷烟厂占用，没有校舍，每个人带着小马扎集聚木板房上课，开会有时只能在空场地上。复校初期，缺校舍、缺教材……但是条件艰苦并不能成为教师们履行教学职能的障碍，包括徐山辉教授在内的诸多中财的老教师、老职工，回来后仍旧在工作岗位上兢兢业业地耕耘，那时大家的一致想法是尽力把学校建好、把学生培养好。

（2）"教师的幸福是通过自己的努力看着学生桃李满天下"。尽管条件十分艰苦，谈到那段教学的时光，年过七旬的徐山辉教授仍然能神采奕奕地讲述当时上课的场景。

徐山辉教授教得最得意的一门课是《货币银行学》。相比较现在的教学环境，那时没有宽敞明亮的大教室，没有丰富多彩的多媒体，只有三尺讲台，几根粉笔。有时要给200人的大课堂上课，由于没有麦克风，只能扯着嗓门在教室讲课，一堂课下来口干舌燥，拖着疲惫的身子回家后还需要重新整理讲稿，批改学生的作业。有次考完一门课程，有部分学生确实在某些知识点上没有理解好，他除了认真批改每份试卷之外，还把标准答案誊写到每份试卷中，期望学生对一些不理解的知识点能够理解清楚，尽可能地多学一些东西。事后，学生们都很感动。他上课时认真的态度、讲课时的生动细致在学生间流传开来，成为中财最受学生欢迎的老师之一。他说，对于老师来说，最大的幸福感就是看着自己的学生桃李满天下，成为一个个对社会有用的人。

（3）"我还是愿意当老师"。当领导层决定将徐山辉教授调任教务处时他开

始回绝了，觉得自己的性格比较适合当老师，而且当老师获得的成就感也很大。当时多位领导找他谈话，提出党员要服从组织的调配，因此，他只能调至教务处。谈到这里时，他说，当时更愿意在学校当老师，三尺讲台才是教师的幸福之地。

2. 兢兢业业，研究国债市场，注重师资建设

1991年徐山辉教授就任院长助理，履行教学科研副院长的职责，主要负责师资队伍建设，教学质量检查部分。任职后，除参加编写《货币银行学》《社会主义金融理论》《金融学》等大学生专业教材之外，同时还参加了《中国改革全书》《当代中国大词库》《现代金融科学知识全书》等书籍的编著、编写和编审工作。

(1)"要结合中国的实际讲中国的东西"。复校后，国家各方面开始恢复，包括出外交流访问。徐山辉教授第一次出国交流学习是跟随财政部，时任教育司张玉泰带领财政部六所院校出访泰国、新加坡等国家。初次踏出国门的他在交流访问后，感受最深的就是国外师资队伍建设。国外教学不仅规范，也特别重视师资的培养，这点值得我们国家借鉴学习。

但是谈到教学具体内容方面，他说，人家搞得很好，并不意味着适合中国，不能照搬别人的模式，还是要自己探索自己的新路子。例如，教材内容，每个国家国情不一样，需要学生了解的知识内容不一样，课程体系也不一样，教材编写侧重点就不同。总的来说，要结合中国的实际讲中国的东西。

(2)"教学科研不可偏废其一"。徐山辉教授主编《中国国债市场》一书为我国国债市场的发展提供了理论支持。在教务岗位上工作数年，再加上数次的出外访问经历，结合教学现状，他还谈到，他任教时学校条件艰苦，没有能力搞科研，如今高校出现重科研轻教学的情况，他始终认为，学校是搞教育的地方，教育方面第一位是教学，搞好教学再去搞好科研，教学和科研不能有所偏颇。

徐山辉教授对我国经济体制改革，尤其是深化财政、金融改革中出现的问题进行了深入的研究。例如，通货膨胀问题、我国银行商业化改革问题以及我国国债市场建设问题。对此类问题他一年内就在《财贸经济》《金融研究》《金融科学》等期刊总计发表论文7篇。

徐山辉教授在中国国债市场方面建树颇丰。先后发表了"关于进一步发展与完善我国国债流通市场的思考"和"关于我国国债发行的市场化问题"两篇文章。在"关于进一步发展与完善我国国债流通市场的思考"这篇文章里，他

认为，尽管发展完善国债流通市场，对增强国债的流动性，发挥其金融宏观调控的功能都具有重要意义，但我国国债市场存在流通不规范、持有者结构不合理、流动性不足以及国债利率作用的机制不合理等问题，因此，需要进一步完善国债流通市场体系，建立和健全国债流通市场稳定机制，理顺国债利率和市场利率之间的关系，按照中国国情进行探索，使我国国债市场化建设不断发展和完善，更好地促进我国社会主义市场经济的健康发展。

在"关于我国国债发行的市场化问题"这篇文章里，徐山辉教授认为，首先，国债的发行应当依据法律规定和合同约定履行按期按约定条件偿付国债本息的义务；其次，国债发行额度的确定要考虑国家对债务收入资金的需求以及未来的偿还能力问题；最后，国债采取固定利率还是浮动利率取决于国债投资的需求状况、市场物价水平和利率水平稳定与否。

国债市场化发行是在明确债务人和债权人权利义务关系的情况下，通过国债市场上国债投资的供求关系变化来决定所发行国债的市场价格和利率水平。但是我国国债发行存在"条条"（由财政部和证券机构主导国债发行）和"块块"（由省一级地方财政部门和国债中介机构主导国债发行）之间的矛盾，一级市场发行和行政发行的矛盾。所以，要做到国债的市场化发行，需要在解决这些问题的基础上选用招标发行方法，重新选择招标承购包销法的标的，进一步发展我国国债一级自营商制度，以完善国债的市场化发行制度。

在对我国通货膨胀的分析与对策中，徐山辉教授认为，控制通货膨胀需要做好以下四点：第一，加强和改善政府宏观调控，强化信贷管理，严格控制货币和信贷总量；第二，严格控制固定资产投资规模，努力调整投资结构；第三，严格控制消费基金的过快增长；第四，改革流通体制，加强市场体系的培育和建设。在论述商业银行如何向国有商业银行转轨方面，徐教授认为，首先，对现行专业银行的经营机制进行根本性改革；其次，借鉴国外先进经验，积极推行资本负债化比例管理，以建立银行的自主经营机制、强化自我约束以及风险防范机制。

姚遂教授

一、个人履历

姚遂，男，1945年出生，贵州省贵阳市人，中共党员。1966年毕业于中央财政金融学院（现中央财经大学）金融系。1968~1978年在中国人民银行西宁市支行工作，1978~1979年在青海财贸学校任教。1979年在中央财政金融学院（现中央财经大学）任教。1996~2003年任中央财经大学副校长。中央财经大学金融学院教授，博士研究生导师。

二、主要贡献

姚遂教授40余年专注于中国金融史和中国金融思想史的研究与教学，著有《中国金融史》和《中国金融思想史》等著作。这两本著作旁征博引、贯通古今，系统梳理了自先秦以来中国金融和金融思想的发展历史，是姚老师呕心沥血、厚积薄发之作，这两本著作已成为两个领域最受欢迎、最受认可的本科生教材，是学术研究者的必读书目。年逾古稀，他仍然担负着博士生的教学工作，培育出了大量金融史学人才。

三、事迹

主编《货币银行学》(中国金融出版社，1999年版)，著有《中国金融思想史》(中国金融出版社，1994年版)和《中国金融史》(高等教育出版社，2007年版)等。

1. 中国金融史学的探索者

在中国金融史和金融思想史研究领域，姚遂教授是当代为数不多的集大成者。然而在网上搜索姚教授的相关信息时，你却很少能看到关于他的各种报道，不管是参加学术会议、讲座，还是接受采访，仅有的信息是他的两本著作：《中国金融史》和《中国金融思想史》的相关链接与介绍。然而，这两本耗费了姚教授大半生心血的书，却成为这两个领域承前启后的血脉之作。在姚教授家里书房占据了近一半的空间，各种书籍满满地从墙角堆到屋顶。几十年如一日，姚老师就是埋头在这样的书房里，一点点考据，一字字推敲，把头绪一点点理出来，与古人对话，为后人开路，完成一份属于自己学术生命的完整答卷。

什么是姚教授一生学术探索的起点呢？这样漫长的道路是缘起于怎样的问题意识呢？以姚教授所研究的中国金融思想史为例，在近代初期，随着西方思想的传播，尽管在我国出现了一大批介绍西方金融思想的著述，但介绍中国金融思想的却很少，关于中西古代金融思想的比较研究也很缺乏。而比姚教授更早一代的金融学者，例如，叶世昌先生、洪葭管先生等，可以说是开辟了中国金融思想史和金融史领域研究的先河，是中国金融学的奠基人。但由于思想史研究并不是"热门"专业，几十年来把这门学问传承下来的学者少之又少。姚教授说，他之所以选择"史"的研究，是因为历史最能增强一个民族的凝聚力，是一个民族的精神寄托。他进行中国古代金融思想史研究的初心之一，就是想要破除欧洲文化中心论的偏见，确立中国金融思想在世界金融思想史中的一席之地。

首先，从共性出发，姚教授认为，中西古代对于货币、资本的认识是大致相同的，因为他们所研究的客体及其内外环境是大致相同的。而即便对于利息、高利贷的认识中西方大相径庭，中外理论家们对此类理论问题的问津和关注，表现出的热情和倾注的心血，也是同样值得称道的。但是，姚教授说，令人惋惜的是，大多数研究者却不理解或根本不相信中国古代有任何可贵的经济和金融思想。姚教授通过他的整理与思考，告诉大家，中国祖先的金融思想不啻有与西方一般共同的成就，而且还有辉煌的成就，其中有相当一批成就在世界金融思想史里遥居领先地位。例如，姚老师在他的书中提到，自公元前6世纪周景王铸大钱以来的2500年，中国一贯持续而未曾间断过的金融思想就有：子母相权理论、轻重理论、官营借贷和借贷取息理论等。这些成就不仅反映了中国与西方在制度上的不同所带来的差异，而且反映了中国按照其独特的思维模式、思维方法持续一贯地发展和丰富着自己古代的金融思想。直到近代西方金融学说引进之后，中国才逐渐融入世界通行的新模式。

姚教授在自己的研究基础上提出，"国本主义"是中国古代经济政策思想的出发点、归宿点，制定政策的立足点。在大一统的制度下，国家从政权的需要出发，形成法制政策和统治思想，官办工商业异常发达，官办金融业亦超常发展。因此，在金融思想方面，有主张官营借贷、官汇兑的政策思想，有主张反对中央垄断铸币权的争论、官钞发行的理论，这些理论不仅有力地推动了中国古代经济的发达，也促进了商品货币经济在发达区域的早熟，强化了中国大一统的帝国统治。

而姚教授认为，如果要将中国和西方古代金融思想对比，就必须把西方古代金融思想也置于西方古代经济思想的大环境下考察。公元前2世纪，罗马人征服了整个希腊，最具代表性的希腊雅典文化和金融思想被罗马帝国所接受，成为西方文化、经济乃至金融思想的历史溯源。这种思想从一开始就是奴隶主的家庭经济学。因此，从一开始西方经济思想就表现为一种以私人经济为主体，而不是以国家为本位的经济思想。它们以家政为核心，而不是以国富为核心。就此而论，中西经济思想从一开始就具有起点不同之异。故而中国古代金融思想充满了浓厚的官营色彩，从而出现如中国汉唐以来的发达的官办工商业，早熟的商品货币经济。

其次，对于中国金融思想史的研究，姚教授有两个主要的关注点。一个是管子的经济思想研究。他认为，管子的经济思想是中国古代治国理财思想的先驱与典范，有着深刻和丰富的哲学内涵。《管子》一书是介绍治国理论、传统经济的基石之作。姚教授总结了管子思想的几个核心观点：一是"仓廪实而知礼节，衣食足而知荣辱"，只有国家富足了，人民才会去关心礼义廉耻；二是"贵轻重慎权衡"，国家如何进行权衡是治国理念的基础；三是强调重视生产，尤其是农业生产，要保证按时生产；四是重视国家的管理，"富国强兵"。而《管子》一书对于国家治理的总结，更是涵盖了政治、经济、军事和哲学等各个方面。例如，它强调民心的重要性，"政之所兴，在顺民心"，要形成以民为本的卓越思想；强调"治国之道必先富民"，人性在于趋利避害，只有人民富足才能维护好政权的统治；强调维系等级制度，注重道德规范的作用，国之四维，要讲礼义廉耻；强调"号令必明，法令必信"，政府发布的号令必须明确，同时做到言必行、行必果，以树立威信；强调市场的重要性，随着市场交换形成了价格水平，推动了经济发展。而姚教授认为，《管子》中国家治理的轻重之术更是宏观调控理论的先驱，以轻重之术调控好中央与地方的关系以及中央与民间商业的关系，以巩固自身统治。

姚教授对中国金融思想史的另外一个关注点则在近代。近代中国处于中西方文化的交汇、冲突、融合的关键时间点上，同时也是中国人民救亡图存、发奋图强，进行政治、社会文化改造的关键时期。在这一时期，姚教授对中国金融思想的研究则更关注其应用性、实务性，因为这对于一个国家的重建、社会的重塑至关重要。姚教授认为，民国金融思想以陈光甫、马寅初、章乃器、李达四大家为代表，他们的著述与实践体现了那一代人身上最突出的创新观念、超前意识和时代精神。这四个人既是姚教授极为推崇的近代金融思想家，同时也是伟大的实干家。

姚教授说，人类基本的智慧是永恒的，有共性，也有个性。在封闭时多谈点共性，在开放时多讲点个性，对思想史研究是有益的。而对于共性与个性的思考也一直延续到他今天的学术研究工作中。姚教授说，直到现在，他内心也并不踏实，因为很多问题都还没有想明白，也因此不愿意轻易发表意见。

2. 家学与传承

姚教授对于"史"的研究兴趣在金融学领域的研究学者中是很少见的，这很大源于其所受到的家学熏陶。姚教授的祖父和父亲都曾留学日本，父亲学成归来曾在历史博物馆工作，1959年又调到中华书局工作。在这样的家庭氛围中耳濡目染，自然对艰深费时的学问产生了兴趣。姚教授上大学时，手边最常翻的书是他父亲送给他的王力先生的《古代汉语》、杨伯峻先生的《论语译注》和《孟子译注》。后来姚教授大学毕业到青海工作，《论语译注》和《孟子译注》没带在身边，等1979年回到北京安家之后，又特意重新买了这两本书，一页一页写上注释。姚教授在读大学时，对《红楼梦》《聊斋》还有鲁迅的作品，也是爱不释手，一遍一遍反复地读。姚教授说，对于这些书，读着读着，也会有一些自己的想法与疑问。他说，记得当时他读阿Q时，虽然觉得讽刺可笑，但也觉着生活中若没有些阿Q的精神，人该如何面对苦难呢。而姚教授也经历了许许多多命运的曲折，用他自己的话说，总在一些关键时刻，老天就跟他开个大玩笑。但他仍然默默地保持住了那份平静乐观和顺其自然，不得不说，是靠了几分阿Q的态度挺了过来。

姚教授说，他对做学问的态度也与早年父辈对其的影响有关。他说，做学问也要有做学问的心气儿，要有宏大的志向，明确的方向，要有精准的定位。做学者也好，做老师也好，要有"立德、立言、立行"的担当，要身体力行、言行一致。虽然不同时代有不同时代的做法，各人也有各人的专长，但是，宗旨、信仰和初心不能变。做学问要有自己内心的标准，不能只为了讨人欢心。学者骨子里要有傲气，不跟风、不附和、不做违心事、不说违心话。"知之为知之，不知为不知"。作为老师，更要有师道的尊严。不在课堂上跟学生"侃"，浪费学生的时间。在人格上，老师更要约束自己的言行，总以积极的态度引导学生。因为，就像姚教授说的，"培养下一代，意义重大"。而姚老师认为，中国的文化自觉，是一个漫长的过程，需要四五代人甚至更长时间的努力，才能实现中国传统文化与现代文化的真正融合，我们每个人都要为此做出长时间的准备，作为老师，责任重大。总结历史，我们也要向着提高民族凝聚力、向心力的方向努力，而不是朝着相反的方向发展，这是历史研究者的担当。

3. 与中财一生的缘分

姚教授一生与中财结下了不解之缘。1962年，年仅17岁的他考入了中央财政金融学院，我们从档案中找到了他当时入学时的学生卡片。

1966年从中财金融系毕业后，姚教授曾在中国人民银行西宁支行工作了十年，1978~1979年又在青海财贸学校任教。辗转之后，1979年，姚教授回到了中财任教，这一教就教了将近40年，培养了一代又一代的中财人，也成为中财金融史学科的奠基人。

本以为书生出身，会做一辈子学问，但1996年由于学校组织的安排，姚教授还担负了学校的行政工作，在副校长的职位上为学校服务了7年。姚教授说，一开始做行政工作，十分繁复，确实心烦。但他写毛笔字的习惯就是从那时坚持下来的，晚上灯下写上几笔，心就渐渐沉静淡泊下来，再多的烦恼也烟消云散，包括《中国金融思想史》和《中国金融史》两本书的写作准备，都是在晚上挤出时间来做的。而在这七年间，姚教授本着他做学问时的踏实、认真的态度，还为中财大的长远发展做了几件真正的实事。他牵头完成了中财大老校区的改造，拆掉了原先的四合院，改造了自来水、暖气、电线等学校的基础设施，大大扩充了学校的建筑空间和利用率，提高了校园建设的质量。他参与了新校区的土地落定工作，也就是今天的沙河校区，从根本上解决了本部校区空间资源紧缺的问题，让未来几十年甚至上百年的中财学子从中受益。他在任期间，还着手建立完善了学校管理制度，让学校的管理尽量避免形式主义的风气，一切务实，一切以能解决问题为准则，同时确保按规矩办事的原则。他说，自己大学期间，曾跟着中央银行总行的干部们到河南许昌做过整整一年的基层调研和组织工作，和农民同吃同住同劳动，还要做群众工作。当时还是个19岁腼腆大男孩儿的他，公开场合都会怯场，但他也逼着自己逐渐地适应这样的工作。而经过这一年的训练，他不仅开阔了认识世界的视野，也学到了基层工作的经验。而这些在30年之后，都成为了他做好高校行政工作的宝贵财富。他说，学校要怎么发展，要调动全部教职员工以及学生的积极性，我们要成为学校的主人，想方设法把学校办好，而不只是讨饭吃。姚教授还十分强调行政工作要有民主作风，虽然不同的部门、不同的职位有不同的工作方法，但是大家都是学校的主人，只是分工不同而已。在工作方法上，要充分尊重大家的意愿。他还引用了历史上姜子牙在齐国治理的经验，说姜子牙的成功就是建立在充分尊重齐国百姓的经商传统的基础上，尊重民俗、民风。从这一角度上来说，不能简简单单用精英的意愿来替代百姓的意愿。他说，尽管我们从来不缺人的智慧，但是却缺乏能够调动人们积极性的人。做行政工作也好，做老师也好，不要自己抓着不放手，要给别人充分的机会。这也是他对自己晚年生活的设想。他说，自己要做一个隐掉的人，把舞台让给年轻人，自己做那个幕后默默整理、修补的人。

年逾古稀，姚教授仍担负着学院博士生的授课任务，一讲就是三个小时。学院每次开例会，也总是准时地坐在那里参加每件事情的讨论。学院有年轻人向他请教，他也从不吝啬自己的时间，不厌其烦地把自己所知所学双手捧出。他说，如果自己的人生有准则的话，那么一条是严格的自律，另一条则是顺其自然。姚老师说，他一生并不顺遂，唯靠着这两条准则傍身，倒也自得其乐。

会计学院

张伟弢教授

一、个人履历

张伟弢（1909~1970），曾用名张华伦，男，籍贯广东省东莞市，生于天津，汉族。1932年6月毕业于天津南开大学会计系，1932年在天津南开大学商学院会计系任助理，后升至会计系教员，1934年9月至1935年6月就读于美国哈佛大学商学研究院，1935年9月至1936年6月就读于美国宾夕法尼亚大学商学研究院，硕士学历。1938年9月至1939年6月在天津学院经济系任教授兼主任，1940年在天津达仁商学院会计系先后任职副教授及教授兼系主任，同年9月在天津工商学院任商科教授，后调至财政系主任、代理商科主任，1949~1952年任北京燕京大学经济学教授。1952年8月以后在中央财经学院、中央财政干部学校工作，任会计系教授、会计教研室主任等职务。曾任北京教育工会会员、中央财政干部学校工会副主席和主席，北京市教育工会财务部部长、北京市教育工会经费审查委员会主任委员等。

二、工作成就

1. 讲授课程

会计学原理、高等会计学、成本会计、会计制度、工商管理、经济学原理、工业簿记核算、簿记核算原理等。

2. 学术科研

（1）研究领域：会计制度、成本会计、审计、经济等。

（2）代表作有《工厂所引用之成本会计制度》（1933年天津《大公报经济周刊》）、《企业之预算统制》（1934年《南开大学商学院学业报》第3期）、《中国商业会计之发展（英文）》（1936年美国宾夕法尼亚大学硕士论文）、《华北物价问题》（1943年《天津工业学院工商生活月刊》第14期及第15期）、《新外汇率应如何订定》（1946年1月15日天津《国民日报》）、《会计学原理讲稿》《成本会计讲稿》《会计制度讲稿》《工商管理讲稿》等。

孙昌湘教授

一、个人履历

孙昌湘（1916~1992），男，籍贯福建省福州市，出生于北京市，汉族，中共党员。1933年就读于燕京大学经济学系，1937年毕业获得法学学士学位，同年任北京高级商业学校讲师，1952~1953年任北京辅仁大学经济系讲师，1953年以后担任中央财经学院、中央财政干部学校、中央财政金融干部学校、中央财政金融学院会计系讲师，1963年晋升为副教授。1973年中央财政金融学院停办后到北京财贸学校任副教授。1978年在中央财政金融学院复校后，调回学院研究所工作，1983年晋升为教授，于1990年12月退休。曾经担任过中国会计学会的国外会计研究组成员。

二、工作成就

1. 讲授课程

工业会计、基本建设会计、会计原理、预算会计、管理会计。

2. 研究领域

主要研究与会计相关的各个领域，涉及中外，具体包括西方会计、基本建设会计、工业会计、预算会计、管理会计等。

3. 学术科研

（1）代表作。

《上海海关会计制度的改进》（1950年在人民海关杂志发表）、《建设成本的分析》（1955年在本校《科学研究报告》刊登）、《企业建设单位月营工程按预算价格或按实际成本核销的讨论》（1957年在工业会计杂志发表）、《建筑安装企业财务状况的分析》（1957年在本校《科学研究报告》刊登），译有《国际会计标准》（1980年由中国财政经济出版社出版），著有《美国管理会计简介》，合著《工商企业内部审计》（1986年由中国经济出版社出版），在各会计杂志上发表许多文章（杂志包括《财务与会计》《会计探索》《会计研究》《中央财政金融学院学报》）。

（2）主要学术贡献。

孙昌湘教授在会计领域的造诣很深，对会计学科有着独到的见解。积极编写相关课程的教材讲义，并且随着会计制度及其他制度情况的不断改变，三次修改了基建会计的教材。注重提升英语、俄语、日语等语言能力，阅读国际制度规章和吸收各种思想并转化编写书籍传播思想，运用其突出的英文能力与能够阅读专业书籍的俄文功底吸收了大量国外的会计知识，理解吸收后传递知识，翻译了《管理会计》和《国际会计》准则，编写了《工商企业内部审计》和《国际审计大词典》等，因此，受到了学术界的广泛好评。由于孙昌湘教授的突出业绩与贡献，他成为中国会计领域具有较大影响力的人物之一。

三、人物评价

孙昌湘教授自参加革命工作以后，就有着积极认真的学习态度和专业态度，在各个方面都表现了他的优秀，政治上拥护党的领导，拥护社会主义制度，拥护改革开放，热爱社会主义祖国；思想上要求进步，响应号召，积极转化理论为实践；学术上积极进取，及时更新知识体系，深入研究会计专业，在学术界受到认可和好评。他数十年如一日，全身心地投入到教育和科研事业中，为我国会计事业的人才培养和会计学科的建设，倾注了大量的心血，做出了突出的贡献，受到社会各界人士的尊敬和赞赏。

他工作认真踏实，要求进步，吸收涵盖众多知识，领域宽广，不仅在会计专业上不断提升自我，同时也重视政治和时事政策的学习，不断提高政治理论水平和思想觉悟；他知识渊博，治学态度严谨，一直以来都以诲人不倦的精神，对学生谆谆教导，深得广大学生的尊敬和爱戴，多年以来在大学讲授各种会计相关课程，包括工业会计、基本建设会计、会计原理等，同时自己编写过工业会计等讲义，体现出其专业精神和敬业态度。在课程讲述中注重理论联系实际操作，避免脱离实际空谈理论，此外，他还一直坚持以现行制度规则为基础备课，在授课过程中多次修改课程讲义、更新讲课内容，做到与时代同步，同学们都对课程收获许多并表示十分的满意。在会计领域的深入研究中，他长期潜心研究会计学。自复校以来，他先后在各种书刊杂志上发表了多篇译著和数十篇文章，总共近百万字；曾学过日语、俄语、法语，通过俄语和英语能力吸纳了众多外国知识体系，具体表现为能阅读俄文方面的学术期刊专业文章，英语功底深厚，曾用外文写过书，也能中译英，还翻译了《管理会计》和《国际会计》准则，编写了《工商企业内部审计》和《国际审计大词典》等专业性书籍，因此受到了学术界的好评，在会计学科领域做出了重要的贡献。

李天民教授

一、个人履历

李天民（1919~2007），男，汉族，民盟会员，江苏镇江人，我国著名会计学家。1940年毕业于复旦大学经济系，获法学学士学位。1942年起历任上海立信会计专科学校、东吴大学、圣约翰大学、上海财经学院副教授兼会计原理教研室主任。1979年调至北京中央财政金融学院任会计系国外会计教研室主任、副教授，1987年7月任教授，兼院学术委员会、教师职务评委会委员。1992年10月起成为享受国务院政府特殊津贴专家。另外还在中央电大、江苏高等财经专科学校、河南高等财税专科学校、上海大学、淮海工学院等校任兼职教授，并担任中国化工会计学会、中国成本研究会、中国汽车工业会计研究会顾问，中国审计学理事，北京审计学会常务理事，美国国际内审协会会员。

二、工作成就

20世纪50年代初，李天民教授在上海编著的《审计学教程》《新银行会计教程》（立信会计出版社出版），是新中国会计学界的奠基性著作。1958年在上海财经学院主编的《会计核算原理》（中国财经出版社出版）是全国率先打破苏联框框的教材，在国内学术界影响很大。80年代初，他的研究重心转向管理会计，是我国研究和引进该学科的先驱者之一，特别是在管理会计的基本理论研究方面具有国际先进水平。

李天民教授先后编著和主编各类会计、审计教材和专著30余种，累计500余万字。其中《管理会计学》（中央广播电视大学出版社出版）于1987年曾获北京市哲学社会科学优秀成果奖，是全国当时最畅销的教材，截至1997年10月，累计发行量已逾137万册。1994年撰著的《管理会计研究》（立信会计出版社出版）两年间曾先后荣获国家教委全国第二届高校出版社优秀学术著作奖（1995年11月），财政部第三届全国财政系统大中专优秀教材一等奖（1996年1月），上海市（1993~1995年度）优秀图书二等奖。他还在国内著名刊物中（包括《会计研究》《审计研究》《财政研究》《财务与会计》《上海会计》《财会通讯》等）公开发表论文170余篇，累计150余万字，其中有20余篇获奖，另有10余篇被选入由中国会计学会、中国审计学会秘书处编辑的全国《论文选》中。

三、人物评价

李天民教授从教50余年来，以其奉献和开拓的精神致力于会计、审计的理论研究和教学工作，孜孜不倦，勤勤恳恳，积极推动我国会计教育事业的发展，在会计界享有很高的声誉，是我国著名的会计学家。他不仅治学严谨，而且造诣极深，成果卓著。为祖国培养出高质量的硕士生32名，其中7名已成为博士生。鉴于他的卓越成就，1985年被民盟北京市委授予"在社会主义建设的服务中做出优异成绩"的荣誉证书；先后于1986年和1994年两度被中央广播电视大学授予全国广播电视大学优秀主讲教师称号；1995年又荣获安盛、国卫奖教金。李天民教授教书育人，严于律己，为人师表，关心学生，爱护青年教师。这些美德使他备受师生的尊敬和爱戴。

祁永彪教授

一、个人履历

祁永彪（1923~2011），男，汉族，甘肃省临夏市人，1944年就读于兰州大学法学院，攻读银行和会计专业，1948年7月毕业，获法学学士学位，毕业后留在该校经济系担任助教，1952年晋升讲师。1956年9月至1957年7月在中国人民大学进修四门课：工业会计、工业企业经济活动分析、商业会计、商业企业经济活动分析。1958年8月至1961年12月在甘肃财经学院工业经济系任教，任会计教研室主任。1962年初调入中央财政金融学院会计系任教，任工业会计教研室主任，1979年10月晋升为副教授，1988年6月晋升为教授。曾任北京会计学会理事等。曾任民盟北京市委经济委员会委员。

二、工作成就

1. 讲授课程

祁永彪执教34年，在教学工作中治学严谨，有丰富的教学经验，根据不同的对象讲授不同内容，给本科生、专修科、函授、在职干部培训讲授过高等会计、银行会计、国营工业企业会计概要；会计原理、工业会计、工业企业经济活动分析、工业企业经济活动检查与监督、国营农场会计核算、工业企业会计报表及分析；国营工业企业成本核算；农村人民公社生产队会计；会计基础知识。给研究生讲授成本会计研究等课程。备课认真，因材施教，讲课层次分明，语言精练准确，幽默风趣；知识面广，逻辑性强，能理解联系实际引导学生进行探讨，受到同学爱戴。

2. 研究领域

财务会计、成本会计研究、经济活动分析、工业会计理论与方法等。

3. 学术科研

（1）代表作品。发表论文20多篇，代表论文有《关于建立"物化—净产值"成本会计换算体系的设想》《质量成本核算试探》《质量成本核算浅析》《会计工作应为增强企业竞争能力出谋献策》《对解决企业流动资金周转困难的几点设想》。

著作有《工业会计》修订本（二人合著），于1983年10月由甘肃人民出版社出版；《工业会计学》（上下册）（二人合著，并负责总纂）；《工业企业财务会计辞典》（二人合编，并担任全书校审），于1987年3月由工人出版社出版；《工业会计核算》（合著并担任总撰），于1987年8月由中国财经出版社出版；《成本会计》（上中下三册）（自编），于1988年由甘肃人民出版社出版。

（2）主要学术贡献。

1)《工业会计》共13章，祁永彪教授负责编写了7章。该书主要有以下特点：文字叙述清楚，简单易懂，章节安排有一定特点，例如，分为会计基础知识、工业企业日常会计事项的核标、成本核标和会计报表四篇。该书经过再版共印刷超过68900册。

2)《质量成本梳理试探》一书中的"质量"是一个重要的问题，提高质量是提高经济效益的最重要的问题，本书对质量问题进行了初步探索。在调查研究的基础上提供了当前企业对于质量核算的一些做法，分为内部故障分析、外部故障分析、预防成本等；并提出设置"质量成本"的会计科目以及"质量成本"的成本项目。

沈克俭教授

一、个人履历

沈克俭（1924~2016），男，汉族，浙江省绍兴人，中国民主同盟会员，1951年7月毕业于重庆大学会计统计系，1951年10月参加工作，先后在兰州大学、甘肃财经学院、河北大学、中央财政金融学院工作。1956年5月晋升为讲师，1983年1月晋升为副教授，1988年1月晋升为教授。曾任北京市审计学会常务理事、副会长。

二、工作成就

1. 讲授课程

工业会计核算、会计原理、会计检查、查账知识、会计专题报告、财务审计研究、工业企业会计检查、工业会计、审计基础知识、审计学、会计理论研究。

2. 专题讲座

1982年，在《中央财政金融学院学报》（1982年第3期）刊登专题讲座"工业企业查账知识（上）"，条理清晰，引起同学们的广泛阅读和讨论。

1985~1986年，在《中央财政金融学院学报》（1985年第2~第6期，1986年第1~第4期）刊登专题讲座"审计学基础"共九期，受到同学们的热烈欢迎。

3. 学术科研

研究领域：工业企业会计检查、工业会计核算、会计原理、工业会计和审计学等方向。

（1）代表作品。

1）出版教材。《会计简明教程》（编写第一章总论），于1981年3月由辽宁人民出版社出版，被辽宁省出版局和中国出版工作者协会辽宁分会评为1981年度优秀图书二等奖。

《社会主义经济核算与经济效果》（编写第四章成本），于1982年11月由上海人民出版社出版。

《审计学基础》"工业审计篇"（编写第二篇工业企业审计），于1986年3月由山西人民出版社出版。

《工业会计》（编写产品成本核算原理、产品成本核算方法两章），于1986年12月由北京师范大学出版社出版。

《审计学基础》（编写审计的内容和职能、审计的程序等共八章），于1986年12月由宁夏人民出版社出版。

2）校内教材。《工业企业会计检查》，1981年5月编写，沈克俭教授负责全文编写工作。

《会计原理》，1975年编写，沈克俭教授负责全文编写工作，并于1978年改编。

《工业会计核算》，1965年编写，沈克俭教授承担第二至第六章编写工作。

3）论文。《工业企业查账知识（上）》，由沈克俭教授于1982年写作，发表于《中央财政金融学院学报》1982年第3期。

《建立国家审计机构的几点意见》，由沈克俭教授于1982年6月写作，该文参加了中国会计学会1982年专题学术讨论会。

《会计检查》（会计名词规范化词条），由沈克俭教授于1982年2月写作。

《工业企业内部审计刍议》，登于《中央财政金融学院学报》1984年第2期。

《经济效益审计的特色》，登于《北京审计》1985年第4期。

《审计工作必须正确认识和积极支持横向经济联合的健康发展》，发表于《浙江审计》1987年第4期。

（2）主要观点。沈克俭教授在《建立国家审计机构的几点意见》一文中指出，建立独立的国家审计机构具有必要性，主要体现在以下三个方面：①全面维护社会主义法制，保障国家、集体和个人财产不受侵犯；②贯彻节约原则，讲求经济效益；③提高会计工作水平，加强经济核算，促进生产发展。并对建立国家审计机构的原则和开展审计工作应遵循的准则提出见解。

（3）主要学术贡献。沈克俭教授在职期间参与编写了校内《审计学》教材以及《审计学教学大纲》，并自己撰写所授课的教材及课程大纲。

1980年沈克俭教授参加了财政部会计制度司对《1981年国营工业企业会计制度（会计科目）》中有关会计分录举例的编写制定工作。

吴春澧教授

一、个人履历

吴春澧（1925~2007），男，满族，北京人，中共党员。1943~1944年在日本东京工业大学预科学习，1950年毕业于辅仁大学经济学系，获得学士学位。毕业后留校工作，1950~1952年在辅仁大学经济学系任助教。1953~1958年在中央财政金融干部学校任教。1958~1978年在宁夏财经学校、宁夏机关五七干校任教。1979年10月调回中央财政金融学院会计系从事教学科研工作，1979年6月任讲师，1983年3月任副教授，1988年1月任教授。荣获中央财政金融学院共产党员"十杰""优秀共产党员"称号。

二、工作成就

1. 讲授课程

校内主讲：工业企业经济活动分析、单位预算会计、总预算会计。

校外主讲：会计学原理、国营农场会计、食堂会计、招待所会计、印刷厂成本核算等，讲授科目都深入浅出，生动活泼，受到了校内外学生和干部的一致好评。

2. 学术科研

研究领域主要集中于：会计原理、预算会计。

（1）代表作品。吴春澧教授一生致力于会计理论研究事业。他治学严谨、学识渊博、才思敏捷、成果累累，发表了大量会计理论研究的著作及论文，主要有《预算会计》《高等学校财务管理》《商业会计》《国营农场会计核算》《国营农场经济活动分析》《会计的概念与其科学属性》《会计没有阶级性》等，在著作中发表了独到的见解，内容丰富完善，理论联系实践，通俗易懂，同时对英文和日文的掌握非常好，阅读和笔译了大量外文书刊，为我国会计学科的理论发展做出了重要贡献。

（2）主要学术贡献。1979~1980年主持《国营农场财务会计制度》的修订，编写《国营农场会计核算》（执笔第六、第七、第八章）；《国营农场财务管理》（执笔第五、第九章）；《国营农场经济活动分析》（执笔第二、第八章），关于《国营农场经济活动分析》这两章主要以党和国家的方针、政策、制度为依据，对国营农场产量和成本分析的内容和方法作了全面系统的阐述，其中影响产量变动的因素的分析、产量计划完成进度的分析的部分，总结了我国农场的实践，作了比较具体的分析。

受农财司委托审核《国营农业企业财务会计》一书，该书于1981年由浙江人民出版社出版。

结合教学和业务发表了《浅谈预算会计结余的年终账务处理》《高等学校的财务工作管理》《会计的概念与其科学属性》《会计没有阶级性》等论文，共计5万字左右。其中《高等学校的财务工作管理》一文比较系统地论述了高等学校财务工作的任务，财务机构的设置和财会人员的权责，以及高等学校财务工作的管理。

编写教材《食堂会计》《招待所会计》等6万字。

三、人物评价

吴春澧同志具有严己宽人、平易近人、谦和正直的传统美德。生活上，他清心寡欲、删繁就简；社交中，他谦谦君子、和蔼真诚；教学时，他朴实严谨、一丝不苟、谆谆教诲；处世中，他尊师重道、奖掖后学。他长期工作在会计教育事业的第一线，为我国会计领域培养了一大批实务管理和理论研究人才，高尚的品德和渊博的学识深深赢得同行的尊崇和学生的爱戴。

董孟婉教授

一、个人履历

董孟婉教授（1925~2019），女，汉族，浙江省嵊县（现嵊州市）人。1949年1月毕业于上海立信会计专科学校。1949年2月至1952年8月先后在上海立信会计专科学校、上海中华工商专科学校、北京大学任助教，1952年9月至1978年8月先后在中央财政金融学院、北京铁道学院、北京铁路一中、北京铁道师范学院、北京财贸学校任教。1978年9月调回中央财政金融学院工作，1987年晋升为副教授，1988年晋升为教授，1990年4月退休。1991年赴美国威斯康星大学，任该校荣誉研究员。曾任全国预算会计理论研究会理事。

二、主要贡献和事迹

1. 终生献身教育事业，桃李满天下

自1949年1月董孟婉教授从上海立信会计专科学校毕业后，一直从事教学工作。董孟婉教授给本科生讲授《会计学原理》《预算会计》等课程；给研究生讲授《会计理论研究》《经济效益审计》等专题；尤其是20世纪八九十年代在中央广播电视大学主讲预算会计，教授学生上百万人，真正可以说是"桃李满天下"。董孟婉教授因材施教，善启心灵，她的谆谆教诲如春风，似瑞雨，永远铭刻在每一个学生的心中。董孟婉教授热爱教育事业，工作认真负责，治学严谨，教学效果较好，数次被评为院、校先进工作者。

2. 潜心科研，教研相助

董孟婉教授主要从事会计和审计基础理论研究，尤其是在预算会计方面造诣深厚。鉴于董孟婉教授在预算会计方面的研究，财政部教材编审委员会特聘请董孟婉教授主编《预算会计》，并于1981年由中国财政经济出版社出版；此后，中央广播电视大学特聘请董孟婉教授组织编写了《预算会计》《预算会计参考资料》《预算会计例题分析》等图书，并于1985年由中央广播电视大学出版社出版；1987年又在东北财经大学出版社出版了《预算会计》。此外，董孟婉教授还在《经济学刊》《会计学刊》上发表《怎样学习预算会计》《预算会计学习指导》《预算会计复习指导》等多篇文章，指导学生学习预算会计，可以说20世纪八九十年代上百万的预算会计人员都聆听或学习过董孟婉教授讲授的预算会计。

3. 硕果累累，影响深远

董孟婉教授在从事教学和科研的同时，积极进行创作，先后出版了《预算会计》《预算会计参考资料》《中国金融实务大全》《新编财务会计金融税收实务大全》《英汉国际金融大辞典》等多部著作，在著名期刊发表《经费拨款的两种方式》等多篇论文。

三、人物评价

董孟婉教授主编的高等财经院校试用教材《预算会计》，荣获1992年全国财政系统优秀教材二等奖；参编的《会计学原理》，获院校1992年科研成果一等奖；《会计学基础》获院校1994年科研成果一等奖。董孟婉教授数次被评为院、校先进工作者，被列入1994年《中国当代教育名人大辞典》及《中国当代名人录》。

魏振雄教授

一、个人履历

魏振雄，男，汉族，中共党员，1931年12月7日出生于福建省惠安县，我国著名的会计学家，国务院政府特殊津贴获得者。1957年自苏联莫斯科财政学院会计专业毕业，1957~1971年在财政部会计事务管理司从事会计制度设计、制定工作；1971年调往辽宁财经学院（现东北财经大学）；1978年调入中央财政金融学院工作，1987年7月晋升为教授。曾担任中央财经大学会计系名誉主任，中国会计学会常务理事、中国资产评估协会理事、财政部高级会计师评审委员会委员、中国中青年财务成本研究会顾问、中惠会计师事务所董事长及主任会计师。

二、主要贡献和事迹

1. 留学不恋外、学成归国来，积极投身祖国的会计建设事业

1957年自苏联莫斯科财政学院会计专业毕业后，魏振雄教授抱着一颗爱国的赤子之心，旋即回国报效祖国，积极投身祖国的建设事业。先后在财政部会计

事务管理司从事会计制度设计、制定工作，在辽宁财经学院、中央财政金融学院工作。执教50多年来，魏振雄教授系统地讲授过会计学原理、会计理论研究、会计学基础、工业会计、经济活动分析和审计学等课程，并为研究生开设了会计理论与方法、比较财务与会计等十余门会计专业课程。魏振雄教授涉足的学科领域甚为宽广，其研究重点是企业会计学，他为建立科学、完善的现代会计理论与方法体系进行了大胆的探索，提出了许多在理论界和实务界颇有影响的学术观点。魏振雄教授具有丰富的财务管理和会计、审计实践工作经验。50多年来，他在会计教育战线上教书育人、辛勤耕耘，教学和科研成绩斐然，以无私奉献和积极开拓的精神，积极地推动了我国会计事业的发展。

在担任会计系名誉主任期间，和全体老师一起，在承担繁重的教学、科研任务的同时，积极主持并参与财会教学改革，为会计学科建设做出了显著贡献。在多年的教学和科研工作中，获得科研成果、教学成果奖励多项，多次被评为校级优秀教师。

自回国任教50年来，魏振雄教授积极参加各种社会活动，为促进学术交流、推动学术研究做出了贡献；个人业绩曾被收入《中国当代创业英才》等大型人物辞书。因贡献突出，于1992年10月荣获国务院颁发的享受政府特殊津贴证书。

积极参加中国会计学会的活动，先后担任中国会计学会常务理事、中国资产评估协会理事、财政部高级会计师评审委员会委员、中国中青年财务成本研究会顾问，自首届起，长期担任中国注册会计师全国统一考试、全国会计职业技术资格考试命题专家，参与《会计研究》编审等相关工作。

长期担任中惠会计师事务所主任会计师、董事长，开创性地在上海、鞍山、苏州等地组建三个法人分所，以及北京等20余家分所，成立了中惠会计集团，为我国会计事业实现做大做强、发展壮大进行了卓有成效的大胆尝试，积极开拓了相关的发展路径。

退休后，仍不忘回报、服务社会，积极筹建专为自学考试会计学考生服务的北京会计专修学院，并担任首任院长，为会计职业发展呕心沥血，将自己的才智继续奉献给我国的会计教育事业。

2. 把握理论与实务前沿，著述颇丰、成就斐然

几十年来，魏振雄教授专注于财务、会计学理论的科研和教学工作，长期致力于企业会计理论与方法的研究，积极进行教材编写，先后出版了两部专著，自

编、主编了 20 多部教材、丛书，参编并担任分主编的教材、工具书及实用手册等 10 多部，译著两部，其领域涉及会计基础知识、企业会计理论与实务、企业经济活动分析以及审计理论与实务等多方面内容；发表论文 60 多篇，主编的《会计学基础》曾荣获财政部优秀教材二等奖，被教育部评为高校财经专业的推荐教材；专著曾获得北京市哲学社会科学二等奖；1988 年编写的《会计学原理》，因体系结构合理、层次分明、论理透彻、论述清楚、通俗易懂，被中国工商银行选为全国职称考试指定教材。这些论著对我国会计理论的发展和教材的建设都起到了积极的推动作用。魏振雄教授始终把握会计理论与实务的发展方向。于 20 世纪 60 年代初提出的简化的分批成本计算法，不仅充实、完善了成本会计理论，同时也为实际的成本计算工作提供了极大的方便；专著《中国记账方法》曾获 1987 年北京市哲学和社会科学优秀成果二等奖，该书是我国当时出版的集各种记账方法于一书的第一本会计专业知识著作。魏振雄教授所承担的财政部课题《会计要素构成》，具有高度的创建性和很强的学术理论价值，对会计理论实践具有重要的借鉴与指导意义。

魏振雄教授的学术观点与研究成果可简要归纳为以下四个方面：

第一，对 1949 年后我国存在的多种记账方法进行深入的比较研究，指出借贷记账法是我国会计方法的必然选择。

20 世纪 60 年代我国出现了多种记账方法，魏振雄教授对这些方法进行了系统的分析研究，基于研究成果于 70 年代撰写了《怎样记账》一书，将当时各行各业所使用的五种记账方法（即：商贸粮油供销社系统推行的增减记账法、行政事业单位的资金收付记账法、工业制造业的借贷记账法、农村社队的实物收付记账法、银行金融系统的货币增减记账法）进行了系统的深入浅出的阐述，将其基本内容概括为：科目分类、记账符号、账户结构、记账规则、试算平衡等几个方面。自该书出版之后，国内很多《会计学原理》教材都纷纷采用此种概括方法，因此方法更加简明易懂、更易于学习掌握。

此后，魏振雄教授在全面总结我国 30 多年多种记账方法并存的经验教训的基础上，经过深入的调查研究，于 1985 年编写了《中国记账方法》一书，这部专著是当时出版的第一部系统阐述各种记账方法的专业性学术专著，回答了多年以来学者们难以达成一致意见、一直争论不休的、困扰实务界多年的悬而未决的难题，促成了我国记账方法改革的顺利进行。在该书中，魏振雄教授对我国采用的每一种记账方法，从产生的原因、时代背景、理论依据、基本内容特征以及操作要点等方面展开论述，对每一种记账方法的优劣都做出了较为客观、公正的评述，高瞻远瞩地指出，借贷记账法具有其他几种记账方法所难以企及的优点，是一种更为科学、完善的记账方法，并大胆地预测，我国记账方法的发展方向是借贷记账法，其他记账方法将逐渐被淘汰、被借贷记账法所代替，这一论点已得到实践的检验，并在其后财政部发布的会计准则或制度中得到一次又一次的检验（自 1993 年 7 月 1 日以来，我国已全面推行了借贷记账法）。

第二，提出了简化的分批成本计算法，较早地提出了成本在决策中的相关性价值。

20 世纪 60 年代以前，我国工业企业成本核算中采用的分批法，无论各批产品月末是否完工，均要在各批号产品间分配间接费用，在月末存在大量未完工批数时，此种成本计算方法在当时计算机尚不普及的情况下，工作量极其繁重。为了简化成本计算工作，魏振雄教授深入实际进行调研，对相关企业分配间接费用的简化方法进行总结、提炼，采用案例研究方式在《会计》杂志上发表了"工具车间成本计算方法"一文，创新性地提出了在投产批量较多且月末未完工批数较多的企业，可采用不分批计算在产品成本的简化方法，即每月发生的各项间接费用，不按月在各批产品之间进行分配，而是将间接费用先分别累计，待产品完工时，再按照完工产品累计工时比例，在各批完工产品之间进行分配，不对月末在产品分配间接费用的简化的分批法，这种方法大大改进了成本计算的分批法，从而成为我国制造业特别是装配制造业所普遍采用的较为科学而且简便的成本计算方法。

改革开放初期，魏振雄教授在借鉴西方发达国家成本管理经验的基础上，在《财务与会计》等杂志上发表了有关目标成本与管理决策、标准成本法及其运用等系列文章，对目标成本在管理决策中的运用进行了较为深入的阐述，提出了计划成本、定额成本和标准成本等均属于目标成本，管理决策着眼于未来，是对未来行动的抉择，只有预期未来将要发生的成本即目标成本才会影响决策的最后决定，因此，管理决策所运用的成本数据主要是目标成本，目标成本不是按现行成本项目计算出来，必须采用与企业的生产能力挂钩的方法，将成本分解为变动成本与固定成本。在 20 世纪 80 年代初，管理会计尚未在我国得以推广，魏振雄教授所提出的成本与管理决策观点极富超前性，对推动成本管理会计在我国的应用发挥了重要的作用。

第三，系统论述了会计与经济效果间的内在关系，联系我国经济体制改革的实际，对我国新时期的会计理论进行了卓有成效的创新性研究。

改革开放后，魏振雄教授根据不同时期经济体制改革实践的发展和特点，对客观经济环境发生变化后会计工作中出现的新问题进行了深入研究，发表了不少极富创新性见解的高质量论文，这些代表性论文涉及"经济效果与会计"（1981）"企业内部经济责任制与会计"（1985）"有计划商品经济与会计"（1987）"现代企业制度与会计改革"（1994）等方面，这些论文入选了当年的《中国会计学论文选》以及杨纪琬教授主编的《中国现代会计手册》，并多次获财政部等省部级奖励，这些带有鲜明时代特色的论述对于解放思想，促进提升与改进人们对于会计在经济管理方面作用的认识起到了重要作用，极大地推动了我国会计理论与实践的发展。

第四，积极承担财政部课题，在国内较早地提出了"会计要素是会计对象具体内容的具体分类"的论断，为会计教育事业做出了巨大贡献。

1991年底，魏振雄教授承担了财政部课题"会计要素构成"，相关研究成果成为财政部后续发布的相关准则制度的内容，为准则制定机构所吸收、采纳。会计要素是会计理论结构的核心问题，而之前我国学术界缺乏相关研究。该课题从会计要素的历史形成、现状、国内外比较，就会计要素各组成部分及相关理论范畴进行了系统而全面的分析，重点对中外差异进行了比较分析，联系会计准则和行业制度的问题展开讨论，在国内较早地提出了"会计要素是会计对象具体内容的具体分类"的想法，对我国会计实务界产生了积极影响，使对于会计要素的理解更加具体，将会计对象、会计凭证、账簿和报表有机地联系起来。在课题结项时，经多位著名会计专家鉴定，专家们一致认为，课题有创见性和较强的理论性，对会计实践具有指导意义，对财政部正在制定的具体会计准则更有重要的参考价值。

魏振雄教授认为，会计学作为一门应用学科，具有很强的实践性，会计学的教学、科研工作，必须理论联系实际；会计学作为有效的管理活动与管理信息系统，必须是一个开放系统，并应适应我国经济体制改革不断发展的需要；在会计改革过程中，魏振雄教授一贯主张遵循"洋为中用"的原则，坚持立足于我国实际，积极研究和借鉴吸收国外先进的管理方法和政策措施作为我们改进会计工作的参考，从会计理论到会计实务，都要学习、借鉴经济发达国家的先进经验，反对闭门造车；在认真研究、掌握我国国情与国家的方针政策基础上，有分析、有选择、有批判地加以引用，特别是对一些带理论性思想的政策问题，更要坚持实事求是和认真谨慎的科学分析态度。他认为，在借鉴和引进的实践中，必须提倡立足我国实际、运用科学的比较研究方法，科学鉴定国外的做法在我国的可行性与适应性；与此同时，改革必须考虑国家、企业的承受能力，尽量避免因新的转换给经济社会生活带来不稳定因素，造成混乱。我国的会计规范与苏联的有关制度有着很深的渊源，20世纪90年代，魏振雄教授曾对中苏会计制度设计进行了较为系统而全面的研究。尽管时至今日，苏联已然解体，但进行此项研究对于我们更好地完善会计实践，无疑仍然具有重要的现实意义。

3. 教书育人，孜孜以求；诲人不倦，造诣深厚

魏振雄教授没有忘记自己首先是一位教育工作者，其次才是一位会计学家，因此，他一直把"传道授业解惑"放在与"寻道、求是"同等重要的地位，作为一名会计教育家，他是当之无愧的。在长期的财务会计事务管理以及会计教学科研工作中，魏振雄教授始终坚持以下三个原则：一是坚持理论研究与教学活动为实践服务的方向；二是以法规、政策为导向，结合专业从理论上学习、论述和宣传贯彻依法理财，确保会计信息质量的重要性；三是坚持把会计作为企业管理系统和国家经济工作系统的一个子系统。据此，魏振雄教授在几十年的会计学研究与教学实践中形成了自己的会计学术思想，强调只有广泛学习相关知识，综合运用各相关学科的最新成果，才能搞好财务会计工作，对财务、会计学理论和实践研究做出了积极贡献。

在长期的会计教学理论研究和实践中，魏振雄教授一贯追求并形成了严谨的学风，这个学风就是：淡泊名利，无私奉献；刻苦严谨，精益求精；有强烈的责任感和事业心；谦虚好学，团结周围同志和社会同仁，互帮互学共同前进，热情指导青年教师，使其早日成为会计学的教学和科研骨干。魏振雄教授深知"教书"与"育人"并重的重要性。他认为，学问是无止境的，任何科学研究，结论只是相对的。作为社会科学的研究者，应随着社会环境的改变和学识水平的提高，不断修正自己的观点。对于不同流派的学术争论，他很少带有学术偏见，而是胸怀坦荡以理服人，不断深化自己的观点。近年来，我国的会计学术研究取得了较大的发展和可喜的成就，出现了"百花齐放、百家争鸣"的喜人局面，学术界积极学习、借鉴西方发达国家同行的实证会计研究方法，进行更规范务实的研究，魏振雄教授积极倡导实证研究方法，要求学生积极学习、掌握、运用。

1987年魏振雄晋升为教授，并于1988年开始独立指导硕士研究生，指导硕士研究生63名，不少已成为所在单位财务会计工作骨干和领导人。魏振雄教授

治学严谨，著述颇丰，为人谦和，热爱财务与会计教育事业，关心爱护学生，他既注重对学生传授学识，更注重对学生为人处世原则和良好治学作风的培养；魏振雄教授教学效果好，赢得了会计学界同仁和本校师生的尊敬与爱戴。魏振雄教授积极进取的治学精神和严谨的治学作风，深深地影响着他的每一位学生。良好的学风不仅是魏振雄教授科研教学工作取得成就的重要保证，也是他赢得学术界、教育界师生、同行、社会尊重的基础，同时更是魏振雄教授面对多变的事物能够泰然处之，始终是一位乐观向上的科研教学工作者的思想渊源。

自魏振雄教授投身会计教育事业以来，一直站在会计教学的第一线，为我国会计教育事业的发展倾注心血、辛勤耕耘，不懈地努力着，始终坚持多层次会计人才培养并重的原则，除给研究生教授会计理论等学位课程之外，还为本科生系统教授财务会计学、成本会计学等专业课程。由于魏振雄教授有着丰富的会计实务和教学经验，富于启发诱导学生、乐于启迪学生思维，坚持"厚积薄发"原则，他讲授的会计课程因教学效果好而深得广大学员的欢迎和喜爱。

肖德长教授

一、个人履历

肖德长，男，籍贯四川盐亭，生于1937年11月，中共党员。1963年毕业于西南财经学院会计专业，本科学历，1963年8月至1974年8月在石油工业部财务司工作；1974年9月至1979年5月在石油部海洋石油局工作，从事财务会计实务工作。1979年调入中央财政金融学院任讲师，1988年1月被评为副教授，1994年12月晋升为教授，2003年退休。

二、主要贡献和事迹

1. 石油行业历练16载，业精于勤

肖德长大学毕业的第二年，就被分配到基层油田锻炼，主要工作是对一个钻井队的班组进行经济核算。在基层单位做最基本的会计核算工作，虽然看似简单却很辛苦，但是初出茅庐的年轻人脚踏实地，不怕苦不怕累，下到钻井队，细心观察钻井队的实际操作，归纳出会计核算的实际操作经验，为成本、费用的控制打下了坚实的基础。

通过实地观察，肖德长认为：第一，要准确确定核算对象。是以"钻井一米"为成本核算对象，还是以"钻井一公分"为核算对象？分析后认为，以"钻井一公分"为核算对象不适用，发生的费用计算不出来，因此，以"钻井一米"为核算对象较好。第二，要细心观察一个班钻井一米发生的费用构成，包括工人费、泥浆费（有化工产品，水泥和水等）。第三，要探究费用超支、节约的原因，及时总结，为班组的业绩考核提供依据。当时，每个星期开一次班组会或全队会，对于费用节约的班组，队领导要表扬；费用超支的班组，要找出原因，以便进一步努力，改进工作。

在手工记账的情况下，每个星期都要出一份让人信服的费用分析报告，既是对刚毕业年轻人专业能力的考验，也是对其耐心细致的锤炼，基层的实践活动，对肖德长教授以后的教学提供了较大的帮助。

2. 任教25年，思成于行

肖德长教授先后给本科生、研究生讲授《预算会计》《建设单位会计》《施工企业会计》《成本会计研究》等多门课程。对待教学，肖德长教授极其认真，对任何一个教学内容、教学环节都要细心琢磨，认真对待，因材施教，深得学生们的喜爱。

肖德长教授一直从事财务会计理论与方法的研究，尤其专长于建设单位会计和施工单位会计。在科研上，肖德长教授严谨治学。写文章是一个细心、细致的过程，一点都不能马虎，一篇文章写好后要反复琢磨、修改，他对写文章有个形象的比喻：认为写文章的过程好像一个理发师理发，这个地方高，要剪短一点；那个地方还有几根长头发需要剪掉。肖德长教授对待科研，不仅精益求精，还特别注意文章的通俗易懂。他认为，文章是要用来指导实践活动的，写文章时要围绕主题阐述，把道理说清楚，让别人看得懂，绝不能空谈理论，必要时，要举实例用以证明。肖德长教授兢兢业业从教25年，在承担繁重的教学和科研任务的同时，一直关注学生们的成长和专业的发展，对年轻的同事和后辈耐心指导。桃李不言，下自成蹊，肖德长教授以严谨的治学态度，影响了无数学子，深受学生和同事们的爱戴。

3. 肖德长教授的科研成果及获奖情况

学问无遗力，功到自然成。肖德长教授完成了1项财政部课题，在《财务与会计》《财会通讯》《中国财经报》《财经贸易》《中国农经会计》《中央财经大学学报》等发表16篇论文，出版《基本建设财务与会计》《对外经济合作企业会计》《建设单位会计》等15部著作。他有2篇论文获优秀论文二等奖，2本教材获大学优秀教材二等奖。

许相琼教授

一、个人履历

许相琼,女,汉族,1938年9月出生,四川省涪陵市人,中共党员。1959年就读于四川财经学院(现西南财经大学)会计专业,1963年本科毕业。1963年8月分配到中央财政金融学院会计系任教,1974年1月至1978年3月在北京经济学院任教。1978年4月调回中央财政金融学院会计系任教,1987年7月晋升为副教授,1997年11月晋升为教授。1998年9月退休。

二、工作成就

1. 讲授课程

会计学原理、预算会计、基础会计、财经计算技术、电子计算应用、形势政策教育。

2. 学术科研

研究领域:会计学原理、会计电算化、基础会计、预算会计等。

(1)代表作品。《财经计算技术》《会计学基础》《房地产开发企业财务会计》《建设单位会计》《施工企业会计》《新编农业企业会计》《新编农业企业会计习题与解答》《新编对外经济合作企业会计习题与解答》《新编铁路运输企业会计》《结构 COBOL》《会计学原理》《中国投资管理大全》《会计学基础》《固定资产加速折旧理论探讨》《浅析产品成本核算的若干问题》《试论国有企业建立现代企业制度》《分析会计报表应注意的几个问题》《建立责任会计落实企业经济责任制》《股份制企业筹资方式利弊谈》《强化成本管理的对策》《关于制造成本核算几个问题的再认识》《浅谈企业国有资产的保值增值与成本补偿》《住宅业应成为国民经济新的经济增长点》《筹集资金的两种途径》《关于制造成本核算几个问题的探讨》《财经计算技术》《COBOL 程序设计习题集》《石油工业会计》。

(2) 主要观点。在《强化成本管理的对策》[①] 中，许相琼教授提出：

第一，树立正确的成本管理观念，适应市场经济的发展。企业强化成本管理，人是关键。一个企业经营状况的好坏，实际上是企业中人的状况的反映。只有把人的积极性调动起来，才能发挥其聪明才智，尽心尽力为降低成本而工作，把人的这种精神和经济效益结合起来，这是企业在竞争中取胜的基本保证。

第二，规范成本构成内容，减少非成本费用进入成本。为了严格成本构成内容，强化成本管理，应加强社会成本监督，完善成本管理法规，使成本管理工作法制化。一方面，国家要尽快完善成本管理法规体系，制定与市场经济相适应的成本法规，以法律来规范成本管理；另一方面，大力推行社会经济监督机构对企业成本管理进行监督，例如，依靠会计师事务所和审计机构对企业成本的构成内容进行审计和监督，使成本管理工作走上法制化的轨道。

第三，建立以成本管理为中心的企业经济责任制。建立健全成本管理责任制，应从三个方面着手：

一是建立成本管理组织。加强成本管理的组织领导，组成以厂长、总工程师、总会计师为首，企业管理部门、财务部门为主体，生产、技术等有关部门和人员参加的企业成本管理体制，通过上下分工，纵横结合，来加强企业的成本管理工作。在各级成本管理组织的带动下，使企业各部门、各单位以及各个责任者都重视成本管理。

二是明确成本管理责任。在建立责任制中，企业应首先确定责任部门、责任

---

① 许相琼. 强化成本管理的对策 [J]. 中央财经大学学报，1997 (7)：62-64.

者和责任目标。在此基础上，把成本目标分解成为若干个技术经济指标和费用指标，由各责任单位或责任者，分别进行管理，认真做到各负其责，克服负盈不负亏的不负责任现象。使责任者有其权，负其责，得其利，把成本管理工作落到实处，保证成本目标的实现。

三是建立严格的责任成本考核制度。根据各责任单位的经济责任和成本管理具体内容，制订考核方法和标准，加强成本管理的监督机制。考核责任单位的费用预算执行情况、成本的升降情况以及目标利润的完成好坏等。在考核的基础上与经济利益挂钩，做到奖勤罚懒，奖惩分明，以正确处理企业内部各单位之间的责、权、利关系，促进企业的成本管理工作健康发展。

第四，加强基础工作建设，适应成本管理需要。首先，要结合企业实际情况，建立健全钱、财、物的管理制度。实行全面的责任成本核算制，企业在落实经济责任的基础上，以各责任单位和责任者为对象，建立一套全员、全指标和全过程的成本核算体系，开展全面的成本核算；其次，采用先进的成本管理方法，实行目标成本管理，逐步形成科学成本管理体系；最后，采用先进的管理手段，提高成本信息的科学性、准确性和及时性是强化成本管理的重要内容。

在《住宅业应成为国民经济新的经济增长点》[①]中，许相琼教授提出城镇居民住房产业是国民经济的支柱产业和新的经济增长点。

首先，国家应该调整以汽车产业作为支柱产业的现状，由于实际存在大量的城镇无房户和缺房户以及人民群众对住房需求的不断提高的问题，应该尽快发展住宅业。同时，住宅业的发展必将带动建材、家电、冶金机械等其他部门的发展，对形成国民经济新的增长点具有积极的推动作用。因此，将国民经济支柱产业调整为住宅业具有充分的必要性和现实性，这一决策必将促使我国尽快形成经济热点，加快健康、稳定发展国民经济的步伐。

其次，应该改革城镇居民住房投资体制，实行居民住房社会化、专业化经营。成立住房经营管理公司，既减轻了企事业单位在职工住房问题上的沉重负担，又减少了居民对企事业单位的依赖性。同时，把住房的消费者——居民推向住房投资的第一线，使居民直接面对住房经营管理公司，有利于充分调动城镇居民自己解决住房的积极性，以促进民用住房的社会化、专业化。另外，应该加快

[①] 许相琼. 住宅业应成为国民经济新的经济增长点［J］. 税务与经济（长春税务学院学报），1997（5）：44-45.

推进住房商品化的进程。实践证明，在出售公有住房时，除了必须考虑到居民的承受能力、合理的价格、放宽购买住房的条件等因素之外，还应该注意在产权上给居民以更多的权益。

最后，加强居民住房市场体系的建设，完善的、健全的民用住房市场体系，是保证民用住房社会化、专业化经营，将市场机制引入民用住房投资体系的一个重要方面。当前，我国住房市场的建设和发展刚刚起步，功能很不健全，开展的业务单一，一般仅限于商品房的买卖等。随着我国市场经济的发展，住房市场应该与其相适应，尽快建立起一个多功能的服务管理体系。

王君彩教授

一、个人履历

王君彩，女，1942年生于河北省宁晋县，中共党员。1962年，王君彩以优异成绩考入中央财政金融学院会计系。1968年，大学毕业被分配到乌鲁木齐市新疆半导体器件厂先后担任会计、财务负责人，1975年调至新疆维吾尔自治区国防工业办公室（军事工业局）财务处，分管财务、成本和物价管理等方面的工作。1979年7月，调入中央财政金融学院会计系从事财务会计教学工作，曾长期担任工业企业会计教研室主任。先后任讲师、副教授，1992年晋升为教授。博士生导师，享受国务院政府特殊津贴。曾任中惠会计师事务所副主任会计师，是中国注册会计师协会会员、中国会计学会个人会员，兼职有北京市西城区会计学会顾问、西城区财政学会顾问等职务。

二、主要贡献和事迹

1. 从好学生到好会计

1968年，王君彩大学毕业被分配到新疆乌鲁木齐市，在新疆半导体器件厂先后担任会计、财务负责人，1975年调至新疆维吾尔自治区国防工业办公室（军事工业局）财务处，分管财务、成本和物价管理等方面的工作。在新疆工作的十一年中，她工作勤奋努力，在极其艰苦的条件下，主张加强企业会计核算基础工作，力所能及地建章立制，起草多项管理方案，严格执行会计制度，遵守财经纪律。她坚持深入基层，到地处天山谷地、南疆大漠的军工厂，指导所属企业的财务会计工作，为基层单位会计工作规范化做出了自己的努力，多次获得了工作单位的嘉奖，受到了单位领导及同事的一致好评。

2. 回归母校教书育人，刻苦钻研成果颇丰

随着"文化大革命"的结束，党和国家开始重视教育和人才的培养，恢复了高考制度。1978年中央财政金融学院复校。由于王君彩老师在学生时期的优异成绩及她十多年积累的丰富的基层会计实践经验，1979年7月，经学校老师推荐，王君彩回到了会计系从事财务会计教学工作。

她先后讲授过《会计学基础》《工业会计学》《财务会计学》《成本会计学》《中级财务会计》《审计学》《会计理论与方法研究》《成本会计研究》《中西方会计比较研究》等十余门会计专业课程。1992年她晋升为教授，并开始独立指导硕士研究生。经她精心指导获得硕士学位的有80余人。2001年王君彩教授获得指导博士生的资格，经她指导获得博士学位的有40余人，还是博士后合作教师。在这些学生中很多人均成为所在单位财务会计工作骨干和领导。她在担任工业企业会计教研室主任期间，和同事们一起，在承担繁重的教学、科研任务的同时，积极主持并参与教学改革，为会计学科建设做出了显著贡献。王教授具有丰富的财务管理和会计、审计实践工作经验。几十年来，她专注于财务、会计学理论的科研和教学工作，致力于企业会计理论与方法的研究。改革开放以来，独自编写和主编、参编的专著、教材、国家或省部级课题等有80余项，发表学术论文70余篇。2001年，她主编的《中级财务会计》被教育部评为管理类专业主干课程重点推荐教材，2002年被北京市教委评为北京市高等教育重点精品教材，在教材建设方面做出了自己的贡献。她的不少论文得到同行专家的好评，有些同时被《新华文摘》《报刊资料复印》等媒体转载，产生了良好的社会效应。王教授发表的学术论文主要有《会计信息失真原因及对策》《建立现代企业制度与企业会计制度创新》《关于我国社会主义股份制企业国家股问题管理的意见》《高负债与企业的运行效率——兼论"债转股"》等。王君彩和她指导的博士研究生牛晓叶共同发表的科学论文《碳信息披露项目、企业回应动机及其市场反应》

(2013年)、与她指导的博士研究生潘前进共同发表的《管理层能力与资本投资效率研究》（2015年）引起社会广泛关注，在《中央财经大学学报》2017年、2018年统计的所刊登文章的被引用率名列前茅，受到学校的表彰和奖励。王君彩教授主持、合作出版的专著、教材主要有《无形资产流失研究——基于国企改制的经验证据》《中日上市公司信息披露制度比较研究》《企业集团财务管理研究》《中国低碳经济发展的体制机制研究》等；她所主持的省部级和横向课题主要包括《现代企业制度下企业集团公司管理会计系统的研究和设计》《科研事业单位改制为科研企业财务管理模式研究》《中国冶金企业资产优化研究》《中日上市公司信息披露制度比较研究》《无形资产流失研究——基于国企改制的经验证据》《碳会计研究》等。王教授曾被邀请赴乌克兰、加拿大、俄罗斯、日本等国访问，并进行学术交流、讲学或做学术报告等。在多年的教学和科研工作中，她多次获得科研成果、教学成果奖励，并因成绩突出多次被评为优秀教师。王君彩教授治学严谨，著述颇丰，为人谦和，热爱财务与会计教育事业，关心爱护学生，教学效果好，赢得了会计学界同仁和本校师生的尊敬。

3. 理论联系实际，学术思想独特

王君彩教授在几十年的会计学研究和教学实践中形成了自己的会计学术思想，对财务、会计学理论和实践研究做出了积极贡献。她认为，会计学作为一门应用学科，具有很强的实践性，会计学的教学、科研工作，必须理论联系实际；会计学作为有效的管理信息系统，必须是一个开放系统，要不断适应我国经济体制改革发展的要求；从会计理论到会计实务，都要学习、借鉴经济发达国家的先进经验，反对闭门造车；要广泛学习相关知识，综合运用各相关学科的最新成果，才能搞好财务会计工作。主要体现在：

（1）坚持会计专业研究与实务工作必须理论联系实际，会计工作要服务于经济发展的客观需要。这方面代表性的学术论文主要包括《不应该把会计核算排除在"核算"之外》（1982年）、《必须坚持社会主义会计的统一性》（1984年）、《试论工业企业财务会计工作的转型》（1985年）等。

其中《必须坚持社会主义会计的统一性》一文根据当时的统一计划、分散经营的社会主义经济体制的要求，针对当时的部门门户林立、闭门造车的现实，指出会计核算中存在的诸如会计科目不统一，记账方法不统一，会计报表内容和形式不统一，会计处理方法不统一等所产生的种种弊端，提出要摆脱"左倾"思想羁绊，全面总结"会计改革"的经验教训，首先实现会计工作的拨乱反正。

论文立足于会计核算手段现代化的要求和建立商品经济以及对外开放的需要，提出了统一企业的会计科目，把记账方法统一为借贷记账法，具体规定各部门、各类企业的标准成本计算方法，统一会计核算规程，加强会计立法工作等建议。论文提出并论证的会计领域"拨乱反正"呼吁，引起强烈反响，该文后被《经济学文摘》等权威杂志转载。

党的十二届三中全会《关于经济体制改革的决定》提出："增强企业活力是经济体制改革的中心环节。"王教授认为，在此背景下，要真正实现经济的转轨，作为企业一个重要综合部门的财务会计部门，必须首先转变观念，实现由原来的单纯核算型向核算经营型转变。为此，她专门撰写了《试论工业企业财务会计工作的转型》一文，首先提交中国会计学会年会讨论，后又公开发表。论文集中讨论了企业财会工作由单纯核算型向核算经营型转变的实质内容，为了实现这一重大转变，她提出必须实现观念上的转变，逐步树立起经营战略观念、信息观念、竞争观念、市场观念，用科学的理论指导我们的工作。在文中，王教授还强调指出，必须加强培训工作，抓紧培养财会专业干部，努力实现财务会计工作核算手段的现代化，积极推广、普及应用电子计算技术与信息技术。

（2）结合专业学习，科学运用"三个面向"方针指导教学和科研工作。在这方面，王君彩教授结合国家不同时期的方针政策和具体的教学科研任务，发表的代表性论文主要有《改革企业存货计价方法刍议》（1988年）、《发展保理业务是市场经济体系建设的客观要求》（2003年）等，主持完成了财政部课题《上市公司信息披露制度中日比较研究》（2002年）。

在会计改革过程中，王君彩教授一贯主张遵循"洋为中用"的原则，坚持立足于我国实际，积极研究和借鉴吸收国外可为我用的先进管理方法和政策措施作为我们改进会计工作的参考，更要坚持实事求是和认真谨慎的科学分析态度。王君彩教授在1988年发表的《改革企业存货计价方法刍议》等学术论文中较好地贯彻了这一思想。她认为，在借鉴引进的实践中，必须提倡立足于本国实际，运用科学的比较研究方法，认真鉴定其在我国的可行性。在这些论文中，王教授提出：在社会主义商品经济中，起指导作用的仍然是价值规律，作为商品经营者的企业，同样面临多种因素交汇的市场，有竞争、有风险。研究借鉴西方的原则，制定适合我国特点的规定，在一定情况下采用类似的原则，不但有可能，而且有必要。她指出，作为推行新的会计估价原则的第一步，应限于有高亏存货的企业参加企业集团、实行经济承包和租赁承包前的存货估价。限于此类企业经营责任转换前的存货估价,这样既考虑到国家财政的承受能力,又有利于亏损企业扭亏责任制的推行,目的在于不转嫁经营失误,让新的经营者不背包袱、轻装前进。在《发展保理业务是市场经济体系建设的客观要求》一文中,王教授指出,随着我国国企改革进一步走向深入、现代企业制度的全面推行以及我国社会主义市场经济体制的进一步完善,企业并购、资产重组与经营业务以及银行债权转让业务将不再是一种理论上的探讨,而成为一种巨大的、现实的需求,开展应收账款保理业务也将成为一种历史的必然!王教授指出:"首先,银行业应积极转变观念,迎接挑战;其次,建立健全相关法律法规;最后,建立健全中介服务机构,积极推动与规范资信评估、保理等金融中介机构的服务发展。"

(3) 积极研究会计如何为建立社会主义市场经济体制服务。在这方面发表的有代表性的学术著作主要有《关于承包经营的几个问题的思考》(1987年)、《关于我国社会主义股份制企业中国家股管理问题的意见》(1989年)、《会计信息失真原因及对策》(1992年)、《建立现代企业制度与企业会计制度创新》(1995年)、《高负债与企业的运行效率——兼论"债转股"》(1997年)等,主持完成财政部课题《现代企业制度下企业集团公司管理会计系统的研究和设计》(1998年),冶金工业部课题《科研事业单位改制为科研企业财务管理模式研究》(1996年)和《中国冶金企业资产优化研究》(2000年)等。在这些著作中提出和坚持的学术思想与论点主要有:应重视研究市场经济发展的历史经验,充分认识会计工作在市场经济中的重要性;会计工作应重视价值规律的研究和自觉运用;重视法制建设和依法理财;重视理财观念更新的研究,主要是树立与市场经济相适应的理财观念,包括效率与公平兼顾的观念、时间观念、综合治理观念、大市场观念、信息观念、供需协调观念、计量研究观念、科技和人才观念、民主理财观念等;会计工作要根据国内外市场经济发展的实践经验和客观要求,实现会计管理机制的转变;实现财务管理方法的转变,主要是从经验管理方法型为主向科学管理方法型为主转变;实现管理手段的转变,主要是从运用比较单一的孤立型的理财手段向比较综合的、协调型的手段转变等。

20世纪90年代,会计信息失真已成为危害我国经济发展的一个顽疾,财政部每年开展的财务大检查都查出不少问题,有些情况非常严重,1992年,王教授撰写了《会计信息失真原因及对策》一文,成为当时国内较早关注会计信息失真及其治理的会计学术论文,王教授也成为国内较早关注此问题的会计专家。在这篇文章中,王教授分析了造成会计信息失真的主要原因,对每年进行一次突击性财务大检查提出了异议，建议把监督检查范围扩大到一切企业，一切使用国家预算资金的事业单位；建立一支强大的社会监督审计队伍，根据我国的现实情况，还必须建立、健全会计师事务所的监督体系等。这篇论文刊登在1992年3月9日的《人民日报》（内部参阅）上，引起了时任国务院财政部部长王丙乾国务委员的高度重视，被迅速批转并请两位副部长和有关司局研究参考。此文后以《会计信息失真原因及对策研究》为题公开发表。

当我国经历了长达三十多年的高速经济增长之后，在时不时显现的"雾霾锁国"等环境污染的形势下，探索适合中国低碳经济的推进架构已迫在眉睫。王教授在她主持的《碳会计研究》课题基础上，与王保平、牛晓叶等几个已毕业的博士合作完成并出版了专著《中国低碳经济的体制机制研究》（2019年2月）。本书着眼于国际先进的碳交易经验，结合我国经济发展需要，聚焦于碳解锁、碳交易、碳金融、碳绩效、碳会计以及碳审计等体制机制，问政于现实态势，并分别对企业、政府提出了针对性建议。

（4）会计教育专家，编纂多本教材。王君彩教授作为一名会计教育专家，是当之无愧的，她一直把"传道授业解惑"放在与"寻道、求是"同等重要的地位。这首先体现在她为了教学改革的需要，主持编写的多部适用的教材上。近年来，王教授主编了近30本专业教材，主要有《工业会计》（1986年）、《工业会计学》（1987年）、《商业企业会计》（1986年）、《中外合资经营企业会计》（1988年）、《成本会计》（1988年）、《新编工业会计》（1993年）、《证券会计学》（1994年）、《财务会计学》（1992年）、《审计学基础》（1993年）、《中级财务会计》（1995~2019年已出版七版），以及各课程的教学大纲、学习指南和习题集等。这些教材除了满足本校的教学需要之外，还提供给多所大学及单位用作指定教材和教学参考资料，受到各相关单位的一致好评。她主编的《工业会计学（修订本）》受到著名会计学家中国人民大学阎达五教授的高度评价，阎教授指出："王君彩同志理论基础扎实，专业知识广博。"

4. 谦虚朴实，淡迫名利

王教授在长期的教学和理论研究实践中，一贯追求并形成了良好的学风，这个学风就是朴实无华，无私奉献；刻苦严谨，精益求精；有强烈的责任感和事业心；谦虚好学，团结周围同志和社会同仁，互帮互学共同前进，热情指导青年教师，使其早日成为会计学的教学和科研骨干。王教授深知教书与育人并重的重要性。她不仅注重对学生传授学识，更注重对学生为人处世原则和良好治学作风的培养。王教授积极进取的治学精神和严谨的治学作风,深深地影响着她的每一位学生。良好的学风不仅是王君彩教授科研教学工作取得成就的重要保证,也是她赢得学术界、教育界师生、同行、社会尊重的基础,同时更是王君彩教授面对多变的事物能够泰然处之,始终是一位乐观向上的科研教学工作者的思想渊源。

自王君彩教授投身会计教育事业以来,一直站在会计教学的第一线,为我国会计教育事业的发展倾注心血、辛勤耕耘,不懈地努力着,始终坚持多层次会计人才培养并重的原则,由于王教授有着丰富的会计实务和教学经验,富于启发诱导学生、乐于启迪学生思维,坚持"厚积薄发"原则,她讲授的会计课程因教学效果好而深得广大学员的欢迎和喜爱。

王允平教授

一、个人履历

王允平，男，1942年4月出生，江苏省苏州市人，汉族，中共党员。1966年6月毕业于中央财政金融学院会计系银行会计专业，大学本科学历。1968年9月至1979年8月在湖北省沔阳县人民银行工作。1979年8月调入中央财政金融学院会计系任教。1987年7月被评为副教授，并授予硕士研究生导师，1992年12月被评为教授，1983~1988年任会计系副主任，1988年4月至2000年5月任会计系主任。兼任中国注册会计师，中国金融会计学会理事，中国预算会计学会理事，北京市高等教育自学考试委员会考试委员等。2007年退休。现为中国老教授协会八届理事，中央财经大学老教授协会会长。

二、工作成就

1. 讲授课程

在中央财经大学及澳门亚洲国际公开大学讲授《会计学基础》《银行会计》《预算会计》《行政事业财务分析》《商业银行会计》《金融公司会计》《金融企

业会计学》《中西方比较会计》；给研究生讲授《会计理论研究》《通货膨胀会计》等。

2. 学术科研

（1）研究领域。企业会计理论与方法；金融会计理论与方法；预算会计理论与方法。

（2）主持组织并完成课题。主持组织并完成《我国商业银行会计管理与控制》《中国会计准则体系的研究》《全国预算会计研究会理论课题预算会计要素定义研究》《中日会计准则比较研究》等研究课题。

3. 获奖成果

《联行制度改革之我见》（中财论文集）于1989年10月由中国财经出版社出版，荣获三等奖。

《试论我国金融会计准则的制定》于1994年2月在《中财学报》发表，荣获中国金融会计学会第二次全国学术论文评选优秀奖。

《会计等式给银行工作的启示》于1996年10月在《金融会计》发表，荣获中国金融会计学会第三次全国学术论文评选优秀奖。

《商业银行金融资产风险和会计防范》于1997年9月在《金融会计》发表，荣获1997~1998年中国金融会计学会金融会计专题学术研讨会优秀论文奖。

主编的《新编银行会计》（第二版）于1996年2月由立信会计出版社出版，2002年9月第21次印刷，累计全国发行225000册，1998年11月23日经第三届全国高校出版社优秀双效书评奖委员会评定，获优秀双效书奖。

《明镜高悬学习新会计法》于1999年12月23日在《中国财经报》发表，荣获新《会计法》征文评奖委员会二等奖。

《我国应重视商业银行会计管理和会计控制》于2005年7月在《中财学报》发表，荣获2005年度《北京会计学会》会计优秀论文三等奖。中国人民大学会计导刊复印资料全文转载。

三、域外出访及影响（含港澳台地区）

（1）1986年11月6~21日，随中央财经大学访问日本东京大学、大阪大学、早稻田大学，等松青木会计监察法人，朝日新和会计监察法人，日本珠算协会。签订安排会计年青教师、研究生赴日研修项目。

（2）1994年5月9~29日，随中国人民银行会计司出访澳大利亚、新西兰、美国，用 21 天考察三国中央联邦储备银行会计系统管理。访问城市包括悉尼、堪培拉、惠灵顿、纽约、费城、华盛顿等。

（3）1995 年 7 月 8~26 日，随中国外国专家局出访加拿大、美国。考察国际会计培训事项。访问城市包括温哥华、里贾纳、多伦多、渥太华、蒙特利尔、纽约、华盛顿、芝加哥、洛杉矶等。

（4）1997 年 6 月 23~28 日，访问日本高千穗大学（东京），参加签订两校财务会计学术交流项目。

（5）1999 年 1 月 19 日至 2 月 8 日，率中央财经大学国际会计培训中心组织的金融会计人员一行 11 人赴加拿大多伦多培训学习。

（6）2000 年 10 月，赴日本高千穗大学（东京）学术交流 6 天。

四、人物评价

王允平教授在我国财经人才青黄不接的年代，坚守教学岗位，忠诚党的教育事业，为我国改革开放后第一批会计人才的培养做出了突出贡献。在任教的 28 年间，王允平教授治学态度严谨，在完成繁重教学任务的同时，潜心科研，注重理论联系实际，发表了大量科研成果，为我国改革开放初期百废待兴阶段的会计理论与实务发展献计献策。王允平教授在课堂教学中更是对学生亲切耐心，循循善诱，以他的善良和真诚影响学生，并对很多同学在事业上给予了无私的帮助和支持。在担任会计系（2003 年升为会计学院）主任的二十多年间，王允平主任注重会计学科建设和人才梯队建设，积极引进人才，大力支持青年教师的学习进修活动，丰富了会计系各专业的人才储备。王允平主任在任期间，中财会计系于 1984 年开始招收硕士研究生，1997 年获博士学位授予权；于 1994 年成为全国 22 所具有"注册会计师专业专门化方向"（CPA）办学资格的院校之一，2002 年被北京市授予"北京市重点学科"。在此基础上，现今会计学院已成为办学层次齐全、在目前全国高校会计学科办学规模最大的高级财会人才培养基地之一，并在国内会计、审计和财务学科教育中居于领先地位，这与王允平主任及历任会计系（院）领导的高瞻远瞩与辛勤努力是分不开的。

奚淑琴教授

一、个人履历

奚淑琴，女，1942年10月出生，北京市人，中共党员。1962年考入中央财政金融学院会计系，1966年毕业，由于时逢"文化大革命"运动，在1968年才正式毕业分配到陕西省延河机械厂从事会计工作。1979年5月调入中央财政金融学院会计系任教，1981年被评定为讲师，1986年被评定为副教授，1988年被授予硕士研究生导师，1992年被评为教授。曾兼任中国内部审计师协会理事、学术委员会委员、中国注册会计师协会会员等职务。2008年退休。

二、主要贡献和事迹

1. 孜孜学子情　优秀助成才

（1）钻于业务勤于会计职业。1968年大学毕业正式分配，奚淑琴响应国家支援边疆经济建设的号召，在陕西省延河机械厂开始了她的会计职业生涯。最初她从一名会计、出纳做起，运用大学期间学习的会计核算方法和会计程序原理理论，在机械厂会计核算中一步步得到了历练，她深入车间一线，了解工厂的生产工艺和生产组织特点，了解原材料供应与产品销售管理要素和核心问题，研究企业成本核算流程和方法，脚踏实地、兢兢业业，克服生活上和工作上的种种困难，积累了丰富的实际工作经验，为其以后从事财务会计审计理论研究打下了坚实的基础。

（2）圆梦教育，教书育人。1978年中央财政金融学院复校，由于奚淑琴在学生时期的优异成绩与她十多年积累的丰富的会计实践经验，1979年被财政部和学校组织人事部门正式邀请回京。此时的奚淑琴37岁，正值中年，她以极大的热情投入到了她热爱的教育事业，成为了一名正式的大学会计教师。

回校后，奚教授先被分配到会计系工业会计教研室任教，以她资深的会计实践经历和扎实的会计理论基础，被选为教研室主任。复校初期，学生的培养目标、会计学科建设、教材、学生管理等一切从头开始，奚淑琴带领教研室同事们，一边教学一边研究，制定出了初步的学生培养方案，开始组织老师们编写适合专业培养的教材。主讲《会计学原理》《财务会计》《成本会计》《管理会计》等专业课程。

国家的经济改革呼唤审计监督，1983年国家成立审计署，奚淑琴积极地投入到国家审计的研究与教学中，1986年会计学院成立审计教研室，奚教授勇担重担，担当审计教研室主任，带领教研室同事们开始了新的专业学科教学研究。在授课中注重理论联系实际和讲课效果，多次被评为优秀教师和教书育人先进个人。与此同时积极参与科研活动，先后撰写的著作、教材、论文、课题和工具书等累计达数百万字，其中编著和主编的代表作有《中国审计》《审计法与审计实务》《最新中国税制通示》等；参编的代表作有《新编实用审计大全》《审计教程》和《新编会计大辞典》等，并在全国多种期刊上发表过数十篇论文，影响比较大的有《内部审计需要完整的独立性》《对社会审计组织业务质量监督是审计机关的重要职责》《浅议所得税会计核算的方法》等，多次参加部级、院级的课题研究，其中《在两个根本转变中，内部审计如何深化和拓宽经济效益审计领域》获中国内部审计师协会一等奖。

奚教授30年的教育生涯，培养了无数个经济战线的学子，上百个硕士研究生，这些学子们都在财经战线上取得了辉煌的成绩，成为了国家财经占线上的栋梁之材。这些学子们不忘老师教育恩德，经常回校感恩学校、探望恩师。

2. 献身教育　勇于奉献

奚教授不仅是一位名副其实的优秀教师、会计审计专家，同时还是一位诲人不倦、品德高尚、有爱心的教育者，一名有爱心、讲奉献，深受大家爱戴的好领导。1987年，在会计系全体职工代表大会上，通过无记名投票，奚教授担任了会计系的党总支书记，双肩挑重任要求她既要教学又要从事单位教师和学生党员党务的管理工作，为了做好教书育人工作，深入了解学生的学习和发展状况，1989年奚教授同时还担任了外会班班主任工作，三重工作负荷并没有压倒她，反而使她的工作热情更加强大，她爱护学生，深入学生之中，了解他们的所想所思，亲自带领并指导学生完成毕业实习和毕业论文设计，进一步激发了学生们的学习热情，帮助和引导学生树立正确的人生观、价值观和世界观。

奚教授同时又是一位名师，她在大学学科建设的完善和发展中，积极发挥名师和教授的作用，带领大家进行教育教学改革，在她做会计系党总支书记的十多年间，青年教师和学生积极申请入党和发展成为党员的人数不断攀升，党建和教学有效地结合，为会计学院的后续发展奠定了坚实的组织基础。她以踏实严谨的学风作表率，严格要求学生，注重因材施教，教书育人，要求学生品学兼优。

3. 不忘初心　关心学院发展

2008年，奚淑琴教授光荣退休，尽管在工作上退休了，但对教育事业的关心从未退休，她心系会计学院，关心下一代人的成长，关注会计学院的发展，退休后积极参加学校老教授协会的工作，她把对专业信息的获取和了解当成了她的责任，在国家有关审计会计新政策颁布后，她都会主动提醒在职的老师要及时更新教学内容，及时修订教材等。积极参与学院校友会的工作，不辞辛苦，有求必应，真正做到治学与做人的统一，学问与人品的统一。熟悉她的学生和同事都从她谦和、慈祥的笑容中体会到她是一位平易近人、热忱待人、受人尊重的好师长、好家长。

翟欣教授

一、个人履历

翟欣（1944~2005），女，汉族，出生于北京，内蒙古呼和浩特市托县人，中共党员。1966年6月毕业于中央财政金融学院会计系财会专业。1968~1979年在宁夏石嘴山商业局、外贸局工作，任会计，1979年6月，调入中央财政金融学院会计系任教，1982年7月开始担任讲师，1988年1月晋升为副教授，1994年12月晋升为教授，于1999年3月退休。

二、工作成就

1. 讲授课程

会计学原理、预算会计、会计学基础、会计实务等课程。

2. 学术科研

研究领域：会计理论。翟欣教授在科研上刻苦钻研，多年的会计实践和教学经验的锻炼，在会计方面很好地做到了理论联系实践。在学校任职以来，发表了4篇论文，主编了5本书，编著2本书，参编6本书，合写一本书，共计完成82

多万字。

（1）代表作品。《关于税制改革的若干理论反思》在国家税务局《税务研究》上发表，系统地论述了时代的税收科学理论——税负相对转嫁论；税收科学要大力吸收和应用系统工程理论和方法为税制改革提供理论指导；税制结构优化作为一个过程，是阶段性和连续性的统一。

《会计学基础》是与魏振雄教授合作主编的，根据《企业会计准则》的精神实质和新会计制度的内容，结合他们的教学经验，系统全面地阐述了会计的基本理论、基本方法和基本技巧，是适应会计工作和会计教学改革的一本会计学教材。

还有《会计学原理》《以改革精神完善企业内部经济责任制》等具有代表性的作品。

（2）主要学术贡献。1987年的《按照客观经济规律进一步搞好企业工资制度改革》收录于《经济研究参考资料》第148期。

1988年的《以改革精神完善企业内部经济责任制》在《浅谈经济体制改革》中发表；编著《预算会计复习要点》《会计原理解答》等。

1989~1990年共主编和参编了三个版本的《会计学原理》，总计13.2万字，编著及合写《商业会计学》教材及指导用书，共计6万字。

1992~1993年参编《中国会计全书》、军转干的《会计学基础》《经济知识丛书》，《中国会计实务丛书》《会计知识》《会计学基础》本科教材，共计34.6万字。

1994年发表了论文《关于税制改革的若干理论反思》和《浅谈新旧会计准则所得税衔接中的几个问题》，主编和参编了《外商投资企业财务会计实务丛书》和《外商投资企业税务》等书。

三、获奖与荣誉

1988年在院科研成果评奖中，论文《以改革精神完善企业内部经济责任制》获三等奖；1992年与魏振雄主编的《会计学原理》在院1987~1990年科研成果中获教材一等奖；1994年与魏振雄主编的《会计学基础》在院1991~1993年科研成果中获教材一等奖。

四、人物评价

在教学中她兢兢业业，不断探索，以高度的责任感和强烈的事业心关心会计教育事业，有丰富的教学经验；主讲课程有《会计学原理》《预算会计》《会计实务》等，在授课过程中善于理论联系实际，深入浅出，循序渐进，重视基础知识和专业知识的结合，教学效果好，多次受到教务处的表扬，特别是在会计改革的过程中，在教学上把有关改革的新做法新思路很好地介绍给同学们，同时曾在会计事务所兼职，及时了解实务中的会计问题，更好地将实践中的知识讲授给同学们。

在教学工作中能主动积极做好学生思想政治工作，教书育人，严于律己，为人师表，关心爱护学生和青年教师的成长，受到了师生的尊敬和爱戴。在1988年担任副教授以后，为了加强学生的思想教育工作，开始担任班主任，在教书育人方面是同学们的老师，在生活中更多的是他们的朋友，多次带领班级同学获得优秀班集体。曾于1992年被评为"北京市高等院校先进工作者"。翟欣教授不断加强学习，努力钻研业务，及时更新知识，不断提高自身素质，适应新的形势和需求，积极参与到培养财会人员的辅导讲课工作中。

李爽教授

一、个人履历

李爽，男，天津市人，1944年8月出生于北京，我国知名会计学专家。中央财经大学会计学院教授，博士研究生导师。1963~1968年北京师范大学外语系毕业，1968年12月至1969年12月在内蒙古乌达矿务局跃进矿工作，1969年12月至1979年8月在内蒙古乌达矿务局三中工作。1979~1982年在财政部财政科学研究所读硕士研究生，师从我国著名会计学家杨纪琬教授，主攻西方会计理论与方法。1982年获经济学硕士学位并分配到中央财政金融学院任教，1988年被破格提升为副教授，1993年晋升为教授，1996年获国务院政府特殊津贴，曾任会计系主任，副校长兼图书馆馆长。1999年10月至2002年3月任中国注册会计师协会副秘书长，2002年3月至2005年1月任中国注册会计师协会顾问。兼任中国会计学会理事、学术委员会委员，中国审计学会理事、学术委员会委员，中国注册会计师协会理事，担任若干上市公司和金融机构的独立董事、监事。担任香港理工大学与清华大学合办学刊《中国会计与财务研究》（*China Accounting and Finance Review*）编委、匿名审稿人，担任中国审计学会会刊《审计研究》编委,被美国肯塔基州莫瑞州立大学授予全美大学生会计学会名誉会员称号,被美国田纳西州奥斯汀州立大学聘为经管学院名誉系主任。

二、工作成就

主讲课程:《西方财务会计》(英文版)、《西方财务会计理论与方法研究》及博士研究生专业课程。

学术研究领域包括会计与审计市场管理与审计准则研究、审计质量与公司治理、会计教育。

保险学院

李继熊教授

一、个人履历

李继熊，男，汉族，1931年出生，江苏苏州人，我国著名金融保险学家、金融保险教育家。1948年进入保险公司，从事保险实务工作，1955年进入中央财政干部学校保险专修班学习，1956年留校从事保险专业教学。1971年调至蚌埠医学院工作。1978年回到中央财政金融学院金融系任教，1982年被确定为讲师、1987年晋升为副教授、1990年被破格提升为教授。多次被评为先进工作者、优秀共产党员。历任中央财政金融学院保险系主任、名誉主任、中央财经大学中国精算研究院名誉院长、保险学院顾问、校学术委员会委员等职。曾任中国保险学会理事、常务理事、学术委员会委员；中华人民共和国人事部经济专业技术委员会委员；中国人民银行总行教材工作委员会委员；中国人寿保险业生命表制作顾问。1993年起享受国务院政府特殊津贴。获2017年度中国金融学科终身成就奖。

二、主要贡献和事迹

李继熊教授是我国金融保险学科的奠基人之一。他亲身经历了我国旧保险业的整顿改造、人民保险事业的蓬勃发展、国内保险业务的中断和恢复、保险业的改革开放、专业化经营和综合经营，中国保险业历经艰辛、由弱到强、一步步走向辉煌的全部历程；对保险理论认识极其深刻，对促进我国保险业稳健发展充满责任感；他勇于开拓创新、积极著写文章著作，大力引进国际保险和精算系列课程，全面构建和完善我国保险学科理论体系，培养大批保险高端人才，为我国保险业的发展做出了杰出的贡献。

1. 开辟新例　享誉保险业学科界的建设人

我国的保险教育事业历经坎坷，李继熊教授在保险学科建设中不遗余力，为学科建设发挥了支柱力量。李继熊教授于1948年进入保险行业，在保险公司从事保险实务工作，积累了丰富的保险实务工作经验。1955年经组织推荐进入中央财政干部学校保险专修班学习，系统学习了保险相关课程，1956年留校保险教研室任教。1971年调至蚌埠医学院工作，1978年回到中央财政金融学院金融系讲授《国际贸易与保险》等保险相关课程。

1979年11月，中国人民银行总行在北京召开全国保险工作会议，具体部署1980年全面恢复国内保险事宜。李继熊教授参加了全国保险工作会议。在改革开放形势下，各地开放口岸缺少涉外保险业务干部的问题亟待解决。

为积极响应财政部、总行党组的决定，根据经营涉外保险业务干部培养的要求，李继熊教授在中央财政金融学院创设了全国最早的"国际保险"专业，于1980年开始招本科生；该专业属国内初创，无论教学方案、课程设置还是实施计划、教材建设和师资培训等，一切都是从头起步。然而，正是李继熊教授的保险理论和实践的积累，以及他为我国保险事业的敬业精神和鞠躬尽瘁的奉献，使国际保险专业成为我国保险教育的先锋和标杆。1986年1月，李继熊教授创立中央财政金融学院保险系，并开始培养保险理论方向硕士研究生；1993年，创立保险精算研究所，着重培养保险精算研究生。

2. 传道授业　著书授课培育国家保险人才

李继熊教授在保险业恢复初期，积极响应时代号召，为保险业的快速恢复培养大量人才。在开创国际保险专业教育的过程中，李继熊教授始终放眼全球保险业，秉承着国际经验与国内相结合的原则。李继熊教授主导引进英国特许保险协会（CII）的会员资格考试中心及其考试科目所用的有关教材。英国特许保险协会会员资格考试中心的举办不仅为耕耘在我国保险第一线的实践者们拓展了视野，而且还推动中央财经大学国际保险专业的学生取得英国特许保险协会准会员资格（ACII）的合格率屡创纪录，为中国的保险教育在海内外赢得了声誉。同时，李继熊教授参考 CII 考试科目内容，不断完善国际保险专业教学课程，成效显著。李继熊教授在保险教育中一直保持国际视野，并多次走访海外名校，包括美国威斯康辛州立大学、天普大学等和北美保险协会、北美精算师协会，以及英国特许保险协会、英国精算师协会牛津研究所和苏格兰赫瑞瓦特大学等有关单位，广泛交流保险教育和研究的发展事项，探索引进风险管理专业与精算专业。由于多年从事国际保险专业教学与科研实践，以李继熊教授为学科带头人的教师团队不断积累经验开辟我国保险教育道路，使中央财政金融学院国际保险专业成为全国保险专业高等教学的样板和领头羊。多年以后，上海财经大学、南开大学、武汉大学、辽宁大学、西南财经大学等，相继开办保险专科、本科教育，分享了李继熊教授的保险教育理念和保险专业设置的思想。

在担任国际保险专业教师期间，李继熊教授在三尺讲台上不断地奉献自我，分别为本科生、硕士研究生讲授保险原理、海上保险学、海商法、保险市场研究等一大批核心保险专业课程，为中央财政金融学院乃至我国的保险教育事业贡献了卓越力量，夯实了保险教育的基础，为我国保险事业培养了一大批优秀专业人才。1992 年，担任保险系主任的李继熊教授又与英国精算师协会主席邓肯就引进英国精算项目达成一致，设立了中国的精算教育项目，为中国培养了一批批合格的精算人才。他培养的人才中包括国际上市值最大的保险集团公司的总裁和总精算师等。他的这些努力，大大推动了我国保险市场的进步和繁荣发展。

此外，李继熊教授带领中央财经大学保险系积极支持全国开设保险专业的院校发展保险学科。一是他编著了《保险学概论》《海上保险》《海上保险学》等全国最早的一批保险教材，并为兄弟院校输送了优秀的保险师资，包括国内多所著名保险专业院校的保险系主任；二是在全国举办的保险专业师资班上为来自全国的保险教师讲授"保险学原理"等课程，还在电视大学为全国各地师资授课，同时，通过接待大量调研与访问学者等方式，将保险学科建设和专业人才培养的有价值的理念和经验，向兄弟院校特别是尚处于人才和经验不足的院校做了广泛的传播和分享；三是对西部及边远地区院校进行师资队伍的对口支援，他本人也在广东金融专科学校（现广东金融学院）等学校担任兼职教授，以提升各地保险教学水平；四是积极开展了到兄弟院校讲学的活动。

李继熊教授长期在科学研究、人才培养和学术梯队建设方面的建树，支撑和推动着中央财经大学中国精算研究院的成立并成为教育部人文社会科学重点研究基地。近年来中央财经大学又在此基础上设立了保险风险分析与决策学科创新引智基地并获批为"高等学校学科创新引智计划"（即"111 计划"），成立了保险与风险管理国际联合创新实验中心，为保险在经济社会的发展中不断深化而贡献更大的力量。

在 21 世纪之初，美国保险经济学会在世界范围内推选出 10 位对保险教育和保险研究做出杰出贡献的专家，其中有两位是中国人，一位是我国台湾省逢甲大学的方明川教授，另一位就是中央财经大学的李继熊教授。李继熊教授为中国保险学人赢得了荣誉。2007 年底，我国精算师协会正式成立，授予李继熊教授"对中国精算事业做出杰出贡献"的荣誉证书；2009 年 11 月，李继熊教授入选"新中国 60 年保险 60 人"。

3. 著书立说　丰富我国保险教学资源

在不遗余力地开展保险教育的同时，李继熊教授积极组织国内保险专家、学者，编写了一批基础教材，包括《财产保险》（王永明、刘凤珠）、《人身保险》（蔡致通）等，极大地丰富了我国金融保险教育的教材体系。1985 年，李继熊教授与陈继儒教授合作编写的《保险概论》，融合李继熊教授的保险实务工作经验与先进的国际保险理论，填补了我国保险教育教材在保险业务恢复后的空白。同年，李继熊教授在中央电视广播大学主讲《保险概论》，探索实践多层次的保险教育。作为一名学者，李继熊教授对于国家政策建言献策、积极配合。1987 年李继熊教授积极响应中央的决定，针对各地开放口岸对涉外保险人员及相关保险教育的需求，与魏润泉教授和应向民教授合作编著《海上保险》，成为海上保险领域的权威著作，为涉外保险人员的教育构建了基础保险理论教学体系。同时，李继熊教授对国际商务贸易、海运事业涉及的国际公约和有关规则所进行的研究，也引起了保险业界和海事部门的广泛、密切关注。李继熊教授主导引入的英国特许保险协会考试教材和英国精算师协会考试教材极大地丰富了我国保险教育的教学内容，尤其是在精算领域实现了我国精算师体系从 0 到 1 的突破。李继熊教授 1996 年为全国高等教育自学考试主编《人身保险学》和《船舶保险》教材等，使不计其数的保险从业人员从中获益。

4. 开拓进取　巩固保险理论发展保险事业

李继熊教授是我国保险学科理论体系的重要构建者之一，也是我国保险事业的重要建设者。李继熊教授在探索适合我国国情的保险理论方面有着重要建树。他注重教研相长，形成了对于我国保险行业发展具有重要贡献的学术成果，并对国家政策积极建言献策。特别是在我国保险业恢复后不久，李继熊教授于1980年先后发表于《保险研究》的"有关建立保险基金的理论"和"保险是金融事业的组成部分"等论文，系统阐述了保险的重要意义和保险在金融体系中的重大作用，构建了保险与证券、银行协同发展的总框架，为我国保险业的发展提供了理论依据。李继熊教授针对中国社会主义特色国情下的保险业发展进行了深入研究，并于1984年在《保险研究》上发表论文"社会主义保险企业管理"，研究了我国特殊国情下保险行业如何发展、保险企业如何管理的问题。李继熊教授将保险理论研究与我国的实践紧密联系，于2001年在《中央财经大学学报》上发表论文"迎接WTO 加快中国保险业的发展"，明确世界经济一体化环境下我国保险业的发展思路。

李继熊教授的理论贡献不仅体现在保险业的发展思路上，还体现在事关保险行业发展的一些具体问题上。相继发表的《保险的经营效益和运营管理》《保险企业财务活动的特点》《浅说保险代理人和保险经纪人》等文章涵盖保险行业发展的各个方面，为保险行业发展中的具体问题提供了解决思路。20世纪80年代初，针对当时中国香港"船王"包玉刚先生向国内投资发展航海事业，要求引进国外船舶保险和船舶建造保险的情况，李继熊教授系统研究了船舶保险的相关理论，先后发表了包括"船舶保险的由来及其发展简况""我国船舶保险""船舶建造保险""简介伦敦船舶保险新条款格式"等文章，并为我国船舶工业公司在专门召开的会议上做专项报告，为打开我国船舶保险市场、推动我国造船工业发展，发挥了重要作用。

李继熊教授在保险教育方面也进行了深入的思考，于1989年在《保险研究》上发表论文"借鉴国外经验发展我国保险教育"，并于当年在《上海保险》上发表论文"赴美考察保险教育纪事"。李继熊教授以国际化视野思考我国保险教育问题，并将理论运用于保险教育实践，为我国保险行业培养大批优秀人才。他的科研成果对于完善我国保险学科的理论体系、促进我国保险业的稳健发展具有重要意义。

5. 积极发挥余热　再创保险教育佳话

进入21世纪以后，李继熊教授仍有意愿和热情，继续为培养保险专业人才贡献力量，为此，学校积极配合创造了相关条件，李继熊教授又继续培养指导研究生十余人，合作指导研究生多人，他们都获得硕士学位或博士学位。他还参加了本校、北京大学、中国人民大学、天津南开大学、对外经贸大学、五道口金融研究生部等多个学校的硕士、博士研究生毕业论文答辩数十次；经常出席中国保险教育论坛等多种保险学术和专业活动及国际交流活动。如今，作为中央财经大学保险学院顾问，作为中国精算研究院名誉院长，作为一名保险专业学者，李继熊教授继续关心着行业的发展，关心着中国保险业的走向。在近年来保险学会和北京保险研究院举办的保险智库论坛上，李继熊教授还提出了自己的观点：保险在本质上具有一定的社会主义基因，保险在同舟共济的同时，可以调节社会、增加和谐。他呼吁和强调要加强保险的保障职能，更好地为经济社会的发展保驾护航。

陈继儒教授

一、个人履历

陈继儒，男，汉族，1932年12月出生，河北省乐亭县人，中共党员。1951年就读于北京大学，1952年全国高校院校调整到中央财经学院，1953年8月保险专业毕业后参加工作，1959年调内蒙古财经学院工作。1980年调回中央财政金融学院，1981年3月起担任讲师，1987年7月获聘副教授，1992年10月获聘教授。曾担任保险系副主任，中国保险学会理事。1993年退休。

二、工作成就

（一）讲授课程

长期为本科生和保险专业研究生讲授《保险会计学》和《保险概论》课程，深受学生好评。

（二）学术科研

研究领域：保险理论、保险会计。

1. 代表论文

（1）《谈我们对保险基金和后备的认识》发表在1981年第1期《保险研究》

上，与李继熊教授合作。

（2）《保险是金融事业的组成部分》发表在 1981 年第 3 期《保险研究》上，与李继熊教授合作。

（3）《认真执行经济合同法，把我国的保险事业提高到一个新水平》发表在 1982 年第 3 期《保险研究》上，与李继熊教授合作。

（4）《建立适合我国国情的经济补偿制度》发表在 1983 年第 3 期《保险研究》上，与李继熊教授合作。

（5）《浅谈保险新险种》发表在 1984 年第 5 期《保险研究》上，与李继熊教授合作。

（6）《船舶保险的由来及其发展简况》发表在 1954 年第 3 期《中央财政金融学院学报》上，与李继熊教授合作。

（7）《对国营企业实施法定保险的探讨》发表在 1986 年增刊 3 期《保险研究》上。

（8）《对我国财产保险新结构组成的探讨》发表在 1983 年增刊 5 期《保险研究》上，与李继熊教授合作。

（9）《关于养老金保险社会化的探讨》发表在 1987 年中国人民保险公司研究所编《保险文选》上。

（10）《保险经营中几个观点的争议》发表在 1988 年第 4 期《上海保险》上。

（11）《试论我国保险市场的形成和发育》发表在 1992 年第 2 期《中央财政金融学院学报》上。

2. 主要教材和著作

（1）《保险学概论》，于 1983 年由中国金融出版社出版，与李嘉华、魏润泉合作，负责第二、第五、第六章。

（2）《保险概论》，于 1987 年由中央广播电视大学出版社出版，与李继熊教授合作，负责第二、第三、第四、第六、第七、第八、第九、第十、第十一、第十二、第十三章。

（3）参编《金融概论》，于 1987 年由中国财政经济出版社出版，承担"社会主义保险"部分。

（4）主编《保险原理和实务》，于 1989 年由华夏出版社出版，承担"保险的一般理论"等共六章。

（5）副主编《保险学基础》，于 1989 年由中国财政经济出版社出版，承担"保险理论部分和再保险"等。

（6）主编《保险学概论》，于 1991 年由中国财政经济出版社出版，承担第二、第三、第四、第七、第十、第十一、第十二章。

（7）《经济百科辞典》，于 1989 年由中国工人出版社出版，承担"保险名词"部分。

（8）《金融知识百科全书》，于 1991 年由中国发展出版社出版，承担"保险机构"部分。

3. 主要观点和学术贡献

在改革开放后，陈继儒教授在保险理论建设和保险人才培养上做出卓越贡献。20 世纪八九十年代，陈继儒教授发表一系列保险理论文章，阐述其保险理论思想，代表作品有《浅谈社会主义保险的职能和作用》《对我国财产保险费率结构组成的探讨》《试论我国保险市场的形成和发育》和《保险学概论》。

陈继儒教授撰写《浅谈社会主义保险的职能和作用》一文，根据马克思关于必须从社会总产品中扣除一部分充当保险基金必要性的原理，结合我国社会主义实际，对保险在社会主义经济中的职能和作用，从微观经济和宏观经济角度进行了分析和论述。这对正确认识保险在社会主义经济建设中的地位和作用，对促进几经沧桑的我国保险事业的发展具有现实意义。

关于《对我国财产保险费率结构组成的探讨》一文，是针对我国国营企业实行利改税，金融保险事业也需要按章交纳所得税，并由此提出对我国财产保险费率的结构组成进行探讨。文章肯定了我国保险公司具有纳税义务，保险具有增加国家财政收入的任务。同时，分析了保险成本、保险利润和工商企业成本、利润的共同点和区别，特别对保险成本、保险利润的特殊性进行了分析和论述。并提出关于制定保险费率应该注意的几个问题和保险费率的计算公式。由于这是一个在我国财政收入体制改革中，也是保险业务中出现的新问题，陈继儒教授对这一问题进行探讨并提出自己的见解，这对推动问题的深入探讨有实际意义。

《试论我国保险市场的形成和发育》一文，首先，文章突出了商品经济与保险市场发展的内在联系及其历史发展进程，把保险市场作为市场体系的组成部分；其次，根据经济体制改革和发展社会主义生产力的要求，提出了我国保险市场模式的选择，特别是强调国营保险企业发挥主渠道的作用；最后，正确地分析和评价了我国保险市场存在的问题，并对完善保险市场机制提出了几点可行的建议。这些对保险事业的改革和发展都具有现实的理论意义和参考价值。

《保险学概论》（于 1991 年 10 月由中国财政经济出版社出版）由财政部教育司审阅，作为全国高等财经院校使用的教材。该教材使用面广，受到读者好评。其主要特点有如下三点：一是突出了以马克思主义经济理论为指导，用历史唯物主义和辩证唯物主义的观点，深刻分析了"生产关系决定保险的性质""保险基金是一切生产方式下的共有基础"，论证了"社会主义保险存在的经济基础和在国民经济中的地位"，为建立具有中国特色的保险市场提出了独到的见解；二是从我国的现实情况出发，认真总结我国保险十几年的经验，并借鉴国际保险理论和受理方法，比较全面、系统地论述了建立"保险经济关系"的原则和基本技术方法，提供了大量有关保险经济方面的信息和知识；三是该书突出的是随着经济体制改革的推进和经济发展对保险事业的新要求，提出了保险市场的变化，以公有制为基础，由一家经营保险变多家经营并存的竞争性的有中国特色的社会主义保险市场体系。

三、获奖与荣誉

1988 年荣获学校教学优秀奖二等奖；1989 年教师节被学校评为先进教师，并在全国财政系统受到教育司通报表扬；1992 年参编的《金融概论》获校科研成果一等奖；1992 年论文《保险经营中几个观点的刍议》获校科研成果二等奖；1994 年教材《保险学概论》获校科研成果二等奖，获北京市第三届哲学社会科学优秀成果二等奖；2009 年获评"新中国 60 年中国保险 60 人"称号。

四、人物评价

陈继儒教授从事保险教学科研工作 30 多年，他努力钻研业务，严谨治学，为保险专业建设做出了突出贡献。

陈继儒教授有系统、扎实的保险专业理论基础和很强的科研专业能力。20 世纪八九十年代，他撰写了大量研究论文，所发表的论文都有独到见解。这些论文系统分析了我国保险业发展中的问题，并给出解决办法，在保险理论界形成了重要的影响力。他主讲的《保险学概论》，讲课内容充实，效果突出。1983 年在国内首次出版《保险学概论》一书（当时国内最优秀的几位保险学者合著），后来被各有关院校作为教材广泛采用。

陈继儒教授是中央财政金融学院保险系创建人之一，为保险系建设做出了突出贡献。陈继儒教授担任保险系行政工作期间，热心教改，组织观摩教学，耐心帮助青年教员掌握具体教学环节，为中国保险教育培养了大批优秀人才。与此同时，陈继儒教授对教书育人也投入了巨大心血，为我国保险市场输送了大量优秀的新鲜血液。

陈继儒教授学成于中华人民共和国成立之初，十年教学科研工作的停滞没有磨灭他对教学事业的赤诚之心。自20世纪80年代中央财政金融学院保险系恢复本科保险教育以来，陈教授全身心投入到了保险研究和保险人才培养的工作中来，对我国保险理论和保险教育均做出了特别突出的贡献，成为我国保险学术和保险教育历史中的重要人物。

统计与数学学院

李宝光教授

一、个人履历

李宝光教授（1913~1994），北京市人。1938年毕业于北京师范大学。1938年后在陕西扶轮中学任教。1941年10月至1949年2月在西北工学院、西北师范学院、西北大学、陕西师范学院任教，先后任讲师、副教授、教授。1945年参加中国民主同盟会。1949年2月至1962年9月在川北大学、中国人民解放军后勤学院、高教部中等专业教师进修学校、北京师范学院任教授，并于1956年被聘为高教四级教授。1953年12月至1957年7月在中国人民解放军后勤学院工作期间，担任中国人民解放军驻京部队军人代表大会的代表，教授会主任。1962年9月至1979年10月在中国科学技术大学数学系任教授，安徽省数学会理事，中国科协统筹法、优选法、经济数学研究会常务理事。1979年9月调入中央财政金融学院任教授，北京数学学会成员，"经济数学"编委会委员。1980年起任中国人民政治协商会议北京市委员会教育组成员。1990年12月退休。1993年享受国务院政府特殊津贴。

李宝光教授思想进步，早在1944年5月在西北院校工作期间曾参加进步学生团体兴华社的筹建，成立后任理事并兼做会计。

李宝光教授热爱祖国，热爱社会主义，拥护中国共产党的领导。关心国家大事，积极参政、议政。1951年作为中央人民政府西北老根据地访问团团员，因工作努力受到表扬。1957年被评为教育先进工作者，作为先进教师的代表受到毛主席和其他中央领导的接见。李宝光教授拥护改革开放，拥护十一届三中全会以来的路线、方针和政策。

二、工作成就

半个多世纪以来，李宝光教授将毕生精力无私地奉献给教育事业，他治学严谨、一丝不苟，为人师表，关心爱护青年学生，他的学生遍及国内外。他早年致力于几何学、三角学的研究，编著过平面几何研究、立体几何研究、平面解析几何、空间解析几何、球面三角及高等教学。在中央财政金融学院工作之初，正值高校教育恢复时期，李宝光教授虽已年逾花甲，仍亲自执教，为中央财政金融学院的数学教学奠定了基础。20世纪80年代初，受中国人民银行总行教育司的委任，为行属高等院校筹建经济数学教材编写小组，并任组长。在他68岁高龄时，还亲自率领筹建小组成员赴全国有关兄弟院校进行调研。在李宝光教授的主持下为行属四院校主编并出版了"经济数学基础四门课程"的统编教材，填补了财经类数学教材的空白。他主编并执笔编写的《微积分》教材荣获1987年中央财政金融学院科研成果一等奖；财政部1988年优秀教材二等奖。年近七旬时，还亲自为财政部财政科学研究所研究生班讲学，为培养人才做出了贡献。1990年退休后，不顾年老体弱，仍继续关心经济数学事业的发展，在他的主持下编辑出版了《实用经济数学手册》。

崔书香教授

一、个人履历

崔书香（1914~2006），女，河北故城人，生于天津市，我国知名国民经济核算体系专家和统计学家。1929年9月至1935年6月就读于天津南开大学商学院，获经济学学士学位；1935年9月至1936年6月就读于清华大学经济系，获研究生学历；1936年9月至1937年8月赴美国威斯康辛大学农经系学习，获硕士学位，并于同年在美国加入现代中国学会；1937年9月至1940年2月在美国拉德克利夫学院（哈佛女校）经济系学习，获硕士学位，并于1940年回国。1940~1946年在重庆南开经济研究所任教授，兼任重庆大学教授；1947~1948年在北京燕京大学任教授；1948~1952年在北京辅仁大学任教授，在辅仁大学任职期内加入中苏友好协会和中国教育工会；1952年9月起先后任中央财经学院、中央财政干部学校、中央财政金融干部学校、中央财政金融学院、中央财经大学教授，从事统计学的教学与研究工作。1993年起享受国务院政府特殊津贴。

提到崔书香教授，总是会提到著名的经济学家同时又是崔书香教授爱人的陈振汉先生。在中国经济学界有"南陈北崔"的说法，指的正是中国当代两位交相辉映的著名经济学伉俪——陈振汉教授和崔书香教授。陈振汉，著名经济学家，北京大学光华管理学院名誉院长，2008年度经济特别荣誉奖得主厉以宁教授是目前国内经济学界的翘楚，德高望重，受人敬仰，而他的恩师就是陈振汉先生。早年崔书香教授与陈振汉教授一同赴美国留学，又一起回国任教。

崔书香教授主要从事国民经济核算体系、投入产出分析、国民生产总值的国际比较、货币金融、财政等经济统计的教学和研究工作。崔教授曾任国际熊彼得研究会会员（会址在德国奥斯伯格大学）；1980年任外国经济学说研究会理事；1982年5月参加由英国皇家统计学会和德国统计学会召开的"投入产出分析法的国际应用"学术会议；1984年任北京市统计学会常务理事；1987年任中国数量经济学会投入产出分会顾问和北京市高级职称财会组评委等职务。

崔书香教授从事经济和统计学教学科研工作50余年，是一位在学问上孜孜不倦的进取者，科研成果丰硕，在统计学理论研究方面具有很深的学术造诣，在学术界和统计学界影响力很大，享有很高的声誉。

二、工作成就

早年间，崔教授翻译出版了多部著作，包括列昂惕夫《投入产出经济学》（1980年）、联合国《国民经济核算体系》（1982年）、卡梅尔《应用经济统计学》（1988年），组织翻译出版托马斯《货币、银行与经济活动》等，是改革开放以来把国民核算体系和统计学前沿理论最早引入我国的学者。同时，崔书香教授出版的专著有《外国经济学说讲座》（第三册）（1981年）、《国民经济核算》（1986年）等，发表的文章有《通货膨胀中的中国物价》（1942年）、《投入产出分析法的核心——列昂惕夫之逆》（1981年）、《西方国民收入统计对财政部门的处理》（1985年）、《对我国国民经济核算体系改革和国民收入统计问题的一些看法》（1987年）、《生产总值的国际比较和购买力平价的统计方法》（1988年）等，曾在1984~1987年全国统计论文评选中获三等奖，这些著作及文章在我国经济学理论界和实务界具有轰动性效应。

三、人物评价

崔书香教授不仅在学术研究上孜孜不倦，硕果累累，同样在教学工作中也兢兢业业，桃李芬芳。崔书香教授勤恳、严谨，学术造诣高，表达能力强，深受学生欢迎，取得了很好的教学效果。

崔书香教授一生追求真理，忠于祖国，忠于人民，坚持实事求是，拥护党的路线和政策，积极投身于社会主义现代化建设事业。她兢兢业业、无私奉献，长期工作在经济学教育前线，忠诚党的教育事业。她以高度的责任感和强烈的事业心，在教学科研岗位上辛勤耕耘，扎实工作，为中央财经大学统计学科建设做出了突出贡献。她开设的主要课程有统计学原理、经济思想史、经济学原理、经济分析、高等统计、政治经济学以及货币银行学等。她为人师表、关心青年、爱护学生、知识渊博、具有创新精神，深受广大师生的尊敬和爱戴。

陈文灯教授

一、个人履历

陈文灯，男，汉族，福建省龙岩市佳山村人，1940年11月20日（农历）出生。1960~1966年在南开大学数学系学习，1968年被分配到北京工业学院（现北京理工大学）工作。1991年调入中央财政金融学院担任数学部主任。曾担任北京数学学会理事。2007年退休。2011年起享受国务院政府特殊津贴。

二、工作成就

在科研上，陈文灯教授在《数学学报》《数学研究与评论》《数学实践与认识》《数学杂志》《数学与力学》《应用数学学报》等杂志上发表学术论文多篇。1995年，在中国科学院系统所主办的刊物《系统科学与数学》发表的论文，在中国科学院院长周光召、朱光亚主编的《中国科学技术文库》上全文转载。

科研之外，在教书育人上，陈文灯教授对莘莘学子的影响更是举足轻重。这得从1976年说起，当时陈文灯原准备报考北京理工大学爆炸力学系无线电引信专业的研究生，因为其在该系工作期间纠正了爆炸系统方面的两个概念性错误，很受同行和系领导的赞赏，很希望陈文灯能考上他们系研究生并且工作。但是由于种种原因,当时陈文灯并没有参加考研,于是他就把自己为考研准备的数学材料与心得写成一本《考研复习资料》,当时很是轰动。北京化工大学、北京邮电大学、北京交通大学等各大高校的学生都到北京理工大学来抢购,因而也引起了各个出版社的关注,纷纷请求能够为其出版。1992 年,陈文灯教授出版了《高等数学复习指导思路、方法、技巧》《线性代数复习指导——思路、方法、技巧》《概率论复习指导——思路、方法、技巧》等一系列考研书籍,当时在海淀图书城引起了不小的影响。

1995 年,陈文灯教授创办了第一所民办考研培训学校,担任北京文登学校校长,成为考研辅导培训学校第一人。北京文登培训学校高质量、高水平、高信誉的办学指导思想,严谨的办学模式,优良的教学效果,蜚声京城,享誉全国。在全国考研辅导学校中,文登学校始终一枝独秀,成为全国考研辅导的旗舰。文登学校像一把金钥匙,为广大考生打开获取高分的大门。"要读研究生,找文登(学校)","数学要高分,找陈文灯"。这是考研学子广泛流传的两句话,也是对文登学校的肯定、赞誉。陈文灯教授凭借其扎实的理论基础和丰富的教学经验,先后出版了 10 本书逾 400 万字。其中以《高等数学复习指导——思路、方法、技巧》《概率论复习指导——思路、方法、技巧》《线性代数复习指导——思路、方法、技巧》影响最大,许多创新的解题方法被同仁所称道并应用。在考研辅导上,他主编的理工类、经济类的一系列考研辅导书《理工类硕士研究生入学考试数学复习指南》《经济类硕士研究生入学考试数学复习指南》《数学题型集萃与练习题集》《数学思维定势》等,成为影响最大、最畅销的考研辅导书。

陈文灯教授自建立文登学校之后,成功地举办了上百期考研辅导班,参加辅导的人数达数万人次,无数得益于文登的学员实现了自己的梦想,成为超越自我的成功者。陈文灯教授将他四十多年的教学经验和潜心钻研的成果倾注于考研辅导之中,并取得了骄人的成绩。文登学校凭借其高水平的师资、高质量的辅导、精良的设备和以学生为本的教育理念,使学员的学习方法和应试能力迅速提高,2000~2008 年连续九年考研文理科数学状元均出自文登学校。英语和政治考研成绩也很辉煌,谱写了考研史上绚丽的篇章。文登学校在陈文灯教授的带领下,成为全国培养考研数学状元和高分学员的摇篮,并且在社会上赢得了极高的声誉,受到《中国教育报》《香港大公报》《凤凰卫视》《中央电视台》等十多家境内外新闻媒体的关注,以整版篇幅对文登学校的骄人成绩进行报道。陈文灯教授的授课镜头和文登学校数千人排队报名的壮观场面多次在北京电视台播出，轰动国内外。1999年，海淀区教委授予文登学校"先进培训机构"，校长陈文灯教授被评为"海淀区先进教师"，2005年、2006年，连续两年被海淀区民政局评为"自律与诚信先进单位"，在考研培训学校中获此殊荣的只有文登学校一家。

在担任数学系主任期间，陈文灯教授对于教师，严抓治学思想；对于学生，严抓后进生的学习态度和学习方法。1999年，北京市组织各高校数学统考，当时各高校被分为重点院校和普通院校两大类，当时中央财经大学虽是普通院校，但是陈文灯教授坚持进言校长，请求参加重点院校统考，在王柯敬校长的支持下，中央财经大学最终报了重点院校统考。在学校领导的关怀、全系教职工的努力下，最后学校取得了重点院校统考第一名的喜人成绩，而且平均分比第二名高出了三十多分，轰动了北京市各文理科院校。类似于这样的笃定、向上的工作态度，陈文灯教授也不知道坚持了多少回，努力了多少次，中央财经大学数学学院在其带动下，一步一个台阶地稳定发展。

由于陈文灯教授在教学、管理、科研等方面业绩显著，2003年，教育部课题"经济管理类数学的改革与创新"交给陈文灯教授负责。该课题是由全国有名的九所院校承担，分别是中央财经大学、对外经济贸易大学、山西财经大学、西南财经大学、中南财经政法大学、上海财经大学、南京财经大学、江西财经大学、东北财经大学。通过三年的研讨，编著了7本教学和教辅教材。陈文灯教授和他的学弟是总主编，而各本书的主编在陈文灯教授的坚持下由各个高校教学科研比较出色的副教授担任，目的是为了帮助这些年轻有为的人才更快的成长。2008年，高等教育出版社在昆明举办中青年教师教学研讨班，陈文灯教授是唯一被聘请的专家。

陈文灯教授不仅热爱教育，而且也热心关注公益事业。陈教授在上大学期间，父母去世，是靠国家的助学金读完大学的，因此，对党和人民有着深厚的感情，深深知道知恩图报。1995年底，在学校各级领导的支持之下创办北京文登培训学校，因此到了1996年，陈文灯教授把文登学校节余的20多万元中的10万元捐赠给中央财经大学的特困生基金。1997年，又捐赠了20万元。1998年，资助支持系里老师配置电脑。在家乡福建龙岩地区建立捐助15万元希望工程基金；捐助长江流域、嫩江流域发大水的灾民10万元；为家乡修路和汶川地震捐赠10多万元。1998~1999年，为中央财经大学家属院捐赠将近20万元用于修理自行车棚。1999年，为中央财经大学校医院和校体育运动会捐赠10余万元。

1999年捐赠40多万元用于建设图书馆电子阅览室，又捐助校医院购买X光机。2000年，捐赠50万元的科研精品奖励基金。2004年，捐赠20万元用于系里的数学管理基金。至今，中央财经大学统计与数学学院还设有"金钥匙文登奖励基金"用来表彰、资助学院的老师和学生。另外，陈文灯教授虽然后来离开了北京理工大学，但对北京理工大学对自己的培养念念不忘，在北京理工大学65周年校庆时捐赠了10万元表达自己的感恩之情。还有，陈文灯教授对于学生也有着深厚的感情，尤其是对于那些好学的学生、家庭经济困难的学生进行减免学费，至今有些学生还把陈文灯教授当作自己的亲人看待。

三、人物评价

陈文灯教授在科研、教学、管理各个方面的业绩都是显著的，特别是在考研辅导上，以及其创办的文登学校获得的成就是辉煌的。文登考研更是成为中国考研旗舰品牌，考研数学第一品牌，总部及全国分校共计培养了20万以上学子，谱写了考研史上绚丽的篇章。陈文灯教授以渊博的知识、助人的风尚、高尚的情操赢得了领导的肯定、莘莘学子的尊崇和广大同仁的好评。

潘省初教授

一、个人履历

潘省初（1945~2018），男，汉族，湖南新化人。我国著名信息管理专家、计量经济学家、宏观经济建模专家。1963~1969年在北京大学数学力学系学习，毕业后分配到陕西省韩城龙门电厂任技术员、车间主任等。1980年考入清华大学攻读研究生，1983年毕业于清华大学经济管理工程系，获工学硕士学位。1983年起在中央财政金融学院任教至退休（2012年）。期间于1987年11月赴英国利物浦大学经济系做访问学者一年，1991年4月赴英国剑桥大学经济系合作研究三个月，1992年10月赴美国马里兰大学经济系合作研究两个月，1995年8月赴美国马里兰大学经济系做高级访问学者半年。1992年起任教授，1993年起享受国务院政府特殊津贴。

二、工作成就

潘省初教授主要从事经济应用软件和经济数学模型的研究。1983~1985年与清华大学经济管理学院合作完成了"能源规划（MARKAL模型）矩阵/报告发生器 MMG/MRG"的研制，此课题是国家攻关项目"中、西德合作广东省能源调研"的分课题。此课题研究成果克服了当时国际上通行的 MARKAL 模型矩阵/报告发生器对具体的计算机软、硬件环境依赖性大的局限性，为 MARKAL 模型在我国的推广和应用提供软件方面的保证。此项研究成果随后在我国的能源规划工作中得到广泛的应用，1989 年被西德玉利希核研究所（KFA）应用于马来西亚的能源规划工作。

20 世纪 80 年代后半期，潘省初教授与北京水利电力经济研究所合作，先后完成了"电力系统电源优化软件包 GESP"和"多地区能源供应模型 MRESM"两个科研项目，这两项成果分别于 1988 年和 1991 年获水利电力部科学技术进步奖三等奖、获能源部电力科学技术进步奖三等奖。上述两项成果在能源规划和电源规划实际工作中得到广泛应用（如三峡工程可行性研究、世界银行贷款项目的评估、全国煤电运输系统规划、东北经济区煤炭电力和运输系统综合规划的研究、广东省煤炭电力与运输规划、国际原子能机构委托的关于中国核电发展经济问题的论证工作等）。

20 世纪 90 年代起至退休，潘省初教授主要致力于中国宏观经济各部门动态模型（MUDAN 模型）的研制工作。自 1991 年 1 月起，潘省初教授承担了联合国开发计划署"UNDP""经济发展政策与规划综合研究"项目中"中国宏观经济多部门动态模型的研制"分课题的研究任务，先后于 1991 年和 1992 年赴英国剑桥大学和美国马里兰大学进行合作研究，并在此基础上，完成了中国宏观经济多部门动态模型 MudanⅠ和中国经济 33 部门数据库 CMDM 的研制，上述工作在国内属于开创性工作。随后，在对现有年度统计数据特别是分部门数据可获得性深入研究之后，与同行将 1987 年 117 部门投入产出表合并为 63 部门的投入产出表，并在此基础上建立了 MudanⅡ，这是一个 63 部门模型。自 1995 年 9 月起，在潘省初教授带领下的中央财经大学 Mudan 模型课题组在 MudanⅡ的基础上开始 MudanⅢ的研制。MudanⅢ完成于 1998 年底。MudanⅢ在行为方程方面做了很大改进，扩充了增加值、进出口模块，并扩充了数据库，完善了模型流程。

针对 1994 年底新国民经济行业分类标准（国标 94）的颁布以及国家统计局统计口径的诸多变化，自 1999 年始，中央财经大学 Mudan 模型课题组开始了新一代 Mudan 模型的研制，命名为 MudanⅣ。MudanⅣ是一个 59 部门模型，对以往模型的主要改进有：按新口径建立了新的数据库；加强了投资模块，重新设定了行为方程。2001 年底，MudanⅣ模型的研制工作得到教育部的资助，被列为教育部人文社会科学研究"十五"规划项目［教育部人文社科项目：宏观经济多部门动态模型的研制（2001）］，2004年10月顺利完成，为模型的应用做好了准备。之后，2006年获批教育部人文社科项目"国际油价变动趋势及其对我国宏观经济和各产业部门的影响研究"。这个项目研究应用了Mudan模型，在Mudan Ⅳ的基础上扩充了数据库，增加了能源方程，于2009年顺利结项，并出版了专著《国际油价变动趋势及其对我国经济的影响》。期间不断维护模型，并应用模型参与了多项部委项目的合作研究，在2012年，还利用模型对碳税政策进行了模拟分析。

在Mudan模型研制期间，潘省初教授多次参加INFORUM（Interindustry Forcasting Project at the University of Maryland）模型国际研讨会，并发表和出版了多篇论文。1999年8月潘省初教授承办了第七届INFORUM模型国际研讨会，在中央财经大学召开，获得各国专家一致好评，并在一定程度上提高了中央财经大学的名气。

潘省初教授主编和参编（译）的著（译）作有《运筹学入门》（1984年）；《应用经济统计学》（1988年）；《管理信息系统》（1989年）；《投入产出经济学》（1990年）；《会计电算化基础》（1992年）；《股票操作顾问》（1992年）；《宏观经济计量模型史》等，编著了计量经济学系列教程，自出版以来受到师生的一致认可，有《计量经济学》（2002年）；《计量经济分析软件》（2005）；《计量经济学》（第二版）（2007年）；《计量经济学》（第三版）（2009年）；《计量经济学》（第四版）（2012年）；《计量经济学》（第五版）（2015年）；《计量经济学》（第六版）（2018年）；《计量经济学中级教程》（2009年）；《计量经济学中级教程》（第二版）（2013年）（获北京市精品教材立项资助），并在《统计研究》《中国现代经济》《数量经济技术经济研究》等学术刊物和各类国内国际学术会议上发表多篇论文，还参与"中国国际金融风险预警统计指标体系构建"，并获得第十届全国统计科学研究优秀成果奖课题论文奖二等奖（2010）。

三、人物评价

潘省初教授不仅在学术研究上孜孜不倦，硕果累累，在教学工作中同样兢兢业业，桃李芬芳。潘省初教授勤恳、严谨，学术造诣高，表达能力强，深受学生欢迎，取得了很好的教学效果。他曾为本科生、硕士生、博士生、助教班、世界银行讲习班开设的主要课程有："系统论、控制论、信息论在经济管理中的应用""最优化方法""电子计算机应用技术""运筹学的计算机方法""电算化会计""经济统计学研究""投入产出分析""系统工程""宏观经济模型""计量经济学""高级计量经济学"等。其中绝大部分课程皆是由潘省初教授在本校第一次开课。潘省初教授从1983年参加工作，直至2012年退休，一直坚持在教学岗位第一线，且每学年皆超额完成教学工作量，不仅如此，还对多门课程建设、改革做出了重要贡献，有的课程被评为校级重点课程、精品课程。在此期间陆续指导了40多名硕士、博士研究生。潘省初教授不仅在学术上认真指导学生，教授学生如何写论文、查阅资料，对学生严格要求；同时还在生活上、思想上十分关心学生，引领学生成长。其严谨的学术态度和端正的为人作风，默默地影响着学生们，也获得了学生的一致爱戴。由于其优秀的教学工作，还多次被评为校级优秀中年骨干教师、校级优秀教师等。

潘省初教授还为经济信息管理和数量经济学科的建设和发展做了大量工作，做出了重要贡献。在早期，潘省初教授作为经济信息管理学科的带头人，对该学科的建设和发展、人才培养及队伍的建设等做出了重要贡献。后来潘省初教授转向了宏观经济模型及数量经济学研究，并成为了数量经济学科带头人，曾担任数量经济所所长。在此期间，潘省初教授对数量经济学学科建设及发展做出了巨大贡献，如硕士点博士点的申请、学生培养方案的制定、计量经济学本科精品课程建设、硕士精品课程建设、师资队伍的建设和培养、学生的培养等方面。

除此之外，潘省初教授还参与了社会工作，其兼职主要有：北京水利电力经济研究所能源及计算机技术特邀专家（1989年7月）、中国数量经济学会高等学校专门委员会委员、数理经济学会理事、江西财经大学兼职教授、亚洲开发银行技术援助项目咨询专家等。

葛斌华教授

一、个人履历

葛斌华，男，汉族，浙江绍兴人，1946年出生，中共党员。中央财经大学统计与数学学院教授、博士生导师。1964~1969年在北京大学数学力学系学习。1969~1979年，先后在河北省邢台市电线厂当工人，在邢台市标准计量所、廊坊市标准计量所任助理工程师。1979年考入北京科技大学攻读研究生，1982年基础数学专业毕业，获硕士学位。1985年9月至1986年9月赴苏联基辅工业大学进修一年。1997年起在中央财经大学任教至退休（2012年3月），曾任教研室主任、系副主任、院党总支书记等职务。

二、工作成就

葛斌华教授主要从事函数论、数理经济学和数学文化方面的研究。学术成果多次被刊登在美国的《数学评论》、德国的《数学文摘》和俄罗斯的《文摘》等著名学术刊物上。主持或参与多项国家级和省部级科研或教学课题。指导的研究生有七位获得了博士学位。

葛斌华教授讲授的课程包括本科生的微积分、高等数学、数学分析、线性代数概率统计、复变函数、数学文化、积分变换、变分法和研究生课程数理经济等。数理经济学、数学分析、数学文化在中央财经大学是首次开设。教学效果优秀，曾获多项教学奖项，教授的学生在北京市大学生高等数学竞赛中曾经夺得特等奖。主持建设的《微积分》课程2006年入选为北京市精品课程。数理经济学是数量经济方向博士生的重要专业课。从2006年开始，葛斌华教授参考国内外的有关教材，为博士生首次开设了这门课程，并连续讲授七年，把更多的数学思想、数学方法用于经济学的研究，获得了成功和好评，为提高数量经济研究生的素养做出了重要贡献。

数学分析是数学专业本科生最重要的一门基础课，是几乎所有后继课程的基础，也是为数不多历时2~3个学期的课程。随着经济和管理等学科的发展，人们逐渐意识到数学在经济学、管理学中的重要作用。近年来，这门课程的授课对象，已不仅是数学专业的学生，诸如金融工程、保险精算、国民经济管理、财政实验班、管理工程和统计学等16个专业、600多位学生选修了数学分析课程。自2003年中央财经大学成立经济数学系，开始招收数学专业本科生，即自2003年开始开设本科数学分析课程，设立之初，葛斌华教授一肩扛起这个重任。从最初的"摸石头过河"，到对财经院校数学课程定位的思考，再发展到今天形成一支结构合理、水平较高的课程组教学梯队，为600多位学生授课，成为院校第二批精品课程，获教学团队建设项目资助，葛斌华教授为之付出了大量心血。

多年的数学文化浸染和数学教学体验，让葛斌华教授意识到，数学不仅是一门学科，同时也是一种文化，一种素质，一种思维方式，它们对于理工科固然有用，但对于经济类学生、文科学生来说也是有用的工具，因此，在建设现有数学类课程的基础上，妥善地规避艰深的理论、复杂的解题技巧，又提高学生的整体数学素质，培养理性思维和审美情操，已是当务之急。出于这些认识，2006年葛斌华教授在全校开创了数学文化课程，十多年来，此课程一直深得学生喜爱，2017年进入学校第一批核心通识课程。2009年葛斌华教授在自编教案的基础上，主持编写了国家大学生文化素质教育基地教材《数学文化漫谈》一书，现已入驻各大学图书馆。葛斌华教授热衷于研究中国文化中的数学玄机，以及数学在社会方方面面中的融入与相互影响。他的论文《文学艺术中的数学文化欣赏》《中国古代洛书文化中的数学玄机》和《熠熠生辉的数学文化——关于〈数学文化〉课程的思考》等都是这方面的体悟。2011年7月代表学校在第五届全国数学文化论坛学术会议上作大会报告，介绍了院校数学文化课程建设的情况和思路，扩大了院校在数学文化教育方面的影响力。

葛斌华教授教学经验丰富、责任心强，而且非常关心年轻教师的培养工作。为了提高中青年教师专业水平、教学和科研能力，努力营造教师成长的环境和氛围，把青年教师（助教）培养成为合格讲师（站上讲台，站稳讲台），把讲师中的骨干教师培养成为优秀的副教授（教学高手，科研能手），葛斌华教授在学院大力推广常态化组织教学研讨沙龙、示范性教学和教学经验专题报告活动。并亲自指导了多位新入职教师的教学工作，手把手，悉心传教。大到教学大纲的明确、教学内容的通透、教材的研读、参考书目的推荐，小到每节课讲课内容的安排、补充习题的选择，事无巨细，葛斌华教授都一一关注，给予意见和建议。即使在退休后，葛斌华教授"人退休，心未退休"，仍不忘关爱青年教师的成长，为他们推荐书籍指导教学，主动关心他们的生活，真正起到了"传帮带，薪火续"的作用。葛斌华教授对于学院的建设和发展，做了大量的工作和探索。葛斌华教授指出，应用数学学院属财经类学院，在学院的建设方面他非常重视学校的经济特色，强调数学老师也必须具有相应的经济素养，组织老师人手一册通读了诺贝尔经济学奖获得者萨缪尔森的名著《经济学》一书，推动数学学科的建设更加接地气，融入财经大学的发展蓝图。为使学院更好地发展，找准自身的定位，并积极筹办财经类院校数学学科的交流论坛。对于构建学院的国际交流平台，他强调学院应进一步加大重视力度，要逐渐向国际交流的整体规划迈进。论文《关于我校教育管理工作的若干思考》和《以学科建设为龙头推动经济数学系快速健康发展》等体现了葛斌华教授的一些深入思考与探索。同时，他还邀请国内知名学者来校作报告，例如，梁思礼院士、张恭庆院士、文兰院士、严加安院士、薛通将军、国家级教学名师顾沛教授和原国家自然科学基金委员会数理学部主任许忠勤教授等。并促成学院与这些知名学者的长期交流与合作，推动学院文化与学术交流的"请进来"与"走出去"双向格局建立，使学校的知名度及学术地位获得了显著提升。

葛斌华教授在育人的过程中也积极开辟德育新路径，推动成立了学校德育示范基地——数学学习指导中心，通过将"第一课堂"与"第二课堂"相结合、老师指导与学生自主学习相结合、培养数学能力与数学修养相结合、达到数学教学与德育教育相互促进，共同发展的目标。十几年来的实践证明，数学学习指导中心正确运用并有效发挥自身作为德育载体的积极作用，实现了德育工作由灌输型向引导型、说教型向渗透型的转变，学生在自觉接受各种正确信息的同时主动内化为自己的思想，外化为自身的行为，从而有效地激发了全校学生接受教育的能动性和创造性，实现了德育途径的拓展与创新。学生在自主参与中心的指导活动中实现了自身综合能力的和谐全面发展，全校营造出了浓厚的数学文化氛围。

葛斌华教授重视"学以致用"的原则，争取学校领导、相关职能部门对数学建模竞赛及学科建设高度重视与大力支持，积极调动学院优秀师资力量，组织学生广泛参与美国大学生数学建模竞赛、全国大学生数学建模竞赛、全国大学生数学竞赛和北京市大学生数学竞赛等重大赛事。多年来，中央财经大学学子在各大赛事中屡创佳绩，充分体现了学生从数学学习中提升出的全面综合素养。例如，2018年的国际大学生数学建模竞赛（MCM/ICM）中，学校一支参赛队伍获得特等奖提名奖，在30支队伍中获得一等奖，在128支队伍中获得二等奖。2005年9月，在葛斌华教授的大力推动下，千帆数学社成立。其目标是要坚持知行合一的治学之道，慎思明辨，彰显中央财经大学的数学文化，营造良好的数学气氛。十几年来，千帆数学社已发展壮大为全校最为优秀的社团之一。

黄惠青教授

一、个人履历

黄惠青，女，汉族，1958年4月生于福建，1981年12月毕业于厦门大学数学系，理学学士。1982年2月就职于中央财政金融学院基础部。1983~1984年参加中国科学院应用数学所举办的运筹学研究生班，共计研修研究生课程10门，取得结业证书。1994年参加青年教师教学理论班，取得结业证书。1995年12月晋升为副教授，2010年晋升为教授。曾任数学系系主任、全国经济数学与管理教学学会理事。

二、工作成就

黄惠青教授在承担繁重教学任务的同时，不断提升自己的专业水平和教学水平，在科研方面也严格要求自己，超额完成学校规定的科研工作量。曾承接教育部项目"目标管理在高校辅导员专业化发展中的应用——基于目标管理量表的研究"，并参加编写多部教材、考研辅导书、工具书等，包括《线性规划与经济活动分析》（兵器工业出版社）、《高等数学解题方法和技巧》（北京理工大学出版社）、《经济数学基础——微积分》（经济科学出版社）、《经济数学基础——

微积分——学习指导》（经济科学出版社）、《1996年研究生入学考试数学复习指南》（京华出版社）、《1997年研究生入学考试——数学经济类及MBA复习指南》（线性代数部分）、《线性代数》（高等教育出版社）、《西方管理思想宝库》（中国广播电视出版社）等。

黄惠青教授发表多篇论文：《浅谈"目标规划"在经济方面的应用》（1986）；《谈一道古典概率题的解答》（1993）；《关于解析函数的Shaw-Prathen算子和逐次微商的零点的推广》（1994）；《求对偶规划的一个简便方法》（1995），该篇论文解决了线性规划中求非正规型线性规划的对偶规划难题；《租赁决策模型》（1995），该篇论文解决了租赁决策中最重要的问题——租金的制定问题；《关于对偶规划的经济意义注记》（1997）；《变上限积分的题型分析》（2002）；《求1^∞型未定式极限的一种简便方法》（2002）；《求0-1型整数规划的一种新方法》（2002）；《浅谈"随机事件"与"随机事件发生"的区别》（2004）；《单纯形表的设计》（2004）；《矩阵运算中常见错误的错因分析》（2005）；《"勃兰特法则"迭代次数的探讨》（2005）；《影子价格在经营决策中的应用》（2005）；《影子价格在资源利用问题中的应用》（2006）；《关于三门经济数学基础课采用分层教学的设想》（2006）；《基于相对熵的模糊群决策方法》（2006）；《对线性代数教材知识体系的一点思考（增刊）》（2008）；《影子成本在生产决策分析中的应用》（2010）；《公共课"线性代数"多媒体教学效果及利弊分析》（2010）；《特征值理论在自行车租赁管理中的应用》（2011）等。

三、获奖与荣誉

黄惠青教授是侨联成员，拥护四项基本原则，拥护党的路线、方针，热爱党的教育事业，在教学工作中勤勤恳恳，讲授概念准确、清晰，超额完成学校规定的教学工作量。开设的课程有高等数学、线性代数、概率统计、线性规划、微积分等，学生和教研室同行评价黄教授讲课"脉络清晰，重点突出，比喻恰当，容易理解"。另外，黄教授积极响应学校的号召，率先使用多媒体教学，教学效果出众。1993年获北京市高校优秀教学成果二等奖，1995年7月被评为中央财政金融学院优秀教师，1998年获陈建忠奖，2004年获评校级优秀教师，2005年获教育部"第五届全国多媒体大赛"高教组优秀奖。

四、人物评价

2000年，黄教授兼任中央财经大学数学教学部副主任工作，积极配合主任做好本部门的教学工作，对待工作认真负责、任劳任怨，并尽自己所能帮助其他老师解决或向主管部门反映教学工作中遇到的各种问题。在本单位教师严重缺编的情况下，通过多方努力，使本单位所承担的所有教学工作正常进行。2015年11月，任中央财经大学数学系主任一职，在系领导班子的共同努力下，完成学校布置的各项工作，规范本系行政和管理工作，同时积极探索本系今后的发展方向。

经济学院

陈岱孙教授

一、个人履历

陈岱孙（1900~1997），男，福建闽侯人，是我国著名经济学家、教育家。1920年毕业于清华留美预备班，1922年毕业于美国威斯康辛大学并获学士学位，同年，入美国哈佛大学研究院学习，于1924年获硕士学位，1926年获博士学位，然后赴英国、法国和意大利做考察研究。于1927年2月回国，回国后先后在清华大学、长沙临时大学、昆明西南联合大学任教授，并同时担任清华大学法学院院长及经济系主任职务。中华人民共和国成立后，继续在清华任教，1952年9月至1953年8月任中央财经学院第一任副院长。1953年10月回北京大学任教授，1956年任一级教授，是国家首批博士生导师。曾先后担任北京市人民代表，全国政协第二、第三、第四、第五、第六、第七、第八届委员，第六、七届常务委员，1956年任国务院科学规划委员会委员，经济组副组长，中华全国外国经济学说研究会会长，北京市经济学会副会长等各项学术兼职，1984年起兼任清华大学名誉教授。

二、工作成就

陈岱孙教授在自己漫长的教育实践中，积累了极为丰富的教育经验，对教育理论有很重要的贡献，他一贯倡导学生德、智、体全面发展，应将专才和通才的教育结合起来，要有金字塔式而不是独秀峰式的知识结构。他强调经济学的科学研究要理论联系实际，要实行基础理论和应用学科的恰当结合，还提倡不同学术观点的争论和对新问题的探讨等。1934~1947年，发表了40余篇文章，其中关于经济建设和抗战时期的经济问题的论点尤其引人注目，特别是《我们的经济命运》《谈经济建设》两篇文章可以说是这一阶段带有纲领性的文章。在这些论文中，他不仅严厉批评了当时政府的经济政策，而且也提出了一些相应的建议。中华人民共和国成立后，他在学术研究领域同样取得了丰硕成果。先后撰写了近40万字的《经济学说史讲义》，是我国学者在中华人民共和国成立初期以马列主义为指导，研究西方经济学以及研究马列主义经济思想发展本身的最初成果之一，为今后我国经济学说史的教材勾勒了蓝图、奠定了基础。改革开放以后，陈岱孙教授先后发表了专著《从古典学派到马克思》、主编了两卷《政治经济学史》，并撰写了各类文章50余篇，累计近百万字，他发表过的论文先后结集于《陈岱孙文集》（上、下卷），在这些论文中，他针对我国在改革开放过程中遇到的各种问题，发表了许多重要意见，强调指出，在制定经济发展战略时，切不可照搬西方发达资本主义国家的做法，对把握微观、搞活与宏观调控之间的关系、货币金融理论及工作等，都有精辟的分析和建议。他的《从古典学派到马克思》一书，对所涉及的主要经济学说的发展做出了马克思主义的说明，是一部集科学性和革命性为一体的论著。

三、人物评价

陈岱孙教授在自己平凡而又杰出的教育生涯中，为我国高等教育事业和经济科学的建设和发展做出了宝贵的贡献，他一直受到党和国家领导人的关怀和重视，赢得了海内外各界人士的尊敬和爱戴，是我国教育界和经济学界的一代宗师。

刘宗时教授

一、个人履历

刘宗时（1926~2014），男，汉族，中共党员，河北省乐亭县人。1948年5月参加工作，1949年2月至1951年8月在东北财委东北统计局工作，任副科长。1951~1953年在中国人民大学国民经济计划专业研究生班学习，毕业后留校工作，曾任教研室主任、系副主任、讲师、副教授。其间曾于1957~1958年赴越南财经学院任教。1971~1978年在辽宁财经学院工作。1979年5月调入中央财政金融学院工作，曾任政治理论教学部主任，中央财政金融学院副院长等职。1987年被评聘为教授。曾任中国计划学会常务理事、全国高等院校计划学研究会副会长，中国宏观经济管理教育学会顾问、学术成果评奖委员会主任，中国老教授协会社科专业委员会副主任、中央财经大学分委会顾问。1995年3月离休。

二、工作成就

刘宗时教授撰写和主编的教材有《国民经济计划管理概论》（与侯荣华合

写，曾获财政部1990年教材二等奖)、《中国经济管理概论》（全国高教自考教材，与余广华共同主编）。参编的专著和教材有《对大庆经验的政治经济学考察》（于光远主编，马洪、孙尚清副主编）、《我国经济体制改革的历史经验》（周太和主编，高尚全副主编）、《当代中国的经济体制改革》（主编同前书）、《国家计划学》（吕汝良等主编）。发表学术论文20多篇。

孙开镛教授

一、个人履历

孙开镛（1928~2011），男，安徽省怀远县人，中共党员，教授。1949年参加革命工作，1952年安徽大学经济系毕业。1952年9月至1955年9月在中国人民大学财政系主修"长期投资银行业务技术与会计核算"，研究生毕业后在中国人民银行总行干校、中央财政金融学院从事教学工作（并负责培训越南社会主义共和国来华留学生工作）。1961年10月服从组织安排到北京市崇文区夜大工作。1981年调回中央财政金融学院，主要从事政治经济学和《资本论》的教学和研究工作。1996年10月30日离休。曾任全国高等财经院校《资本论》研究会副秘书长、常务理事。

二、工作成就

孙开镛教授主要从事政治经济学和《资本论》的教学和研究工作。他公开出版《〈资本论〉与社会主义商品经济》等著作多部，发表论文近20篇。代表作有独著《〈资本论〉与社会主义市场经济研究》，论文《人民币不执行价值尺度职能》《关于社会主义资金的若干问题》等。

三、主要贡献和事迹

1. "长路漫漫,上下求索"——为创建中国特色社会主义政治经济学不断探索

1987年4月,中国金融出版社出版了由刘光第主编,由刘光第、孙开镛和秦池江三人合作撰写的《社会主义政治经济学原理》。该书共十六章,除绪论以外,包括:公有制基础上的有计划的商品经济,社会主义货币、价值规律和经济运行机制,社会主义生产目的和经济效益,社会主义的资金,社会主义企业,社会主义农业,社会主义消费关系,社会主义经济核算,社会主义的货币流通和信贷资金运动,社会主义的统一市场,社会主义国家的对外经济关系,社会总资金的再生产,社会主义社会的国民收入,社会主义经济的宏观管理(一)基本条件和基本内容,社会主义的宏观管理(二)基本手段和综合平衡。整本书以净产值和资金基本范畴,作为社会主义经济运行的轴心;既有制度分析,也有微观和宏观经济运行分析;既有市场经济共性分析,也有社会主义特性分析。在当时看来,该书内容全面、逻辑严谨、内容新颖、分析深刻、联系实际,是一部独树一帜的、有特色的政治经济学教材,为创建中国特色的社会主义政治经济学体系做了有益的探索,大多数内容至今仍值得借鉴。作为该教材的主笔之一,孙开镛为此书做出了重要贡献。这本书交稿时间实际是1986年2月,距党的十一届三中全会召开才过去不到八年,距1984年《中共中央关于经济体制改革的决定》确定我国实行有计划的商品经济,过去不到两年。

2. "师者也,教之以事而喻诸德也"——为推进中国《资本论》教学和研究,尤其是为《资本论》教材建设做出了重要贡献

孙开镛教授在中央财经大学的主要工作是从事《资本论》的教学与研究,重点是研究《资本论》与社会主义市场经济问题。

在学术界,对《资本论》的研究对象有不同理解,主要起因是对马克思在《资本论》第一卷第一版序言中的一段话"我要在本书研究的,是资本主义生产方式以及和它相适应的生产关系和交换关系"有不同的解释。根据唯物史观,生产资料所有制是决定社会性质的根本因素,正是由于生产资料资本主义所有制,决定了资本主义特有的生产关系和交换关系,所以,1983年孙开镛教授在《〈资本论〉序言中资本主义生产方式的涵义》一文中指出,从《资本论》全书

的内容和序言中那段话的内部联系来看,序言中的资本主义生产方式是指生产资料的资本主义所有制关系,孙教授的观点既符合唯物史观,也对准确、完整地把握《资本论》体系和精髓具有重要的参考价值。

孙教授于1988年和1999年先后主编了高等财经院校研究生教材《〈资本论〉与社会主义商品经济》和《〈资本论〉与社会主义市场经济》,于1999年独自编著了《〈资本论〉与社会主义市场经济研究》。由于写作背景和作者的变化,这三本教材的体系结构和内容有些不同,但共同的特点是尊重原著、通古博今、联系实际、解疑释惑,尤其是孙开铸教授自己编写的《〈资本论〉与社会主义市场经济研究》一书,凝聚了他一生研究《资本论》的心得,阐述了他对许多重大经济问题的看法。在此,重点对该书做介绍。该书共十二章,依次是《资本论》概述、《资本论》立论的前提、劳动价值理论——《资本论》立论的理论基础、货币理论、剩余价值生产和再生产理论、资本微观运行的市场条件、资本宏观运行的市场条件、剩余价值分配理论的基础、商业资本和商业利润理论、生息资本理论、地租理论、各种收入及其源泉——对资本主义生产方式的总结。从上面章节内容来看,除了第一章是概述以外,第二章至第五章是结合《资本论》第一卷、第六章至第七章是结合《资本论》第二卷、第八章至第十二章是结合《资本论》第三卷进行的专题分析,每章内容除了对《资本论》原著相关内容进行融会贯通、细致入微的引领解读之外,还尽可能把《资本论》与西方经济学的相关理论进行比较研究,最后把《资本论》与中国社会主义市场经济实践相结合,含英咀华、融会贯通。《资本论》是马克思主义最经典的著作之一,内容博大精深,孙开铸编著的《资本论》教材,不仅把握了原著的精髓,还体现了理论与实践的结合,深入浅出的论述使读者受益匪浅。该书是孙开铸教授离休后编写、于1999年由经济科学出版社出版,全书39万字,彼时孙教授已年届七十岁,已到人生古稀之年,如此高龄笔耕不辍,能写出这么大部头的高质量的著作,充分体现了孙开铸教授生命不息、治学不已的精神。

3. "一策安天下,数语定人心"——为中国改革开放、建立和完善社会主义市场经济体制建言献策

孙开铸教授坚持把马克思主义基本原理与中国实际相结合,在《资本论》教学和研究中,理论联系实际,提出了许多重要观点,根据孙开铸教授公开出版的文献,概括如下:

(1) 人民币作为纸币不能执行价值尺度的功能,作为国民经济价值管理的

工具也不是实际再生产要素，不能靠发行人民币推动生产发展。孙开镛教授在1984年发表的《人民币不执行价值尺度职能》一文中指出，人民币作为纸币是从流通手段职能产生的，它只是价值符号，本身没有价值，由于历史继承性，它只是黄金的代表。黄金本身具有价值，具有价值尺度的职能。因此，不能把作为贵金属货币的五个职能简单套在人民币上，人民币不执行价值尺度职能。

他在1986年发表的《试论如何发挥人民币的作用》一文中进一步指出，人民币不只是一个工具，而是作为一种经济关系、作为资金存在的形态，它具有国民经济价值管理的功能，对调节社会总供求平衡发挥重要作用。物价和币值稳定是人民币正常发挥作用的前提，货币脱离实际发行过多或过少，都不利于经济的发展。因为人民币不是实际生产要素，不能脱离客观经济规律，不能靠发行人民币推动生产发展。

（2）社会主义商品经济或市场经济运行，要处理好计划、市场、企业三者的关系。1988年孙开镛教授在《试论有计划市场机制——兼论世界市场机制对我国经济发展的影响》一文中指出，宏观经济运行机制是计划机制，微观经济运行机制是企业机制，市场机制则是联系宏观与微观经济运行的联结机制。有计划市场机制就是由计划机制、市场机制和企业机制相互联系、相互作用、相互结合形成的社会主义经济运行的调节系统。国家尽可能通过经济参数影响市场引导企业，而不是通过行政手段来干预企业运行。世界市场运行遵循的是市场机制，在全球一体化条件下会影响我国的经济运行。

1989年他在《略论社会主义商品经济秩序》一文中，根据社会主义有计划商品经济中经济、政治、法律、文化秩序的要求，提出了科学制定发展战略、禁止权钱交易、树立民主法治观念、规范政府企业个人行为等的政策建议。

（3）消除对价值规律的误解，重视价值规律在社会主义经济建设中的作用。早在1990年，孙开镛教授在《社会主义经济中价值规律作用再探讨》一文中，就对价值规律的误解和在社会主义经济建设中的作用进行了分析。他认为，价值规律不能等同于资本主义无政府状态规律，也不能等同于供求和价格规律，它既作用于微观也作用于宏观、既作用于商品价值也作用于商品的使用价值。价值规律在社会主义经济条件下，调节社会劳动在不同部门的分配比例、节约劳动提高经济效益、通过竞争优胜劣汰、促进技术进步等。

（4）社会主义市场经济与资本主义市场经济既有共性，又有不同。1992年，在邓小平南方谈话后不久，孙开镛教授就在《中央财政金融学院学报》发表专论《关于社会主义市场经济几个问题的探索》，对社会主义市场经济和资本主义市场经济的异同，进行了深刻的分析比较。他在区分商品经济和市场经济两个既相互联系又相互区别的关系基础上，详细回顾了我国社会主义市场经济观念的形成过程，认为在两种体制运行中都体现市场经济的共性特征，包括经济关系、运行模式、运行机制和社会生产力发展动力，以市场为中心，平等与竞争、与不公平并存等。他认为，社会主义市场经济与资本主义市场经济又有本质的区别，社会主义市场经济以生产资料公有制为基础，因而与计划经济内在统一，社会主义市场经济是有计划的市场机制，它兼顾公平与社会公正、企业之间竞争更具协调互助性等。

2000年孙教授在《〈资本论〉市场功能思想探索》一文中，深入挖掘了《资本论》中的市场功能思想，包括：价值规律在资本主义经济中作用的理论是研究市场功能的理论基础；《资本论》涵盖了西方经济学提出的社会经济生活的三大问题；供求理论、竞争理论和价格理论是《资本论》市场功能思想的重要组成部分；"看不见的手"和"看得见的手"的协调运作，是《资本论》市场功能思想的重要方面；市场的伟大历史功绩是促进社会生产力的发展。

（5）本金、资本、资金是反映前资本主义、资本主义、社会主义不同经济阶段的范畴，劳动力在社会主义条件下具有商品性但不是商品。1985年，孙开镰教授在《关于社会主义资金的若干问题》一文中指出，货币是商品经济范畴。货币的一般等价物的本质及其在商品交换中的职能，在不同的商品经济中，是共同的，带有一般性。在商品生产和商品交换的发展过程中，作为商品流通一般媒介物的货币职能，必然发生性质的转化。在小商品生产条件下，货币转化为本金，在资本主义商品生产条件下，货币转化为资本，在社会主义商品生产条件下，货币转化为资金。

他认为，在前资本主义社会的小商品生产条件下，独立手工业者手中的货币，已不是本来意义上的商品交换的媒介物。它是手工业者从事商品生产的本金，俗称本钱。虽然手工业者生产的目的是满足自己及其家庭成员的多方面——维持生活和进行再生产的需要，在较大程度上是为了使用价值。然而，如果把对价值的追求排除在小商品生产过程之外，也是片面的。

他认为，资金是社会主义商品经济范畴，它在社会主义政治经济学的范畴体系中，紧接着商品、货币而出现，是个基础性范畴。社会主义资金的本质特征，可以大致概括如下：资金是在社会主义商品生产和再生产过程中，有计划地不停地运动和增殖价值的价值。增殖价值是资金的内在要求，运动是社会化大生产一般规律决定的资金存在的现象形态。一旦停止运动，资金的生命就归于毁灭。循环和周转的计划性，则是社会主义商品经济中资金运动所特有的。资本联结着生产和流通的无政府状态，资金则和社会主义计划经济相联系。资本的生命在于生产和占有剩余价值，资金的生命在于为实现社会主义生产目的——最大限度地满足整个社会经常增长的物质和文化生活需要服务。资金反映的是社会主义国家、企业、个人之间的根本利益一致的经济关系。本金、资本、资金表现了商品经济发展的不同阶段及其之间的社会经济形态的质的区分。

1993年，孙教授在《试析社会主义市场经济条件下劳动力的社会属性》一文中指出，在生产资料资本主义私有制条件下，劳动力成为商品，是货币转化为资本的条件。在生产资料社会主义公有制条件下，劳动力不是商品但具有商品性，是货币转化资金的条件。

虽然资本这一概念已在我国社会主义市场经济理论和实践中广泛使用，我们已不把资本作为资本主义专有范畴，但是，如何建立社会主义市场经济专有范畴，用以反映与资本主义市场经济不同的经济关系，仍然是不可回避的理论任务。

（6）要批判地吸收西方经济学的优秀成果，建立具有中国特色的社会主义经济学。生产什么、怎样生产、为谁生产是人类社会面临的三大共同经济命题。孙开铺教授以这三大命题为视角，2000年在《经济学解决人类面对的三大经济问题的理论模式浅释》一文中，对西方经济学和《资本论》理论进行了比较分析。他认为稀缺和效率理论是西方经济学的精髓，此理论的展开，自然而然地提出人类社会共有的三大经济问题和解决三大经济问题的理论模式。关于三大经济问题的理论，同样构成西方经济学理论体系的基础知识的组成部分。《资本论》涵盖的三大经济问题思想，是在论证资本运动规律的过程中揭示出来的市场经济运动规律的理论表现。马克思的劳动价值论把有限的社会资源抽象为社会拥有的社会劳动总量。社会劳动总量的实物要素构成社会可用于生产物质财富的生产要素总量。任何社会拥有的社会劳动量都不可能是无限的，就是说用于生产的物质要素相对于社会需要来说，永远是供应不足的。马克思的社会必要劳动时间理论，教导人们要最有效地利用劳动时间，用最小的劳动耗费，生产出数量最多、质量最好、价格最低的社会产品，并且通过市场交换在社会成员之间进行分配。

孙教授认为，关于生产什么和生产多少的问题，西方经济学认为，决定于消费者的货币选票，即要满足市场需要，是市场决定生产什么和生产多少。对此，《资本论》的表述归结为，是有购买能力的社会需求决定生产什么和生产多少。生产者或厂商不是到市场去送礼的，市场从来没有免费的午餐。在市场上，一方面，是商品追求货币；另一方面，是货币的慧眼在选择商品时是很挑剔的。所以，商品必须满足社会有购买能力的需要。在这个问题上，当代西方经济学的理论表述与100多年前马克思的表述基本是一致的。

孙教授认为，关于如何生产的问题，西方经济学认为，取决于不同生产者之间的竞争，这同马克思的论断可以说是完全一致的。归根结底是由一定的生产技术水平和资源的有限性制约的。每一生产者为抢占更大的市场份额，赚取更多的利润，就必须不断地改进技术，降低成本，以生产出物美价廉的商品。

孙教授认为，关于为谁生产的问题，西方经济学归结为社会产品如何在不同的居民之间进行分配的问题，最终取决于个人如何花费他们依靠劳动和财产所有权所得到的收入，也就是由消费者的偏好和消费决策决定的。美国西方经济学教授萨缪尔森说，为谁生产主要取决于生产要素市场上的供给和需求。要素市场决定了工资、地租、利息和利润水平。因此，收入在居民户之间的分配取决于他们所拥有的要素的数量和价格。尽管萨缪尔森没有明确提出要素占有的社会根源和社会性质，即占有的经济关系的社会属性，但他的表述已接触到事物的本质了。马克思则揭示出分配的根源和本质，明确指出了调节需要和供给的原则，即供给和需求的本质是由不同阶级的相互关系和他们各自的经济地位决定的。"如果做进一步的分析，供求还以不同的阶级和阶层的存在为前提，这些阶级和阶层在自己中间分配社会总收入，把它当作收入来消费，因此，形成那种由收入形成的需求。"[①] 显然，马克思的分析是从现象到本质，又从本质回到现象，是对市场经济关系本质的揭示。

孙教授认为，生产什么、怎样生产、为谁生产这三大经济问题属于现代经济学研究的具有基础理论性质的问题，不同的社会经济制度和经济体制在解决这三大问题时，会采取不同的方式和方法，在理论模式上也没有必要强求一致。对这三大经济问题，西方经济学者已做了较多的研究，中国的社会主义市场经济理论也应加以探讨并创造出解决三大经济问题的具有中国特色的理论。

---

① 马克思. 资本论（第三卷）[M]. 北京：人民出版社，1975：217-218.

4. "师者，所以传道授业解惑者也。"

孙开镕教授在学术上精益求精，在教学上一丝不苟、任劳任怨，特别重视对学生和年轻老师的言传身教。任教几十年如一日从不迟到早退，每次上课都提前近20分钟到教室，课后与学生交流答疑解惑。孙教授的课思路开阔、逻辑严谨、精讲精练。他采取研究式教学，调动学生学习的用心性，激发学生的创造性思维。他讲的《资本论》一课，要求学生做读书笔记，每个学生的读书笔记他都认真批改，评语密密麻麻，并在下次课上，对作业进行讲评，使学生有举一反三的潜力。他对年轻老师，倾心传帮带从不摆架子。他为研究"资本主义生产方式"这个概念，带领年轻老师，翻遍了《资本论》等原著，笔记做了厚厚的一大本。他在《资本论》教学研究方面成果累累，影响很大，是国内著名的专家，深受学生和同行敬佩。

5. 青鸾不独去，更有携手人

孙开镕教授对家庭有担当、对弱者有扶助。孙教授的老伴在近60岁时得了帕金森症，话语不清、行动不便、生活不能自理。孙教授除想方设法给老伴进行治疗之外，还专门为老伴请了保姆，工作之余尽可能多的承担家务，十几年如一日无微不至地照顾老伴，从未因此影响教学工作。孙教授看家里负责照料老伴的小保姆有上进心，就鼓励她利用住在中央财经大学院内的有利条件读书学习，从大专到续本科，再到研究生毕业。在小保姆学习紧张时，孙教授还经常给她做饭。在孙教授的支持帮助下，一个从农村里走出来的小保姆，改变了人生轨迹，逆袭成名校毕业的具有高学历的财经人才。至今，姑娘在北京成家立业、为人之母，事业有成。孙教授善心扶弱的故事，成为校园流传的一段佳话。淡泊名利、治学严谨、勤奋敬业、严于律己，为人师表、以德照人是孙开镕教授一生的写照。

闻潜教授

一、个人履历

闻潜（1930~2008），男，河南省桐柏县人。著名的经济学家。1949年初到华北大学求学，1950年9月转入中国人民大学学习，1951年9月被选送到国民经济计划教研室做研究生，师从苏联专家不列也夫教授，研究生毕业后留校工作。1981年底调入中央财政金融学院任教。教授、博士生导师，享受国务院政府特殊津贴。曾在中国国际金融学会、国家教委高等院校社会主义市场经济研讨组等机构任职。兼中国高等财经院校政治经济学研究会副会长、中国社会主义经济规律系统研究会常务理事。

二、工作成就

闻潜教授立足于中国客观实际，坚持独立思考，立意创新，是"均势市场理论和消费启动理论"的创始人。他不断开拓进取，注意从各种经济学说中汲取有用成分，凭借扎实的理论功底及对现实变化的敏锐察觉，形成了系统的、比较完备的、具有中国特色的经济学理论和观点，成为经济学领域一名推出新成果的探索者。闻潜教授的主攻方向为宏观调控理论。他紧密联系我国经济发展和改革开放实际,对复合经济、均势市场、管理均衡、启动机制、调控体系等方面的论述,具有开拓创新的意义。"适度调节—均势市场—消费启动"是闻潜教授构建的宏观调控理论的核心。

三、主要贡献和事迹

1. 中国经济研究的探索者——中财大首批博导闻潜教授

闻潜教授研究工作立足于中国客观实际,立意创新,个人专著有《社会主义经济概论》(1985年)、《社会主义商品经济的运行——复合经济论》(1986年)、《社会主义市场模式——管理均衡论》(1990年)、《中国经济运行——层析分析》(1996年)、《中国经济运行与宏观调节》(2000年)五部,共计140万字。由他主持的合著有《宏观控制论》(1989年)、《中国宏观经济调控通论》(1994年)、《宏观调控方式的国际比较研究》(1999年)、《消费启动与投资启动》(2000年)四部,近150万字。此外,在《中国社会科学》《经济研究》《人民日报》《光明日报》《新华文摘》等国内重要报刊和中国香港《信报》上发表论文约300篇,还有《闻潜经济学文集》(两卷本)。

2. "真正的学者真正了不起的地方,是暗暗做了许多伟大的工作而生前并不因此出名。"——巴尔扎克

闻潜教授先后讲授国民经济计划原理、政治经济学、社会主义市场理论和中国宏观调控理论等课程,多次主持国家社科基金、教育部人文科学基金、财政部重点研究课题和研究项目,在社会活动方面接触面广,影响力大。闻潜教授在中央财经大学学科建设方面的贡献巨大,是中央财经大学的第一个博士点——国民经济学的开创者和奠基者,私下被学生们称为"首席博导"。

而闻潜教授便是"欲建百尺高楼,必先夯实基础",相比于财政和金融等二级学科,经济学是一门更基础的学科,构建学生的基本经济分析框架,培养学生的经济思维能力,这对更深层次地学习是有重要意义的。经济学院在中财很多人眼中是一个"厚重"的学院,这离不开闻潜教授的影响,他对经济学科教育的强化,能够使学生获得更为扎实与系统的经济分析基础,不论是对学生以后更深入的学习研究还是对其他二级学科知识的掌握,都有十分积极的影响,同时对学校本身的发展也起到促进作用。

3. "路漫漫其修远兮,吾将上下而求索。"

闻潜教授与他同时代的学者一样,接受的主要是政治经济学的专业训练,政

治经济学根据所代表阶级的利益，为了突出某个阶级在经济活动中的地位和作用，自发从某个侧面研究价值规律或经济规律。他在政治经济学领域所表现出来的钻研精神，以及分析问题时所表现出的对政治经济学的独特把握，都给人留下十分深刻的印象，也给了学生许多的教益。但是，和不少与他同时代的学者不同的是，他在政治经济学领域取得的研究成果，并没有成为他日后研究的一种阻碍，因为当时的中国开始转向市场经济，虽然政治经济学领域的知识不能完全满足解决现实问题的需求，但闻潜教授的过人之处在此便体现了出来，那种对新知识快速接受并融会贯通的能力，使他在娴熟运用政治经济学分析框架的同时，很快汲取了现代经济学的分析框架，并以此来面对中国的现实问题。

闻潜教授在不同时期的一些代表性著作，一定程度上代表了对中国经济发展与转型探索的历史，在研究领域勇于探索的精神，对现实问题的深切关怀，是一位经济学者难能可贵的品质，经济学不只是理论，对现实问题的分析与解决是这门学科中很重要的一部分，经世济民这个名词，是对此很好的解释。在经济转型刚刚起步的时期，闻潜教授敏锐地意识到了这一趋势，先后推出了《社会主义经济概论》（中国财政经济出版社1985年3月版）、《社会主义商品经济的运行——复合经济论》（中国财政经济出版社1986年12月版）；在转型过程中出现一系列经济失衡并面临经济调控的压力时，他又推出了《社会主义市场模式——管理均衡论》（中国财政经济出版社1990年1月版）、《宏观控制论》（人民出版社1989年11月版）；在宏观调控刚刚成为决策者面临的新课题时，他继续推出了《中国宏观经济调控通论》（科学普及出版社1994年12月版）；在经济转型框架基本完成时，他又继续转向对经济总体运行状况的把握与分析，推出了《中国经济运行——层次分析》（中国财政经济出版社1996年9月版）。《闻潜经济学文集》（中国财政经济出版社2003年版）中不同时期闻潜教授的著作，体现着他这种不断探索的足迹。

探索贯穿了他的学术研究过程，只有抛开已有成果与经验分析的包袱，才能有新的突破；现实不断变化，当理论与现实不符时，出错的不会是现实，只能是理论，如果思维被禁锢于已有的框架之中，那么研究就只能在已有的牢笼中打转，无法冲破束缚，人们只有跳出来，寻找新的钥匙，理论才能成长和发展，闻潜教授正是凭借着这种对现实变化的敏锐察觉，敢于跳出固有框架的勇气，成为经济学领域一名不断推出新成果的探索者，硕果累累。对中国宏观经济问题的一些新判断，也许对于一个成长于西方经济学教育环境中的学者来说，只需要付出一定的努力就可以，但是对于闻潜教授这样的中国学者来说，确实显示了他在不断突破自我方面的过人之处。不论是对闻潜教授本人，还是对广大从事研究工作的学者，"探索"这一精神都是推动研究发展的一剂良药。

"均势市场理论和消费启动理论的创始人。"《光明日报》（2008年6月28日刊）这样评价闻潜教授。闻潜教授在经济理论研究方面，主攻方向为宏观调控理论，适度调节—均势市场—消费启动是一条完整的研究思路，也是他构建宏观调控理论的核心。他紧密联系我国经济发展和改革开放实际，对复合经济、均势市场、管理均衡、启动机制、调控体系的论述，在理论上具有开拓创新的意义。近年来对经济体制改革做跟踪研究，发表具有重要现实意义的论文近三百篇，是消费启动理论的创始人，在学术界居显著领先地位。坚持独立思考，不断开拓进取，注意从各种经济学说中汲取有用成分，形成了系统的、比较完备的、具有中国特色的经济学理论和观点。早在20世纪80年代中期，他就有创意地提出"均势市场"观点，建立了"均势市场"理论。"社会主义市场是有计划的商品市场。然而有计划的商品市场究竟是一种什么样的市场，目前还存有异议。我以为，它既不是单纯由卖方统治的市场，也不是由买方支配的市场，而是买卖双方在力量上处于相对平衡状态的市场。我认为，可称'均势市场'。"闻潜教授在1986年出版的《论均势市场》一书中如是说，并从市场核心、市场机制、市场组成要素等几个方面，对卖方市场和买方市场作了比较，详细阐述了"均势市场"这一有进取意义的概念。

闻潜教授很早就深刻意识到了中国经济发展的矛盾——现有的经济增长方式和运行方式之间的显著不平衡，也敏锐地察觉到，对中国这样一个庞大的经济体来说，只有启动以本土消费为主导的内需才有可能推动其走向一个可持续的、相对平稳的运行轨道，并且一直为此努力着，不断发声与呼吁，闻潜教授在《着力以消费启动经济运行——论中国宏观调控的政策走向》一文中这样写到，"消费启动的使命是扩大市场需求，发挥需求对供给、消费对生产的促进作用。着力以消费启动经济运行，是市场从疲软转向兴旺的必由之路"。中国现实的经济运行再次证实了他在理论上的洞察力，中国经济当前所面临的种种问题，其实都可以归结为一种原因，那就是长期以来过分依赖外需、过分依赖为支持外需所进行的过度投资，而忽视了本土消费的培育与启动。不过，经过艰难的转型，取得了让人欣慰的成果，也可以看到闻潜教授努力的回报，2007年消费超过投资，正在成为中国经济的第一推动力，而2008年消费对于经济增长的推动作用较之投资和出口更为明显。

4. "夫子不求名与利，后世漫传七二贤。"

闻潜教授在长期的教学科研工作中，以认真严谨的治学态度，教书育人的教学理念，培养了一大批已经在各个领域担纲骨干的优秀学生，并且深为同事及学生称道，例如，巴曙松是中国银行业协会首席经济学家，中国香港交易所董事总经理、首席中国经济学家，北京大学汇丰金融研究院执行院长，北京大学汇丰商学院金融学教授，博士生导师；中央财经大学保险学院院长李晓林教授，经济学博士，教授，保险学、精算学博士研究生导师。

闻潜教授毕生在高校任教，指导了许多学生，他的教学方式，颇有有教无类、因材施教之风。学生们来自各个行业、各个地区，个性鲜明，各有所长，学生们曾私下开玩笑说，闻老师指导的博士生的最大特点，就是每一个学生都很有特点。他的学生中有很多后来也从事了教学工作，或多或少有受到他本人教学风格的感染，尤其是这种对不同类型学生的包容，在客观上为学生提供了一个相互交流、相互学习和促进的平台，大家可以取长补短，在实务操作上有特长的学生，与理论研究上有成果的学生可以合作互补，相得益彰；在研究机构工作的学生，与在决策部门工作的学生，在工作上也可以相互扶持。这种跨领域、跨学科的交流，不论是对学生本身还是对研究工作的发展，都有极大的促进作用。

龙志美教授

一、个人履历

龙志美，女，汉族，1933年12月25日出生，湖南省长沙市人，中共党员。1961年7月毕业于东北人民大学（现吉林大学）经济系政治经济学专业，大学本科五年制毕业。1961年毕业后，开始分配到哈尔滨军事工程学院任教，后又分配到北京炮兵学校政教室教社会主义经济建设理论，1963年该校迁移到三线。1964年转业到中央财政金融学院党委宣传部工作，1973年分配到北京语言学院（现北京语言大学）为外国留学生讲"中国概况课"并兼任教研室党支部书记教研室副主任。1978年调回中央财政金融学院党委宣传部工作，1981年到马列主义教学部教政治经济学。1987年7月晋升为副教授、1993年7月晋升为教授，1994年1月退休。曾任全国高等经济院校政治经济学研究会理事。

二、教学科研工作

1981年到马列主义教学部以后，龙志美一直担任教学部党支部书记、教学部副主任，该教学部包括政治经济学、哲学、党史、逻辑学、"资本论"专题等课程，是一个综合性公共课，拥有教学行政人员60多人，党员40多人，是一个大支部。虽然党政工作很繁杂，但她从没有影响教学和科研，主编了两本本科和一本函授教材，配合教学及国内外形势写了多篇论文。2001年6月被中国经济导刊杂志社聘为特刊特约专家研究员暨特约专家撰稿人，1997年7月被中国管理科学院财政经济研究所聘为研究员。

为适应教学改革以及加强和改善马克思主义政治经济学理论教育的需要，在1993年主编了《政治经济学原理》一书，该书在总结学院多年教学实践的基础上，同时吸收了经济学界的研究成果，本着改革和探索的精神，对政治经济学以往教材的内容力求加以更新，因此，在编写过程中注意体现以下特点：

首先，对马克思主义经济学的基本原理，力求紧密结合实际，准确、系统、深入地加以阐明，并运用基本原理分析当代资本主义的新情况、新问题，揭示了资本主义生产方式的产生、发展和必然为社会主义生产方式所代替的客观规律。

其次，在内容上进行了积极的探索和更新，在阐明人类社会发展规律的基础上，力求阐明资本主义剥削的实质及其对生产力发展起阻碍作用的同时，又分析了建立在商品经济基础上的资本主义对生产力发展的促进作用。

最后，从理论上充分论述了马克思主义政治经济学是一门发展的科学，并结合有关章节阐明了市场经济的一般特征及其运动规律。加强了对现代资本主义的营销管理、当代社会资本结构的变化、国家垄断资本主义、世界商品市场、国际金融市场和国际劳动力市场的分析。

该书主要供财经院校本科生使用，也适应于财经专业大专班、函授、夜大的教学需要和财经工作者自学经济理论的参考。

除了配合教学任务主编了三本政治经济学教材之外，她还结合教学写了不少科研论文，下面将两篇有代表性的论文做简单的介绍：

第一篇：《论马克思的劳动价值学说的当代意义》。这是在1987年马克思诞辰169周年写的，该文发表在《中央财政金融学院报》1987年第4期上，该书主要内容说明当时马克思主义产生已有100多年，中国共产党从它诞生的第一天起就用马克思主义理论与中国革命实践相结合，并以此指导中国的革命和建设事业。只有认真贯彻马克思主义与中国革命实践相结合的原则，中国的革命和建设才能走向一个胜利接着一个胜利的道路。对于我国城乡正在进行的经济体制改革，更加需要马克思主义经济理论的指导。

从政治经济学的发展历史来看，科学的劳动价值论的创立是马克思的最卓越的贡献之一。没有劳动价值论，也就没有剩余价值论。

马克思从科学的劳动价值理论出发，考察了资本主义的生产过程、流通过程和总生产过程，分析了资本、剩余价值、工资、利润、利息、地租等资本主义的各种经济范畴，从而揭示资本主义的产生、发展和灭亡的历史必然性。因此，学习马克思主义的劳动价值论，是理解马克思主义政治经济学的枢纽。马克思的劳动价值理论同马克思其他理论一样是人类先进思想的继续和发展。例如，古典经济学家亚当·斯密和大卫·李嘉图奠定了劳动价值论的基础。马克思继续了他们的事业，马克思在《哲学的贫困》一书中系统地批判了蒲鲁东的错误观点，马克思在李嘉图价值理论的基础上又有所发展，首先，提出了商品的价值是一个历史范畴；其次，认为价值是以个人交换为基础的社会里人与人之间的生产关系的表现。这两点对马克思的劳动价值论的形成起着极为重要的作用。

继《哲学的贫困》一书之后，在《雇佣劳动与资本》一书里已经有马克思的劳动价值论，而且第一次提到"生产费用"这个概念。马克思在《政治经济学批判》的手稿中提出他的劳动价值论，开始分析了商品的二重性。对商品二重性的分析，使马克思发现了创造商品的劳动二重性。由于马克思发现了劳动的二重性，不仅解释了古典政治经济学所不能解释的现象，而且也使自己的劳动价值论区别于古典政治经济学的劳动价值论。马克思揭示出创造商品的劳动二重性以后，进一步对创造商品的劳动性质做出了深刻的分析，指出这种劳动一方面是社会劳动，另一方面又是私人劳动。

总之，尽管马克思在《政治经济学批判》的手稿中，已经形成了他的劳动价值论，并且奠定了马克思劳动价值论的基础，但在《资本论》中才全面地完成劳动价值论，并在价值基础上论述了剩余价值的问题。

正是由于马克思劳动价值理论在马克思政治经济学中占有极其重要的地位，资产阶级经济学者才一直致力于反对和攻击劳动价值论。自20世纪六七十年代以来，在资产阶级思想界又出现了一种新的科学技术的重要作用来否定马克思劳动价值论的思潮。

在现代资本主义生产高度自动化的条件下，从生产现场来看，确实只有少数工人在控制台上观察仪表，甚至还出现了某些"无人车间"。这是否表明，"生产工人"仅限于在生产现场的少数劳动者呢？完全不是。马克思说："随着劳动过程本身的协作性质的发展，生产劳动和它的承担者即生产工人的概念也就必然扩大。为了从事生产劳动，现在不一定要亲自动手；只要成为总体工人的一个器官，完成他所属的某一种职能就够了。"（《马克思恩格斯全集》第23卷第556

页）因此，我们不能只就直接从事劳动的生产工人来考察，还应从总体工人的角度来考察。随着现代化科学的发展，使科学、技术和生产三者的关系日益密切，这就是脑力劳动者在整个社会生产活动中的比重和作用越来越大。不管机器人如何灵巧，它终究跟其他机器一样，本身仍是一种物化劳动，而不是活劳动。

通过以上分析，可以看出：在现代资本主义条件下，甚至在未来更加先进和更加完善的自动化生产里，仍然是真人的活劳动创造了价值和剩余价值；不论垄断资本家的利润高到什么程度，他们也不是由机器人的物化劳动形成的；只要存在着商品生产，劳动就是价值的源泉，劳动价值论就将闪耀着真理的光辉。

第二篇：《坚持马克思剩余价值理论——评"共创论"和"共享论"》。马克思的剩余价值理论贯穿于《资本论》全书，它是马克思主义政治经济学理论体系的灵魂。马克思通过分析剩余价值的生产、实现和分配深刻地揭露了资本主义剥削的秘密和资本主义剥削关系的实质，阐明了无产阶级和资产阶级之间阶级对立的经济根源，是批判资本主义生产方式最锐利的思想武器。

然而，马克思剩余价值学说一产生就遭到资产阶级形形色色的反马克思主义学派的诋毁和攻击，特别是在当代一些发达的资本主义国家，生产自动化有了迅速发展，机器人等自动化装置日益增多，出现"无人车间"，甚至"无人工厂"。在这种情况下，一些资产阶级理论家便攻击和否定马克思劳动价值理论和剩余价值理论，宣称自动化设备是剩余价值的源泉。

实际上，在自动化条件下，机器的运转已经不是由工人直接操纵，而是用电子计算机控制，因而直接控制机器作用于劳动对象的普通工人减少了，那些从事科学研究、工程设计、技术安装、维修以及各种管理人员大量增加，因此，在考察自动化条件下剩余价值的来源时，既要看到工厂和车间直接操纵机器的普通工人，又要看到不在生产现场的职员、工程师，他们都是总体工人的一部分，都为资本家创造剩余价值。

所谓剩余价值共创论，就是认为，剩余价值不是由雇佣工人创造的被资本家无偿占有的超过劳动力价值的那部分价值，而是由资本家、资本家代理人及雇佣工人三者共创的理论。

这种谬论的产生，是由于现代资本主义经理阶层的形成和企业管理"民主化"和"科学化"或叫"管理革命"而引起的。

事实上，在资本主义企业里，确实发生了资本所有权和资本使用权的分离现象，经理或其他管理人员只是执行原来由资本所有者执行的职能，这是资本职能的转移，而不是权力的转移，只是使用权的转移，而不是所有权的转移，因此，就不存在也不可能发生资本主义或资本主义企业的根本变化。

随着科技革命和生产社会化的迅速发展，对资本主义公司或企业来说，管理或管理人员的作用确实是明显地增长了。但是，管理职权的扩大，没有也不可能改变经理与股东之间的关系。因为经理及其他管理人员即使从表面上来看是具有很大独立性和自主权，但是归根到底，他们必须绝对地听从于利润的意志，也就是追求高额剩余价值的意志。

所谓管理"民主化"，只不过是资产阶级为了缓和阶级矛盾所采取的一系列措施，目的仍然是为了顺顺当当地从雇佣工人身上榨取更多的剩余价值。

因此，那种认为剩余价值是由资本家、资本家代理人及雇佣工人三者共创的理论，无论从哪一方面分析都是站不住脚的，是不攻自灭的。

评剩余价值"共享论"。由于现代发达的资本主义国家生产力水平高，工人工资水平也比过去有了很大的提高，有些资本主义国家的政府为了缓解阶级矛盾，还从国家财政和其他收入中拿一部分资金增加社会福利，进而扩大社会救济。例如，西欧提出"福利国家"，美国提出"社会保障"等。所有这些，一方面，是由于资本主义矛盾激化和工人阶级坚持不懈斗争的结果；另一方面，也是资产阶级为了维护它的利益采取缓和矛盾的措施。前几年，在我国有极少数人提出要对当代资本主义进行再认识，说什么"生产社会化，引起资本社会化""资本社会化必然带来剩余价值的社会化"。因此，剩余价值的社会化，使社会成员不同程度地共享剩余价值成为可能。他们认为，资本主义社会的剩余价值要是存在的话，这种剩余价值的分配已经不是马克思分析的由资本家独吞，而是已经由"全民共享"了。

实际上，早在资本主义社会初期，在欧洲就出现了社会福利制度的萌芽。1601年英国伊丽莎白女王就颁布了《济贫法》，实行必要的救济。《济贫法》实质上是英国资本主义发展初期，迫使破产农民流入城市，训练他们成为产业后备军的手段。其目的是缓和社会矛盾，维护和巩固资产阶级的统治。第二次世界大战以后，随着"福利经济学"和凯恩斯主义的广泛流传，当代资本主义国家通过国民收入再分配、保险等来实现"福利国家"。虽然这样"福利国家"比社会救济有了进步，但实质上仍然是一种"羊毛出在羊身上"的社会劳动保险制度。这种制度又为垄断资产阶级维护社会安全，得到有文化的健康的劳动力提供了保证。实质上是资产阶级对雇佣工人顺利进行剥削剩余价值的制度。因此，它绝不是剩余价值共享的问题。

近几年我国理论界出现所谓的马克思剩余价值理论"过时"的错误观点,都把现象看成本质,这种错误观点实际上是适应了前几年资产阶级"自由化"思潮的需要,造成一些人反马克思主义,迷恋资本主义的严重后果。

三、教学科研成果奖

(1) 主编(副)的《政治经济学(资本主义部分)》教材在1987年至1990年1月本院科研成果评奖中荣获二等奖。并于1990年8月被全国高等财经院校政治经济学研究会评为优秀科研成果奖。

(2) 1991年1月获北京市教育工委、北京市高等教育学会政治经济学和中国社会主义建设教学研究会马克思主义理论课(公共课)教师教学优秀奖。

(3) 1996年2月,主编的《政治经济学原理》荣获财政部第三届全国财政系统大、中专优秀教材二等奖。该教材曾在1991~1993年中央财政金融学院经济学院科研成果评奖中荣获二等奖。

(4)《马克思的劳动价值学说的当代意义》论文在1987~1990年中央财政金融学院经济学院科研成果评奖中荣获二等奖。

(5)《坚持马克思主义剩余价值理论》——评"共创论"和"共享论"被全国高等财经院校政治经济学研究会评为一等奖。

四、发挥余热再创辉煌

1994年龙志美教授退休后,1995年中央财政金融学院成立中国老教授协会,她担任中国老教授协会主任,为发挥老教授的专业优势,在中国老教授协会的领导下,办了在职干部硕士研修生班及MBA硕士研究生班,为在职青年干部继续教育创造机会;为老教授发挥余热搭建平台。2006年老教协财大分委会更名为中央财经大学老教授协会,由老教协三级机构改为二级机构,主任更名为会长。她从2003年起连续担任中国老教授协会第五、第六、第七届理事,2003~2006年兼任中国老教授协会社会科学专业委员会副主任。1998年10月5日被中国老教授协会、中国老教授事业基金管理委员会授予老教授事业贡献奖。1998年11月21日、1999年12月20日被中华研修大学两次授予优秀研究生导师称号。

王云志教授

一、个人履历

王云志，女，1934年5月出生，江苏省南京市人，中共党员。1955年毕业于中国人民大学财政专业研究生班，分配至中央财政干部学校财政系任教。"文革"后期学校解散，被调至辽宁财政学院财政系。1978年8调回到中央财政金融学院任教直到1994年退休。

二、工作成就

1. 讲授课程

企业财务、政治经济学。

2. 学术科研

研究领域：企业财务、政治经济学。

（1）代表及参编作品。

1）企业财务方面有教材《国民经济各部门财务》《工商企业财务讲义》《工业经济核算》《工业企业财务管理》等。

2）政治经济学方面有教材《政治经济学社会主义部分》《社会主义政治经济学教程》。编著《社会主义市场经济概论》（两人编著），参与《论中国宏观经济价值管理》《总会计师手册》等著作的编写工作。

文章方面主要有《清产核资讲话》《谈谈社会主义国民收入初次分配的参与者》《工资与经济效益挂钩是工资制度的一项重要改革》《调节国家与企业关系的新机制》《全民企业利润分配形式浅析》《确立社会主义市场经济新体制》等近20篇。其中，清查核资方面的文章，成为当时财政部工交司组织开展清产核资工作的学习材料，发至全国各大企业。

（2）主要观点。

1）在《工资和经济效益挂钩是工资制度的一项重要改革》一文中，王云志教授就工资和经济效益联系的理论和具体挂钩的指标等问题做出了深入的探讨。王教授认为，把工资与经济效益联系起来的必要性，可以从再生产过程中生产和分配两者的本质联系来分析。工资与经济效益挂钩可以正确地发挥工资的分配作用、刺激作用、调节作用。而纯收入即盈利指标是企业的一项综合性指标，它在企业指标体系中居于核心地位，通过它可以反映企业生产过程和流通过程的统一，反映企业生产经营组织的状况。因此，在社会主义商品经济条件下，讲究价值管理，必须抓住企业纯收入这一核心指标，可以起到提纲挈领的作用。在以纯收入反映企业经济效益的情况下，一般工业企业工资与经济效益挂钩，又大多是通过工资与上缴税利挂钩来具体体现的。为了既保证国家代表人民的利益，拥有相当的并且是稳定增长的剩余产品，又要提高职工的生活水平，调动企业和职工的生产积极性，把局部利益和整体利益一致起来，实行工资与上缴税利直接挂钩是完全必要的。它基本上体现了工资与企业经济效益的联系。但是，实行工资与上缴税利挂钩的办法，必须妥善处理以下三个问题：一是合理确定基数；二是合理确定工资增长速度与上缴税利增长速度的比例；三是应当把工资、奖金等形式捆在一起，实行全部工资总额与上缴税利挂钩的办法，这些问题解决好了，工资的经济杠杆作用才能得到有效的发挥。

2）在《调节国家与企业关系的新机制》一文中，王教授认为，国家和企业的正确关系应当是：一方面，国家领导、管理并服务于企业；另一方面，企业在服从国家领导和管理的前提下，保持自身的独立性，自主经营，自我发展。随着经济体制改革的进展，国家和企业关系日益被人们所重视，并初步总结出一条国家—市场—企业的关系链，这是在社会主义商品经济条件下摆正国家与企业关系的新路子。处理国家与企业的关系，可以有两种方式，运用两种机制。一是国家与企业直接发生关系，两者的联系仅仅运用计划机制，而且主要是实物管理；二是国家与企业间接发生关系，两者的联系只是运用市场机制，而且是价值形式管理。两种方式、两种机制的运用产生不同的结果。

多年来，由于只是片面强调和运用了前一种方式和机制，使国家的经济职能和直接经营完全混淆，把全民所有制仅仅归结为国家所有制，企业的重要经营权属于政府主管部门所有，国家对企业只是计划实物直接管理。经济体制改革的进程正改变着、扭转着这种情况，人们在探索正常处理国家企业关系的运行机制。从切身实践中，人们悟出仅仅运用计划实物形式，国家和企业之间直接发生联系是远远不能适应社会主义生产力发展的需要的，而应当在原来的直接实物计划管理方式基础之上，进而运用市场间接价值管理方式，并把两者有机地结合起来以建立一个以间接价值管理方式为主的国家与企业的正常关系。在国家不再直接干预企业生产经营活动的条件下，国家必须对市场加以调节和指导。建立这样的市场对国家提出的基本要求是：第一，国家要为搞活市场，发挥市场机制提供良好的基础条件；第二，国家要自觉地运用价值规律进行市场调节；第三，国家在充分考虑各方面利益的基础上，对于极少数重点建设工程和特殊企业以及某些重要而又短缺的商品，采取恰当的方式保持必要的直接控制，实行国家对企业的直接管理，这也是调节市场的内容和要求；第四，发挥国有商业的主渠道作用。市场是企业的活动环境，市场引导企业，企业依赖市场。因而，搞活市场，完善市场机制是一个非常重要的环节。第一，建立开放型的社会主义市场；第二，完善和发展市场体系；第三，发挥市场机制作用。首先，要发挥价格调节作用，只有价格灵敏地反映价值和供求关系的变化，才能影响企业决策；其次，要积极地开展竞争，发挥竞争推动力的作用。现阶段，市场经济还不活跃，市场机制也不完备，因此，必须加紧培育和创造一个适宜于企业正常运行并使宏观与微观关系合理发展的市场环境。国家调节市场，市场引导企业这一运行机制表明，国家不再集中掌握应当属于企业的具体权限，而是把企业推向市场经受竞争风浪的考验，优胜劣汰。要做到市场引导企业，必须承认并恢复企业在市场中的主体地位，真正把企业从国家"父爱"的怀抱中松开，把企业推入到市场激流中去，这就要：第一，落实扩大企业自主权的措施，健全企业经营机制；第二，把竞争机制引入企业内部，从组织等方面保证企业发挥自主性；第三，硬化企业预算约束，从经济上切断企业对国家的依赖，迫使企业真正使用自主权。

3) 在《治理整顿、深化改革和经济发展的关系》一文中,王教授写道,治理整顿、深化改革和经济发展是我国当前经济生活中的三大主题。正确处理三者之间的关系,使它们能够互相协调、互相促进,事关社会主义制度长治久安的大局。从治理整顿与深化改革的关系来看,治理整顿与深化改革是相辅相成的,其目的都是为了国民经济的长期稳定的发展。首先,治理整顿可以化解改革过程中出现的矛盾和冲突,给改革提供一个良好的经济环境;其次,治理整顿可以纠正改革中出现的某些失误,缓解以至消除改革可能带来的负效应,从而巩固改革的成果;最后,从一定意义上来说,治理整顿本身就包含有改革。一方面,治理整顿目标的实现,往往需要改革来配合,否则也难以成功;另一方面,治理整顿的很多措施同改革又直接相关,可以说就是对改革的完善。但是,从长远来看,治理整顿终究代替不了改革。从一定意义上来说,治理整顿在于守成,而改革才是开拓。我们也不应当满足于治理整顿的成就而不思改革或惧怕改革,而应当随着治理整顿的发展而不断加大改革的分量,使治理整顿的成果成为推动深化改革的力量。从改革与发展的关系来看,发展是起决定作用的。经济发展决定改革,改革又服务于经济发展,促进生产力的提高。治理整顿与发展的关系同样是相辅相成、互相促进的。所以,治理整顿和发展也必须密切结合起来。总之,治理整顿、深化改革和经济发展,实际上是同一问题的不同侧面,而不是互不相干的三件事情,它们应当互相促进,三位一体。但是,在治理整顿、深化改革和经济发展三者关系中,一定要特别注意"随着治理整顿的发展逐步加大改革的分量,以及在治理整顿和改革中保持国民经济的适度发展"这两个问题。

4) 在《商品经济是横向经济联合的客观基础》一文中,王云志老师认为,在社会主义商品经济条件下,横向经济联合的存在和发展是由商品经济的客观要求决定的。商品经济是横向经济联合的客观基础。首先,横向经济联合适应了实现商品价值的要求;其次,横向经济联合适应了商品经济竞争性的要求;最后,横向经济联合还适应了商品经济具有开放性的要求。横向经济联合是商品经济条件下一种必然的经济形式,它的出现是不以人的意志为转移的。人们应当顺乎商品经济发展的要求加以引导,切不可以商品经济发展规律的要求,做出有损于横向经济联合的事情。

5) 在《确立社会主义市场经济新体制》一文中,王教授表示"确认社会主义市场经济是认识深化的结果,建立社会主义市场经济是对旧体制的根本突破,我们要为实现市场经济体制创造条件"。社会主义市场经济理论的提出,使人们耳目一新，具有极大的思想启迪和解放作用。这主要表现在两个方面：第一，打破了把计划经济和市场经济看作属于社会基本制度范畴的思想束缚，解除了想发展商品经济，又害怕市场经济的困扰；第二，明确了商品经济和市场经济的关系是社会主义要搞商品经济，就必然要实行市场经济。计划经济和市场经济作为两种不同的经济机制或经济手段，是具有兼容性的。在经济发展中，可以同时使用这两种经济机制，把两种经济手段结合起来，使之发挥互补的作用。但是，计划经济和市场经济作为两种不同的经济体制来说，却不具备可兼容性。从传统的计划经济体制转向新的社会主义市场经济体制，必然带来我国国民经济运行机制的根本性变化。这种转化将渗透到经济生活的各个方面。首先，要把市场作为资源有效配置的基本手段；其次，真正把企业置于商品生产和交换的主体地位；最后，促进社会主义经济发展走向国际化。由计划经济体制转换为市场经济体制要经过一个过程。需要从宏观到微观，从经济基础到上层建筑全面进行改革，努力创造条件，培育和发展市场经济。当前急需着力解决的主要有以下三个问题：第一，明确产权关系，培育市场主体；第二，加快市场体系的培育是加强市场制度和法规的建设；第三，深化价格改革，建立以市场形成价格为主的价格机制。另外，建立社会主义市场经济新体制，还必须加强宏观调控，这是由于市场有其自身的弱点和消极方面所引起的。加强和改善国家对经济的宏观调控，就要转变政府职能，实行政企分开，根据客观经济规律的要求，政府在统筹规划、掌握政策信息引导、组织协调、提供服务和检查监督等方面发挥作用，以引导市场健康发展，为建立起社会主义市场经济新体制提供更为良好的条件。

（3）主要学术贡献。1985年承担中央体制改革委员会关于价值调查任务，王云志教授撰写《重庆市商品流通、价格体制的调查》。《清产核资讲话（共9讲)》，于1979年8月由《工人日报》连续4天发表。王教授执笔清产核资内容文章，清产核资办审核，由中央人民广播电台理论部、人民出版社、四川人民出版社、黑龙江人民出版社等单位相继登载。此外，还撰写《论中国宏观经济价值管理》《全民企业利润分配形式浅析》等文章，在本校及外单位期刊上发表。又与李皓合著了《社会主义市场经济概论》，为中国人事部军转办用，由中国人事出版社出版。

侯荣华教授

一、个人履历

侯荣华，男，1934年5月出生，中共党员，辽宁省北宁市人（原北镇县）。著名经济学家。1958年毕业于东北财经学院工业经济系工业经济专业，先后在辽宁大学、辽宁财经学院（现东北财经大学）计统系任教。1971年先后在辽宁省革委会教育组、省教育局、省计划委员会工作。1980年调入中央财政金融学院工作，先后任教研室主任、经济管理教学部副主任、经济管理系主任兼党总支书记，被评聘为讲师、副教授、教授。曾兼任中国宏观经济学会理事、中国宏观经济管理教育学会副会长。1995年享受国务院政府特殊津贴。

二、主要贡献和事迹

侯荣华教授从事教育工作60年，忠诚党的教育事业，坚持实干，不断创新，在博士培养、教材建设和科学研究工作中取得优异成绩，做出突出贡献。

1. 从严要求，保证博士质量

侯荣华教授在博士生培养中，坚持立德树人，以正能量引导和培养学生关心国家大事、研究改革和建设中的现实问题、为建设中国特色社会主义服务。在培养博士生各环节上，对自己和学生都高标准严要求，保证了博士生质量不断提高，培养出一批品学兼优的博士。自 1994 年以来，共招 11 届经济学博士 57 人（其中台湾地区 5 人），博士后研究人员 9 人，合计 66 人。按从事职业划分：从事教育工作 27 人（含两名专职科研人员），从事金融银行工作 20 人，政府公务员 13 人，各类公司工作 6 人。

在从事教育工作的 27 人中，有教授 15 人，其中博导 7 人，副教授 7 人。表现突出者：一是担任高校校级、院级领导共 10 人，例如，史建平教授和赵丽芬教授，他们分别任中央财经大学主管教学和研究生工作的副校长，为学校发展、改革和创新做出重大贡献。二是刻苦钻研业务、勇于创新，在学科建设上做出贡献。例如，暨南大学张耀辉教授，中组部第三批万人计划教学名师，较早地提出以构建供给控制理论为起点，把优化供应作为宏观调控的重要目标，在供给优化条件下提升经济运行质量，并在国内率先开展创意、创新、创业教育，所编《实验经济学教程》为国家级精品教材。

在从事金融银行工作的 20 人中，正副行长及一级部门总经理 11 人。表现突出者：一是勤恳扎实工作、业绩突出，职务提升快，例如，杨书剑 20 年上两个台阶，第一个十年升为董秘（高管），第二个十年升为北京银行行长。二是工作表现突出，在科研工作中做出重大贡献。例如，曹红辉，国内外知名的金融专家，研究员，博士生导师，现任国家开发银行研究院副局长、高级专家。重点研究人民币国际化战略、人民币汇率形成机制、银行业和货币政策改革等重大问题。发表学术论文 100 多篇，出版学术专著 10 部，多次参加国际国内重大会议（如 2008 年应邀参加温家宝总理召开的应对金融危机座谈会），提出很多研判经济形势与咨询政策建议，例如，参与制定"一带一路"倡议规划，主持制定"一带一路"重大项目布局图等。长期担任世界银行、亚洲开发银行金融咨询顾问，联合国开发计划署咨询顾问，并担任对外经济贸易大学、天津大学等六所大学的兼职教授。在国内外学术界影响较大。

在政府公务员中副部级 1 人，正局级 3 人，副局级 2 人。表现突出者：一是按规定程序升职快或调任重要部门，例如，赵世洪，从国家发改委政研室处长，国务院研究室副司长、司长，河北省委党组成员、省长助理兼省国资委主任，廊坊市委书记到中华全国总工会党组成员、书记处书记，逐级稳步升迁，在各岗位上都取得突出成绩，做出重要贡献。二是科研能力具有爆发力，成果处于国内先进水平，对宏观经济政策研究做出重大贡献。例如，王军，研究员，毕业分配在中共中央政策研究室，任处长，后调入中国国际经济交流中心，任信息部部长。现任中国国际交流中心学术委员会委员，中原银行首席经济学家，国家发改委和国家开发银行咨询专家，中国广播电台特邀评论员等。

侯荣华教授对宏观经济理论与政策、金融改革与发展等问题，有创新见解，做出卓越贡献，例如，作为主要参与者与执笔者，向党中央建言设立"亚洲基础设施投资银行"获采纳施行。组织同志们共同完成中共中央和国务院交办重大现实问题项目40多个，出版专著10多部，在《瞭望》《人民日报》等刊物上发表学术和政策建议论文300多篇。其中六项获省部级一、二、三等奖，在国内影响大。

侯荣华教授在博士生培养中，坚持立德树人、从严要求，有三点体会。

（1）鼓励多读书，重视理论学习。这是提高博士生理论水平和思想水平的基础措施。为此，在专业课中增加马克思主义和中国特色社会主义理论专题，要求博士生按时认真参加学校规定的课堂教学，本专业的必读书目至少要完成2/3，杜绝一目十行、不求甚解的浅读书等。

（2）坚持博士论文的严要求。明确博士学位论文学术水平定位应是学术专著，而不是教材，更不是调研报告或科普读物；论文题目要有重大现实意义和一定理论价值，选题要准确，范畴界定、内容边界要清晰；论文中必须有明确的创新点，但不宜过多；论文中应有数学模型和实证分析；对较好的学位论文可组织高规格答辩委员会，使答辩会成为专题学术研讨会，共组织过三次，效果极好。

（3）发挥导师的指导作用。导师应通过讲课及指导阅读为博士生写论文打下坚实的理论基础和知识准备，可以帮助但不能代替博士生确定论文题目、理论框架及写作提纲，严格审查博士论文的学术观点、结构体系及创新点，导师和博士生要平等地讨论学术问题，导师指导不确切或错误要及时改正，特别是在论文写作后期要帮助和启发学生发现问题，提高论文质量。

2. 坚持改革，推动教材建设

侯荣华教授坚持改革，推动教材建设，取得优异成绩。自1980年以来，出版高校教材26部，其中两部获财政部优秀教材二等奖，两部获教育部统编教材，一部获教育部国家级网络教育精品课，两部获世界银行经济发展学院（EDI）培训教材，四部获省部级下达任务。

（1）《计划经济学》改革。1986年他和刘宗时教授编写《国民经济计划管理概论》一书。这本教材改变过去突出计划经济，按部门计划设章结构的计划学，改为强调商品经济，按理论、预测、决策、编制和实施五部分结构阐述计划管理理论。在预测、决策和实施部分增加现代管理方法和实证分析，同时在实施部分强调市场机制作用。该教材1986年被国家教委评为高等学校文科试用教材，被许多高校使用，曾4次印刷，发行近80000册。1992年被财政部评为全国财政系统优秀教材二等奖。

（2）"社会主义有计划的商品经济体制应该是计划和市场内在统一的体制"，国民经济管理不应只是计划管理，也不应只是以计划管理为主的管理，应特别强调运用市场机制的作用。1989年9月，侯教授根据此思路，按照管理客体、管理理论、管理内容和管理机制的体系主编《宏观经济管理学》教材，由于以计划和市场内在统一为指导思想，内容更新，更接近实际，颇受学生好评。1992年这本教材被财政部评为全国财政系统优秀教材二等奖。

（3）1989年国家教委招标《国民经济管理学》统编教材。辽宁大学、吉林大学和中央财经大学中标。侯荣华教授任副主编。这本教材强调市场机制在经济运行中的基础作用，按总论篇、功能篇、运行篇和综合篇构建学科体系。在编写中，作者始终坚持理论与实践相结合，吸收国内外最新科研成果，运用系统论、控制论、信息论等理论和方法，并力争保证重点和学科体系的科学性。1993年根据教材在使用中发现的问题进行一次修改。由于该教程是全国唯一一本宏观经济管理教材，所以在全国影响很大。

（4）2003年承担国家开放大学财经类本科的《西方经济学》编写任务。在高鸿业、黎诣远等教授指导下，确定教材内容与分量要以高校本科教材为依据，在基本内容、分析深度和分析方法上要略低于高校本科教材；要突出开放大学自学特点，例如，体系周密、文字表达准确明白，各章有学习要求、本章小结和复习思考题。该教材自2003年8月出版以来进行过4次修订，9次印刷，截至2018年5月，共出版发行95.4万册，2005年被中国大学出版社协会评为全国高校出版社优秀畅销书二等奖，2008年被教育部评为网络教育国家精品课程，2016年被国家开放大学评为精品在线开放课程。

（5）1996年教育部"面向二十一世纪国民经济管理专业课程设置及教学内容改革"项目招标，辽宁大学和中央财经大学中标，张今声和侯荣华为项目负责人。经过深入调查研究，召开全国相关院校专家会议讨论，最后教育部批准研究成果：本科专业以国民经济管理取代国民经济计划与管理；开设四门专业课：

国民经济管理学、可持续发展学、区域经济学和管理方法；提出教学方法改革若干建议。这项成果被评为国家级教学成果二等奖。

在教材编写过程中，他们积累了一些宝贵的经验：

（1）文科教材应该是一定时期政治、经济、技术条件制约的相对稳定、系统性很强的科学理论和知识。必须根据一定时期政治条件、经济发展、技术进步和体制改革的深化而不断改革，包括删除错误和充实相对稳定的新理论、新机制和新方法等。教材长期不变是不对的，但教材必须保持一定的稳定性，不是经济技术和改革中的每一变化立即反映到教材中。

（2）应该深入研究学科的研究对象、内容和特点。传统观点认为，学科的内容是由学科研究矛盾的特殊性决定的，不同学科研究不同矛盾，形成各学科的研究范畴和合理边界，从而使各学科包括特定研究内容而不重复。按此观点，他们认为，国民经济管理学的研究对象应为"社会生产和社会需要的矛盾及其变化规律和调控机制"，按此要求，国民经济管理学应包括管理客体、管理理论、需求管理、供给管理和管理机制等内容。

（3）教材内容要有创新点。教材陈旧是影响教学质量的重要因素，教材必须反映经济发展和改革的最新成果。他们提出，经济、管理类教材内容创新应包括对已有论点、结论的完善或否定，对已有局部分散的创新点综合成系统的、综合性科学结论，所提对策和机制有新意或操作性强，有利于目标实现，从全新角度或新分析方法研究问题，增强已有结论、观点的科学性，研究问题属国内首次或国外不多见等。教材中的创新观点不宜过多，要防止用谬误冒充创新。

3. 突出创新，促进科研发展

侯荣华教授突出创新，坚持科研与博士生教育相结合，积极组织博士生参加科研，促进科研成果和人才培养双赢。自1980年以来，共发表学术论文52篇，其中A类以上刊物12篇，承担科研课题14项，其中社科基金子项目1项，财政部科研课题2项，教育部科研课题2项，与中央部委合作科研课题5项，其余4项为校级科研课题。出版学术专著9部，其中有4部获国家教委和北京市科研成果二等奖。

（1）侯荣华教授对宏观经济运行和宏观调控进行跟踪研究，取得可喜成果。两篇论文《宏观调控的成效与基本经验》《软着陆成功与宏观调控》分别入选1998年《中国国情报告》和《中国改革发展文库》。他为"管理理论的探索与创新"课题起草的开题报告——"关于管理理论创新的思考"发表在《人民日报》2001年12月22日学术动态版。论文《加入WTO对我国宏观经济调控的影响与对策》发表在国家计委主办的《宏观经济管理》2002年第6期。侯教授对宏观经济运行与调控的研究成果集中反映在专著《宏观经济政策调控力度与协调分析》（8名博士参编，1名为第二主编，3名为副主编），这部著作研究角度新，影响广泛，2000年12月获北京市第六届哲学社会科学优秀成果二等奖。

（2）侯荣华教授对我国财政运行和财政政策问题有深入研究。《中国财政运行的实证分析》（2名博士参编，1名为副主编）是他主持的与财政部合作的科研课题最终成果，获全国普通高校第二届人文社会科学研究成果二等奖。他所撰写的《对积极财政政策的理论思考》（《管理世界》，2000年第6期）对积极财政政策的实质、根据、作用力度进行了科学分析。《当前应坚持实行积极财政政策不动摇》（《瞭望》，2000年6月26日）一文具体论述了继续实施积极财政政策的条件和进一步完善的对策。同时作为焦点话题发表评论《积极的财政政策路该怎么走》（《中国信息报》，2000年8月16日）。这些观点和论述对当时实施积极财政政策有一定参考价值和推动作用。

（3）侯荣华教授对我国宏观经济效益问题有深入研究并取得重要成果，《宏观经济效益理论与实证分析》（4名博士参编，1名为第三主编）是他主持的与建设部定额标准司合作科研课题的研究成果，获北京市第五届哲学社会科学优秀科研成果二等奖。该著作用系统论的观点对人力、物力、财力、科技投入和管理体制效益进行了理论论证和实证分析。《中国财政支出效益研究》（6名博士参编，2名为副主编）是他主持的财政部"九五"科研课题研究成果。我国著名财政学专家刘溶沧认为，"财政效益是世界性难题，至今未见有这方面权威性著作问世"，这部专著"既有一定的理论深度，又在定量分析上有新的建树"，"迄今为止为我国同类研究中的上乘之作"。《中国固定资产投资效益研究》（4名博士参编，1名为副主编）是他与国家统计局投资司合作科研课题成果，获北京市第八届哲学社会科学优秀成果二等奖。这是我国首次对固定投资效益进行系统研究的专著。国家统计局领导认为，此书是"第一本专门研究固定资产投资效益的专著"，填补了我国固定资产投资研究的空白，具有重要理论意义和现实意义。

（4）在侯荣华教授的科研成果中，有三项政治性很强的科研成果：《党的十五大报告经济词语解释》（6名博士生参编，1名为编委）、《邓小平财经理论专题读本》（5名博士生参编，2名为编委）和《整顿和规范市场经济秩序干部读本》（4名博士生参编，1名为总纂）。《词语解释》是中国财经出版社申请，中央财经大学和财经出版社承办，中国新华社批准的重大项目。作者选择了党的十五大报告中218条广大读者普遍关心、意义重大的词语，组织了对各条相关词语熟悉的、有专长的37位教师和博士生进行分工编写，共计28万字。作者理论联系实际，用概括语言对每一词语进行科学界定，并特别强调了对每个词语体现科学创新发展及创新思维，多数词语，特别是重点条目，都经过多次广泛讨论而定稿。该书的出版能帮助读者理解党的十五大精神。

《专题读本》是财政部的重大科研项目，由部长项怀诚、副部长张佑才任正副主编。财政部部分司长、财大校领导及部分教授组成编委会，侯荣华和汤贡亮两位教授担任总纂。为保证质量，作者们重点研究邓小平财经理论的理论基础、基本特征和主要内容。他们认为：解放思想，实事求是的思想路线，是邓小平财经理论的精髓；社会主义初级阶段理论，是邓小平财经理论的立本基础。据此理解，作者把邓小平财经理论按财政税收篇、金融物价篇、部门经济篇和综合经济篇分设十九章，共31万字。《专题读本》的出版不仅完成了财政部的一项政治任务，而且也对财经系统的公务员、教师和科研人员学习邓小平理论有很大帮助。

突出创新，促进科研取得丰硕成果，形成三点体会：

（1）选题及确定研究角度是关键。科研项目选题是保证项目成果水平的重要因素，他们承担的6项重大课题和8本专著，都是经济运行和经济体制改革的重大现实问题。研究角度和成果特点的确定直接影响研究质量。例如，《宏观经济政策研究》课题，当时从多种方案中确定从调控力度和协调力度研究宏观经济政策，包括宏观经济政策调控力度分析、各项宏观经济政策本身的协调与配合、各项宏观经济政策之间的协调与配合确定等。正是选定这一研究角度保证了专著的质量。

（2）多与业务部门合作进行科研有利于提高质量。他们和国家各部委合作的三项科研课题，科研成果都获得大奖。《中国财政运行的实证分析》获国家教委优秀科研成果二等奖，《中国固定资产投资效益研究》和《宏观经济效益理论与实证分析》获北京市优秀科研成果二等奖。他们深刻体会到和业务部门合作进行科研的重要性，选题来自实际，研究问题的观点、结论和存在的矛盾都非常具体、现实，业务部门研究人员经验丰富，研究所需资料全面系统等。不足点是花费时间多些，因为需要双方经常交流讨论。

（3）培养博士生和科研工作相结合，有利于实现双赢。培养博士生的最关键问题是提高博士生的科研能力、写作能力和综合分析能力。通过参加重大科研课题，从科研实践中加以培养和提高是极为重要的。其做法是，除让所有博士生承担部分撰写任务之外，还应把科研能力和写作水平较高的博士安排为项目成果的主编或副主编，这样做的好处是能迅速提高博士生的科研能力和组织科研团队活动能力，使博士生们不仅承担本人写作部分，而且在研究重点、结构安排及创新观点上下功夫做贡献，最终有利于提高博士生科研能力并能为课题取得好成绩。

陈丽珠教授

一、个人履历

陈丽珠，女，汉族，中共党员，1935年10月出生，辽宁省铁岭市人。1960年毕业于东北师范大学地理系经济地理专业。1960年7月至1961年9月在中国科学院长春地理所经济研究室工作。1961~1962年在中国人民大学计划统计系研究班学习，1962年7月研究班毕业后分配到中央财政金融学院政治理论教研室任教。1969年10月至1971年3月在江西中国人民大学"五七干校"劳动。1971年3月调入北京化工学院（现北京化工大学）政治理论教研室任教。1978年4月调回中央财政金融学院政治理论教学部，一直从事教学工作，1994年12月晋升为教授。

二、工作成就

陈丽珠教授长期从事马克思主义经济理论教学和科研工作，注重理论与实际相结合，对社会主义经济理论有较深的研究。发表的主要著作有《当代中国的生活消费——适度消费好》；主编《最新中华人民共和国公司法实务大全》《新编政治经济学社会主义》部分教材。先后参编校内外政治经济学教材和工具书十余本。

她结合教学内容，紧密联系我国经济体制改革的实际，以邓小平建设中国特色社会主义理论为指导，发表论文十余篇。主要文章有《简论建立现代企业制度》《对我国大中型国有企业产权清晰化的思考》《以资本为纽带，实施大企业集团发展战略》《适度消费好》。其中《简论建立现代企业制度》一文，阐述了现代企业制度的内涵，指出公司制是现代企业制度的主要组织形式，较早地提出了建立现代企业制度是我国公有制实现形式的重大变革，这些理论观点对搞好国有企业改革是一种具有现实意义的探索。该文曾荣获全国财经院校政治经济学研究会1995年优秀论文奖。

三、《简论建立现代企业制度》学术观点

（1）关于现代企业制度的内涵。作者认为，现代企业制度是社会主义市场经济体制下的一种微观经济体制；现代企业制度是社会主义市场经济体制的基础；我国要建立的现代企业制度是具有中国特色的现代企业制度。现代企业制度是我国不同性质企业改革的共同方向，尤其是国有企业的改革方向。建立现代企业制度也是政府职能转变、改革国有资产产权管理体制的需要。

（2）公司制是现代企业制度的主要组织形式。公司制是现代企业制度最典型的形式，它与我国原有传统企业制度有明显的差别，其具体表现是：

一是公司制产权主体明确，产权关系清晰，能有效地实现出资者所有权与企业法人财产权的分离，使企业在出资人投资形成的公司法人财产的基础上，成为行使民事权利和承担民事责任的法人实体和市场竞争主体，而国家通过掌握出资者的所有权，又可以保证所投资金的公有制性质。

二是在公司制度下，企业具有独立法人资格，具有独立民事行为能力和责任能力，这就改变了我国现有企业无权独立地以其全部资产承担民事责任，只是名义上的法人状况。

三是公司制度能够真正实现政企分开，公司法人权利、责任、义务，都在有关法规和公司章程中明确规定，使政企分开有了切实的保证，这就改变了在现有国有企业制度下，政府实际以企业主身份管理企业、政府职能与企业职能难以彻底分开的状态。

四是公司制度实现了企业决策机构、监督机构、执行机构之间的相互独立、相互制约、权责分明的机制，从而就可以从根本上改变原有企业领导体制的权责不明确的弊端。

五是公司制度使企业经营人员实现专业化，从国家干部的序列中划分出来，这就改变了原有国有企业的厂长、经理由政府机构直接任命及有行政级别的做法。公司制是适应社会化大生产要求的，它必然成为我国社会主义市场经济体制中最基本也是最先进的一种现代企业制度的组织形式。

（3）建立现代企业制度是我国公有制实现形式的重大变革。作为一种企业组织形式，它可以容纳不同的所有制，而且可以通过控股，保持公有制的主体地位。

张逮隆教授

一、个人履历

张逮隆，男，汉族，1937年8月出生，四川省隆昌人，中共党员。1952年7月于隆昌县立中学初中毕业，保送到重庆市西南工业部干部学校统计专业学习（后随大区撤销，该校调整更名为国家统计局重庆统计学校）。1955年1月毕业分配到辽宁省锦州市石油部东北石油六厂从事计划统计工作。1956年8月进入东北人民大学（现吉林大学）经济系政治经济学专业学习。1960年8月提前一年毕业（当时学制是5年），留在本校经济系任教。1977年任讲师、教研室副主任等职。1979年底调入中央财政金融学院，先后任经济管理系副教授、计划教研室主任、系副主任、党总支书记。1992年调任马列主义教学部主任、党总支书记、教授。曾任中央财经大学第一、第二届党委委员，2002年退休。退休后担任组织部兼职组织员，教学督导组督导员近10年。

二、教学与学术科研

张逮隆教授除长期担任系、部主任党政工作之外，还潜心致力于教学和科学研究事业，在吉林大学和中央财经大学两校先后讲授过《统计学原理》《国民经济统计》《经典著作选读》《社会经济调查》《国民经济计划》《国民经济管理》《政治经济学》和《邓小平理论概论》等十余门课程。在四十多年的教学生涯中，他始终战斗在教学第一线，培养了大批学生。

他的科学研究方向是政治经济学基本理论和社会主义市场经济宏观管理问题。主编和参编的著作有《新编政治经济学》（社会主义部分）、《政治经济学教程》《政治经济学》（社会主义部分，财政部统编教材）、《政治经济学新编》《中国宏观调控通论》《计划管理原理》《宏观经济管理学》《两个转变问题探讨》《经济学大辞典》（财政卷）、《总会计师手册》等，并在《中央财经大学学报》《中国金融时报》《中国金融信息》等报纸杂志上发表《社会主义市场经济与宏观计划指导》《关于建立现代企业制度的思考》《积极推进经济增长方式的转变》《论加速经济增长方式的转变》《实现全年宏观调控目标任重道远》等多篇论文。其中《宏观经济管理学》一书获财政部二等奖、本校一等奖。《论加速经济增长方式的转变》一文获北京市三等奖。

他参编的教材《政治经济学》（社会主义部分），是由财政部组织，上海财经大学、东北财经大学、中央财经大学等六所学校参与，上海财经大学的张淑智、程恩富教授担任主编，于1994年由东北财经大学出版社出版，作为全国财经类通用教材，各财经院校广泛使用。《计划管理原理》一书，是受国家计委委托，由中国人民大学钟契夫教授主编，于1988年由辽宁大学出版社出版，作为全国培训计划管理干部的专业教材。和陈丽珠教授共同主编的《新编政治经济学》（社会主义部分）教材，于1994年由中国物价出版社出版，在本院校使用多年。这些教材适应了社会急需，产生了广泛的影响。1996年撰写的《论加速经济增长方式的转变》一文，深刻指出当时我国经济发展，以追求数量和速度为目标，高投入、高消耗、低质量、低产出的粗放型增长方式，使经济发展付出了沉重的代价，给国家建设带来一系列矛盾和问题，成为经济继续发展的严重障碍。当务之急就是必须将经济增长方式，由粗放型（或外延型）向集约型（或内涵型）转变，使经济发展转移到主要依靠科技进步和提高劳动者素质、以经济效益为中心和提高质量的轨道上来。针对实际提出了一系列切实可行的措施：诸如转变经济发展理念，创新经济增长机制，优化产业结构，提高规模效益，推进技术进步和创新，实行科教兴国等。对经济建设具有重要的意义和参考价值，这些观点在时隔20多年后的今天，也完全符合党的方针政策，仍具有现实意义。

他参加编写的《经济大辞典》（财政卷），是由著名经济学家、财政专家、财政部科研所所长许毅，副所长沈经农担任主编，于1987年由上海辞书出版社出版。许毅说："该书是为科研部门、教学部门、财经工作部门及广大职工、学生自学使用的工具书，具有很强的知识性、科学性和可读性，反映了我国当代财政科学的水平。"其出版发行曾引起学界轰动，新华社、人民日报、文汇报、北京晚报、中央电视台、北京电视台都刊发了出版消息，并转播了1988年1月18日在人民大会堂召开的出版发行新闻发布会实况。国务委员王炳乾在会上讲话指出，《经济大辞典》（财政卷）出版是经济界的一件大事，它对提高经济工作干部素质，推动现代化建设会起到积极作用。该书在社会上产生了一定的影响力。

三、党政管理工作

张逮隆教授长期担任系、部党政管理工作，在经管系任党总支书记、副主任期间，他聘侯慧君、邓越、施丹、赵丽芬等优秀教师担任班主任、辅导员，在学生中开展了深入细致、生动活泼的思想政治工作，为培养德才兼备的高质量学生发挥了重要作用。他配合其他系领导对经管系的教师队伍建设、教学质量和教材建设、广泛开展学术交流活动等方面做了大量工作。使经管系建设成为当时中财大学最具特色的"小而强"先进单位之一。1992年他调任马列主义教学部任主任、党总支书记，全力加强教师队伍建设：一是率先引进了一大批具有博士、硕士学位的优秀人才；二是积极推荐有条件的青年教师去名校进修或攻读博士学位；三是争取学校的政策倾斜实行"评退制"，使一批教师晋升正高级职称。经过几年的艰辛努力，教学部的面貌焕然一新，发生了根本性的变化。2002年退休后被聘任兼职组织员，负责代表上级党组织和入党学生谈话，并填写是否同意其入党的意见工作。近十年先后和近千名新党员谈话，受到学生欢迎和主管部门及相关学院的高度评价。

李焕岭教授

一、个人履历

李焕岭,男,汉族,1937年11月12日生,河南省开封县人,中共党员。1962年毕业于中国人民大学财政金融系财政金融专业,学士学历,1963年分配到中央财政金融学院工作,1971~1978年先后在北京无线电三厂任财务科长、北京师范大学任教。1978年调回中央财政金融学院任教。曾任政治理论教研室(马列主义教学部前)副主任。1989年晋升为副教授,1993年晋升为教授。曾任北京市高校教师职称评审委员会评议组成员、全国高等院校政治经济研究会理事、学术委员会成员。中国注册会计师、中国注册税务师,曾多次参加全国财税和物价大检查。

二、教学与学术科研

李焕岭教授长期从事政治理论的教学和研究工作,承担了繁重的教学任务,在教学过程中,善于运用启发式教学,既教书又育人,获得了突出成绩。在党的十一届三中全会以后,李焕岭教授紧密联系经济体制改革的实践,积极投入科研工作,发表了大量有关社会主义按劳分配、社会主义市场经济、社会保障制度、现代企业制度和财政政策研究等方面的论文。主编和参编《政治经济学原理》《政治经济学》（资本主义部分）、《政治经济学教程》《社会主义政治经济学教程》《财政学概论》，参与了天津市社会科学院主持编写的《遗憾与教训总承》，由中国人民大学教授顾海良主持编写的《社会主义市场经济100题》部分条目的编写工作等20余部。在《当代经济研究》《财税与会计》《金融管理与研究》《中央财政金融学院学报》《河北财经学院学报》等全国或地方性刊物上发表论文40余篇，其中《政治经济学》（资本主义部分）获财政部优秀教材一等奖；《政治经济学原理》获财政部优秀教材二等奖；《关于财政困难的政治经济学思考》《论社会主义市场经济》《企业法人应享有资本积累产权》获全国高等财经院校政治经济学研究会优秀科研成果奖。

《政治经济学原理》（中国财政经济出版社，1993年版，主编2），该书为了适应教学改革以及加强和改善马克思主义政治经济学理论教育的需要，在总结学院多年教学实践的基础上，同时吸收了经济学界的研究成果，本着改革和探索的精神，对政治经济学以往教材的内容力求加以更新，因此，在编写本书过程中，李教授注意体现以下特点：首先，对马克思主义经济学的基本原理，力求紧密结合实际，准确、系统、深入地加以阐述，并运用其基本原理分析当代资本主义的新情况、新问题，揭示资本主义生产方式的产生、发展和必然为社会主义生产方式所代替的客观规律；其次，在内容上进行了积极的探索和更新，在阐明人类社会发展规律的基础上，力求阐明社会化大生产和商品经济的一般规律，在阐明资本主义生产方式制度的实质及其对生产力发展起阻碍作用的同时，又分析了建立在商品经济基础上的资本主义对生产力发展的促进作用；最后，从理论上充分论述了马克思主义政治经济学是一门发展的科学，并结合有关理论阐明了市场经济的一般特征及其运动规律，加强对现代资本主义营销管理、当代社会资本结构的变化、国家垄断资本主义、世界商品市场、国际金融市场和国际劳动力市场的分析。该书不仅适用于财经院校本科生，同样也适用于财经专业大专班、函授、夜大的教学需要和财经工作者自学经济理论的参考。

《政治经济学》（资本主义部分）是为适应中央财经大学教学改革的需要，是在总结多年教学实践经验的基础上编写的。在编写过程中，参考并吸收了经济理论界的科研成果，力求该书从结构到内容都有所更新，并突出以下特点：一是在对马克思主义政治经济学基本原理的阐述上，力求准确、系统，并做到通俗易懂，便于理解和接受。二是在该书结构和内容的设置上，力求突破传统教材的格局，虽然适当压缩自由资本主义部分基本理论的内容，但对其中关于社会化大生产和商品经济的一般规律，则进行了突出的分析，为探索我国建立社会主义市场经济体制提供理论依据。同时，又适当增大了对当代资本主义即垄断资本主义的理论分析，既注意了坚持列宁关于帝国主义分析的基本原理，又着重分析了当代资本主义的新变化，力求对当代资本主义的新气象、新情况、新问题的分析提到一定的理论高度。三是在编写该书时，坚持实事求是、一切从实际出发、理论联系实际的原则，尽可能使本书所阐明的理论观点能够比较科学地反映资本主义实际情况，为此，在对资本主义经济制度的分析上，我们力求做到既揭示资本主义的历史局限性和过渡性，科学地阐明社会主义取代资本主义的历史必然性，又如实地阐明资本主义的历史进步性及其在发展过程中所创造的先进文明成果。

在《政治经济学》（社会主义部分）教材中涉及经济体制改革的一些理论问题，主要是学习和研究了党的十二届三中全会《关于经济体制改革的决定》（以下简称《决定》）及其发表两年来的情况编写的，这一决定，把马克思列宁主义的基本原理同中国的具体情况相结合，在社会主义经济理论上有一系列的重大突破，因此，《决定》不仅是指导我国进行经济体制改革，建设有中国特色社会主义的纲领性文件，也是对马克思主义经济理论的重大发展。现行的市场经济体制，是从计划经济体制、有计划商品经济体制、商品经济体制演变而来的，是能促进生产力发展，并对生产、流通和分配起到有益调节作用的经济体制。

《企业法人应享有资本积累产权》一文，发表在《当代经济研究》1996年第3期上。在社会主义市场经济体制确立之后，为适应社会主义市场经济体制的要求，对没有权力、没有责任、不负盈亏、缺乏活力和动力的旧的企业制度必须改造，使企业成为自主经营、自负盈亏、自我发展、自我约束的市场主体，必须把高度集中的产权关系加以分散，界定出原始产权和企业产权。实行原始产权和法人产权的分离，国有企业在改制的过程中，一旦国有资本转化股份制企业的国家投入的资本金，就以投入企业的资本额享有所有者权益。但是投入股份制企业的这部分国有资本，既不能抽回，也不能调拨，它的占有、支配和使用权则归企业法人，并保障法人资产的独立、完整、不可分割和不可转让性，从而形成了独立的企业法人产权。企业法人产权不包括依法享有企业拥有运用法人资产所带来的初始收益及其处置权，如果没有收益及其处置权，那么占有支配和使用权就不能获得经济上的实现，从而失去独立存在的意义。怎样理解和界定企业法人初始收益及其处置权，是产权界定应该深入研究的一个重要问题。只要我们进一步作出深层次的分析和研究，就会发现企业法人产权在初始收益及其处置权上可以获得经济上的实现，是一种必然的经济趋势。企业法人的初始收益是企业所生产商品价值的实现。商品价值包括 c+v+m 三个部分，其中，c 是补偿消耗掉的生产资料的价值；v 是用作支付劳动者的工资；m 首先要分解出 m1（税收），是国家社会管理权在经济上的实现，形成国家的税收收入，以满足国家在执行社会管理的需要，其次按照产权公平实现原则，再分解为 m2（股息和红利）和 m3（企业净收入）。c 形成用以购买原材料的企业收入和固定资产折旧收入，满足企业简单再生产对生产资料的需要，实现国有资产的保值；v 形成企业劳动者的收入，满足再生产劳动力的需要；m3 是企业法人产权在经济上的实现，形成企业的净收益，实现了企业的自我积累，m2 是国家投资原始产权在经济上的实现，构成国家的收入，实现国有资产的增值，从而形成国家的积累。这里的要害是企业法人产权是否适用于产权公平实现原则，企业法人是否有权参与企业盈余的分配并占有 m3，回答是肯定的。因为现代企业制度下的产权，无论是资产者还是企业法人，都不是占有完整的产权。作为出资者的国家只拥有原始产权，即生产资料所有权，而没有生产资料的占有、支配和使用权。作为企业法人只拥有法人产权，即生产资料占有、支配和使用权，而没有原始产权。无论是国家还是企业，谁都没有完整的产权。因此，谁都不能完整地占有企业的全部盈余，国家既不能像传统的计划经济体制下那样，完整地占有企业的全部盈余，把整个 m 包括 m2 都全部结转。同样企业法人的产权也不是完整的产权，理所当然地也不能完整地占有企业的全部盈余，而只能占有其中的一部分，即 m3。原始产权占有 m3 的一部分形成国家积累，法人产权占有 m3 的另一部分形成企业的积累。

《补偿性财政政策不适合中国国情》一文发表在《中央财政金融学院学报》1987 年第 6 期上。社会主义经济不存在危机—萧条—复苏—高涨的经济周期，补偿性财政政策没有实施的经济前提。可是，有的同志认为，虽然社会主义不存在资本主义经济的那种周期，但是都存在本身固有的另外一种经济周期，即社会主义经济的整个运行过程是准备、腾飞、调整三个阶段构成的为期五年的周期。开始第一、第二年为准备阶段打基础，第三、第四年腾飞阶段而进入高峰，第五年调整阶段而进入低谷。由于周期内经济的发展有高峰和低谷，财政收入也有增加和减少，使一定时期内的财政收支出现差额，只有到整个经济运行周期终了，财政收支才大体趋于平衡。我们认为，社会主义经济运行是否有其本身固有的这种经济周期，是一个有结论性的问题。社会主义经济运行是建立在公有制基础上的，整个经济的运行是有计划按比例进行的，只要我们的发展顺应国民经济的计划，基本上反映了社会主义诸经济规律的要求，社会主义经济能持续、稳定、协调地向前发展，是不会出现什么高峰和低谷所谓周期的。社会主义经济运行是否有其本身所固有的这种经济周期，是一个有待论证的问题。我们知道，社会主义公有制的建立，为国民经济有计划按比例发展开辟了道路，资本主义生产的无政府状态为有计划的自觉的组织所代替，资本主义的经济震荡已不复存在，同时，社会主义公有制的建立，为人们认识和驾驭客观经济规律提供了广阔的舞台。因此，也就不需要什么补偿性财政政策。

《关于财政赤字几个问题的探讨》一文发表在《河北财经学院学报》1987年第3期上。财政赤字不是有益，而是有害：

首先，财政赤字会加剧积累和消费比例失调。积累与消费的比例是国民经济中的重要比例关系之一。积累与消费比例的形成，是国民收入分配和再分配中多种经济杠杆综合作用的结果。企业财务在生产资料转移价值和归劳动者的个人消费的必要产品价值的分配中占重要地位。通过企业财务分配形成的生产领域里劳动者的个人消费基金，构成了消费基金的基础。银行信贷通过存款和放款，信托投资、货币和债券发行业务，对消费与积累比例关系日益发挥着影响与制约作用。预算外资金的再分配，社会集资和股份制信用的再分配，对积累与消费比例关系的最终形成也产生了不可忽视的影响。

其次，财政赤字会严重地冲击社会总供给与社会总需求的平衡关系。社会总供给与社会总需求的平衡是商品经济正常运行的普遍规律。在商品经济中，一方面，一切商品都必须到市场上去购买；另一方面，一切商品都需要到市场上去出卖。出卖者所提供的社会总供给和购买者所形成的总需求要保持平衡的关系。当社会总供给大于社会总需求时，会造成商品过剩、滞销；当社会总需求大于社会总供给时，会出现商品短缺、竞相抢购。这些都是国民经济失调的表现。

再次，财政赤字会引起物价上涨，货币贬值。在商品经济条件下，财政活动是通过价值形式进行的。财政的一收一支，全部表现为货币资金运动。如果财政收支是平衡的，银行的货币发行又都是经济性的，那么不存在信用膨胀，流通中的货币量（包括非现金价格部分）只是随着生产的发展而相应的增加，货币和商品价格可以保持稳定。如果财政支出超过了收入，就会出现大量赤字，财政本身又没有来源弥补，只好向银行透支借款，靠发行货币来弥补赤字。财政性发行是没有物资保证的空头货币，它会使流通中的货币量超过社会生产和流通实际需要，使每一个货币单位所代表的实际价值相应降低，最终，势必引起通货膨胀，物价上涨。

又次，财政赤字会使国家财政收入陷入恶性循环。由财政赤字诱发的通货膨胀对于财政收支会产生双向逆反影响。一方面，财政赤字会使物价上涨而增加，因为商品涨价，生产商品的企业会增收，财政从企业征得的税收也会增加。但是，财政收入和生产商品企业收入的增长却是不同步的，财政收入增长的幅度总是大大少于生产涨价商品企业收入的增长幅度。

最后，财政赤字会加剧中央财政的预算约束软化，中央银行的宏观调控功能的弱化。中央财政和中央银行是社会资金的两大分配渠道，是保证国民经济正常运行的两大调控主体。在国民经济的运行中，中央财政和中央银行理应相互配合，彼此支持。财政资金不足可以向银行透支和借款，银行资金来源缺乏，财政必须给予支持，这是正常的。问题在于，我国中央财政和中央银行的债权债务关系过分耦合，两者并没有建立起客户和开户行之间的经济往来关系，在这种格局下，国家财政向银行透支或借款已成为弥补财政赤字的经常性手段，这是不正常的。

王柯敬教授

一、个人履历

王柯敬，男，1940年10月出生，山东烟台人，少时迁至江苏溧阳。1966年毕业于中央财政金融学院会计专业。1968年分配到新疆维吾尔自治区机械局工作。1979年调回中央财政金融学院任教，先后任助教、讲师、副教授、教授。享受国务院政府特殊津贴，博士生导师。曾任经济管理系企业管理教研室主任和系副主任。1985~1992年担任中央财政金融学院副院长，1992年9月任院长。1996~2003年担任中央财经大学校长。曾兼任中国投资学会理事、北京投资学会副会长、北京经济学总会副会长等社会职务。王柯敬是经济学院前身经济管理系的创建者之一，曾担任中央财政金融学院院长，也是中央财经大学更名后首位校长。从领导岗位上退下来后，又回到经济学院专门从事学术研究与人才培养。对于央财的莘莘学子而言，王柯敬教授不仅是一位恪尽职守的校长，还是一位和蔼友善的老师，更是一个积极参与我国经济体制改革研究的学者。

二、主要贡献和事迹

1. 勇于担当，不遗余力

1966年，王柯敬从中央财政金融学院会计系毕业，正值"文革"开始，1968年他被分配去了新疆维吾尔自治区机械局工作（先在所属工厂，后到局机关）。这期间，他做过出纳、会计、财务科副科长，党委办公室副主任；接受工人阶级再教育，当过铸工、木工、刨工、铣工，烧过锅炉，挖过防空洞。直至1979年，他才从遥远的天山脚下回到京城，在母校担任了一名教师。1983年，王柯敬担任了经济管理系副主任，1985年调任中央财政金融学院副院长，1992年担任院长。1996年，中央财政金融学院更名为中央财经大学，他转任第一任校长。也正是这些旁人难有的机会，造成了王柯敬校长在位时独特的领导风格——以人为本，坚守初心。追忆这段往事，柯敬校长满怀深情地说："我经历的这一时期，是中国历史的重大转折时期。由大乱之后走向大治。尽管我曾受到一些磨难，失去一些宝贵时间（主要是学习时间），但同时也从中受益，了解了社会，能够面对现实克服困难。"

20世纪80年代，中央财政金融学院处于灾后重建阶段，硬件极差，生存于北京卷烟厂的缝隙之中。当时学校的老领导称之为"一部电话，一座楼"，学生在木板棚中上课。处于社会大变革时期，各种问题纷至沓来，教学需要改革，学生工作难做；教师没有住房，没有办公室，甚至学校连上课所需的投影仪、扩音器都买不起。当王柯敬回到母校后不久，在无准备的情况下，从教学工作到校领导工作，虽有前辈领导指点帮助，但主要还是"从战争中学习战争"。没有理论指导，有的是政治上的宏观要求。

20世纪90年代以后，学校情况才逐渐有些好转，学校领导逐步把精力用于学科建设上。王柯敬校长在回忆时讲道："学校整个班子始终以学科建设为中心，培养各学科的业务水平高、责任心强的骨干教师队伍。领导们始终认为，学校要有名师，例如，在教师队伍中能有20%的优秀教师有点名气，就能把相应学科支撑起来。当然不仅要有科研强的教师，也有教学强的教师。要培养学科特色和优势，要面向社会办学。一所学校不大可能样样都好，特色是品牌，是核心竞争力。要提高学校的配套能力，学科面要尽量宽一些，但必须从实际出发。财管、法文，关联性强，理、外是重要支撑，不能盲目追求综合性。校长也应该要有业务专长，这有利于管理。同时校长还应该具有社会活动能力，与主管部门、相关政府部门、用人单位要经常保持联系。"

王柯敬在担任校长期间，在教学上果断改革，勇于创新；在管理上有条不紊，大胆突破，一批批高质量财政、金融和会计方面的专业人才从中央财大飞往全国各地。中央财经大学由一所非重点普通院校发展成为全国重点院校，并升格为大学；新生入学考分名列同类院校前茅，毕业生普遍受到用人单位欢迎。王柯敬校长大刀阔斧地进行校园改造，尤其是校门，由看似庄户人家的门户，改建成由大气的广场、草坪、楼群组成的开放式校门；在 21 世纪初的新一轮学校调整时，他据理力争，从而使学校避免了被兼并的危险，独立成建制由财政部划到教育部，促使中央财大加快了腾飞。

2. 坚持改革，授人以渔

从 1979 年王柯敬调回中央财政金融学院，他先后任助教、讲师、副教授、教授（博士生导师）。在担任学校行政工作期间，他也一直没有脱离教学工作，是名副其实的"双肩挑"，曾多次为本科生授课，为硕士研究生、博士研究生讲专业课，还曾在数年内担任全校博士生的《经济学和管理学前沿》专题讲座。他坚持不断改革教学内容和教学方法，努力做到不照本宣科，新鲜活泼，调动听课者积极思考。他讲课有明显的特色：一是坚持理论联系实际，关注现实问题，有的放矢。1980 年他在中美合作培训中心学习了半年，他把"案例教学"引进他的授课中，用来研究中国企业改革问题，收到良好效果。二是深入浅出，积极研究教学方法。千方百计地帮助学生加深理解，他把在北京师范大学进修学到的高教教学法研究，应用到自己的教学中去，教材教法、考试命题等都有一定的章法，他还向本教研室的同事介绍推广自认为有效的做法。三是坚持"授人以渔"的理念，授课以启发学生的思维为重点，学位论文选题不设限，由学生提出初步设想后，再帮助他们筛选、深挖。

从 1992 年起，王柯敬开始指导硕士研究生，先后有 26 名同学在他的指导下获得硕士学位。他从 1996 年开始指导博士研究生，由他指导获得博士学位的研究生共 38 人。他们中的大部分人都在证券机构等金融部门工作，成绩卓著。很多从事教育科研工作的学生都已具有高级职称，不少人还取得重要研究成果，获得多种奖项。在政府部门工作的学生，也都获得好评。在指导博士研究生的同时，王柯敬教授还作为合作教师指导十余名博士后，现已有六名出站。

3. 勇于探索，笔耕不辍

王柯敬教授不仅是一个优秀的校长、有仁爱之心的老师，同时也是一位严谨的学者。曾主持国家社科基金和财政部、保监会多项重点课题，完成多部专著，发表论文 50 余篇。王柯敬教授长期从事资金运行与宏观调控：重点研究社会资金运行及现代企业制度下的资金运营的组织、调度、控制、效果等教学和科研工作，发表的主要著作：主编、副主编的书籍有《资产管理公司：运营状况和未来发展方向》《工业企业管理学》（全国财经类通用教材）、《迈入 21 世纪的中国经济》；参加编写了《宏观控制论》《国民经济管理的理论和方法》《中国全社会资金监测与调控》等；著有《试论工业企业的经营机制》《银行债权转股权要量力而行》《推进股份制：中国国有商业银行改革的现实选择》（合著）等数十篇论文。

20 世纪 80 年代末，在对国有企业管理体制改革进行深入研究的基础上，王柯敬教授主张以股份制改造国有企业。他提出："关于企业经营管理制度的发展前途问题，目前理论界正在展开深入的研究和讨论，尚无统一的看法。不过，从改革企业经营形式入手，实现企业股份化，有利于解决承包制的弊端。所以，企业股份制作为公有制的实现形式，是有其可行性的。"关于股份制的优越性，他当时是从以下四个方面展开论述的：第一，股东按股获取利益、分担风险，既负盈也负亏。企业董事会的构成，也随之实现了多元化。第二，股份制企业实体的出现，将消除企业对任何一家的依附，所存在的只是对企业盈亏的利害关系。企业的决策者、经营者将自觉地把自己的希望寄托于市场，全身心地投入商业竞争。第三，在企业股份化之后，国家投资由无偿投入转变为国有资产管理机构手中的股票，既保证了国有资产的不可侵犯性，又增加了机动灵活性。第四，在这样的体制下，企业既是投资的客体，也可以成为投资的主体。

1994 年底，在一次关于怎样解决"企业改革过程中银行债务问题"的理论讨论会上，王柯敬教授从分析企业不良债务的原因入手，提出"银行债权转换为股权……只是承认客观存在的事实。别无选择"。此后，他对这一问题进行跟踪研究，承担了财政部的研究课题，并公开发表了《关于债转股几个问题的思考》。该论文指出："国有企业的不良债务，从现代企业制度的视角观察，其实质是国有银行为投资主体——各级政府的资本金支出的垫支。实行债转股，是对这种以前预支的补偿，实行补偿的主体必然是原投资主体。当然，我国经济体制已经发生了根本性变化……发挥市场机制的效力，投资主体就是既可以转换也可以分散的，资本的筹集渠道也呈现多元性。"文章还研究了不良债权的定价问题及相应政策选择的利弊，提出了金融资产管理公司的制度创新思路。

1998年初，王柯敬教授又深入研究和论证了国有商业银行的股份制改造问题。他在一篇合著的论文《推进股份制：中国国有商业银行改革的现实选择》中提出："针对我国国有商业银行存在的问题与体制缺陷，借鉴国际经验，走股份制发展道路，是我国国有银行摆脱困境走向发展的现实选择。"对国有商业银行进行股份制改造的必要性从四个方面展开了论证：一是从产权制度上适应商业化经营的要求；二是开辟资本金来源渠道，分散经营风险；三是有利于形成股份制企业的经营机制；四是促进产业资本与银行资本的融合。该论文还分析了国有商业银行股份制改造的难点和股份制改造的条件，并提出了国有商业银行股份制改造的思路。

从研究债转股时起，王柯敬教授就开始关注银企关系问题，主张"设计并建立全能银行构架，全方位参与社会经济活动"。他发表的论文《走向混业经营——迎接入世后金融业面临的挑战》，又深入讨论了这一问题。他认为，我们必须在现行的商业银行法允许范围内，大力推动金融业务创新和体制创新，全面提高金融业的整体竞争力。为了应对挑战，首先要开发新的金融产品，提高金融服务的深度和广度，稳定和发展银行赖以生存的优质客户资源。经营中间业务，银行也由此作为重要当事人参与流通过程，进而渗透到社会经济生活中，这正是金融作为现代经济核心的重要体现。这篇论文还提出："金融业混业经营是国际潮流，大势所趋。由分业走向混业的条件是相对的，根据我国经济发展情况和监管能力，适时修订商业银行法是我国金融业的最终选择。"

2003年6月，王柯敬教授从学校领导岗位退下来，回到经济学院专职从事教学科研工作以后，他就着手申报国家社科基金。2004年5月24日，以他为组长的国家社科基金重点课题"资产管理公司运营状况和未来发展方向问题"核准立项。历时两年，王柯敬带领课题组成员到甘肃、宁夏等地调研，并出访韩国取经，先后完成调查报告、论文十多篇，并于2006年初完成与课题同名的研究报告。这项社科基金重点课题研究，主要对1986~1997年这一阶段国有企业陷入困境，产生巨额不良债务的背景进行了独创性分析，认为既有经济转型的体制性原因，又有知识经济的冲击，在关键时刻两者在同一方向上的合力，使作用力被成倍放大。这一判断的现实意义是在不断进行改革的同时，必须坚持技术创新。研究报告对我国同时成立四家资产管理公司的体制动因进行了分析，并对资产管理公司运作方式、处理不良债权企业和资产管理公司的发展前景做出判断和预测。

三、人物评价

不论是作为校领导的勇于担当，还是作为教师的坚持改革，抑或是作为学者的勇于探索，种种不同的社会角色，他都努力承担，实现了他的坚守和奋斗。已经快 80 岁的王柯敬教授，现在还依旧在教学生，关心国家经济体制改革，依旧钟情于自己喜爱的经济学研究。对于中财的学生，他的期望不可谓不深，他总是强调，要树立终身学习的观念，不断学习，不断汲取新的知识、新的技能，还强调增强综合思考的能力也是至关重要的。王柯敬教授用实际行动书写着努力进取的精神。

万钧教授

一、个人履历

万钧，女，汉族，中共党员，1942年7月出生，北京顺义人。1967年7月毕业于北京政法学院（现中国政法大学）法律系。毕业后留校一年，1968年7月下放到八三〇〇部队和农村劳动锻炼。1972年重返教育战线，先后在河南鹤壁市高中、河北大学经济系任教。1979年调入中央财政金融学院任教。曾任政治理论教学部政经教研室副主任、北京市海淀区人民法院陪审员。1982年晋升为讲师，1988年被评为副教授，1995年被评为教授。

二、工作成就

1. 讲授课程

万钧教授长期从事政治经济学的教学和科研工作，主讲的课程有《资本论》《哥达纲领批判》《政治经济学》和邓小平理论等多门理论性课程。

在多年的教学过程中，她始终贯彻党的基本路线、方针和政策，坚持四项基本原则和改革开放，坚持理论联系实际的原则，采用启发式教学，既教书又育人。针对我国经济建设和经济体制改革中的热点和难点问题，经常开展班级或小组讨论，指导同学阅读相关的著作和报刊，培养他们研究理论问题的兴趣，提高他们独立思考问题、分析问题和解决问题的能力，这种教学方法深受同学的喜爱。很多同学利用业余时间和寒暑假通过到工厂和农村，来参加社会实践，撰写论文和社会调查报告，经她修改后，发表在《中央财经大学学报》和一些杂志上，收到良好效果。

在教书中，她积累了丰富的教学经验和教学方法，为学校的教学科研事业以及经济系的成立和发展做出了重要贡献。由于教学成绩突出，教学效果优良，1993年在教学评估中被评为A级教师，1995年被评为校级优秀教师，1996年荣获学校第一批陈建中基础课程教学奖。2000年分别编入《中国专家大辞典》和《世界优秀专家人才名典》，2001年又编入了《中国专家学者辞典》。

2. 学术科研

研究领域：政治经济学。

在党的十一届三中全会后，万钧教授结合教学和科研的需要，在《中财学报》《当代财经》《中国财经报》《现代市场经济周刊》《金融早报》等有影响力的杂志和报纸上发表论文30余篇。有的论文分别获得全国高等财经院校理论研讨会优秀论文奖和优秀科研成果奖。

她主编和参编了14部教材。主编的教材有《政治经济学》（资本主义部分）、新编《政治经济学》（资本主义部分）、《政治经济学教程》等6部；参编的教材有《政治经济学》（资本主义部分）、《政治经济学原理》（资本主义部分）、《新编政治经济学》（社会主义）等8部。有的教材获全国高等院校理论研讨会科研成果奖。

李淑湘教授

一、个人履历

李淑湘，女，汉族，1948年9月出生，北京市人，中共党员。1966年于北京女十三中高中毕业。1982年1月毕业于内蒙古师范大学文学院，获文学学士学位。1992年6月调入中央财政金融学院工作，先后在政治理论教学部、经济系、经济学院任教。1999年9月就读于中国人民大学马克思主义学院，2002年6月获法学硕士学位。2006年9月在中央党校参加高校哲学社会科学教学科研骨干研修班（第四期）。1994年12月晋升为副教授，2003年12月晋升为教授。2007~2013年任中央财经大学第五届教职工代表大会执委会副主任。2005年被评为中央财经大学优秀共产党员，2006年被评为中央财经大学优秀教师。曾任世界政治经济学学会理事，北京高教学会政经、社建研究会会员。2014年1月退休。

二、教学工作

李淑湘自1992年调入中央财政金融学院后，先后在学院南路、清河、上庄、沙河校区给本科生、硕士生、留学生讲授政治经济学、社会主义经济理论、当代中国经济、市场经济体制模式比较等课程，年年超额完成教学任务，教学评估优秀，教书育人，深受学生喜爱。

她针对不同的授课对象探索各具特色的教学方法。在本科生教学中采用课堂讲授、组织讨论、邮箱对话、个别辅导等方法，引导学生掌握马克思主义，特别是《资本论》的理论体系，掌握政治经济学理论前沿，关注我国经济体制改革的发展，收到了良好效果。在政治经济学专业硕士研究生《市场经济体制模式比较》课程的教学中，紧密结合国际上有关市场经济体制的理论模式和实践模式，结合我国改革的发展，给学生讲授市场经济体制改革的前沿理论，鼓励学生踊跃演讲、研读经典文献、撰写论文，提高学生们分析问题、解决问题的能力。在留学生《当代中国经济》课程的教学中，针对来自越南、韩国、蒙古等不同国家的学生，在课堂上宣讲我国经济发展的历史过程，特别是改革开放以来由计划经济向市场经济的过渡，详细介绍了我国国有企业、农村经济、分配与消费、财税、金融、宏观调控等各个方面的改革，组织学生课堂讨论：就你所学所见对中国的改革有哪些感触？中国的改革对你的国家经济发展有哪些借鉴？等等。各国学生发言踊跃，提高了学习的积极性，尽管很多学生的汉语不甚流利。

多年来她紧紧围绕教学进行教改课题研究，探索如何提高教学质量，增进教书育人效果。1996年本科生转到清河分部，毗邻国有企业清河毛纺厂，企业改革也正如火如荼，她除了在课堂上讲授有关企业制度的理论之外，还组织学生去清河毛纺厂实地考察，请清河毛纺厂党委书记赵美荣来校与学生座谈，学生与赵书记对话气氛热烈。李淑湘主持的教改课题"学生进企业深入改革实践，企业家进课堂共话国企改革"，2000年获院校教育教学成果二等奖。她还主持中央财经大学2004年本科生重点课程政治经济学建设研究；主持中央财经大学教改基金2006年度立项重点课题：专业基础课《政治经济学》教学内容的界定。她主持的中央财经大学研究生教学改革基金项目"政治经济学专业硕士生必修课《市场经济体制模式比较》内容和方法研究"2009年1月立项，课题组成员除讲授这门课的教师以外，主要包括2008级政治经济学专业的硕士研究生，课题组成员对《市场经济体制模式》课程的教学内容和方法进行了评估，对相关教材进行了研究，走访了其他高校开设类似课程的经验，征询了同学们对本课程的要求，课题成果包括教学讲义（9万字）和自制幻灯片（PPT，416页）。2001年9月起任政治经济学专业市场化理论与政策、区域经济学方向硕士研究生导师，培养硕士研究生29名，指导在职研究生学位论文多篇。1997年获陈建中基础课教学奖。

三、长期致力于"三农"、粮食问题、所有制结构改革研究（科研成果与获奖情况）

1. 教材建设

李淑湘主编、参编、出版高校政治经济学教材十余部，其中《政治经济学新编》（经济科学出版社 1998 年版，主编 1）根据党的十五大精神编写，在理论内容和结构体系上力求具有新意。全书以市场经济为线索，深入分析了商品经济和市场经济的一般理论，资本的生产、流通、分配过程，进而分析了社会主义市场经济体制的基本框架和主要内容，力求准确反映党的十五大报告中提出的建立和完善社会主义市场经济体制的新思想和新观点，例如：从培育市场主体的角度分析所有制结构和产权制度改革、从培育市场客体和市场环境出发分析市场体系和市场机制、从建立现代市场经济的要求探讨宏观调控、从构建社会主义市场经济体制的必要保证角度探讨分配制度及社会保障制度等。有专家学者认为，这对于全面理解党的十五大报告中的新理论（如社会主义所有制结构和产权制度改革理论等）具有重要学术价值。

《政治经济学》（社会主义部分）（经济科学出版社 1998 年版，主编 2），《政治经济学》（资本主义部分）（经济管理出版社 2001 年版，主编 2）除本校本科生教学使用之外，也被其他一些院校使用，并作为硕士研究生入学考试的指定辅导教材。

除完成本校的教学科研任务之外，李淑湘还参加教育部考试中心和审计署的一些工作。她是教育部高等教育自学考试教材《政治经济学教程（财经类）》（中国人民大学出版社 2016 年版）作者之一，执笔第三至第五章。她参与审计署、人力资源和社会保障部、审计专业技术资格考试办公室《审计专业技术资格考试辅导教材 审计专业相关知识》（中国时代经济出版社 2008 年版）的编写，执笔第一部分宏观经济学基础。

2. 致力于农业、农村经济、粮食问题研究

李淑湘科研的特点是在坚持马克思主义基本原理的基础上，紧密跟踪我国经济体制改革中的重点、难点问题，主要研究方向是政治经济学、社会主义经济理论与政策，特别是农村经济。在《马克思主义研究》《财贸经济》《人民日报》（海外版）、《中央财经大学学报》等刊物发表论文近 50 篇。参与多部财经改革的写作，参与多项世界银行、财政部、国家税务总局课题研究。

多年来李淑湘关注我国的"三农",特别是粮食问题。粮食产业是有关国计民生、社会安定、国家自立的战略产业。经济全球化的大背景以及我国处在经济转型期,都使我国保障国家粮食安全的压力增加。由于粮食的"金融化"趋势越来越明显,决定粮食价格的因素趋于复杂,18亿亩耕地的红线面临严峻挑战,而我国粗放型生产方式又增加了粮食安全的隐忧。在这样的背景下,经过长时间的思考,她撰写了论文"我国当前粮食安全问题的成因分析与对策研究",发表在《马克思主义研究》2011年第11期上。这是一篇1万字的论文,论文从粮食安全的概念界定与我国粮食安全面临的新形势出发,分析了中国保障国家粮食安全压力增大的主要成因,从加大对农业的保护和支持,适时地进行相关制度的调整和创新,加强粮食安全方面的法制保障,加强对转基因食品进口、销售和生产的监管,加强农业的科技支撑,守住十八亿亩耕地的生命线等方面提出了保障国家粮食安全的对策。

我国的改革从农村起步,随着家庭联产承包责任制的实行,粮食流通体制也进行了一系列改革,1993年粮食统购统销的计划体制结束,粮食流通体制下一步如何进行则成为改革的一个重点和难点。李淑湘撰写的一系列文章跟踪、探讨这一热点问题,例如,在《中国改革报》1998年7月29日发表的"粮食顺价销售好处多"、《中国改革报理论周刊》1999年2月10日发表的"深化粮改 坚定不移"、《内蒙古财经学院学报》1999年第2期发表的"关于深化粮食流通体制改革几个问题的研究"、《中国特色社会主义研究》2000年第6期发表的"试论邓小平关于农业改革和发展的重要思想"等。

论文"对粮食流通体制改革若干问题的探讨"发表在《中央财经大学学报》1999年第3期上,中国人民大学复印报刊资料《商业经济、物资经济》1999年第5期全文刊登,获北京高教学会政经、社建研究会2000年优秀论文二等奖。这篇论文指出,在我国,粮食问题始终举足轻重,在市场经济体制改革整体推进的今天,粮食流通体制改革尤其令世人瞩目。论文梳理了中华人民共和国成立以来我国粮食流通体制的演变发展历程,把粮食流通体制改革放在整个经济体制改革大背景下考察,进一步说明当前粮食流通体制改革的紧迫性以及保证这一改革成功的几个重要问题。例如,粮食改革需要全社会通力合作、国有粮食企业的改革是粮食改革成功的关键、按保护价敞开收购农民余粮是粮食改革成功的基础,等等。

论文"关于推进我国粮食流通体制市场化改革的思考"发表在《中央财经

大学学报》2004年第11期上，中国人民大学复印报刊资料《农业经济导刊》2005年第4期全文刊登。这篇论文依然是探讨粮食流通体制改革，但是与20世纪90年代发表的文章背景不同，自改革开放以来，我国粮食流通体制改革朝着市场化趋向渐进式发展，市场化是粮食流通体制改革的主线。该论文对粮食流通体制改革进行了回顾，对渐进式粮食流通体制改革进行了总结，提出当前应努力塑造农村市场经济的微观基础，逐步完善粮食补贴改革政策，积极推进粮食流通体制市场化改革。

李淑湘认为，农业问题在我国始终举足轻重，要加强对农业的保护。农业具有弱质性，是需要特殊保护的产业，对农业进行保护已成为一种国际惯例。由于我国多年来实行的是以农补工、优先发展工业的战略，这种对农业的负保护导致我国农业积贫积弱。当加入WTO后如何在更激烈的国际竞争中保护低效率的农业，如何在自由贸易的规则要求下保护处于比较劣势的农业，必将是我国经济发展中面临的重大课题。她撰写的"论我国加入WTO后的农业保护"，发表在《中央财经大学学报》2002年第6期上，中国人民大学复印报刊资料《社会主义经济理论与实践》2002年第10期全文刊登，获北京高教学会政经、社建研究会2002年优秀论文二等奖。该论文抓住了我国当前经济发展中的突出问题，分析了现阶段实行农业保护的必要性，主张变对农业的负保护为正保护，并用"绿箱"和"黄箱"政策，完善农业保障体系，努力提高我国农业竞争力。

她主持2005年校级科研课题"入世后加强我国农业保护、统筹城乡发展的财政金融政策"。

近年来对农业循环经济的研究也成为李淑湘科研的一个重点。论文"让中国农业循环起来"发表在《人民日报》（海外版）2007年11月5日"专家说"栏目。论文"推进我国农业循环经济发展的意义及措施探析"发表在《铜陵学院学报》2007年第6期上，在"世界政治经济学学会第三届论坛·2008"上宣讲，并收入大会论文集。

3. 所有制结构改革研究

所有制结构改革是李淑湘科研的一个重点。她主编或参编的政治经济学教材和其他著作几乎都执笔"社会主义社会的生产资料所有制"部分，在党的十五大召开后，她着重进行公有制实现形式的研究。例如，在《中国改革报》1997年10月16日发表的论文"公有制实现形式多样化需配套改革"、发表在《邓小平理论问题研究》（中央民族大学出版社，2001年8月底第1版）的文章"邓小平关于坚持公有制主体地位的思想"等。论文"试论我国市场经济下多样化的公有制实现形式"发表在《财贸经济》1997年第12期上，中国人民大学复印报刊资料《国民经济管理与计划》1998年第1期全文刊登，获1996~1997年中央财经大学优秀科研成果论文二等奖。该论文发表于党的十五大刚刚结束，比较早地、较为全面地、系统地论述了党的十五大关于公有制实现形式应当多样化这一新论断的理论内涵，对于全面理解所有制改革的精神具有学术价值。论文对公有制实现形式问题进行了系统分析，突出了公有制实现形式的改革是所有制改革的深入和发展，并提出了配套改革的思路，例如，加快推进产权制度改革、实现国有资产向资本的过渡、国有资产市场化等。论文不仅在理论上有深度、有新意，对于20世纪90年代我国国有企业改革也具有现实意义。

此外，李淑湘还参著《邓小平财经理论专题读本》（中国财政经济出版社1999年8月版），《中国地方税研究》（中国财政经济出版社2002年8月版），《邓小平财经理论与中国财政改革》（中国财政经济出版社2004年8月版，该书列入中宣部当年百本重点图书），《中国税法监督基本问题》（中国税务出版社2006年6月版）等。

参与财政部/世界银行课题"公共财政覆盖农村研究"、财政部/联合国开发计划署项目"中国税收基本法律问题研究"、国家税务总局/世界银行项目"中国税法监督基本问题研究"等科研课题的研究。

李淑湘还走出去参加学术交流。2011年5月她参加了中国台湾朝阳科技大学管理学院主办的"2011第十二届管理学域学术研讨会"，并提交论文"企业的可持续发展与职业教育创新——富士康事件的一个启示"，该论文被收入研讨会论文集。

应中国台湾大学法学院的邀请，李淑湘于2013年9月21日去中国台湾参加"第十九届两岸税法学术研讨会——核实课征、实价课税与推计课税"；论文"核定征税或推计课税在大陆税制中的应用及对策研究"在2013年9月23日上午的大会上宣讲，该论文被收入大会论文集并出版，她还主持了当天下午的所得税议题的会议。

商 学 院

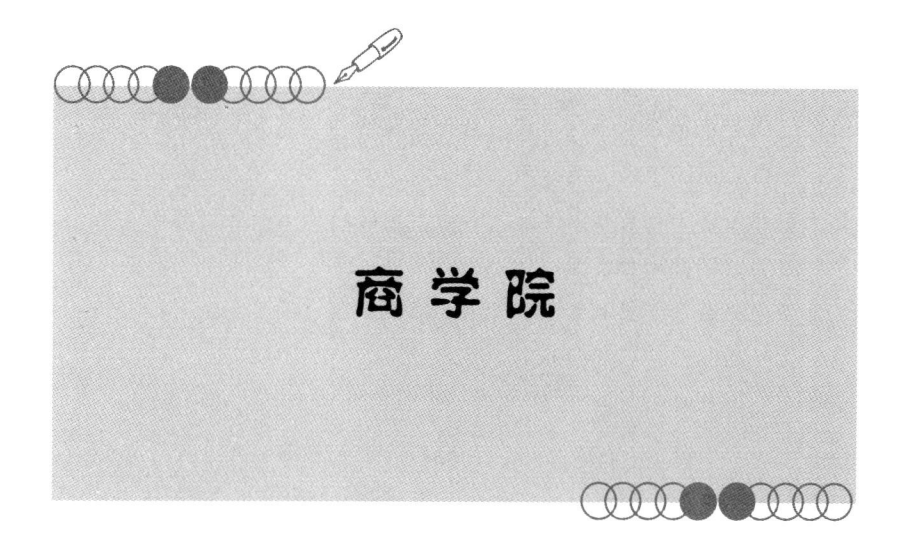

鲍学曾教授

一、个人履历

鲍学曾，男，汉族，1928年6月出生，江苏省苏州人，中共党员。1948年参加革命工作。1953年7月于中国人民大学财政系本科毕业，分配到中央财政干部学校会计教研室任教。1959年调到二机部矿冶工程学院任企业管理教研组讲师。此后在辽宁财经学院（现东北财经大学）任讲师。1979年3月调入中央财政金融学院工作，先后任讲师、副教授，1988年1月晋升为教授，经济管理系副主任，中央财政管理干部学院会计系名誉主任。注册会计师、注册评估师。曾兼任山东经济管理干部学院、浙江金融管理干部学院兼职教授等。曾任石家庄地区会计师评委会主任、唐山市会计师评委会副主任、北京市技术经济与管理现代化研究会理事等，1996年3月退休。

二、工作成就

1. 讲授课程

在教学方面，鲍学曾教授具有深厚的经济理论基础以及多年的教学经验，先后担任研究生（财政部研究所）、本科学生及大专班的工业财务管理、会计原理、工业会计及工业企业管理等课程的教学工作。20世纪60年代曾到越南民主主义共和国任教，并协助越南财政部制定会计制度。鲍学曾教授对学生循循善诱，深受学生敬仰。

2. 学术科研

（1）出版会计和企业管理书籍26部，代表著作：《工业生产经营管理》《现代工业企业管理》（上、中、下）、《工业技术改造项目评估》《工业企业管理》（再版11次）、《工业会计与审计》《企业会计准则——股份制会计》《新工业会计学》《新编事业单位会计》《工业企业管理学》等。

（2）代表论文：《关于技术改造、更新改造资金的管理和使用问题》《论技术革命对企业管理和财经教育的影响》《关于改造企业经济效果的几个问题》《经济效果、技术效果与技术改革》等。

李永春教授

一、个人履历

李永春，男，汉族，1937年2月出生，四川省大邑县人，中共党员。1958年毕业于北京工业学院（现北京理工大学）机械一系，1979年调入北京工业学院管理工程系统工程教研室任教。1986年9月调到中央财政金融学院经济管理系任教，1987年2月晋升为副教授，1996年10月晋升为教授。曾任中国管理科学研究院国民经济管理研究所研究员兼学术委员、全国经济管理院校工业技术学研究会理事。

二、工作成就

1. 讲授课程

李永春教授长期在高等院校从事教育与研究工作，讲授的课程先后有管理系统工程、决策与预测、系统管理方法、市场营销学、国际市场营销学、机械工业技术、工业技术学等。1994年录制出版发行了两部教学录像片："企业决策与决策技术"和"促进销售策略",受到"电视教学录像"组织者好评。

2. 学术科研

李永春教授主编和参编的著作有:《网上企业营销》《决策技术》《现代管理科学词库》《管理大辞典》《系统工程概论》《对策理论与方法》《运筹学例题和习题集》(翻译)《机械工业技术》《机械制造》《网络分析方法》《系统分析方法》《系统决策与预测技术》等;发表了《对价值工程功能评价的反思》《对增量分析的一些新见解》等 20 多篇论文或专论文章。1993 年结合"工业技术学"的讲授,联系实际,开发了一项机械方面的科研成果:"全封闭式新型自动充气泵",较好地解决了自行车等的自动充气问题,并获得了国家专利。

三、社会活动及影响

1. 国内活动及影响

从 20 世纪 80 年代开始,李永春曾受北京市科协、大连市科协、包头市科协和其他有关单位的邀请,为培训干部各地讲学,传授系统工程等现代管理知识。1984 年帮助科普出版社拟订出版了"现代管理科学普及丛书",并负责其中一本的编写工作。这是在我国出版较早的一套"现代管理科学普及丛书",受到社会各界广泛关注与好评。

2. 域外出访及影响(含港澳台地区)

1996 年在巴黎"第三届世界管理联盟国际联络会议"上发表的论文《对增量分析的一些新见解》,指出了增量分析中一些不确切的概念,提出以"增量利润增量为零"作为企业利润最大的决策标准,引起学术界的关注。

王巾英教授

一、个人履历

王巾英，女，汉族，1937年6月12日出生，辽宁省铁岭市人，中共党员。1959年升入辽宁财经学院（现东北财经大学）贸易经济系商品学专业，1963年7月毕业，本科学历，1963年毕业后分配到沈阳市商业学校任教。1974年1月该商校撤销后调入沈阳市四十中学任教。1981年1月调入中央财政金融学院工作，先后在计划统计教研室、经济管理系工作，1988年1月晋升为副教授，1992年12月晋升为教授，1996年批准为博士生导师，1998年获政府特殊津贴，2007年被定位二级教授。曾担任中国高等院校市场学研究会理事。1988年王巾英教授曾被北京市政府聘请为研究发展、改革问题研究专家，对国家的发展和改革问题提供了自己独到的见解。1990年王巾英教授被聘为国家信息中心（即国家统计局）研究员，结合国家发展的实际数据，为解决市场贸易问题献计献策。1993年9月中国市场学会与国务院发展研究中心聘请王巾英教授为"93全国企业营销知识竞赛"组委会评委；1996年2月中国社会经济决策咨询中心聘请王巾英教授为中国社会经济决策咨询中心特邀研究员；1997年10月国家教育委员会考试中心聘请王巾英教授参加全国各类成人高等学校专升本招生统一考试命题工作；1998年9月，北京市教育工会聘请王巾英教授为"北京高校第二届青年教师教学基本功比赛"评委。此外，王巾英教授多次受聘承担其他高校论文评审、答辩工作。2007年退休，之后返聘直至77岁方停止招生。

二、工作成就

1. 讲授课程

自王巾英教授调入中央财政金融学院任教后，共讲授了商业经济学、市场学、市场营销学、国际市场营销学、涉外经济研究、国际经济学等多门课程，其课程内容丰富新鲜，与现实社会的结合程度较高，应用数学知识建模型，应用化学和物理知识深入理解哲学，深入浅出地为学生讲授新知，教学效果出众，持续受到不同层次学生的好评。

2. 研究领域

自王巾英教授调入中央财政金融学院任教后，其主要关注市场营销与涉外经济管理两个领域的研究。在研究市场营销阶段，王巾英教授出版了众多具有重大影响力的图书，同时参加了东北财经大学、中南财经大学、上海财经大学的教材编写任务，并发表相关文章13篇。在研究涉外经济阶段，王巾英教授主持了三项横向课题和两项校内课题，丰硕的研究成果奠定了王老师在学术界的影响地位。

3. 学术科研

（1）代表作品。王巾英教授注意教学与科研相结合。主持编写了十多本教材、专著。1965年她主持编写的《商品学概论》一书在沈阳市商业系统引起很大反响，普遍认为，其是一本"深入浅出理论联系实际"的教科书，受到沈阳市商业局的表扬，当年她被评为局级先进工作者。调入中央财政金融学院后，先后编著出版了《市场学》《商业经济学》《现代市场营销学》《市场营销学》《工商企业广告学》《市场调查与预测》《商业经济管理学》《中国市场概论》《国际市场营销学》《中国建设项目评价、理论、方法、案例》《中国涉外经贸理论/运行/政策》《中国利用外贸理论/效益/管理》《WTO框架下中国涉外经贸运行与管理》等十多本教材和专著。此外，王巾英教授还先后在《中央财经大学学报》《经济纵横》《价格理论与实践》《外贸财会》《经济前沿》发表了《企业营销宗旨——满足市场需求》《浅谈逐步完成社会主义统一市场体系》《试论我国社会主义统一市场的作用》《市场营销观念的新发展——大市场营销》《广告四效应》《我国社会主义统一市场在经济体制改革中的作用》《企业管理者加强共产主义的品德修养》《企业面向市场——求生存、得发展》《发展社会主义市场经济，必须培育期货市场》《谈外国企业利用"转移定价"调度资金问题》《我国企业必须适应国际市场的新趋势》《转移价格问题初探》《试论转移价格问题》《积极有效地引用外资，促进国民经济持续健康发展》《国际经济走势及我国的对策》《中国引进外资的最优化指标体系探索》《跨国企业零售大军涌入中国的复活分析》《FDI 理论的发展分析》《经济全球化与我国的对策》《环境威胁与管理标准化》《国际贸易自由化、贸易壁垒隐性化与对策》等数十篇论文。同时还参编了多本论著，其中具有代表性的参编论著有中国社会科学院的课题《中国经贸理论通鉴》，其具有较重要的社会价值、理论价值和实践价值；还有 1997 年 11 月由中国经济出版社出版的《十五大报告经济词语解释》以及《迈入 21 世纪的中国经贸》。

（2）主要学术贡献。在王巾英教授所编著的教材和专著中，1987 年《市场学》获得学校优秀教材二等奖，《工商企业广告学》在 1987~1990 年校科研成果奖评奖中荣获二等奖，《现代市场营销学》于 1996 年被评为财政部优秀教材评审二等奖，《中国市场概论》是研究生和地（市）财税局长岗位培训教材，《中国建设项目评价、理论、方法、案例》课题研究成果，受到同行专家好评，《中国涉外经贸理论/运行/政策》于 2001 年获得对外贸易经济合作部第三届全国对外经贸研究成果奖评选中的论著鼓励奖，《中国利用外贸理论/效益/管理》一书成为 2001 年北京市社会科学理论著作出版基金办公室评审的资助著作。论文《企业营销宗旨——满足市场需求》于 1991 年 8 月 10 日被中国高等院校市场学研究会评为优秀论文三等奖，论文《企业面向市场——求生存、得发展》获得校优秀论文三等奖。此外，王巾英教授还主持了多项课题，例如，商务部课题《入世后对外商贸的支持研究》、国家建设部的课题《关于对建设项目评价的指标问题研究》、北京市教委支持的课题《关于对中国引进外资管理问题的研究》以及学校的课题《关于对中国加入 WTO 后经贸的运行问题研究》。

三、社会活动及影响

王巾英教授多次参加各个高校与学会举办的社会活动，积极发表自己的意见和看法。其参加具有长远影响的代表性活动主要有以下三项：1984~1995 年每年参加由各理事学校轮流主办的全国市场学研究会；1996~2010 年每年参加由商务部和对外经贸大学主办的国际贸易与投资研究会；1988 年被北京市政府聘请为研究发展、改革问题研究专家。

管理科学与工程学院

姚梅炎教授

一、个人履历

姚梅炎（1925~2016），男，汉族，广东省平远县人。1951年7月毕业于广东法商学院会计系会计专业（修业四年）并留校任教，1953年7月毕业于中国人民大学财政系会计专业（修业二年）并在中国人民大学财政系、函授学院任教。1962年10月调入中央财政金融学院工作，先后在会计系、基建经济系、投资经济系工作。1988年1月25日经北京市高等教育局高等学校教师职务评审委员会审定确认其具有教授任职资格。曾担任基建经济系会计教研室主任。曾兼任校学术委员会委员、校学位委员会委员等。兼任建设部审计学会理事、北京建筑审计学会顾问、北京建筑会计学会顾问、北京房地产协会顾问、中国科学院客座教授、中山大学北京校友会副秘书长等多项社会职务。1995年4月（70周岁）退休。

二、工作成就

1. 讲授课程

担任学校本科生和函授生会计原理、施工企业会计、建设单位会计和审计学等课程的主讲教师。为本科生开设会计职业道德、审计的现状及发展趋势等专题讲座，受到全院师生的热烈欢迎。

2. 研究领域

会计理论与实务经济研究、审计理论与实务管理研究、施工企业财务管理与分析研究等。

3. 学术科研

(1) 代表作品。几十年来，姚梅炎教授出版了专著和教材100多部，发表论文10多篇，共约计1000多万字，内容涉及基础会计、工业会计、基建会计、会计制度设计、跨世纪现代会计、财务成本管理、经济活动分析、审计、财政金融、各种财经大辞典等10多个门类。主要有《最新银行会计》《现代财会业务全书（上）》《现代财会业务全书（中）》《现代财会业务全书（下）》《房地产开发企业财务会计实务》《建筑企业财务成本管理》《中国股份公司会计》《会计管理手册》《新财会制度大辞典》《中国新税收制度应用指南》《新财务会计丛书——工业企业会计》《施工企业会计》《施工企业财务管理与分析》《中国稽查理论与方法（上）》《中国稽查理论与方法（下）》《新企业财务与会计重点疑难问题讲解》《中国会计制度设计》《跨世纪现代会计全书》《工程成本管理》《施工会计》《商业会计》《基本建设会计学》《审计学基础》《企业财务管理》《最新会计辞典》《投资项目审计工作手册》等。

(2) 主要学术贡献。姚梅炎教授在高校从教近50年，承担会计、审计等10多门课程的教学工作，其中为研究生开设了5门课程，年年超额完成规定的教学工作任务。组织编撰《现代财会业务全书（上、中、下）》《新财会制度大辞典》《中国稽查理论与方法（上、下）》和《投资项目审计工作手册》，对指导我国会计、审计等专业的普及和提升做出了不可磨灭的贡献。

三、社会活动及影响

多次应建设部、轻工部、教育部及兄弟院校邀请讲学，培养了大批高级人才，得到校内和社会上的好评。

四、获奖与荣誉

姚教授主编的《基本建设会计学》和《投资会计》是我国统编教材，曾分别获得财政部一、二等奖，其他教材和文章也多次获得中央财经大学、中国投资学会、山西社科院的优秀奖，被誉为"多产教授"。

1989年，与财政部、中央统战部等单位发起组织全国会计大奖赛并被聘为顾问。1993年荣获北京市教育工会积极分子称号。

个人略传先后载入《中国当代名人录》《世界名人录》《中外名人大辞典》《中国高等教育专家名典》等典籍中。

2000年入选上海大世界基尼斯总部大世界基尼斯之最"个人编著经济书籍数量之最"（著作：111本），其编号为01014。证书上写道："姚梅炎（北京）1962~2000年编著，其作品有《跨世纪现代会计全书》《工程成本管理》《施工会计》《商业会计》《基本建设会计》《审计学基础》等。"

林犹恭教授

一、个人履历

林犹恭（1929~2017），汉族，中共党员。高中毕业后进入商行当了4年店员。1951年进入上海财经学院财政会计专修班学习，毕业后进入财政部华东财政学校任教至1958年。1958~1969年调至中央财政金融干部学校、中央财政金融学院任教。1969~1979年调至甘肃省工作。1979年又调回中央财政金融学院工作。1981年6~8月参与上海国际管理学院与世界银行经济发展学院合办的中级官员一般项目计划管理班的培训。1983年在中共中央党校财政研究班学习。1984年起担任基建经济系主任。1986年9月作为财政部教育考察团成员，访问了加拿大九所大学。1987年7月任副教授，硕士生导师，1992年10月任教授。1993年由财政部批准，成为享受政府特殊津贴的专家。担任中国投资学会常务理事、副秘书长，中国基本建设经济研究会常务理事，中国投资学科教学研究会理事，北京财政学会理事。还担任中国人民建设银行总行（建设银行总行前身）专业技术职称评审委员会委员，中国投资咨询公司专家委员会专家，北京房地产协会顾问，《中国投资管理》（单月刊）、《中央财政金融学院学报》（双月刊）

编委等职务。1994年退休。

二、人才培养

林犹恭教授是基建经济系及此后的投资经济系的开创者和奠基人。他主持筹建了基建经济系，并在此基础上筹建了投资经济系，主持申报了投资经济系的投资经济学硕士点，是投资经济管理学科的带头人。

尽管作为系主任工作任务繁重，但林教授一直坚持在本科生和研究生的一线教学岗位，并勇挑重担，不断开设新课和进行教学改革，认真扎实地培养人才。林教授从事教学几十年，积累了丰富的教学经验。在教学过程中，林教授认真备课，理论联系实际，精心组织教学，授课生动透彻，教学效果突出。林教授治学严谨。自1985年担任硕士生导师以来，林教授以身作则，严格要求学生。在为研究生开设的课程中，能紧密联系中国实际情况开展分析，紧跟当时投资理论与实践活动的动态与热点问题，开阔了学生的视野和思路，培养学生独立思考和严谨的逻辑分析能力。林教授还注重塑造学生的人生观和价值观，培养学生的家国情怀，教导他们要勇于担当历史使命，为国家的繁荣昌盛不懈奋斗。从教几十年，林教授为国家和社会培养了一批又一批紧缺的基本建设财经领域高端人才。这些学生毕业后都在各自的工作岗位上，以导师为榜样，兢兢业业，为国家的经济发展和社会进步做出了一定的贡献。

三、工作成就

1. 讲授课程

投资理论研究、当代投资史、基本建设财务信用学。

2. 研究领域

主要研究领域为投资管理理论研究。

3. 学术科研

（1）代表作品。主编完成《基本建设财务信用学教学大纲》（东北财经大学出版社，1986年版）。作为主编完成《基本建设财务信用学（修订版）》（中国财政经济出版社，1989年5月版），林老师负责全书39.5万字的总纂，他自己撰写了5万字，该教材是高等财经院校的试用教材，主要面向全国高等财经院校的投资、金融、财政等专业。作为主编完成《基本建设财务信用学》（武汉大学出版社，1992年1月版），林老师参与全书32.5万字的总纂，自己撰写了9万字，该教材为高等教育自学考试指导委员会自学考试教材，使用对象为全国经济管理类投资专业自学考生。作为主编完成《投资信用学》（中国财政经济出版社，1992年4月出版），林老师参与全书25.4万字的总纂，自己撰写了3.8万字，该教材为高等财经院校试用教材，面向全国高等财经院校的投资、金融专业。

作为投资管理分编的完成《财政知识大全》（中国财政经济出版社，1992年10月出版），参与分编66万字的总纂，自己撰写了4万字。

作为副主编完成学术专著《当代中国固定资产投资管理》（中国社会科学出版社，1989年9月出版），林老师参与了全书46.2万字的总纂，他自己撰写了3万字。作为副主编完成工具书《中国投资管理大全》（中国财政经济出版社，1991年9月出版），林老师负责总纂130万字（全书335万字），他自己撰写了3.2万字。作为投资分编完成《企事业领导干部财经知识要览》，负责10万字的总纂。

主持财政部投标课题《中国投资领域计划与市场调节相结合问题的研究》，负责课题的组织总纂工作，并承担导论部分的撰写任务。发表论文《也谈投资体制改革》（《中央财政金融学院学报》，1988年，8000字），《按商品经济的要求推进投资体制改革》（《投资研究》，1988年第5期，7000字），《论固定资产投资宏观效益的调节与控制》（《为人民做贡献》，中国财政经济出版社，1989年9月出版，9000字）。

（2）主要学术贡献。1979年，林教授回到中央财政金融学院任教。那时正值学校经历过"文革"时期停办的坎坷，刚刚恢复办学，条件十分艰苦，百废待兴。当时又是改革开放的第二年，国家的经济和社会发展迎来了重要契机，进入了一个新的发展阶段，开启了一个全新的时代篇章。

就基本建设财务和固定资产投资管理领域而言，虽然在计划经济时期这些领域也有一些发展，积累了一些经验，但经过十年"文革"浩劫之后，这些领域的发展已经处于严重滞后的状态。中央财政金融学院作为与新中国同龄的国家高等财经学校，也因为停办大大耽误了在这些领域的持续深入研究，理论基础十分匮乏，专业人才奇缺。在这种艰苦条件下，林教授没有畏难情绪，反而敏锐地意识到这是难得的宝贵的发展契机，也意识到这种开创性工作是他们这一代人的时代使命所在，因此，应从各个方面推进基本建设财务和固定资产投资管理领域的工作。

作为基建经济系的开创者和奠基人，林教授认为，第一要务就是要进行学科建设和人才培养。学科建设和人才培养必须要有高质量的课程和教材的有力支撑，但那个时期最为匮乏的就是系统有深度且理论联系实际、紧跟改革脚步的新教材。与此同时，包括财政部、中国人民银行、教育部、其他财经院校各行各业也都意识到编写教材、工具书、专著等的重要性和紧迫性。林教授在此期间作为领域内的主要研究力量，组织参与了很多有全国影响力的教材、工具书和学术专著的撰写工作，为该领域的发展打下了坚实的基础。

林教授从事基本建设财务信用教学科研工作多年，具有深厚的理论基础和实践经验。根据教学实践，结合实际业务工作，完成了很多教学和科研成果。这些成果内容充实，深入浅出，具有一定的科学水平和实践价值。

林教授笔耕不辍，在来到中央财政金融学院工作的十几年中，先后发表了不少论文、著作，受到有关方面的好评。主要的著作有教科书、工具书、投资管理史书和专著等。林老师主编完成《基本建设财务信用学》《投资信用学》；与他人合作主编完成《基本建设投资管理词汇》《基本建设投资管理知识问答》（财政分册）、《基本建设财务信用学》；作为副主编还参加撰写了《当代中国固定资产投资管理》《中国投资管理大全》等。"当代"是国家级系列丛书，是由中央负责组织编写的，共有200多卷，包括中央各部委、各地区、各部门、各行各业。这是系统总结中华人民共和国成立四十年来光辉历程的史书，工程之大，前所未有。《当代中国固定资产投资管理》一书就是其中一卷，受到了"当代"总编辑部的好评。概括地讲，林老师的专著具有以下特点：一是能够运用马列主义的立场、观点、方法结合中国基本建设实际进行分析和阐述；二是立论有据，论据充分，观点鲜明，文笔流畅；三是论著结构严谨，逻辑性强，文字通俗易懂，深入浅出。

林教授发表的学术论文注重理论探索，提出了不少有益的见解，彰显了较高的学术水平。例如，关于基本建设科学定义问题，社会主义财政收支平衡论的问题，都有自己独到的见解。

1992年林教授主编的《基本建设财务信用学》是受全国高等教育自学考试指导委员会的委托负责组织编写的高等教育自学考试教材。这本教材是根据专业考试计划，从造就和选拔人才需要出发，按照全国颁布的《基本建设财务信用学自学考试大纲》的要求，结合自学考试的特点，负责组织编写的。这本教材是中华人民共和国成立以来投资领域的第一本自学考试教材，发行量很大，深受读者的欢迎。这本教材的特点主要体现在两个方面：一是内容新颖全面，系统反映了自改革开放以来我国基本建设财务信用的新开拓、新发展和取得的新成果，例如，项目评估、咨询、信托、租赁、现金结算业务以及技术改造、流动资金贷款业务等。全面地论述了从投资来源到资金运用的全过程，把资金运动每个环节的特点都阐述得清晰、透彻。二是教材结构严谨，层次清晰。教材结构是按照投资资金运动的先后顺序并结合财务信用管理特点进行安排的，因此，逻辑性较强，文字流畅易懂，适合读者的学习。

正因为上述的成就，林老师在投资领域有了一定的知名度，受到了人们的赞誉。

四、获奖与荣誉

1985年9月获得学校先进工作者称号。1991年2月《基本建设财务信用学》获得人民银行总行全国高校金融类优秀教材二等奖（省部级）。1992年3月《基本建设财务信用学》获得财政部全国财政系统大中专优秀教材二等奖（省部级）。1989年10月《按商品经济的要求推进投资机制改革》(《投资研究》，1988年第5期）获得建设银行总行首届投资理论优秀论文奖。

徐湘瑜教授

一、个人履历

徐湘瑜，女，1944年出生，中共党员。1963~1968年（因"文革"推迟一年分配工作）就读于中央财政金融学院财政专业。1968~1970年在石家庄部队农场劳动。1970~1978年在山西大同供电局财务科工作。1978年调入中央财政金融学院工作，2009年延聘，任教至2014年。曾任基建财务系教研室副主任，基建财务系副主任。曾兼任校督导小组成员、校学术委员会委员、校学位委员会委员等。

二、学术、社会兼职及社会活动

中国金融学会会员；中国投资协会理论与政策组理事等。参与协会多项活动，对重大工程开发项目进行论证，参与协会出版物的写作和编辑；贵州投资研究、证券报特约撰稿人；三亚达利联合开发建设总公司顾问，参与公司发展投资战略策划；被收入《中国当代名人录》及其他名人录；被收入中国人民大学人才库，多次参加中国人民大学博士毕业生论文答辩；中央广播电视大学兼职主讲教师，多次参与课程录制。

三、工作成就

1. 讲授课程

（1）针对本科生开设的课程有：《基本建设财务》《基本建设财务与信用》《投资财务与信用》《投资财务概论》《项目评估》《资产评估》《施工企业管理》《会计学原理》等。

（2）针对硕士研究生开设的课程有《财务理论与本质》《投资财务分析》《投资体制改革》。

（3）针对博士研究生开设的课程包括两部分：一是《投资历史的发展与沿革》；二是根据当年的投资状况讲述相关热点问题，具体曾讲述《引进外资问题研究》《对外投资问题研究》《投资规模问题研究》《投资效益问题研究》等专题。

2. 研究领域

基本建设财务与信用研究、投资经济研究、施工企业财务管理与分析研究等。

3. 学术科研

（1）编写、总纂了《基本建设财务与信用》《投资财务与信用》《项目评估》《施工企业财务管理与分析》等教科书。

（2）撰写多篇论文，主要发表于《财政研究》《中国证券报》《中央财经大学学报》《贵州投资研究》《宁夏投资研究》《江西财经大学学报》《东北财经大学学报》和《经济日报》等期刊报纸上。

（3）参与投资协会每年出版文集的汇编工作。

（4）参与《当代中国固定资产投资管理》部分词条的写作。

四、教学管理

1986年担任系副主任，主要负责教学、科研管理工作。工作重点有：

（1）努力提升投资系教学水平。投资系成立于1984年，当时系里新引进很多年轻教师，如何迅速提高青年教师的教学水平，成为系里的工作重点之一。徐教授抽出大量时间，听完了每一位新来教师的课，课后与各位新教师进行谈话，表扬其长处，指出尚存的问题并给出改进建议。几个学期下来，青年教师很快成长起来，系里整体教学水平明显提升。

（2）编写、修订教学大纲及教学计划，确定选用教材。为了做好此项工作，徐湘瑜教授做了以下三项工作：第一，与上级领导部门，例如，财政部基建司、人民银行教育司、建设银行、投资研究所等联系，听取他们对投资人才培养的要求及形势变化；第二，与毕业生及用人单位联系，通过召开座谈会等形式听取他们对学校开设课程的意见和建议；第三，收集其他财经院校投资系的相关教学资料。

（3）完善系资料室建设。为了向教学、科研提供丰富的图书资料，让大家紧跟经济形势，尽早了解世界经济的变化发展、大事件的发生发展，徐教授主抓了系资料室的建设。首先，通过和出版社联系及时采购专业新书；其次，积极与各上级部门沟通，在新的投资政策出台时及时获取相关文件通知，及时为教师提供最新经济信息。

五、获奖与荣誉

1987年获《贵州投资研究》论文奖；
1991年获北京市财政局会计学校优秀教师奖；
1992年《基建财务与信用》教材获中央财政金融学院科研成果一等奖；
2000年获中央财经大学研究生优秀导师奖；
2001年获中央财经大学教师学术奖；
2002年《投资财务与信用》教材获北京市财经类教材二等奖。

六、人物评价

早年接受的教育和日后的工作实践，造就了徐湘瑜教授吃苦耐劳积极乐观的人生理念、镇定自若精益求精的教学风格、热心为公是非分明的管理模式、踏实刻苦锲而不舍的科研精神、顺应时代善待一切的生活态度，所有这些已然成为中财大学人的典范和宝贵精神财富。

1. 吃苦耐劳积极乐观的人生理念

徐教授就读于中央财经大学财政专业期间，当时学校要求非常严格，除军事化管理方式之外，对学生的个人生活能力也有诸多要求。每天早上六点要准时起床跑步锻炼，每一个宿舍必须轮流打扫所在楼道的卫生。每周休息一天。周六下午要在打扫完卫生后才能回家，周日晚七点之前必须返校向班长报到。老师们也十分负责，发现作业中存在问题后便会单独找学生辅导。每当回忆起这段难忘的大学时光，徐教授总是充满感激地说，当时严格的纪律和生活要求培养了自己良好的学习、生活习惯，老师们认真负责的工作精神深刻影响了自己的价值观和人生观。

在1966年"四清运动"时，徐教授被分配到湖南参加社会主义教育运动，对她来说，这是一段刻骨铭心的人生经历。从一个未曾有过任何农村生活经历的大学生到后来在物质极度匮乏的条件下娴熟劳作，这次教育活动不仅使徐教授对中国农民吃苦耐劳的精神有了亲身体会，也使其具备了坦然面对此后人生历程中各种挫折的能力。为此，在本科毕业后，徐教授到石家庄的部队农场工作了两年。部队农场的劳动不仅锻炼出徐教授吃苦耐劳、艰苦奋斗的品质，也培养出其乐观积极的生活态度。随后到山西大同工作。

回忆曾经的磨砺，徐教授无限感慨地说："生活中吃苦是必要的，尤其是在年轻时期，年轻时不吃苦便无法体会到生活的甘甜。"

2. 镇定自若精益求精的教学风格

1978年3月18日，中共中央在北京召开了具有深远历史意义的全国科学大会，邓小平提出"科学技术是生产力"等重要论断。随后财政部部长在报告中提出，恢复中央财政金融学院。当时还在山西工作的徐教授看到这一报告时十分欣喜，作为校友，徐教授渴望能够为母校的重生贡献自己的力量。鉴于在校期间的优异表现，徐教授被调回中央财政金融学院财政系工作，从事基建财务方面的教学，成为那时最早返校任教的毕业生。

当时，新入职的教师一般都是第一年集中备课、第二年授课，但由于基建财务课程急缺教师，于是徐教授在入职的第一年便被安排授课，而且一学期讲授150多个课时，难度很大。徐教授回忆说，当时教学工作面临的最大困难便是教学资料短缺。经过多方查找，才找到了一本基建财务教材，徐教授反复阅读乃至书都翻烂了。但这本教材也已相对陈旧，距离当时的实际情形有较大偏差。于是徐教授主动向当时从事校园复建的建筑技术员、工程师请教，虚心学习基建财务图纸设计、定额预算等方面的实务操作。徐教授以这样一种认真负责精益求精的工作态度，向学校提交出一份出色的课程教案。

在第一次上课时，作为学校复课后新教师的第一次课，教务处、科研处等部门的相关人员都过来听课，同时也是对徐教授课堂教学能力的一次集体评估。由于事先准备充分、实际工作经验丰富，徐教授在授课过程中镇定自若，表现出良好的教学能力，获得了校领导的肯定，从此开始了其数十年如一日的教学生涯。

改革开放之前，大学里所讲授的都是计划经济背景下的知识理论。在国家向市场经济转变的大环境中，以往的知识已经陈旧，教学工作中面临的最大困难便是如何将新知识传授给学生。为此，一方面，徐教授充实自己，自学了《西方经济学》《计量经济学》等新理论；另一方面，紧跟形势，到处征求一手材料，跑遍了各个国有商业银行和相关部委，乃至到成都、陕西等外地的财政厅收集材料，并到相关院校进行调研。经过不懈的努力，徐教授终于掌握了与市场经济相适应的新理论，把握住了实践发展的新动向，在课堂上给学生传授了新知识，在与时俱进中既充实了自己也利益了学生。

在几十年的教学实践中积累了丰富而宝贵的经验。徐教授总结说，首先，从事教学工作要有端正的态度。只有教师的全身心投入，才能够把课讲好、讲透，才能感染学生。其次，就教学方法而言，可以概括为演绎和归纳两方面。先采用演绎的方法将课程内容展开讲授，然后再总结归纳，明确教学内容的重点。最后，也可以先以归纳的方式将要点提出来，然后再展开论述相关知识。虽然至今徐教授已经退休多年，但每当提起教育事业，言语间仍然能感受到一颗炽热的心。

3. 热心为公是非分明的管理模式

1986年，徐教授开始担任基建财务系副主任，分管教学和科研。在教学管理方面，徐教授通过反复听课并与相关教师沟通，迅速提升了系里的教学水平。后来又担任了校教学督导，开始听全校教师的课。在科研管理方面，为了提升大家的科研能力，徐教授组织教师定期开展学术交流。徐教授认为，科研能力的提高，一方面，取决于教师自身的主观能动性；另一方面，主管领导必须为此创造条件给予引导。

作为对多年管理工作经验的总结，徐教授说，作为领导，首先，要有集体观念。要为大家着想，努力提高集体的知名度。其次，凡事要以身作则。如果作为领导自己达不到要求，去管理别人就没有信服力。在大是大非面前，管理者要坚持原则、是非分明，不能敷衍了事。

4. 踏实刻苦锲而不舍的科研精神

开展科研是教师工作的重要组成部分。与教学工作相比，科研对教师的要求更为抽象、更不容易掌握。在种种困难面前，徐教授表现出锲而不舍的钻研精神。刚开始从事专业研究阶段，徐教授先是把其他专家的大作拿过来反复研读，然后自己学着写，完成后再找有经验的老师指导。经过一番踏实刻苦的努力，徐教授逐步掌握了科学研究所需要的系统性经验和技术要求，科研能力迅速提升，成为了投资经济专业的学科带头人。编写出多本专业主干课教材，发表多部学术论著，成为投资经济领域的专家学者。

5. 顺应时代善待一切的生活态度

回忆人生，徐教授心中充满感激。首先，感激国家提供了一个和平的年代，让自己能够潜心于学习研究，充实自我教书育人。其次，感激在中央财经大学学习期间遇到的老师们，是他们勤恳的工作态度和人格魅力，不仅让自己掌握了扎实的专业理论知识，而且也树立了正确的三观。再次，感激上天的眷顾，让自己从事高校教师这一崇高的职业。受家庭的熏陶，徐教授自小爱好文学、喜欢阅读。高校浓厚的学习氛围，充分满足了徐教授的学习热情和阅读爱好。在不断提升自己专业理论水平的同时，徐教授也大量阅读了各类优秀文学作品。最后，徐教授表示，生活在这样一个快速发展的年代，应该积极面对生活，不断地提升自己、调整自己，适应不同阶段的社会需求。

"桃李不言，下自成蹊"，在几十年的教学科研和管理工作中，徐湘瑜教授为国家社会培养了一批又一批的专业人才，为中财大的教学管理事业做出自己应有的贡献，为相关政府部门、科研机构、工矿企业贡献出自己的智慧。虽然不求回报，但徐教授的付出早已得到了诸方的充分肯定和高度评价，看在了每一位同事的眼里，印在了每一个学生的心里。就读于此、任教于此，徐教授与中财大的不解之缘，使其为母校教育事业贡献出了毕生的心血！

体育经济与管理学院

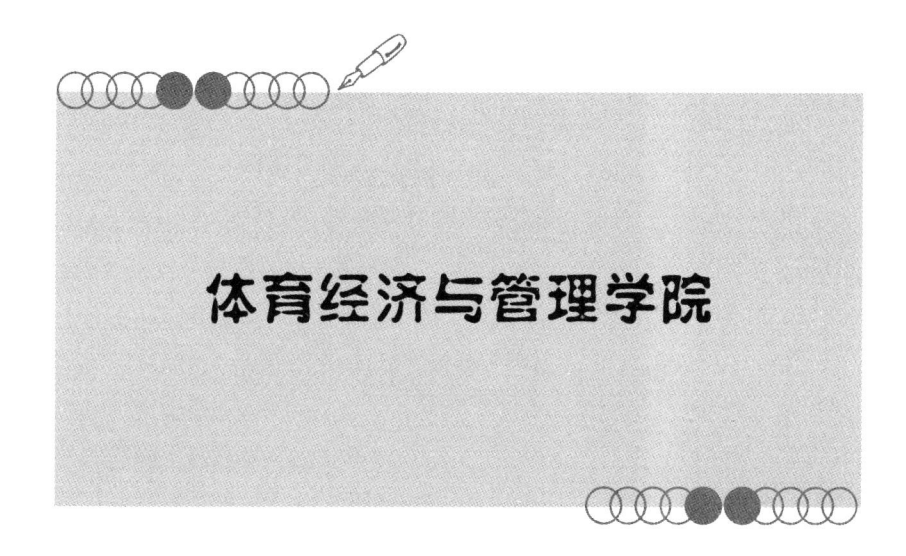

姜春华教授

一、个人履历

姜春华，男，汉族，1958年2月出生，河北省保定人，中共党员。1975年高中毕业后插队到河北省博野县东风大队，1979年到河北师范大学体育系上学，1983年毕业，大学本科。毕业后曾在河北农业大学任教，1986年10月到中央财政金融学院任教。1996年晋升为副教授，2016年晋升为教授。1987～2016年，一直担任体育教研室、体育部、体经系、体经学院的副主任、副院长，及分工会主席等职务。于2019年2月退休。

二、工作成就

1. 讲授课程

篮球、排球、足球、乒乓球、网球、田径、武术、体操、游泳、滑冰。

2. 研究领域

体育教学与训练。

3. 学术科研

（1）代表作品。《我国高校体育专业建设与发展的研究》《论面对体育产业的发展，高等院校构建新型人才培养模式的思考》《高校体育教学的对策研究》《论高校体育对大众体育发展的促进作用》《高校体育课程与教学目标的价值取向与创新教育》《关于高校体育教学中素质拓展课程的研究》《论我国高校体育教学模式的发展趋势》等。

（2）主要观点。随着我国高等教育进入飞速发展阶段，体育教学的发展明显落后于社会经济发展的水平，一方面，表现在学校培养人才对社会需求的不能完全满足；另一方面，在适应体育产业飞速发展的过程中，人才培养存在严重不足，其不足表现在数量和质量两个方面。

《我国高校体育专业建设与发展的研究》一文论述了我国大学体育教育现代化发展的重要意义，并对其发展障碍进行了深入分析，提出从制度、物质、观念层面以及环境因素四个方面，构建我国现代大学体育教育体系的内容和原则。

《论面对体育产业的发展，高等院校构建新型人才培养模式的思考》一文全面剖析了我国体育产业发展所面临的三个问题：起步晚；核心资源开放程度不足；人才严重匮乏。在此基础上提出了相应的发展对策：第一，加强理论与专业设置的研究；第二，理论联系实际；第三，培养适应体育产业发展需要的高层次人才。

三、获奖与荣誉

1988年获中央财政金融学院"教书育人、服务育人先进工作者"称号；
1994年被评为中央财政金融学院"优秀青年骨干教师"。

四、人物评价

姜春华教授能够一贯坚持正确的政治方向，讲政治重规矩作表率，加强个人思想和工作能力的培养，带头践行社会主义核心价值观，弘扬社会主义新风尚，传递社会正能量，做到清正廉洁，作风正派。

姜春华教授长期担任体育经济与管理学院副院长，在此期间，姜春华同志与学院领导班子一道认真贯彻落实学校各项工作部署，积极谋划和推动学院事业的发展，取得了突出的成效。在学科建设上，能够负担多个学科课程的教学任务；在师资队伍建设上，能够很好地起到传帮带的作用，培养了一批教学骨干苗子，学院教师在数量和质量上有了明显的提升；大力推动学院制度化建设，积极推动学院管理规范化。

在专业工作方面，姜春华教授积极承担篮球、排球、足球、乒乓球、网球、田径、武术、体操、游泳、滑冰等多项课程的教学任务，教学工作中备课认真，讲课生动，教学效果受到学生的好评。授课方式灵活多变，积极调动学生的学习兴趣，引导学生改进训练方法和学习方法。同时，持续开展科研工作，深入探索体育教学中的规律方法和特点。

姜春华教授在一线教学岗位上辛勤耕耘三十余载，培养了一批又一批的莘莘学子。从风华正茂到两鬓微霜，他把自己最美好的青春年华奉献给了中财这片沃土。

法学院

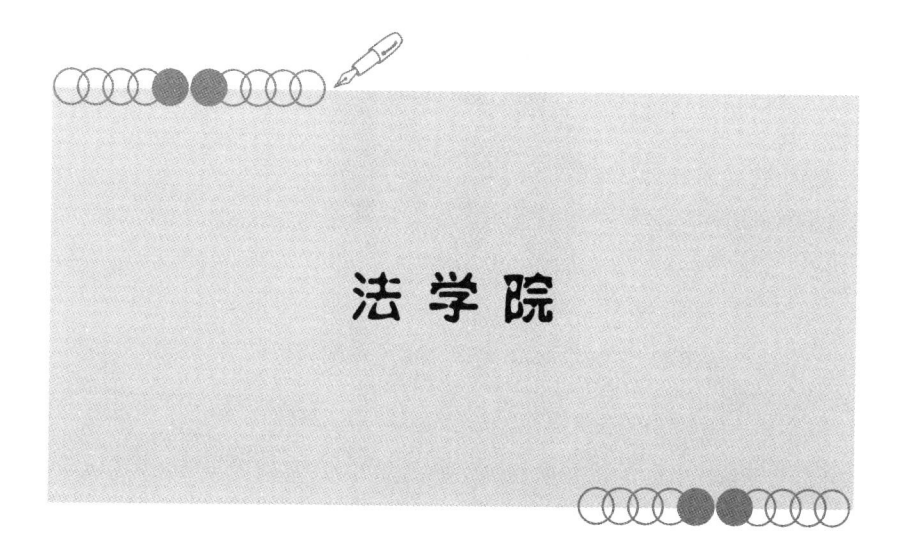

蔺翠牌教授

一、个人履历

蔺翠牌,女,汉族,1941年9月生,河北省唐县人,中共党员。1966年毕业于中央财政金融学院(现中央财经大学),本科学历。毕业后在人民银行工作五年。1979年11月至2009年3月在中央财政金融学院(中央财经大学)从事经济学与法学教育工作。1988年1月晋升为副教授,1997年11月晋升为教授,2000年8月起担任硕士生导师。曾任中央财政金融学院(现中央财经大学)经济法教研室主任、中央财经大学财税金融法研究所所长。曾担任中国法学会民法经济法研究会理事、中国法学会财税法研究会常务理事、北京市法学会会员、北京市法学会经济法学研究会常务理事。曾担任海淀区人民法院陪审员、中国注册会计师协会(CICPA)会员、华夏研究院经济与科技法研究所研究员、中国律师事务中心专业顾问。2007年3月退休。

二、教学科研工作

1. 讲授课程

本科生:法律基础、经济法原理、经济法概论、合同法、公司法。

研究生：经济法基础理论、经济法专题研究。

2. 研究领域

经济法、经济法基础理论、财税法、金融法。

3. 学术科研

（1）代表作品。

1）学术著作：《中国财政法学研究》（财政部"八五"国民经济与社会发展规划科研课题成果）、《中国财政监督的法律问题》（财政部"九五"国民经济与社会发展规划科研课题成果）、《当代中国经济法基础理论与专题研究》（中央财经大学学术著作基金资助出版）。在国家一级刊物、核心刊物及报纸公开发表的经济法律学术文章60余篇。

2）独著与主编的教材主要有《综合经济法教程》《经济法新编》《经济法概论》《中国经济法学》《保险法教程》及《保险法教程》（修订版）等。此外，参编教材及工具书十几本。

（2）主要观点。经济法在属性上属于公法，但兼有私法性质。在市场不断发展条件下，社会经济关系日益复杂化、主体多元化，公法与私法的对立与统一、相互转化、交融或交叉的空间逐步扩大，相互包容与分工、合作是社会经济法发展的需要，也是今后的发展趋势，但不能从根本上改变传统上的公法或经济法是以社会公共或公共经济利益为本位的本质属性。

三、社会活动及影响

2004年5月在澳门大学访学三天，受邀做公司法专题讲座。

2006年出访日本东京、福冈等地，就保险法有关事宜进行考察交流。

四、获奖与荣誉

2008年10月获中央财经大学法学院2007~2008学年"优秀教师"奖；

2012年6月获北京市经济法学会二十周年庆典评选表彰活动"经济法学突出贡献奖"；

1992年论文《简论债务链的综合治理》荣获1987~1990年中央财政金融学院科研成果二等奖；

2005年论文《市场经济主体信用的缺失与补救》荣获13省市自治区法学会第21次经济法学术研讨会征文活动二等奖。

五、人物评价

1. 筚路蓝缕的开创者

俗话说：前人栽树，后人乘凉。尽管有些历史已在时代的年轮下渐渐消逝，但回忆起来却仍让人感慨非常。虽然有些人已慢慢淡出了我们的视野，但他们的名字却已被定格在岁月之中。在中财法学院便有这样一位教师，虽然她已淡出课堂、淡出讲坛，但却仍为无数的后辈师生所挂念。她就是组织创建中财法律系和法学院的元老之一——蔺翠牌教授。在学院的支持下，经院工会主席曹晓燕副教授热心联系，中财法学通讯社有幸采访到已经荣休的蔺翠牌教授。

2. 回首来时路，勤恳岁月实

作为中央财政金融学院财政学专业 1962 级的学生，蔺老师将她六年的时光都留在了最美的校园。六年时光如白驹过隙，校园里的一草一木都成了蔺老师心里磨灭不掉的印迹，以至于现在回想起那段校园岁月，蔺老师依旧满怀深情："这是我的母校啊，我一直深爱着的母校。"

毕业后，蔺教授服从分配，前往湖北蒲圻县（今赤壁市）人民银行工作，从最基层的柜员做起，练出了过硬的业务能力。在那个年代，与很多人放弃本职工作随波逐流不同，蔺老师一直勤勤恳恳，埋头于银行的业务工作，从不多言。

后来，蔺教授参与了银行的信贷工作，还被派往湖北各地在先进人物展览上担任宣传讲解员。"因为我来自北方嘛，普通话说得好。当时多年轻啊，年轻小女孩儿，形象也好。"回忆起那段岁月，蔺老师的脸上扬起笑容，我们仿佛也被带回到了那个年代。

虽然生活安定，但成为一名教师的想法却时常浮现在蔺教授的心里。自打儿时起，蔺教授便想成为一名教师。当别人问她高考填报什么志愿时，蔺老师回答道："我就是想当老师，我喜欢当老师呀！"多年来这句充满力量的话一直隐藏在蔺老师心中。

在机缘巧合下，这个梦想终于成真了。1972 年 4 月，蔺老师被调往河北大学。那几年，蔺教授在教学岗位上刻苦钻研，在学术领域深入探索，奋斗不息。

1978 年，中央财政金融学院恢复办学，亟须补充师资力量。作为优秀毕业生，蔺教授收到了回校任教的邀请。没有片刻的犹豫，蔺教授毅然决定动身回校。"我要回去！"回到常常在梦中出现的家乡，回到那带她筑梦、逐梦的母校，那一花一草都令她惦念在心的母校。

除去对母校深深的眷恋以外，蔺教授更是希望能为母校的发展贡献自己的一分力量。但是，回校任教在交通条件十分落后的那个年代谈何容易，如何拖家带口地迁回100多公里之外的北京便是首先需要解决的问题。"可是没办法啊，无论多难，我就是要回去！"

哪怕前方长路漫漫，也要风雨兼程，这句话用在蔺教授回校的艰辛上再贴切不过。在学校和蔺老师的共同努力下，1980年，蔺教授正式进入母校执教。

3. 往昔步履艰，明日前路长

优秀毕业生的回归，对于当时刚刚恢复办学、百废待兴的中财来说，无异于雪中送炭。由于北京卷烟厂占用了学校原有的大部分土地，解决师生学习住宿的问题成了当务之急。

"唉！当时的学生多苦哟，全在临时搭建的板房里上课。而现在，那板房已经变成高大的主教学楼了。"说起那段艰苦的岁月，蔺老师皱紧了眉头。"当天气太闷热时，有的老师上课晕倒的事儿时有发生！"

教学环境如此艰苦，生活环境更不用说。在我们今天看来，最差的生活条件不过是"一穷二白"，但在蔺老师那个年代，却是另一番景象："老师的宿舍是在澡堂中临时隔出的区域。因为太潮湿，第二天被子都能拍出水啊。因为澡堂地方有限，我们入职晚的老师还住不上澡堂呢，只能租住在离学校不远的民房里。屋顶是用石棉瓦做的，很薄很薄的一层。冬天的时候，风和雪就齐往里刮；夏天的时候，阳光就直往里晒。"

在这样粗陋的环境里，蔺教授一家四口住了一年多。外部环境的恶劣没有束缚住老一辈中财人的手脚，他们不辞劳苦，传道授业，用卓越的教学成果谱写了老一辈中财人的不朽篇章。

在这样艰苦的环境下，蔺教授开始了对中财法学学科的建设与探索之途，法律也成为她近40年不辞辛劳倾注心血的工作重心。

1978年底，党的十一届三中全会提出要加强经济法制建设，中央财政金融学院也着手发展法学学科。但是，当时校内没有法律专业的教师，蔺教授便主动请缨。"我是财政专业毕业的，入校之后是在计划统计教研室工作。当时学校发展需要有人去教法学学科，我也有这方面的兴趣，就被派去北京大学法律系进修了1年。同时，我也自学了中国人民大学、中国政法大学的课程。"

学成之后的蔺教授在1982年正式授课，面向全校学生开设了"经济法概论"这门课。在1983年经济法教研室最初成立之时，只有蔺教授一人，随着来自其他高校教师的陆续加入，教研室才初具规模。

当我们提到蔺教授所著的《综合经济法教程》时，蔺教授立刻从包里拿出了一本。"我就知道你们会问我，给你们带来了。但我只有这一本了，就舍不得送给你们啦！"蔺老师细细抚过书的扉页。虽然书页已因时光流转而微微泛黄，但依然平整完好，可以想见老师对它的珍视。

这本书出版于1988年。当时，"教研室的老师授课时只有教学大纲，老师自由度太大，而市场上与经济结合紧密的经济法教材又很少"。于是，蔺教授在参考其他现有教科书的基础上，出版了自己的第一本著作。问起这本书的创作经过，蔺教授坦率而直白地说："没有什么思路上的困难，就是把平常的思考、知识系统地记录成文。"三言两语间，透露出蔺老师对当时写作的艰辛。

随着社会环境的发展与国家教育战略形势的变化，财经院校成立法律系逐渐成为时代潮流，一个教研室已无法满足院校发展法学学科的需求。于是，蔺老师和她的同事们开始广泛调研：走访北京、上海等地各大高校，考察法学院的课程设置，接收来自各高校的法律专业教师……经过多年的奔波劳累，以蔺教授为代表的老一辈中财人为中财建立法律系做好了充分的准备。

"在国家和学校的大力支持下，在全体教师的共同努力下，建系的筹备工作进展十分顺利。"回顾法律系的建设历程，蔺教授欣慰地说道。

1995年，法律系正式成立，虽然在同类财经院校中成立时间较晚，但中财法律系发展势头十分强劲。作为建院骨干之一，蔺老师为近年来法学院的成长感到自豪与骄傲："咱们现在发展得很好啊，一年比一年好！"越来越多的青年教师来院任教，学院在学科建设、人才培养、学术科研和社会贡献等方面的排名逐年上升。

欢喜今日佳绩满，更叹过往岁月辛。中财法学院30余年的建设之路随着蔺教授娓娓道来徐徐铺展在我们面前，这越走越畅、越走越亮的道路，离不开最初20年里老一辈中财人的奠基之功。在蔺老师回忆往昔时的慨然神色中，我们仿佛也一起回到了那段时光：浓重的夜色下蔺教授伏案工作，简陋的教室里蔺老师言笑晏晏……这一幕幕的镜头重现了那最为普通却最不平凡的20年前。

4. 法律人何在，实践出真知

在从事教学的同时，蔺教授还专注于学术研究，成果斐然。即使是在2007年退休之际，蔺教授还出版了《当代中国经济法基础理论与专题研究》一书。"这本书是由学校出资出版的，集中展现了我十几年来的学术观点。"在这次采访中，蔺教授还特意将这本书送给了我们，鼓励我们要继续深造。

在提到法律的学习与研究方法时，蔺教授强调："法律只是一种形式，其价值在于教会我们一种思维方式、一个看问题的角度，而其他学科才是内容。法学就像是帽子，帽子下面是其他学科，在帽子的框架规范下以其他学科为支撑，帽子就会更稳固。"

蔺教授此番所言即是"吾道一以贯之"的思想：学习法学能使我们在学习其他学科时同样保持一种具有逻辑性、严谨性、思辨性的思维，而了解、学习其他学科的内容又会让我们的法律思维在实践中得到优化完整。这就要求我们既要打实基础，也要广泛涉猎。

蔺教授特意强调，作为中财学子，我们应充分利用中财雄厚的财经文化和资源，多学习财经知识。不局限在法学的框架下，而要有一种大格局的视野。但同时，这般学习也不是让我们全面撒网，而是要有目的、有专攻方向地学习，以达到学院人才培养的期望。蔺老师给我们举了一个例子：当年经济法1995级的一个学生对金融有着浓厚的兴趣，通过自学金融知识，毕业后顺利地考上了五道口金融学院。

除了学习理论方面之外，蔺教授还强调，法学是一门与实践紧密结合的学科，实践经验对法学的研究大有帮助，学习法律就要把它放在社会现实的背景下去看。蔺教授认为："法律要与实体的东西结合，所以它应该是不断调整的。"在动态的社会中，每一次变动都会使法律的内容不断变化，这就要求我们在现实中去认识法律、感受法律，从而更好地学习法律。

蔺教授本人亦是这一思路的坚定践行者。1982~1990年，经北京市海淀区人大选定，蔺教授连续担任了两届海淀区人民法院陪审员，接触了很多的案件，这为蔺老师更深地审视理论问题打开了一扇新的窗口。因此，蔺老师鼓励我们多去法院旁听庭审，多去参加实践活动。这既可以让同学们在不同类型的司法实践中寻找兴趣，开阔视野，也能结识不同知识背景的朋友，学会如何与人交往。

5. **桃李满天下，春晖遍四方**

蔺教授从事教学工作三十余年，教过的学生数不胜数，他们已在全国各地和社会各个领域有所成就，也不乏毕业后留校任教的例子。在师生关系方面，蔺教授颇有感悟，她认为，学生应该多与老师交流，只有师生共同钻研讨论，才能实现教学相长。蔺教授说："我最喜欢和那些有自己独立思想的学生交流，这些学生往往是在不停地思考中形成了深刻独到的见解。"

在两个小时的采访里，蔺教授依旧精神矍铄，不见疲惫。从她流畅愉悦的谈话声中，难以想象蔺老师已经 75 岁。虽然蔺教授在退休后以养病为主，但她仍然挂念学校，操心学生。尽管蔺教授慢慢淡出教学和学术领域，但仍在学校里做教学督导工作，发挥着"余热"。

"虽然我对现在的年轻老师都不太熟悉，但是我也去听过几次课，给老师们提些建议，他们也都非常乐意接受。"闲聊之中，蔺教授还提到自己加入了学院的微信群，时刻关注着学院的成长。

采访结束后，我们和蔺教授一起步行在校园，一个骑着自行车的男生从远处驶来。行至眼前，他"唰"的一下跳下车，瞪大眼睛扬声道："蔺老师！您今天又来学校指导学生了啊！"亲切地寒暄之后，蔺教授告诉我们，这是她之前教过的研究生，现在学校攻读博士学位。虽然蔺老师已不再常来学校，但是学生们依然常常感念蔺老师的悉心教导与关怀。而在蔺教授看来，这些学生都如她的孩子般亲切可爱。

回首来时路，勤恳岁月实。往昔步履艰，明日前路长。正是在蔺教授这些老一辈中财人的手中，中财法学院以 20 世纪 80 年代初的经济法教研室为雏形，1995 年建系，2004 年建院，日益发展壮大。也正是在蔺教授这些老一辈中财人的脚下，中财法学院走过了栉风沐雨却步履铿锵的发展历程。在我们的眼中，蔺教授已年逾古稀，而在中财法学院的发展历史上，蔺教授已然成为了那个时代的缩影。

甘功仁教授

一、个人履历

甘功仁，男，汉族，博士生导师，1945年10月出生，湖南省衡阳市人，中共党员。1982年7月毕业于北京大学法律系，法学硕士学历，1982年9月至1995年9月，先后在中国法学会《中国法学》杂志社从事编辑工作和在中国法学会研究部从事全国法学研究组织工作。1995年10月到中央财政金融学院（现中央财经大学）法律系任教。1996年11月晋升为副教授，2003年11月晋升为教授。历任中央财政金融学院（现中央财经大学）法律系主任、法学院院长，曾任法学院学术委员会主席，中国法学会财税法学研究会监事长、常务理事，中国犯罪学会常务理事，北京大学财经法研究中心客座教授。2015年11月退休。

二、工作成就

1. 讲授课程

刑法学、经济法概论、法学基础、财税法理论前沿专题。

2. 研究领域

经济法、财税法、经济刑法。

3. 学术科研

(1) 代表作品。专著：《纳税人权利专论》；论文：《我国税收立法现状评析》《论纳税人的税收使用监督权》等。

(2) 主要观点。概括在财税法学领域的研究成果，主要观点可以用"一个中心，两个基本点"来加以总结："一个中心"是指围绕纳税人权利这个中心；"两个基本点"：一个是指将纳税人的权利区分为整体权利和个体权利，另一个是提出了税收新概念。

自20世纪80年代以来，兴起了全球性的税制改革活动，几乎影响到每个国家。而在许多国家的税制改革中，都呈现一种重新审视、调整税收征纳关系和加强纳税人权利保障的趋势。与全球性的税制改革相呼应，我国税制也正在开始进行一场根本性的变革，对税务机关的重新定位和新型征纳关系的建立等世界性趋势问题，也开始予以关注。特别是在税收征收管理方面，对纳税人的权利保护已经给予了相当的重视。但是，由于我国是一个长期受封建专制统治的国家，封建专制传统比较多，民主法制传统很少。"国家本位""义务本位"的观念根深蒂固。在税收领域方面，"义务本位"观念表现得尤为突出。人们对宪法关于"中华人民共和国公民有依照法律纳税的义务"的规定，往往只单纯理解为义务，却很少有从权利层面去加以理解。此外，对纳税人权利的内涵的理解也很不全面，通常谈到纳税人的权利，似乎就是指在税收征收管理过程中纳税人享有的具体权利，即在微观层次上的权利。至于在宏观层次上的纳税人权利，即纳税人的整体性权利，则被忽视了。这一切都说明我们对纳税人权利的认识是很不充分的。现在，保护纳税人权利业已成为一个极富现实意义的社会问题和法律问题，现实的需要亦向法学工作者提出研究纳税人权利的庄严任务。

在税收法律关系中，作为一方主体的纳税人在两个层次上与国家发生两种法律关系：一是作为整体的纳税人与国家之间发生的公法上的债权债务关系；二是具体的纳税人与国家税务行政机关之间发生的税收征纳关系。所以，对应不同层次上的法律关系，纳税人权利也相应地可以分为宏观上的纳税人的整体权利和微观上的纳税人的个体权利。所谓纳税人的整体权利包括依法选择和享受公共服务的权利，即宏观层面上的纳税人权利，包括直接或间接地参与税收立法的权利、依法纳税的权利、享受公平待遇的权利、监督税收征收和使用的权利等。所谓纳税人的个体权利，是指具体的纳税人与国家征税机关的关系中所产生的权利，即微观层面上的纳税人权利，包括知情权、陈述申辩权、申请行政复议权、提起行政诉讼权、请求行政赔偿权、控告检举权等10个方面的个体权利。

关于税收新概念就是税收征收与税收使用的统一。随着人们对税收本质认识的深化，对于税收概念的认识也在发生变化，应该从税收征收和税收使用相统一的一元性立场来认识税收的概念。税收包括税收征收和税收支出，征收和支出应统一起来。纳税人的基本权利是什么，就是纳税人享有依据宪法的规定，在政府按照宪法规定征收税收和使用税收前提下，纳税人才纳税的权利。

有学者质疑，把税收的概念界定为税收征收和税收支出的统一，那财政法和税收法岂不就成一个了吗？不是的，实际上，如果基于宪法关于公民基本权利的规定，那么财政法和税法就是一个法，不能分开。如果分开了，那么就把纳税人的权利和义务割裂开了，其后果是纳税人的权利将完全被忽视。从民主国家的本质上来说，应该由纳税人自己决定对什么征税，并决定将税款用在哪些地方。因此，对税收概念，应从税收征收和税收使用两个方面统一起来理解。

（3）主要学术贡献。关于纳税人权利问题，尽管经济学界、法学界已有众多专家学者在各自的著述中有所涉及，但是集中论述纳税人权利的著述尚不多见。《纳税人权利专论》是我国第一本专门研究探讨纳税人权利的试水之作，是按照笔者自己的思路对诸多学者已有研究成果所进行的系统梳理，以体现对纳税人权利问题进行专门的集中论述，通过此举将为今后进一步开展对纳税人权利的研究起到一个抛砖引玉的作用。

通过税收新概念的提出，促进了财政法学与税法学的融合，为突破传统的比较狭隘的学科分界，从而为以更广阔的视野研究财税法学贡献了微薄之力。

三、社会活动及影响

1986~2006年甘功仁教授曾先后赴澳大利亚、美国、墨西哥、俄罗斯、意大利等国及我国台湾地区考察、访问。通过域外出访，加强了中央财经大学法学院与域外大学的交流合作，扩大了中央财经大学及其法学院的影响。在访问中，中央财经大学法学院先后与美国马里兰大学法学院、华盛顿大学法学院、佛罗里达大学法学院、芝加哥肯特法学院、澳大利亚迪肯大学法学院、中国台湾地区的东吴大学法学院及政治大学法学院等大学建立了合作交流关系。

2001年和2005年先后赴中国澳门大学法学院和意大利波洛尼亚大学法学院

讲学，讲授中国行政法和税法。2008年5月出席欧盟税法学院和波洛尼亚大学法学院联合举办的"税收查定中纳税人权利的保护"国际研讨会，并被邀在大会上作了"中国纳税人的税收使用监督权"的演讲，受到与会专家的高度评价。

四、获奖与荣誉

《中华人民共和国法制史（修订本）》（编著，第三主编）于1999年9月获国家新闻出版署颁发的第四届国家图书奖提名奖。

《金融法》（教材，第一主编）于2004年12月获中国法律图书出版发行联合会2002~2003年度首届中国优秀法律图书奖（法学教育类）。

论文《我国税收立法现状评析》于2002年12月获中国法学会财税法学研究会2002年度优秀论文一等奖。

主编教材《经济刑法教程》、合著著作《公司治理法律制度研究》分别获中央财经大学优秀科研成果一等奖和二等奖。

因对教育事业发展的贡献，2015年获批享受国务院政府特殊津贴。

五、人物评价

2016年的那一天，甘功仁教授正式从中央财经大学退休了。在同事们和同学们的眼中，这位中财法律系的首任系主任、中财法学院首任院长的贡献，正如他的名字一般——功成不居、居仁由义。常言道，十年树木、百年树人，纵然留不住岁月，那份坚守，依然在这个响亮的名字下鲜活如初。

1. 当时未道是寻常

六月初的一个早晨，空气尚未升温，天空飘碧，阳光温柔。在学院南路校区的主教学楼八层，甘老师如约而至。与想象中的严肃不同，稳健的步伐，微笑的面容，成为了甘老师在我们心中的最初印象。在短暂的寒暄后，甘老师拿出了自己的黑色笔记本，为采访准备的厚厚几页笔记呈现在我们面前。甘老师与中财法学院的故事也由此徐徐展开。

自20世纪80年代初设立经济法教研室，到1995年设立法律系开始招生，至今已23年。

提到建系契机，甘老师说，这离不开党的十四大建立市场经济体制的政策导向。在"市场经济应该是法制经济"的理论指导下，中财法学系的设立顺应了时代发展的潮流。但这一过程并非一帆风顺。当时，学校里对是否成立法律系存在不少质疑。在时任副校长王广谦教授的支持和老一辈中财法律人的坚持下，法律系最终还是成立起来了，由此开启了它步履维艰却奋起拼搏的十年。彼时，正在中国法学会研究部任职副主任（主持工作）的甘功仁老师调至中央财经大学，成为法律系首任系主任。

建系之初，法律系不出意外的没有获得太多重视——人员最少，规模最小，没有多少存在感。"办公室只有三间，教学老师不足十名，建系经费一年只有一万元。这个数字在今天说起来有点可笑。那是你们无法想象的艰难。"谈及过往，甘老师一时感慨非常。

"当时，学校教学资源紧张，只给系里批了三间办公室，一间是综合办公室，一间是资料室，一间用作教师活动室。平日里，老师们无论是开会还是休息，都只能在那间十几平方米的教师活动室里。"受制于活动经费之紧张，"缺东少西"已是常态，给教员们发些节日福利成为系主任甘老师心头的老大难。

在甘教授的印象中，学生宿舍条件之简陋也是让人记忆极为深刻的，以致时至今日再次提及，只能用"非常可怜"来描述二三。"在我今天来的路上，我们看到的现在学术会堂背后的平房，那旧礼堂三层阁楼上用木板隔断的房间，就是当时法律系的女生宿舍。"

二十多年过去了，甘教授始终不能忘怀的是在1995级新生入学的那个大雨天。初秋的雨下个不停。在1995级女同学们报到之后，却因为别的单位仍然占着木板房而无法进入宿舍，只能和行李一道聚集在走廊里等待，狼狈不堪。

"我记得当时有一个青海的女生，淋得像落汤鸡似的，在走廊里冷得发抖。我们的老师在向学校宿管科反映后，在当时的校领导亲自督促下，相关人员才陆续搬走，同学们终于在晚上搬进了寝室。"在甘老师连连的感叹声中，我们的思绪仿佛也回到了那个雨夜，回到了那个现在几乎无法想象的艰苦年代。

然而，就是在这样的环境下，中财法律系无论是老师还是同学们都没有叫苦喊累，而是躬耕于科研与教学，踏实学习，一步一个脚印地向前行进。"当时我们的学生毕业去向都很好呀。他们专业素质和专业能力不错，即使是第一志愿不是法学的同学，也在后来的学习里逐渐与法学结缘，产生了浓厚的兴趣，这才能学有所成啊！"谈到自己的学生，甘老师的脸上盈满笑意。

2. **博采求索砥砺行**

回顾中财法学院建系建院的二十余载，哪怕风浪再大，亦不输前行的勇气，更不乏决断的坚毅。幸运的是，尽管建系初期经费资源欠缺，以甘功仁教授为代表的老一辈法律人仍努力创造机缘，不断拓宽思路，为法律系、法学院的发展奠定了坚实的基础。

建系之初，系里只有八位任课教师和两位行政人员，师资力量之薄弱让开设十四门核心专业课程的教学计划难以开展，更是难以保证法律专业知识的讲授。在这样的困境下，甘教授带领其他老师，想出通过大力引进校外师资来补缺的解决方案。

"在学界与实务界的鼎力帮助下，法律系聘请到十几位校外高级教师与三十多位实务专家，保证了良好的教学效果。"在此基础上，双导师制度也得以建立，无论是本科生还是研究生都有本系的一位导师与校外的一位导师共同指导，确保每一位学生的成长得到全面的关注与跟进，开阔他们的视野，提升他们的发展空间。

在课程设置方面，甘教授认为"财经法律"应是财经院校办法学专业所要树立的品牌特色，法律系应该充分利用学校在经济学、管理学领域的优势，培养出既懂法律又懂经济与管理知识的复合型法律人才。因此，在建系初期，法律系就十分注重学生复合型思维的培养，在为本科生安排必修法律课程的同时，还开设了高等数学、货币银行学、财务管理等必修课程，以及财政学、税收学、国际贸易、项目管理等选修课程。在这种多元知识输出的氛围下，学生们的眼界迅速打开，之后的学业和职业发展也更加开阔。

除了师资的匮乏以外，法学专业类的图书资源的匮乏也极大地阻碍了法律系的发展与学生们的成长。建系之初，学校图书馆里并没有多少法学专业的书籍资料，老师们查阅资料往往要奔赴国家图书馆。虽然国家图书馆与学校相隔不过几条街，但这种往返奔波还是给老师们的科研和教学工作带来了许多不便。经过甘老师的多番交涉沟通，学校陆续为法律系购置了一批法学期刊和书籍资料，一部分陈列在图书馆，大部分存放在法律系资料室。"但是，我们的资料室空间也比较有限。后来，学校给我们分配了一些地下室的空间，东西才基本备齐了。"在这局促的空间里，老一辈中财法律人弯下脊背，埋头书本。也正是在这片知识的土壤中，中财法律系向阳而长，迎来了建院的"春风"。

2004年，以法律系为基础，中央财经大学法学院正式成立。甘教授被任命为首任院长。随着招生规模的日渐扩大和文献查阅需求的日益增长，图书资料的匮乏再次成为甘教授无法搁置的心头牵绊。一次国外访学的经历给了甘老师新的思路。"在国外的大学图书馆里，大家都是坐在电脑前，搜索之后需要的资料就马上呈现在眼前，我们也应该做到这样。"回国后，甘教授积极协调学校有关部门签约 Westlaw、北大英华等法律数据库，为师生查阅文献提供了数字化的便利。

为了拓展学生视野，建院初期，学院就有意识地组织开办前沿讲座。甘教授认为："和体系化地教授基础性知识的教师讲课不同，有时听一场高水平的讲座比听课收获更大。因为讲座往往集中一个问题进行探讨，挖掘得比较深，所以更容易在某一瞬间给学生以启发，甚至就此发现自身的研究兴趣所在。讲座的研究性，使学生能够接触到各种各样的社会热点问题与法学前沿问题。"甘教授对讲座的设置有着自己独到的见解。而这些具有前瞻性的举措无疑启发了一届又一届的中财法律人。他们通过专业的学术讲座，思索自己的研究兴趣或是以后的职业发展方向，完善知识结构，不断开阔着眼界。

3. 立人谋事启前程

跳出体制、坚守课堂，对甘教授来说，不是后退，而是选择。"我性格比较独立，比较向往大学里学术自由的氛围。另外，创建法律系也是我的兴趣所在，我认为这是一件有意义的事情。"

在当时校领导的盛情邀请下，1995 年，甘教授到新成立的中财法律系任职，此后的生涯便与中央财经大学法学教育的发展紧密联结。1995~2006 年，在十余年的系主任和院长的任期里，甘教授带领着法律系、法学院不断开辟新天地，本着培养复合型法律人才的治学理念，将法学教育与财经大学的特色相交融。"发展二十多年以来，我们已经在国内法学院校中有了一定的话语权和影响力，这是令人欣喜的。"每提及此，甘教授倍感欣慰。

提及法学院的发展，甘教授将人才引进计划的设置作为了"头号工程"。建院之初，学院积极引进优秀青年法学人才，以壮大师资力量。1996~2005 年，法律系和法学院从各一流高校选拔了 22 名博士入职从教，同时也鼓励本系原有教师攻读博士学位。到 2006 年时，法学院专任教师中的博士教师比例达到 63%，"在当时的全国高校中算是很高的比例了。"而今，二十多年的光景逝去，当日入职的青年才俊们，早已成为学院教学科研的中坚力量，很多还成为国内相关领域的领军式学者。

"作为年轻的法学院，现在我们的中财法学院与老牌法学院还是有比较大的差距，但在全国同层次的法律院校中，我们可以说是排在前列的。这与一直以来的人才积累不无关系。我们法学院有今天这样的发展，要感谢老师们的辛苦付出。"甘教授恳切地说道。

"除了人才引进之外，我们还大力进行对外交流与合作，与国内外的高校建立了广泛紧密的联系。"当时，法律系为提高科研实力，以 1997 年刑法颁布为契机，牵头上海财经大学、东北财经大学等财政部部属院校，结合财经特点，共同编撰了财经法律系列教材。法律系还组织编辑出版了《财经法律评论》（后改为《金融服务法评论》）系列出版物，作为学术交流的平台。建院后，法学院举办了多届大型的财经法律论坛和国际学术研讨会。提到 2004 年举办的以"宏观经济调控和法制建设"为主题的法学家与经济学家对话研讨会，甘老师记忆犹新："那次会议邀请到了许多名家进行交流，由央视财经频道主持人主持，参会人数多达 400 余人，在全国范围内产生了很大的反响。"

　　回顾往昔，中央财经大学的法学教育正是在这样的过程里不断奋发进取，未曾停歇。创业维艰，却也成果累累，甘教授如数家珍。2000 年，法律系正式开始招收硕士研究生，2001 年正式获批经济法学硕士点，创造了法学院校需要有四届本科毕业生才能申报硕士招生单位的先例。2004 年，也就是法学院成立那年，学校取得第六批法律硕士研究生招生资格，自 2006 年开始招生。这极大地丰富了中央财经大学的法学人才培养体系，为"一流标准　财经特色"的法学学科发展路径奠定了坚实的基础。

　　2007 年初，教育部对全国四十多所法学院校进行学科评估，中央财经大学法学学科排名第 19 位。当时不过建系 12 年、建院 2 年。而提起 2018 年教育部本科教学工作评估专家组对法学院的评价，甘老师更是难掩激动。在以甘老师为代表的老一辈中财法律人看来，"朝气蓬勃、奋发向上的年轻法学院"是对我们最为贴切的赞许。

　　不知不觉，几个小时的时间悄然而过。访谈渐入尾声，我们的思绪也渐渐随着甘教授合上的笔记本而回到现实。办公室外，老师们为毕业季忙碌的脚步声一直没有停歇。办公室内，曾经大力推动学院发展的老一辈中财法律人，已经悄然转身。

　　回首来时路，二十余载奠基之功仍然历历在目。明日路迢遥，不变的仍是一代代中财法律人的不忘初心，心志浩荡。

文化与传媒学院

闵庚尧教授

一、个人履历

闵庚尧，男，汉族，1935年4月出生于河北省任丘市，中共党员。1956年9月在河北师范学院中文系就读，1960年毕业于河北师范学院中文系，1962年8月由河北师范学院中文系文艺理论教研室调到中央财政金融学院（现中央财经大学）任教，1992年晋升为教授。曾任基础部主任，中国公文写作研究会副会长。2000年退休。

二、工作成就

1. 讲授课程

公文写作、应用写作、财经应用写作。还举办"中国传统文化漫谈""西汉文学"专题讲座。

2. 研究领域

治学方向为公文教学与研究。

3. 学术科研

（1）代表作品。

1)《公文写作教程》，闵庚尧、李贵如合著，于 1986 年由北京师范大学出版社出版。

2)《中国公文研究》，编著，于 2000 年 8 月由中国社会科学出版社出版（1992 年荣获财政部部属高校优秀教材一等奖）。

3)《财经应用写作（第三版）》，主编，于 2009 年 6 月由中国财政经济出版社出版（普通高等教育"十五"国家级规划教材）。

（2）学术成就。闵庚尧教授在公文写作教学和研究方面展开了多方面的工作，可概括为以下几点：

1) 给公文写作课插上理论的翅膀，编著了兼具理论和实践双重体系的公文教材。从公文的主旨、材料、结构、语言等层面，全面梳理公文写作格式及思路。

2) 将所钻研领域扩展至财经应用文领域，融财经工作和写作理论为一体，对财经实用写作的概念、性质、范围、作用、分类、特点及其写作理论规律进行了研究，为建立财经实用写作学科体系和训练体系起到了重要的作用。

（3）主要学术贡献。

1) 闵庚尧教授长期辛勤耕耘在教学第一线。青年时期加入中国共产党，忠诚于党的教育事业，积极进取，勇于创新。作为公文写作教学的先驱者和引领者，闵庚尧教授长期从事写作理论研究和教学工作，对写作学科的建立，特别是公文写作学科的研究和发展，做出了重要的贡献。

2) 曾出版专著《公文写作教程》《中国公文研究》（1992 年荣获财政部部属高校优秀教材一等奖），主编出版《财经应用写作》（普通高等教育"十五"国家级规划教材）、《财经古文选》《中国古代公文简史》《中国古代公文选注》《应用写作学》等十余部专著与教材。

3) 除此之外，他还在国家级刊物上发表学术论文 20 余篇，例如，《〈公文处理学〉的一项学术贡献》《谈中国古代公文的立意》《院校公文写作教学之管见》《公文用词的基本原则》《谈模糊词语与精确词语在公文写作中的运用》《谈公文写作中的"六要"和"六忌"》等。

三、获奖与荣誉

（1）主编的《中国公文研究》于 1992 年荣获财政部部属高校优秀教材一等奖；

（2）主编出版的《财经应用写作》于 2002 年被评为普通高等教育"十五"国家级规划教材。

四、人物评价

闵庚尧教授从事高等教育 38 年，坚持奋战在教学一线。始终秉持坚定的政治立场，主动向党组织靠拢，忠诚于党的教育事业，为年轻教师和学生树立了榜样。自 1962 年 8 月参加工作以来，收到当时财政部常务副部长吴波同志的指示，接下了"从无到有"——创立公文写作课的重任。之后闵庚尧教授便主动学习、钻研相关领域知识，态度严谨认真，积极支持学校及学院课程设置工作。于 1962 年在中央财政金融学院开设了公文写作课，中财也成为了全国第一个开设此类课程的学校。因课程反响效果好，全国很多其他财经类院校都相继到中财来要公文写作的教材，找闵教授交流取经，共同推动了我国公文写作的发展。

闵庚尧教授作为我国公文写作研究领域的中坚力量，对中国公文写作学科的建立，做出了不可磨灭的贡献，推动了我国市场经济体制改革下公文表达的规范化。

闵庚尧教授坚持科研创新，实现了公文写作由术科到学科的飞跃。只有知识性、没有理论性的课程被称为术科，公文写作之前便属于术科。闵庚尧教授在中财复校后不断打磨钻研，1980~1984 年建立起一套公文写作自身的理论体系，给公文写作课插上了理论的翅膀。公文写作课和公文写作教材，均为闵教授百分之百的创新之作，符合教学实际需要，也为公文写作与教研领域奠定了坚实的基础。不止步于此，闵教授还将理论与实际相结合，在缺乏相关书籍文献支撑的情况下，转向挖掘社会上"人"的阵容作为公文办理相关文章的丰厚资源，希望更加圆满地完成"公文学"的撰写任务。推陈出新、皓首穷经，闵庚尧教授这般对待学术砥志研思的精神值得我们每一位后辈学习。

霍唤民教授

一、个人履历

霍唤民(曾用名霍焕民),男,汉族,1937年4月出生于河南省南乐县,中共党员,中央财经大学文化与传媒学院教授。1958年9月在南开大学中文系就读,1963年毕业,同年8月被分配到中央财政金融学院(现中央财经大学)任教,1994年晋升为教授,曾任汉语教研室主任、校专业技术职称评审委员会委员、图书系列职称评审小组副组长等职务。曾任财政部教材编审委员会委员;教育部全国自学高考写作学命题委员;"教育部人文社会科学研究项目评审专家库"候选专家;教育部高等院校社科类科研成果评奖委员会委员等。曾任北京市社会科学界联合第四届委员会委员;中国写作学会副会长;北京市写作学会副会长,监事长;全国财经院校语文研究会会长等职。2002年9月退休。

二、工作成就

1. 讲授课程

古代汉语、现代汉语、基础写作、应用写作、财经应用写作、行政管理学、书法。

2. 研究领域

治学方向为写作学教学与研究。

3. 学术科研

(1) 代表作品。

1)《秘书学档案学基础》，霍唤民、徐秋英、王振儒合著，于1989年9月由中国财经出版社出版。

2)《财经应用文》，主编，于1989年6月由中国财经出版社出版；修订版于1990年5月由中国财经出版社出版。

3)《财经写作教程》（新形态大学写作课程系列教材之一），主编，2005年3月由高等教育出版社出版第一版，2013年1月由高等教育出版社出版第二版。

(2) 学术成就。霍唤民教授在写作教学和研究方面展开了多方面的工作，可概括为以下几点：

1) 用比较法对实用文的语体、语言、结构、主旨、表达方式等特点，进行了深入的研究，对进一步揭示实用文体写作的基本规律以及与文艺文体、政论文体、新闻文体、科技文体、司法文书等文体的主要异同起到了重要作用。

2) 融财经工作和写作理论为一体，对财经实用写作的概念、性质、范围、作用、分类、特点及其写作理论规律进行了深入研究，为建立财经实用写作学科体系和训练体系起到了重要的作用。

3) 用"相似论"的基本原理，对实用文众多文种的结构，进行了潜心研究，归纳出五种基本结构形态，即篇段合一式、总分式、条法体例式、事理进层式以及形象感染式，大大提高了教学和实用效果。

(3) 主要学术贡献。霍唤民教授一直在教学第一线辛勤耕耘。他忠诚党的教育事业，治学态度严谨，长期从事写作理论研究和教学工作，对写作学科的建立，特别是财经实用写作学的研究和发展，做出了重要贡献。曾出版专著《财经实用写作》，主编《财经写作教程》（新形态大学写作课程系列教材之一），主编出版《经济论文写作》《应用写作》《财经应用文》《财经应用写作》《说明文写作艺术》《公务员应用写作》《行政管理学》《秘书学档案学基础》《文化与传播学刊》《现代企业应用文书手册》（主审兼一卷主编）等30余部专著与教材。除此之外，他还在国家级刊物上发表学术论文40余篇，例如，《关于建立写作学科若干问题的思考》《当代应用写作学迅速崛起》《应用文的发展及其教学》

《财经写作的学科沿革及其发展》《公文语体浅议》《应用文的语言特点》《简论应用文的表达方式》《财经应用文的叙述与说明》《模糊语在公文中的修辞作用》《教学语言的表达艺术》等。他的科研论著合计280余万字。

三、社会活动及影响

1. 国内活动及影响

霍唤民教授曾担任财政部教材编审委员会委员，参与了国内高校财经应用文写作的相关教材，包括《财经应用文辅导教材》《财经应用写作》《财经论文写作指南》《财经写作教程》等。

此外，霍教授还任教育部全国自学高考写作学命题委员，在积极完成高校教授的工作之外，还积极参与社会教育事业，广泛推动个人自学和社会助学活动，推进在职专业教育和大学后继续教育，造就和选拔德才兼备的专门人才，为提高全民族的思想道德、科学文化素质出谋划策，从多方面为社会主义现代化建设添砖加瓦。

霍唤民还担任"教育部人文社会科学研究项目评审专家库"候选专家，作为国内应用文写作领域的先辈泰斗，霍唤民用客观、审慎的眼光参与教育部人文社会科学研究项目评审，为国内学术科研事业做出了极具说服力的贡献。

在参与教育部人文社会科学研究项目评审的同时，霍唤民还担任了教育部高等院校社科类科研成果评奖委员会委员，在任期间兢兢业业，遴选出了一批在人文社会科学尤其是汉语言研究方面做出突出贡献的学术成果和优秀学者。

在社会工作方面，霍唤民曾任北京市社会科学界联合第四届委员会委员，在中共北京市委的领导下，霍唤民积极参与到这个北京市社会科学界学术性社会团体联合组织的工作中，并在其中有效地发挥了党和政府联系首都社会科学工作者的桥梁和纽带作用。

作为国内应用文写作极具话语权的重要人物，霍唤民曾任中国写作学会副会长，北京市写作学会副会长、监事长，以及全国财经院校语文研究会会长等职。作为一名高校教授，霍唤民在社会上积极引领写作浪潮，对于全民学习、终身学习的构建发挥着独特而深刻的作用。

2. 域外出访及影响（含中国港澳台地区）

1998年10月22~30日，受学校派遣，与吴慎之教授、高晓萍主任组成"中央财经大学教授讲学团"赴韩国进行学术交流，曾与中央大学、汉城大学、成均管大学、东国大学、釜山大学五所大学，以及韩国言语文化院的教师和学生，就写作学科的地位、作用、研究对象、教学方法、发展方向、写作艺术和技巧等问题，进行讲座和交流，效果良好。

四、获奖与荣誉

1. 获奖情况

（1）1992 年被本校评为德育先进工作者；
（2）1997 年荣获本校"陈建中基础课教学奖励基金"；
（3）《行文迅速与机关改革》论文获本校科研成果三等奖；
（4）《公文主题词浅议》论文获本校科研成果三等奖；
（5）《财经应用写作》专著，于 1995 年被"中国公文写作研究会"评为二等奖；
（6）2016 年被北京市写作学会授予杰出成就奖；
（7）2012 年迎接党的十八大"书法作品"获北京市写作学会暨中财大文传学院一等奖；
（8）2017 年书法作品《红色史诗》荣获北京教育系统老同志书画作品二等奖；
（9）2018 年书法作品《改革开放 40 年》荣获北京教育系统老同志书画作品纪念奖。

2. 证书

（1）1985 年被中财大书画学会聘为顾问；
（2）2016 年被北京市写作学会授予终身会员；
（3）《教育部人文社会科学研究项目评审专家库》候选专家，并应邀参加了评审；
（4）《教育部高等院校社科类科研成果评奖委员会》委员，并于 2011 年在昌平军都宾馆参加了 11 天的评审。

五、人物评价

霍唤民教授始终秉持坚定的政治立场，主动向党组织靠拢，并在入党后敢为人先、为人踏实诚恳，为年轻教师和学生树立了榜样。自 1963 年 8 月参加工作以来，态度严谨，著作等身，积极配合、支持学校及学院领导工作，为中央财经大学奉献了一生。

  作为我国财经应用文研究领域的中坚力量，霍唤民对中国写作学科的建立，特别是财经实用写作学的研究和发展，做出了不可磨灭的贡献，推动了我国市场经济体制改革下应用文表达的规范化，为业界提供了可行、科学、高效的参考，为学界后辈树立了良好的榜样。此外，霍唤民教授在高校学科教育上的成就也不可忽视，不管是教材的编纂，还是一线的教学实践，都获得了学界同仁和学生们的高度评价。为汉语言专业乃至整个文化与传媒学院的科研教学工作划定了标杆，堪称后辈楷模。

  霍唤民教授生活简朴，心系学校，2002年后被中财大延聘两年，在教学工作上发挥余光余热。从讲台上退隐后，霍唤民教授仍积极响应学校组织的各项活动，在中财大"迎接党的十八大""改革开放40年"等各种书法活动中取得了不少成绩。

外国语学院

袁德芳教授

一、个人履历

袁德芳，女，民盟会员，1929年12月出生，湖南岳阳人。1954年毕业于哈尔滨外国语专门学校研究生班。1958年曾在中央劳动部专家工作室担任苏联专家口笔译工作。除中央财政金融学院停办期间曾在北京第二外国语学院工作以外，一直在中央财政金融学院任教。承担过俄语本科、专业俄语、研究生俄语及博士生英语二外的教学及科研任务。1979年确定为讲师，1983年5月晋升为副教授，1994年评为教授。曾担任北京市高校基础俄语教学研讨会理事，1995年3月退休。

二、工作成就

袁德芳从事外语教学工作近40年，教学经验丰富、教学效果优良、教书育人成绩显著，1991年她任教的1989届俄语班在中央财政金融学院首次参加全国俄语四级统考中，成绩名列全北京市高校前茅。多次出席全国高校基础俄语研讨会议，为提高及改进俄语教学做出了一定贡献。

袁德芳先后参编的工具书有《汉俄译例汇编》《俄语同义词词典》《最新俄

语选读》。主编中央财政金融学院《俄语专业教材》（包括财政、税收、金融、会计四部分）及《俄语强化教程》。并在院内外刊物上发表《时间从属句中动词体的用法》《俄语前置词.На、а表示时间概念的用法》《俄语疑难词汇辨异》《英语否定概念表达形式初探》等十多篇论文。

张铁刚教授

一、个人履历

张铁刚，男，汉族，1950年9月出生，河北省交河人，中共党员。1973年9月毕业于电子科技大学外语系，本科学历，1984年3月调入中央财政金融学院任教，先后在基础部外语教研室、外语系工作。1997年8月毕业于北京外国语大学，研究生学历。曾担任外语教研室副主任、主任。2009年晋升为教授，于2013年3月退休。

二、工作成就

1. 讲授课程

《新编大学英语（第三册）》（精读）、《新编大学英语（第四册）》（精读）、《新编大学英语（第三册）》（听力、翻译教程）等。

2. 研究领域

英语教学，商务英语教学，英汉、汉英翻译教学。

3. 主要学术贡献

代表作《商务英语》是教育部"十五"国家级规划教材，在同类教材中属填补空白的佳作。该教材很适合当前发展的形势，而且特点突出，集中体现在"实践性强、可操作性强"两个方面，对学生迅速有效地掌握商务英语十分有益。代表作《基础护理英语》是一部医疗护理方面专业性很强的作品，对提高中国护士的英语水平很有帮助。该教材编撰结构严谨，科学性强，在同类教材中可谓上品。

三、获奖与荣誉

1986 年获得北京市"高教系统教书育人先进工作者"称号；
1999 年获得陈建忠基础课教学奖励基金；
2001 年获得中央财经大学教学奖励基金。

四、人物评价

张铁刚教授一贯忠诚人民的教育事业，遵守国家法律法规，具有良好的思想政治素质和职业道德。业务上刻苦钻研，勇于创新，工作态度严谨。讲课活泼、幽默，体现了语言这一学科特点。学风端正，为人师表，努力工作。对他人友善宽厚、积极乐观，对学生充满爱心，对自己严格要求，真正做到了团结友爱，以身作则，教书育人。

张铁刚教授从教 30 余年，一贯注重对教学理论、教学方法、教学对象的研究与学习，积极开拓教学思路，改善教学方法，完善教学手段，提高业务水平。为了更好地完成教学任务，提高教学质量，能积极主动地参加业务进修与学习，提高知识水平，完善知识结构。工作中能够克服种种困难，保质保量，多年来一直超额完成教学工作量。科研上努力进取，积极探索，取得很好成绩，现已完成 20 部教材，其中 3 部国家级教材，10 部省部级教材，累计 356 余万字，论文 8 篇，累计 8.81 万字。

彭苏颖教授

一、个人履历

彭苏颖,女,1957年1月出生,湖北省宜昌人,中共党员。1978年2月至1982年1月在武汉大学外语学院英语系就读,文学学士。1990年9月至1991年1月在英国利物浦大学英语系研究生班学习。1978年分配到中央财政金融学院任教,曾任基础部英语教研室主任、外语教学部副主任、外语教学部主任,外语系副主任。曾任全国财经院校大学英语研究会常务理事、北京高教学会大学英语研究会理事、教育部全国MBA研究生入学考试命题组专家成员、校学术委员会委员、校教学管理委员会委员、校职称评审委员会委员、校教代会委员、督导组成员。

二、工作成就

1. 讲授的课程

彭苏颖教授为研究生讲授《研究生英语精读》;为本科生讲授《大学英语精读》《大学英语泛读》《大学英语听力》《大学英语视、听、说》《财经英语阅读》和《西方经济学英语》。

2. 教改课题

2001年9月至2002年7月，2001年度校级立项教改课题"对学生英语阅读学习策略的研究"，参加人员，已结题。

2004年12月至2006年7月，2004年度校级精品课程"大学英语"，项目主持人，已结题。

2004年12月至2006年7月，"公共英语教学测评体系及教学环境的设计研究与实践"，参加人员，已结题。

2006年11月至2007年10月，2006年度校级立项教改课题"商务英语写作教学模式的探索与研究"，参加人员，已结题。

2006年11月至2007年9月，2006年度校级立项教改课题"分析多媒体辅助大学英语教学所产生的影响"，项目主持人，已结题。

2007年4月至2007年12月，2007年度校级精品课程"大学英语"，项目主持人，已结题。

2008年9月至2010年7月，2008年度校级精品课程"大学公共英语"，项目主持人，已结题。

三、获奖与荣誉

1987年被评为中央财政金融学院校级优秀教师；

1997年被评为北京市优秀教师；

1997年获"陈建中基础课教学奖"；

2004年被评为中央财经大学校级优秀教师；

2006年被评为中央财经大学校级优秀教师。

四、人物评价

彭苏颖教授从事了36年的大学英语教学，始终以共产党员的标准严格要求自己，工作上兢兢业业，勤勤恳恳，为学校的外语教学和科研的发展与创新出谋划策，贡献力量。她非常热爱教育事业，以人才培养为中心，树立全新的教育理念，重视学生的基本技能训练，引导他们要充分利用现代化的信息手段，获取最新的英语知识，教学效果得到学生和同事们的一致认可和好评。她坚持不懈地从事科研工作，以教学促进科研，以科研带动教学。发表过多篇论文，主持和参与了多项教学及科研课题。

信息学院

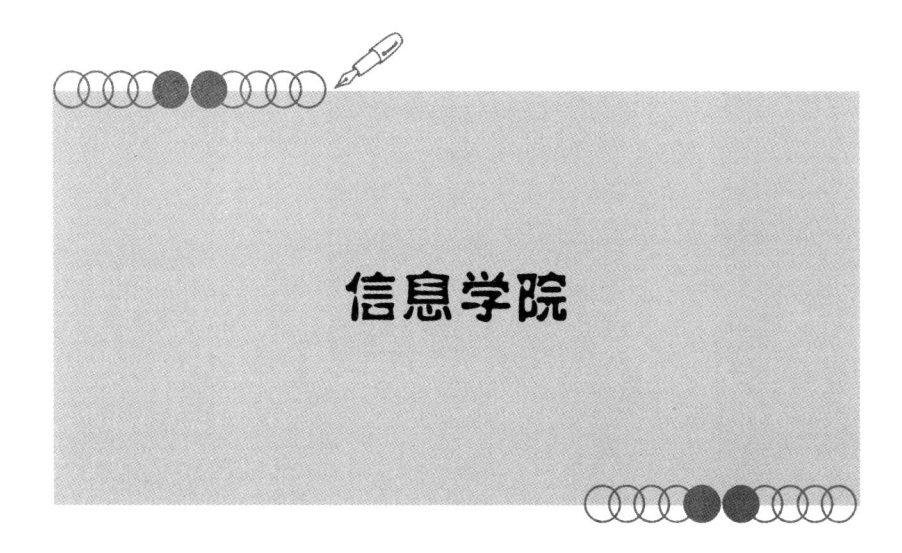

赵天寿教授

一、个人履历

赵天寿，男，汉族，1937年12月出生，桂林市人。1955~1961年在清华大学计算机系就读；1961~1983年在中国科学院数学研究所计算机科学理论研究室、计算中心软件研究室工作，副研究员，任软件研究室副主任；1983~1987年在中国气象局国家卫星气象中心工作，高级工程师，任副总工程师、工程副总设计师；1987年9月进入中央财政金融学院任教，教授，1987~1991年担任信息管理系首任系主任；1997~2003年被财政部任命为财政部部属院校校园网建设专家委员会主任；2001~2003年被北京吉利大学聘任为信息工程学院院长；2003年6月退休。

二、工作成就及获奖记录

赵天寿教授自参加工作52年以来，以高度责任心和探索创新精神在一线从事计算机、网络、通信、信息与安全等高新科技领域的科研、工程与教学工作。曾承担国家和十余个部、委、省、市立项的重点、重大的计算机与信息化工程建设项目和国家科技攻关课题达20余项，主要包括："第十一届亚洲运动会计算机工程"（1987~1990年，担任工程副总设计师，荣获北京市科学技术进步奖特等奖）；"北京消防指挥中心工程"（1992~1993年，担任该工程中方首席专家，北京市政府专家顾问）；"北京消防管理、调度与服务信息系统建设"项目（1993~1994年，担任该项目负责人，高级技术顾问，荣获北京市科技进步奖二等奖）；"公安部百城人口信息联网工程"（1999~2000年，担任公安部"金盾工程"专家组技术专家）；"公安部金盾工程"（1998~2003年，担任公安部"金盾工程"专家组技术专家）；"高校校园网管理信息系统开发"（1994~1996年，荣获部科技成果奖二等奖）；"财政部部属院校（六校）校园网建设"项目（1997~2003年，被财政部任命为专家委员会主任）；"网上银行监管与安全工程"项目（1999~2001年，被中国人民银行总行特聘为信息安全咨询专家）；"全国人口海量信息资源数据库系统智能化存储与检索技术"（1997~1998年，担任攻关课题组组长，荣获部科技成果奖二等奖）；"公安部全国公民身份证信息查询中心建设"项目（2001年，担任公安部"金盾工程"专家组技术专家）；"北京市公安局外来人口信息管理系统建设"项目（2002~2003年，担任该项目组组长，高级技术顾问）。

赵天寿教授还受聘为国家发改委和财政部的国家投资项目评审专家、中央政府和北京市政府采购项目评标专家、科技部科技支撑计划和高新技术产业化课题评审专家、北京市政府专家顾问等，应邀参加国家重大工程项目的评审、评标、评选、论证、验收、鉴定等活动500余项，多次被授予先进工作者，享受国务院政府特殊津贴。

此外，自1996年以来，担任教育部高校本科教学工作评估专家，派赴全国各地20余所高等院校执行本科教学工作合格、水平评估，以及国家自然科学基金信息科学课题历次申报评选。

三、人物评价

赵天寿教授说，人活着，就应该多做好事，做一辈子好事。1993年10月，赵天寿教授奋不顾身跳入颐和园冰冷的湖水中，救出了一名落水儿童，个人事迹曾在人民日报、中国教育报、科技日报、北京日报、光明日报等媒体上有报道。学院在全校教师节大会上大力表彰了赵天寿教授并颁发给《见义勇为奖》荣誉证书和奖金1000元。赵天寿教授随后将奖金送到了"中国青少年发展基金会"，郑重地捐献给了"希望工程"，救助偏远山区因贫困失学的儿童。

董承章教授

一、个人履历

董承章，男，汉族，中共党员。1938年12月22日出生，黑龙江省肇东市人。1958年保送进入哈尔滨工业大学，1964年7月毕业于哈尔滨工业大学工程物理系核反应堆工程专业。曾在核工业部北京194所任核工程师，1979年5月调入中央财政金融学院（现中央财经大学），曾任基础部副主任，党支部书记，1987年晋升为副教授，1991年11月调信息管理系，任系主任，系党总支书记，1992年晋升为教授。

二、工作成就

董承章教授曾参与我国第一艘核潜艇用压水核反应堆和秦山核电站核反应堆燃料元件的设计研究工作，为我国核潜艇事业的发展做出了突出贡献。我国第一艘核潜艇用压水核反应堆陆上模拟堆起动运行时，在北京指挥中心董承章以参谋的身份陪伴国防科工委副主任钱学森先生三天三夜，保证了我国第一个压水核反应堆安全启动、平稳运行。以他为主要成员完成的研究工程课题《压水堆燃料元件设计研究》获第一届全国科学大会通报表彰。

董承章教授改行长期从事计量经济的教学和研究工作。开始他主讲《微积分》《线性代数》和《概率论与统计》等本科数学基本课程。20 世纪 80 年代初开始讲授《经济数学方法与模型》和《经济预测与决策》等研究生课程。其后长期主讲《投入产出学》和《计量经济学》等研究生课程。

董承章教授长期潜心研究经济计量的建模方法，致力于推广在财经领域的影响因素定量分析。科研范围涉及财税、金融、会计、投资、农业和工业等许多领域，在财经等领域建立计量模型和定量分析方面做出了一定成绩。自 20 世纪 80 年代以来，发表论著近 400 多万字，其代表性著作有《经济预测原理与方法》《经济预测教程》《投入产出分析》《计量经济学》《投入产出学》等；主持完成的代表性课题有《"九五"财政数学模型》(财政部"九五"科研课题)、《中国货币供需实证分析》等；代表性论文有"Price Model""The Simpled Method of Econometric"、《农业总产值与所需货币的依存关系及 2000 年的预测》《税收影响因素分析模型和预测模型》《我国财政收入"两个比重"下降原因分析与对策》《基于状态空间模型的财政支出动态最优规模的实证研究》等。其中《经济预测原理与方法》获财政部优秀教材二等奖。

葛人飞教授

一、个人履历

葛人飞，男，汉族，1935年8月出生于上海市。1957年毕业于清华大学无线电系计算机专业，毕业后曾任职于北京大学计算机科学系和中国林业科学研究院计算中心。1987年调入中央财政金融学院任教，曾任信息系副主任，1992年评为教授，1997年退休。

二、工作成就及获奖记录

葛人飞教授长期从事计算机的教学和科研工作，主讲过脉冲技术、计算机原理、程序设计、数据库系统等多门课程，曾获北京市1995年度优秀教师称号。他的科研工作主要涉及计算机硬件、数据库管理系统及信息管理系统等领域。在计算机硬件方面，他曾先后参加了包括我国第一台百万次集成电路计算机在内的、当时在国内居领先水平的多台电子计算机的研制工作，侧重担任其中的电路设计定型工作。在数据库管理系统方面，他于1982~1983年在美国马里兰大学数据库研究中心参加XDB关系数据库管理系统的研究开发工作。在信息管理系统方面，他曾负责和参加了多项信息管理系统的研究开发项目，其中《林业工业企业普查信息系统软件的开发》获林业部科技进步三等奖。葛教授还结合科研工作，在计算机国际学术会议论文集、国内重要计算机学术刊物上发表论文及译文十余篇。

财经研究院

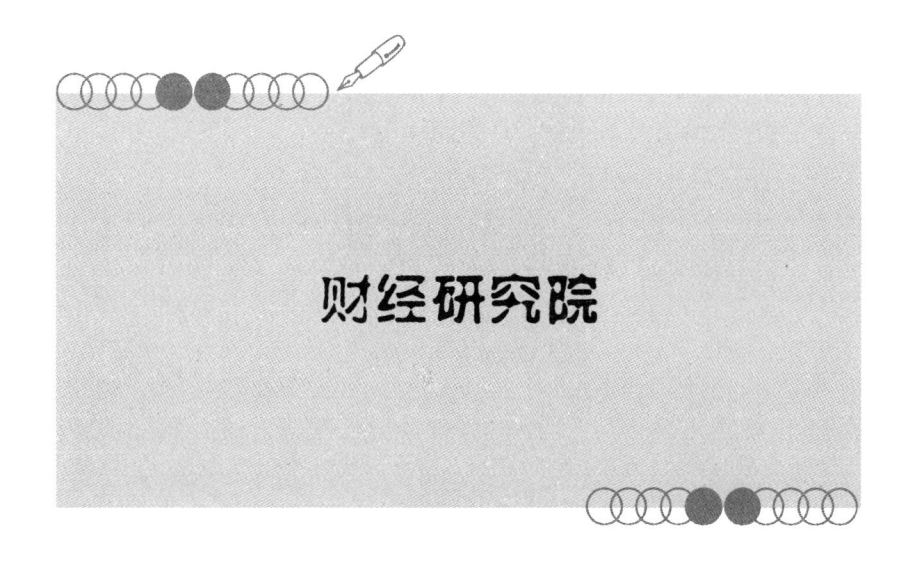

凌大珽教授

一、个人履历

凌大珽（1912~2008），男，汉族，安徽怀远人，出生于天津。1934年毕业于北平大学法商学院经济系，又在商学院研究馆专攻财政专业，获法学学士学位。毕业当年任北平市政府统计主任，兼任《新北平报》编辑。1937年来到燕京大学，从事文史工作，在《燕京院报》上发表多篇文章。1938年在燕京大学任教员、哈佛燕京学社助理研究员。1941年12月太平洋战争爆发后燕京大学停办，即赴上海在上海市政府公共租界工部局任秘书。1945年8月太平洋战争胜利后，在北平办《经济导报》，任副总编辑。同时在北平《民强报》担任总编辑。另外，还被聘为国立北平铁道管理学院（现在的北京交通大学）讲师，中国大学、东北大学迁京时兼任教授、副教授，讲授《财政学》《中国财政问题》等课程。北平解放后，1949年在华北大学政治研究所学习，同时给国立北平铁道管理学院、中国大学、华北文法学院教授课程。同年10月调任中央人民政府财政部统计编译处处长，主编《中央财政公报》，并会同苏联专家草拟中国财政统计计划纲要，同时被派兼任中央税务学校教授。1952年任中央财经学院教授兼财政教研室主任，主要研究中国财政史、财政思想史。1953年任中央财政干部学校教授兼财政教研室主任。1957年受到"反右"运动的波及，被错划为"右派"，离开了中央财政干部学校。1957~1961年在河北省茶淀农场劳动，从事开挖荒地、挖下水道等各种农场生产性活动。1961~1966年，从河北茶淀农场回到北京，在商务印书馆和中华书局从事工作。在商务印书馆编写缩略语的词典，在中华书局从事古典文化的研究工作。1966~1978年，"文化大革命"爆发，商务印书馆和中华书局停业。因无正式工作，在中小学食堂从事扩大厨房、修炉灶等劳动工作。期间为内蒙古大学整理并撰写资料。1966~1968年，给一名政协委员做秘书工作，无正式编制，协助做些写信或发言稿的文字工作。1978年"文化大革命"结束，复校后调回中央财政金融学院任教授，在财经研究所专攻中国财政史等工作。1979年，中共中央摘掉其"右派"分子的帽子，给予平反，恢复名誉。1985年从中央财政金融学院财经研究所离休。

二、工作成就

1. 讲授课程

中华人民共和国成立前，凌大珽教授在国立北平铁道管理学院、中国大学、东北大学迁京时兼任教授、副教授，讲授《财政学》《中国财政问题》等课程。

中华人民共和国成立后，凌大珽教授在中央税务学院讲授《地方税》等课程。

2. 研究领域

主要研究方向为财政学、财政史和税收史。凌大珽教授在早期主要从事财政学方面的研究，后期主要从事财政史方面的研究。在财政史研究方面，凌大珽教授主要对商鞅、王安石、管仲等在财政工作方面有造诣的历史人物的财政思想进行研究，曾出版了专著《管仲、荀况、桑弘羊、刘晏、王安石的理财思想》。与此同时，凌大珽教授也对某些行业的税收史进行研究，曾经撰写过多篇有关茶、酒、矿业税史的期刊学术论文，而且出版了个人专著《中国茶税简史》。

3. 学术科研

（1）代表作品。

专著：

1)《美帝战时资源的剖视》，新潮书店出版社，1951年。

2)《法帝侵华史》，新潮书店出版社，1951年。

3)《管仲、荀况、桑弘羊、刘晏、王安石的理财思想》，中国财政经济出版社，1983 年。

4)《中国茶税简史》，中国财政经济出版社，1986 年。

论文：

1)《评介〈商君书·垦令〉的经济思想》，发表于《中央财政金融学院学报》，1982 年第 1 期。

2)《评述商鞅的人口论与劳动力论》，发表于《中央财政金融学院学报》，1983 年第 2 期。

3)《我国历代以茶易马政策的意义》，发表于《中央财政金融学院学报》，1984 年第 2 期。

4)《我国历代茶税政策的探求（上）》，发表于《中国税务》，1985 年第 1 期。

5)《我国历代茶税政策的探求（下）》，发表于《中国税务》，1985 年第 2 期。

6)《我国历史上矿业财政收入的特征》，发表于《中央财政金融学院学报》，1985 年第 5 期。

7)《中国酒税史略（上）》，发表于《中国税务》，1988 年第 2 期。

8)《中国酒税史略（下）》，发表于《中国税务》，1988 年第 3 期。

（2）主要观点。

1) 在《管仲、荀况、桑弘羊、刘晏、王安石的理财思想》一书中，凌大珽教授认为：总体来说，《管子》在财政经济上基本上是重农崇俭的，主张运用国家机构通过供求规律调节国民经济生活，以官营事业收入供应财政支出；在赋税上主张轻徭薄赋。这一系列措施的最终目的在于国富兵强，社会上贫富差距不要太大，使广大人民和统治者的矛盾不至于过分尖锐化，求得封建政权的巩固而已。

《管子》的财政经济论述全面。特别是论及封建社会商品流通领域的最早的理论，为封建社会的财经理论画了一个大致轮廓。它主张以国有公产收入和官营事业收入维持国用，也是财政史上的最早论述此理论的篇章。它的思想流传了很长时间，对后世影响很大。

2) 在《中国茶税简史》一书中，凌大珽教授认为：尽管我国古代征收茶税，已有千余年的历史了，但从来就没有记述与研究茶税的专篇，茶税在数量上不及田赋与盐税多，而且计算历代茶税收入的数字也有很大的困难。其原因主要有两点：一是从唐朝开征茶税以来，各地方政权截留，茶税的数量无从可考；二是历代以茶易马、易盐、易粮的实物交易的数量也无从知道，因此，历代茶税占财政收入的比重，难以精确地计算出来。不过，研究我国的茶税不能单纯地从财政收入的观点来决定其重要与否，如果扩大视野，从它在政治、经济生活中，以及在阶级关系、民族关系和国际贸易关系等多方面的作用来观察，就有极其重要的意义。

自唐朝开始，我国封建社会体制已经成熟，茶税也开始征收了。自唐至清代后期以来，封建势力始终控制着茶业。表现在生产上是小农经济，收购上是封建社会在操纵，征税是不完备不合理的垄断，贪污腐化官商勾结。各朝皆如此。致使茶叶质量千余年来没有什么大的改进。近百年来在国际市场上我国茶叶所居的首位竟被印度茶叶所代替。

虽然到了清代末期有人拟议创立茶叶公司，改用机器生产走资本主义的经营方式道路，但是枝枝节节改良主义注定的失败命运是无可避免的。

3）在《评述商鞅的人口论与劳动力论》一文中，凌大珽教授认为：在通读《商君书》之后，首先，应该肯定商鞅对历史的进步作用：他运用行政力量，破坏了土地的封疆叶陌，统一全国行政区划，实行郡县制度，彻底摧毁了领主占有土地生产资料的世袭特权，解放了生产力，实行重农政策，使新兴封建地主阶级巩固了政权。其次，在财政方面，创立了统一的国家赋税制度，代替领主的力役与实物剥削方式，使财源集中于国家，用于需要的地方。这种制度符合新兴地主阶级和小土地私有者的愿望。只有生产发展了，国力充实了，才有可能为统一列国建立我国历史上第一代大帝国做准备。在当时历史条件下客观上曾经推进社会发展，应该说这是积极的方面。

但是当秦国社会的经济基础发生变革时，必然要求上层建筑采取促进作用来配合它，特别表现在人口政策与劳动力政策上。在阶级社会中统治者的利益与人民的利益基本上是对立的，因此，尽管商鞅所实行的人口政策与劳动力政策在社会发展长远方向上是进步的，但在当时具体执行上，则是有害于人民的。

商鞅早在《徕民》篇里已能认识人口与土地的比例关系，而在执行政策时，又主观地强行依靠行政力量，造成人口数量与物资数量比例失调的事实。商鞅尽力扩大农业劳动队伍，招引三晋之民和少数民族来秦，必然造成秦国人口的增加，再加上人口的自然增殖，以致人口增加的速度大大超过物质再生产的速度，其结果必然造成秦国内部的粮食物资不足，这就导致商鞅之后的年代秦国不断地东征南伐侵略别国的后果。侵略战争是违反人民利益，为人民所反对的。总之，虽然商鞅在整体思想中的人口论与劳动力论客观上有它进步的一面，但其性质应该是反人民的。

4）在《我国历史上矿业财政收入的特征》一文中，凌大珽教授认为：我国历史上的矿业及矿税有以下六个特点：第一个特点，兴办矿业与农本主义的斗争。第二个特点，我国矿产相当丰富，品种繁多，以铁而论是军民两用物资，以铜而论是铸币所需，金银等矿更是封建贵族不可缺少的贵重饰品。虽然矿藏之区多在边地，利源很厚，但开矿必需聚众，又怕矿工造反。这些种种错综复杂的关系，致使矿政多变，时而官办时而商营，矿穴时开时停。第三个特点，矿业不是个体小生产所能经营，必须是有组织地分工、较大规模地生产。开办之初，必须由富商巨贾集资垫付一笔款项筹办。但封建社会限制企业的大规模经营，束缚生产力的发展，所以我国历代矿业始终没有健康的发展。第四个特点，在原始或半原始生产方式下，采矿与冶炼是联合操作的。也只有采冶兼营省去运输费用，方能获利。第五个特点，我国历代工商税，一般只重货币收入，唯有矿税，历来统治者重视取得矿产实物收入超过取得货币收入。第六个特点，矿产品既属生产资料又是生活资料。矿产品作为商品只是一小部分，这一部分必须纳税。此外，有的矿税属于中央官府的收入，大部分则属地方开采而为地方官厅所征收，所以税率税则均不相同，造成今日统计当时税收数字的困难。

（3）主要学术贡献。1949 年中华人民共和国成立后，凌大珽教授在我国财政学科发展初期，在财政史、税收史研究方面做出了卓越的贡献。凌大珽教授参与了《中国财政史》的编写工作，是 20 世纪 80 年代为数不多的对茶税史、酒税史、矿业税史进行研究和梳理的学者，而且是我国第一个研究矿税并总结其特征的学者专家。

三、社会活动及影响

1. 中华人民共和国成立初期为国家税收制度的建立提出了宝贵的意见

北平解放以后，凌大珽教授给华北局交了一封意见书，主要阐述了当时的赋税哪些应该是保留的，哪些应该是取消的。并且，他还提出当前最重要的事情是建立税收制度和培养税务人员。华北局把这个意见书打印了六份给财政部。

2. 参与创办了中央税务学校和中央财政学院

1949 年，税务总局召开临时座谈会，参加座谈会的有凌大珽、马寅初与千家驹。在座谈会上，大家决定成立一个税务学校，由华北税务总局办。1950年，税务学校成立一段时间后，财政部开始筹备中央财政学院。副部长戎子和选了李涉、张靖和凌大珽组成一个三人小组来负责筹备中央财政学院，其中凌大珽负责起草中央财政学院的筹备计划，并且列出学院的组织构架。凌大珽教授对中央税务学校和中央财政学院的成立起到了关键性的推动作用。

四、人物评价

凌大珽教授作为新中国最早一批的财政学家，在中华人民共和国成立以前已经投身于财政学科的教育事业，在多个大学教授财政学相关课程。中华人民共和国成立以后，凌大珽教授更是对中央财经大学的前身——中央税务学校和中央财政学院的成立起到了关键性的推动作用。在学术研究方面，凌大珽教授在财政史和税收史领域从事科学研究工作。他不仅对商鞅、王安石、管仲等卓越历史人物的财政思想进行剖析，而且对茶税、酒税、矿业税的历史进行了系统性梳理，是20世纪80年代为数不多的研究各类别税收历史的学者，产生了一系列具有社会影响力的科研成果，对中央财经大学改革开放以后财政学科及税收学科的发展起到了积极的促进作用。

商季光教授

一、个人履历

商季光（1924~2018），男，黑龙江省哈尔滨市阿城区人，中共党员，大学本科学历。1942年毕业于哈尔滨商专。1945年参加革命，赴解放区从事财经工作。1948~1979年一直从事社会主义金融的实务指导工作。先后在东北银行松江省分行（现黑龙江省）、哈尔滨市分行，人民银行东北区行、沈阳市分行、辽宁省分行等地担任货币、信贷、结算、综合业务等科长、副主任、政策研究员等职。1956年开始在东北财经学院夜大学习财政学和货币学课程。

1958年毕业于东北财经学院行政货币专业。1980年调入中央财政金融学院，专门从事货币银行学的理论研究与教学工作，指导研究生、研修生16名，发表学术论文140余篇，是中央财政金融学院研究所金融理论研究的学术带头人，先后任中央财政金融学院财经研究所的国内经济室主任、副研究员。1988年11月任中央财政金融学院财经研究所的研究员，并担任货币银行学硕士研究生导师。兼任中华研修大学教授、中国金融学会会员、中国管理科学院特约高级研究员、北京市金融学会理事。兼任中国老教授协会教授、北京教授讲学团教授。1983年和1988年曾两次担任国务院经济研究中心金融改革的课题研究负责人。1993

年 1 月从中央财政金融学院财经研究所离休。

二、工作成就

1. 讲授课程

商季光教授主讲过社会主义银行、金融体制改革、宏观调控、商业银行、东南亚金融危机、房地产金融等课程。为全国金融系统和房地产人员讲座 20 余次，是全国最早进行房地产金融研究与教学的学者之一。

2. 研究领域

中华人民共和国成立前夕和成立后的 50~60 年代，商季光教授一直从事货币、信贷的专业指导和政策研究工作，曾发表过大量文章，主要论述如何开展银行业务、加强信贷资金管理、集中资金支持经济建设、稳定金融市场、加强企业财务管理、挖掘资金潜力、开展经济核算等。

改革开放后，商季光教授专门从事货币银行学的理论研究与教学工作，主要研究金融市场、经济体制改革与银行计划工作、东南亚金融危机、金融宏观调控等。

3. 学术科研

（1）代表作品。

专著：

1)《中国金融体制改革综论》，中国物价出版社，1993 年。

2)《财政金融重点问题研究》，经济科学出版社，1996 年。

论文：在《金融研究》《中央财政金融学院学报》《银行与企业》《金融与经济》《金融科学》《财贸经济》《金融管理与研究》《经济问题》《房地产金融》等期刊上发表论文 30 余篇。

1)《经济体制改革与银行计划工作》，发表于《中央财政金融学院学报》，1985 年第 5 期。

2)《充分发挥金融的宏观调控作用》，发表于《中央财政金融学院学报》，1994 年第 12 期。

3)《中国有无金融风险？——东南亚金融危机及香港金融风波联想》，发表于《中国财政》，1998 年第 2 期。

（2）主要观点。

1) 在《中国金融体制改革综论》一书中，商季光教授认为：自 2014 年以来，我国金融体制改革取得了重大突破，改革的方向是正确的，它打破了传统的金融体制，建立了信贷和发行分开的中央银行体制；拓宽了信用领域，扩大了金融业务范围；加强和改善了金融宏观调控；发展了金融市场；推行了专业银行企业化管理等。这些改革，为从资金供给制过渡到资金借贷创造了条件，对社会主义有计划商品经济的发展发挥了积极作用。

回顾 2014 年来的金融改革，道路是艰难的。其中也发生过一些偏差和失误。由于计划与市场并存，行政手段仍起主要作用，不可否认与这种经济体制相适应的、我国的金融体制改革也不可能彻底。根据党的十四大精神，必须进一步深化金融体制改革，加大改革开放力度。本书从有利于市场经济运行机制和社会主义市场经济体制的形成和完善出发，对如何进一步强化和完善中央银行的宏观调控职能，建立起较为灵活的金融宏观调控体系，实行间接调控与直接调控相结合，并逐步增加市场取向，向间接调控手段过渡；进一步发展多样化金融机构，扩大金融对外开放，建立和完善以中央银行为领导，国有商业银行为主体，多种金融机构分工协作的社会主义金融体系；转换专业银行的经营机制，积极创造条件向商业银行过渡，培育市场体系，发展和完善各类融资市场、股票市场，建立一个公平、高效、开放的社会主义金融市场；以及如何深化保险改革，进一步拓宽金融领域，介入房地产经济等方面做了论述和一些探索。

2）在《中国有无金融风险？——东南亚金融危机及香港金融风波联想》一文中，商季光教授认为：中国存在潜在的金融风险，而且有较大的局部性金融风险。首先，中国金融市场机制不成熟，组织体系尚不够完善，金融法规也不健全。当前金融腐败现象较多，违规经营者不在少数，从而加大金融风险。不论是国有商业银行还是其他金融机构，都存在一些用巨额资金炒股，或拆借资金和透支用于炒股的违规经营。各地商业银行和金融机构经营决策失误，导致贷款失误颇多，致使运营资金遭受不应有的损失，东南亚金融危机对东南亚国家的经济发展造成了严重损害，一些国家的经济发展速度骤然降落下来，有些国家的政治稳定都受到了影响。东南亚金融危机再一次向我们清楚地表明，国民经济健康发展乃是前提。因此，在我国的金融改革中，要特别注意以下四个问题：一是金融体制的改革一定要结合本国实际情况循序渐进地进行。金融体制的改革与整个经济体制的改革要配套进行。既不能落后，也不能超前。二是适当控制股票、房地产价格的过度上涨，防止经济过热及"泡沫经济"的出现。前些年出现过房地产热、股票热等经济过热的现象是对经济健康发展的巨大威胁。三是在进行金融改革的过程中，一定要注意控制和化解金融风险，尤其是银行业风险。四是加强宏观调控，并不断提高宏观调控的艺术水平。

3）在《充分发挥金融的宏观调控作用》一文中，商季光教授认为：经济体制改革以来，我国金融宏观调控机制作用有所加强，初步建立了以中央银行为核心的、直接调控与间接调控相结合的宏观调控体系，作为调控客体的货币作用范围越来越大，经济货币化进程明显加快。但我国金融宏观调控效果并不明显，而且还存在很多缺陷。为了社会主义市场经济健康发展和货币稳定，还必须进一步深化和完善金融的宏观调控职能。而加强金融的宏观调控职能，取决于中央银行宏观调控职能和手段的转变，转换其运行机制，确立符合客观经济需要的货币政策目标，建立完善的货币政策传导机制；理顺中央银行与政府有关部门的关系；完善宏观调控手段和方式，建立直接调控与间接调控相结合，逐步以间接调控为主的宏观调控体系。发挥金融宏观调控作用需要做到三方面：一要正确处理稳定币值与发展经济的关系；二要认识到控制住总量是关键；三要加强和改善中央银行的监管。

4）在《经济体制改革与银行计划工作》一文中，商季光教授认为：银行计划体制的改革既迫切又复杂。中央银行的主要任务是控制与调节宏观经济。但其对国民经济各部门的影响并不是直接的，而是通过各专业银行，各种金融机构的中介，进行间接的调节；各专业银行与金融机构通过对资金的调节，传导中央银行的政策目标，目前在我国主要是通过各专业银行。对宏观经济的调节与控制，既要依靠中央银行控制货币发行量和信用投放量的规模，又要依靠专业银行对信用量的调节与控制。专业银行的贷款发放过多，必然导致货币发行过多，影响经济的稳定、贷款的投向，必然影响部门之间的比例关系，从而影响两大部类之间的比例。尤其是在指导性计划和市场调节范围日益扩大的情况下，在强调搞活微观经济的同时，也要加强宏观控制。中央银行通过对专业银行的再贷款和确定存款准备金率，间接地控制信用规模去影响金融活动；而专业银行通过增加或减少贷款来影响生产、流通和消费，对经济产生直接影响。中央银行的宏观控制是通过专业银行执行的；专业银行通过对微观的调节、对宏观控制起把关作用。因此，专业银行的计划管理工作如何适应经济体制的改革就显得更为重要。

（3）主要学术贡献。20世纪50年代，商季光教授在银行工作期间，一直从事货币、信贷的专业指导和政策研究工作，发表了大量文章，在金融系统颇有影响。

1978年改革开放后，主编和参编《中国金融体制改革综论》《房地产金融》《财政金融重点问题研究》《社会主义经济建设教程》等7部专著和教材，共200多万字。

发表有关货币、信用、金融改革的论文200余篇，共300余万字，对我国金融市场的稳定发展提出了宝贵的意见。

三、社会活动及影响

1953~1955年在沈阳工作期间，商季光教授曾参加工资排列发放和工资基金管理的试点工作，提出以均衡现金投放的方案，此方案后在全国推广。

1954年，商季光教授具体指导东北地区的货币流通量调查研究工作，写有《货币流通量调查研究计算方法》专辑，推动了东北地区的货币研究工作。

四、获奖与荣誉

(1) 曾获《松江日报》《东北金融》等刊物的优秀作者奖。

(2) 曾获北京高校政治经济学科研成果二等奖。

(3) 曾获中国金融学会全国优秀论文奖。

(4) 曾获北京市教材二等奖。

(5) 曾获全国金融优秀论文三等奖。

(6) 1984年获中央财政金融学院论文一等奖。1986年获中央财政金融学院论文一等奖。1996年获中央财经大学教学科研奖。1995年获澳大利亚国家奖金。

(7) 发表的文章被编入《中国"八五"科研成果选》《中国改革成果通报（理论卷）》《中国新时期成果荟萃》《中国经济大论战》《中国改革全书（财政、金融卷）》等书中。

(8) 个人事迹已被《世界名人录（中国卷）》《中国当代名人录》《中国当代教育名人大辞典》《中国当代经济科学学者辞典》《中国当代高科技人才大辞典》《中国当代著作家大辞典》《中国高级人才辞典》等十余部名人辞典记载入册。

(9) 发表的文章被中共中央党校马克思主义研究所出版的《金融危机后中国政策选择》以及《中国新世纪理论文献》《二十一世纪中国社会发展战略研究文章》《二十一世纪中国发展论坛》等文献选为优秀论文编入书中。

五、人物评价

商季光教授早年从事金融实务工作，积累了丰富的金融市场实践经验。改革开放后商季光教授从事金融领域的理论研究和教学工作，在金融学研究领域颇有建树。他撰写了一系列具有社会影响力的专著与教材，培养了一批当时社会发展急需的金融人才，发表了多篇对中国金融市场发展具有独到见解的学术论文，对中国改革开放后金融市场健康稳定发展起到了积极的促进作用。商季光教授目光敏锐、视角独特，是全国最早进行房地产金融研究与教学的学者之一。他曾多次获得国家级和省部级的学术奖励，发表文章被多本书籍选编入册，个人事迹也被十余本名人辞典记载入册。

陈嘉亮教授

一、个人履历

陈嘉亮，男，汉族，1928年10月10日出生于福建云霄县，中共党员，教授。我国著名的物价、统计专家。1947年至1949年就读于福建学院工商管理系，两年肄业，后因参加解放东山岛的革命而中断学业。1949年12月1日，被中共福建东山县委为尚待解放的东山岛（县）预先招收培训知青干部的"知识分子训练班"所录取，并分配在暂驻云霄县的"东山县人民政府工作队办事处"总务股任会计。1950年5月4日加入"中国新民主主义青年团"，并于1950年5月12日与东山县人民政府工作队的同志们一道，紧跟人民解放军渡海解放东山岛（县）。此后至1951年6月在新成立的东山县人民政府财粮科任总会计。1951年7月至1952年7月，奉调就读于上海财经学院，财会专修科毕业。1952年8月至1953年4月任华东财政部经建财务处二科干部。1953年4月至1959年4月任财政部上海财政干部学校统计教研室教员。1955年1月4日加入中国共产党。1959年4月至1971年9月调入中央财政金融学院工作，历任讲师、统计教研组组长、会统教研室代主任、会计系副主任、系党总支书记等职。1971年9月至1978年10月工作于辽宁财经学院，曾任经济研究所副所长，财政金融系领导小组组长、党总支书记。1978年中央财政金融学院复校之际于同年11月调回返校。1978年11月至1983年4月任财经研究所副所长，1983年4月至1986年3月任中央财政金融学院会计系主任。其中1984年4月起，兼任系党总支书记一年。1986~1996年任财经研究所教授。1982年起担任院学术委员会委员。1980~1995年期间，曾任中国价格学会第一、第二、第三届理事会理事，1983年任中国会计学会第二届理事会常务理事兼副秘书长，1986~1996年任北京市哲学社会科学规划领导小组经济学科规划组成员、副组长。1996年3月退休。

二、工作成就

1. 讲授课程

1978年后主要致力于价格理论与价格改革的研究，并为财政、金融、会计三个专业的七届研究生授课。

2. 研究领域

社会经济统计、会计学、价格改革、价格总水平。

3. 学术科研

（1）代表作品。

1）著作类：20世纪60年代编著校内教材《基建统计学》，主编《统计学》教材，主编《整治农副产品价格补贴的宏观思考与对策研究》，参编专著《论中国宏观经济价值管理》，参编《经济大辞典·财政卷》价格词条等。

2）论文类：《我国财政分配与工农商品交换比值剪刀差的关系初探》《关于工农业商品交换剪刀差的探讨》《关于农副产品价格补贴基本性质的探讨》《关于整顿和控制农产品超购加价的探讨》《强化会计管理促进体制改革》《强化会计管理与搞活经济》《发挥会计管理功能讲求最佳经济效益》《试论责任成本指数与原材料价格影响指数》《价格总水平宏观控制目标的战略抉择》《价格改革与价格总水平的宏观控制》《尊重纸币流通规律积极治理通货膨胀——从"非货币因素说"的讨论中引发的思考》《再谈社会主义成本价值构成》等。

（2）主要观点。陈嘉亮教授针对价格理论与价格改革的研究中，关于纠正偏离基本稳定物价方针提出了若干对策：一是抑制总需求膨胀，增强国家调控市场的实力；二是保护合法价格竞争，取缔价格违法行为；三是约束转嫁涨价因素，鼓励企业良性吸收；四是坚持配套改革，积极稳步前进。他提出价格改革要同依法治价配套，要同完善企业内部经营机制相结合，只有这样才能促进价格总水平的稳定，并有利于在比较宽松的经济环境中继续推进全面改革。而就宏观经济管理的全局而论，价格改革要同建立国家调控市场、市场引导企业的新机制的进程相适应。国家调控市场的能力的增强，首先，是取决于总需求与总供给平衡的调控，财政信贷综合平衡的调控；其次，是产业政策和投资政策对产业结构的合理调整；最后，是发挥国营商业在生产资料市场和消费品市场的主渠道作用。而这三个主要方面又同价格杠杆的调控作用互相依存。

关于农副产品价格补贴的问题，陈嘉亮教授提出：在缩小比值剪刀差，提高农副产品收购价格的情况下，发挥劳动人民的聪明才智和积极性，用于提高劳动生产率，降低工业成本和商品流通费用，不伸手向财政要补贴，或尽可能在生产经营中压缩购销倒挂的差额，大量的企业是有许多潜力可挖的，这是缩小价格补贴的最优途径。

陈嘉亮教授针对我国由计划经济向市场经济模式转轨中，有的经济学者主张采取扩张性的货币政策推动高速增长和支持体制改革，寄希望于通货膨胀可能成为经济起飞的经济杠杆这一观点，提出扩张性货币政策会导致物价失控，威胁经济良性循环的观点，他进一步指出：在需求过旺的条件下，紧缩财政和信贷，控制投资膨胀，控制结构性的消费膨胀，保持市场物价的基本稳定，才最有利于经济的稳定增长。而把经济的高速增长寄托在货币超前发行的基础上，显然这无异于抱薪救火，甚至还可能惹火烧身，此乃宏观经济管理之大忌。

为庆祝新中国三十五周年，1984年6月，中国会计学会邀请来自中央各部、各大专院校的财会工作领导同志和教授、专家们举行座谈会。陈嘉亮教授在会上做主要发言，他认为：作为经济管理重要组成部分的会计工作，不能满足于记账、算账、报账这些仅仅提供信息的"原始性"的功能，而应该把重点转向服务经营、参与决策、加强管理、讲求效益的方面上来。要建立反应灵敏的会计数据指标体系，完善内部经济核算制，健全内部监督与控制系统，开展投资效益综合分析，实行对经济活动全过程合法性、合理性和有效性的会计监督，参与对企业产、供、销全过程经营规划和调节、控制的决策。

（3）主要学术贡献。陈嘉亮教授长期从事统计学教研工作，20世纪60年代主编《统计学》《基建统计学》教材。20世纪八九十年代致力于宏观价格管理的研究，首次明确提出"比值剪刀差"的概念并探讨其定量模型，其关于改革开放初期我国价格理论与价格改革问题的研究，若干新见解在学术界有较大的影响，是中央财经大学知名的专家学者。

三、获奖与荣誉

陈嘉亮教授所著《我国财政分配与工农商品交换比值剪刀差的关系初探》《关于工农业商品交换剪刀差的探讨》，首次提出了"比值剪刀差"的概念及探讨其计量模型，重要研究成果被有关大学编入《价格学》，并获北京市首届哲学社会科学和政策研究优秀成果二等奖。

在参编《论中国宏观经济价值管理》专著中，发表了《价格改革的目标模式与同步配套》《价格总水平的宏观控制》两篇专论，该书获北京市第二届哲学社会科学优秀成果二等奖。

作为课题组负责人，承担财政部 1990 年科研项目《整治农副产品价格补贴的宏观思考与对策》研究，是专题调研报告《改革以来我国农价补贴基本状况的判断》《粮油价格补贴膨胀及其体制原因透视》《综合整治粮油价格补贴的对策抉择》的执笔人，该课题系列科研成果于 1995 年在中国财政学会第二次全国财政理论研究成果评选中获优秀科研成果荣誉奖。

四、人物评价

陈嘉亮教授儒雅质朴、能研善教，严谨做事、淡泊名利。陈嘉亮教授分别在财政部上海财政干部学校、辽宁财经学院、中央财政金融学院从事教学科研工作。在中央财政金融学院复校之后为财经研究所（即后来的中央财经大学财经研究院）的成立和发展做出了巨大贡献。20 世纪八九十年代陈嘉亮教授撰写了一系列具有社会影响力的专著、教材和论文，针对当时中国价格改革、价格总水平的宏观控制等重大问题发表了多篇具有独到见解的学术论文。他是学校会计和统计学科的领军人物，对会计学科及统计学科的发展起到了积极的促进作用。他是中央财经大学财经研究院的开创者之一，为财经研究院的开创和以后 20 年的发展奠定了坚实的基础。

程玉英教授

一、个人履历

程玉英，女，汉族，1936年出生，出生于山东省龙口市，中共党员。1955~1960年，受国家安排赴苏联学习，主修经济学，1960年6月以优异成绩毕业于乌克兰经济管理学院经济管理系，同年回国到中央财政金融学院参加工作。1960~1963年在北京外国语学院夜大英语系学习，并以优异成绩获得了英语专业专科毕业证书。1978年，在广西南宁大学学习塞尔维亚语。1979~1982年在南斯拉夫的萨拉热窝以访问学者的身份进修。1992年晋升为教授，并在金融系担任硕士生导师。1997年被学校延聘，2002年于财经研究所光荣退休。

二、工作成就

1. 讲授课程

程玉英教授先后开设了多门课程，率先开设了计算机信息类课程，主要课程有《计算机语言程序编辑》《国外金融学》等。

2. 研究领域

程玉英教授的研究领域相当广泛，从信息、金融领域到社会学领域。主要研究方向为国外金融。早期程玉英教授利用自己的外语优势主要从事计算机与信息领域的研究,后期则根据学校的发展需求转而从事国外金融领域的研究。此外,程玉英教授还翻译了多部社会领域的学术著作。

3. 学术科研

程玉英老师的研究重点是俄罗斯金融与中俄关系领域,在中俄关系上,她始终坚持"中俄未来的关系会有很大的发展,而且向好的方向发展"的积极判断。她曾多次参加国家级、地区级的经济科学研讨会,其发表的论文在国内外产生一定影响,尤其对中俄两国进出口贸易中存在的问题、发展前景、互利互惠等方面,深入到具体部门进行了实地考察与研究,提出了许多颇有影响的观点。程玉英教授发挥自己的外语与专业优势积极承担了财经研究所刊物《财经编译》的编审工作,及时跟踪介绍国外财经领域最新的科研成果与实践经验。

(1)代表作品。

1)专著:

《关于信息与计算机》,中国财政经济出版社,1992年。

《外国金融》,中国财政经济出版社,1992年。

2)论文:

《发展中的中俄双边贸易》,发表于《中央财经大学学报》,1997年第1期。

《俄罗斯联邦金融体制改革的启示》,发表于《财贸经济》,1997年第2期。

《俄罗斯金融危机评析》,发表于《中央财经大学学报》,1998年第6期。

(2)主要观点。

1)在《发展中的中俄双边贸易》一文中,程玉英教授认为:中俄两国都经历了较为长期的高度集中的计划经济体制,有着相近似的经济发展历程,尽管两国在政治体制的目标取向上存在着差异,但在由计划经济向市场经济过渡这一根本方向上还是一致的。所有这些为两国经贸关系的发展提供了有利条件。虽然当时由于国际局势的动荡,中俄之间的双边贸易会存在一些阻碍,例如,中国存在着对向俄罗斯出口经营缺乏统一管理,对中俄贸易缺乏法规约束和对俄罗斯市场调研不够、认识不全等问题,而俄罗斯方面则存在着改革开放刚刚开始,国内市场还很不规范,政策法规基本上还未建立,已建立的也相当不完整、不配套等问题。俄罗斯采取激进的改革方式,实行国有企业私有化,实行自由的价格政策及外汇的自由兑换使俄罗斯经济暂时陷入了困境。这些都会阻碍中国商品的进入。虽然存在诸多问题,但程玉英教授认为,从长期来看,中俄贸易存在着相当的互补性，只要中俄双方加强协调与合作，中国采取措施，对俄罗斯市场进行全面的分析调查，掌握俄罗斯市场的现状及发展方向，整顿国内对俄出口企业，加强宏观管理，把住出口检查，使出口商品质量得到保证，同时与俄罗斯方面共同努力规范贸易法规，完善结算方式，发挥金融在两国贸易关系中的作用，提高金融信誉，一定会迎来中俄双边贸易的健康发展。

2）在《俄罗斯联邦金融体制改革的启示》一文中，程玉英教授认为：与中国一致，俄罗斯联邦金融体制已从苏联高度集中的计划经济模式逐步转变为新型的符合市场经济需求的模式。从改革至今所经历的过程及现需解决的问题与经验对我国的金融体制发展具有相当的启示意义。

一个符合市场经济需求的新型俄罗斯联邦金融体系正在形成和不断完善。它是由占主导地位的俄罗斯中央银行、居主体地位的商业银行及其他金融机构组成，这种新的金融体系为俄罗斯金融市场的稳定发挥了关键作用。据此我国的金融制度改革应当采取如下几种措施：一是确立金融监管的组织机构，实行科学化、系统化金融监管，提高监管人员素质，增强法规意识；二是建立一个有法可依、有法必依的外部环境，商业银行自觉强化自律管理、实行集约化经营、加大银行资产负债比例管理力度。程玉英教授指出，从俄罗斯金融体制改革的启示、借鉴西方国家金融管理的经验，根据中国的具体情况，加快金融改革，实现金融在现代经济中的核心作用。强化金融意识、掌握金融规律是当时发展社会主义市场经济的客观需求。

3）在《俄罗斯金融危机评析》一文中，程玉英教授认为：俄罗斯金融危机看来是由于东南亚金融危机引起的，但分析起来危机的产生有着国内及国际两方面的原因。一是国内方面，主要包括宏观经济政策不适宜、金融体系不健全、国内政局动荡、税收状况恶化等；二是国际方面，主要有东南亚金融危机、外债负担重、结构不合理和国际原油价格下跌等。俄罗斯的金融危机造成了多方面影响，首先，国内金融市场的剧烈动荡使1995年起刚刚开始止跌企稳的经济又开始大幅度滑坡，经济形势极度恶化，人们生活必需品的价格急剧上涨，商品供不应求。其次，俄罗斯金融市场的动荡带来的连锁反应很快地蔓延到其周边国家及东欧地区，造成了这些国家和地区金融市场的动荡，并且对欧洲商品市场乃至整个国际商品市场造成极大的压力。据此，程玉英教授指出，俄罗斯的金融危机应对措施成功与否关键在于普里马科夫政府是否能有效地改变现有经济状况。

（3）主要学术贡献。程玉英教授作为早期的留学归国人员，对苏联以及东欧地区计算机技术与金融体制理论的引进做出了贡献。她编写的《关于信息与计算机》是较早的专门针对财税领域的计算机信息技术教材，填补了当时我国的研究空白。在中俄贸易与金融市场发展的研究也为我国财经领域做出了贡献。

三、社会活动及影响

1. 国内活动及影响

改革开放以来，随着中外贸易的不断发展，中国船舶公司急需外贸人才。程玉英教授在中国船舶公司开设课程，为外语与经贸人才培养做出了贡献。

2. 域外出访及影响（含港澳台地区）

在南斯拉夫访学期间，程玉英先后在南斯拉夫各类期刊发表了《中华人民共和国工业企业的组织和计划》等论文近30余篇，将中国经济的发展情况与经验理论介绍给了外国友人，加深了东欧国家人民对于中国的了解。

程玉英教授作为一名掌握英语、俄语和塞尔维亚语并且具有经济专业知识的复合型教师，充分发挥自己的优势，多次参与域外活动。1983年，上海船舶公司船只在英吉利海峡与苏联船只相撞，在中苏关系破裂的背景下，程玉英教授勇挑重担，在学校安排下远赴英国伦敦参加中苏"沉船事件"的谈判，担任谈判翻译工作，为国内企业争取了最大利益，获得了国内相关部门的认可。

1994~1995年，程玉英教授受邀参与香港华科公司（华润集团子公司）与俄罗斯芯片公司合资建厂工作，在筹备小组担任财务经理。程玉英教授在俄罗斯这一年正逢苏联解体后的动荡期，为了国家的高科技事业，不顾自身安危，在俄罗斯工作期间，走访了很多企业和当地民众，深入了解俄罗斯的芯片产业发展状况，为我国当时尚处于空白的芯片产业的发展做出了贡献。

1996年，程玉英受学校委派，到中国澳门全程用英文讲授金融学课程，获得了港澳学生的高度认可。

四、获奖与荣誉

1992年，获得全国财政系统优秀教材一等奖。

1998年，获得"华为"培养基金优秀导师奖。

孙翊刚教授

一、个人履历

孙翊刚,男,1937年8月生,湖南安化县黄泥村人。1963年毕业于安徽财贸学院(今安徽财经大学)财政银行系财政专业。同年被分配到中央财政金融学院财政系任教(见习助教),最初讲授财政史,后来讲述国家预算。1972~1979年,在河北大学主讲国家预算课程。1979年底,调回中央财政金融学院工作。1992~2000年,任中央财经大学财经研究所(现财经研究院)所长。曾任中国财政史研究会理事。1992年被评为教授,1997年批准享受国务院政府特殊津贴。

二、工作成就

1. 主要研究领域为财政史、国家预算

孙翊刚教授因其在中国财政史领域的杰出研究而被熟知。孙翊刚教授在国内较早地主编了财政史教材,为全国财经院校财经史的教材建设做出了开拓性的贡献。

孙翊刚教授主编参编专著、教材、辞书等约 50 本，在报刊上发表文章 60 余篇。孙翊刚教授也承担了多项科研课题：主要有《农业投资和农业资源开发、利用和配置》（1991~1992 年，财政部批准的课题）；《首都财政研究》（1993 年，北京哲学社会科学"八五"规划课题，1997 年结题，获得高度好评）；《新时期财政理论与实践》（1997 年校级课题，已出版）；《中国财政通史》（项怀诚部长主编，孙翊刚教授写隋唐分卷，已出版）。

2. 讲授课程

作为一线教师，孙翊刚教授先后为本校本科、研究生讲授财政史、赋税史、农民负担史、古代财政问题和财政思想史等课程，可谓桃李满天下。

本科生课程：为财政 1978 级、1979 级、财师班讲授《中国财政史》，为税收专业讲过《中国赋税史》，为农财专业的学生讲过《中国农民负担史》，为广州财政班讲过《中国财政史》。专科课程：为中央财政管理干部学院的学员多次讲授财政史。

研究生课程：主要是财政专业，先后讲授《中国古代财政问题》《中国财政思想史》课程。孙教授不仅是本校的财政史教学主干，还受聘为天津财经学院、中国人民大学财政金融系、苏州大学财政专业和中央广播电视大学讲授《中国财政史》课程。

3. 学术科研

（1）代表性期刊文章。

1)《中国古代税收思想中的以人为本》，发表于《中国税务》，2008 年第 7 期。

2)《中国地方税的发展与变革》，发表于《中央财经大学学报》，2002 年第 2 期。

3)《中国债务探源》，发表于《中央财经大学学报》，1999 年第 7 期。

4)《理财之要重在治本——唐代理财得失试探》，发表于《中央财政金融学院学报》，1995 年第 5 期。

5)《西汉经济和财政政策的思考》，发表于《中央财政金融学院学报》，1992 年第 3 期。

6)《王安石改革财政》，发表于《财政》，1983 年第 9 期。

（2）国内较早主编财政史教材，为全国财经院校财政史的教材建设做出了开拓性贡献。

1)《中国财政简史》。此书原为由崔敬伯、王子英两位老师为财政学本科编写的教学用书,校内印刷。十年"文革"结束后,沈云同志觉得崔、王二老编写的校内教材财政史,基本框架和内容都可用,但要经过修改才能出版。考虑孙翊刚教授曾经担任他们的见习助教,对此书内容有所了解,于是从河北大学将孙翊刚教授借调来帮助修改,以应教学急需。此书当时存在的问题包括两个方面:一是注释不规范,且缺项太多(出版社要求凡引用古文及他人文字、凡列举的数字,都要注明来源出处);二是有些内容还需修改补充。对于该书的修改,主要是寻找引用资料出处费了大力,因为二老根本记不起来引文来自何处,孙翊刚教授只能凭想象去找答案。

为了查找可信的资料,孙教授跑遍了北京各大图书馆。北京的图书馆(北图、国图、柏林寺)以及"文革"中中央财政金融学院尚未送造纸厂、存放在原宣武区康乐里(总行宿舍)的图书"馆",孙翊刚教授都找过了,最后就差一段引文没有找到出处(有关孙中山的财政思想,孙翊刚教授能想到、找到的书都翻阅过了,没有找到。几年后才知道在一篇报纸文章上)。孙翊刚老师每改完一章,就先送到东四北京军区总医院崔老家,请他审阅,提出修改意见;然后再拿崔老看过的稿子送到鼓楼国强胡同王老家,请他审阅修改,之后才回到西城区财政部集体宿舍。每周一圈,一圈半天多。

靠着对财政史的热爱,终于完成这项艰苦的任务。后来此书的校对工作也由孙翊刚教授承担。孙翊刚教授又去以前去过的图书馆借书校对。但问题来了,这次是校对,半天就要换几本书,这对图书馆的工作人员来说,负担太重。他们的做法是,每位读者每天只能借一次书,为此,孙翊刚教授不得不每天去,一个馆一天借三本书,直到校对完毕为止。此书 1980 年出版,后来荣获财政部优秀教材二等奖。

2)《中国财政史》。这是由中央财政金融学院牵头的"七校八老"和几位中年教师几年辛苦的成果。其中的秦汉财政史部分由孙翊刚教授撰写。本书总纂人是左治生、蔡次薛、王子英、孙文学和孙翊刚教授共五人,文字总纂是孙翊刚教授。为了保证全书体例的统一,也费了不少的力。有一位老教授负责写的那章很全面、有特色,但文字比要求的多了很多,老教授舍不得割爱,孙翊刚教授专程去他家拜访,最终才同意删减。

3)《中国财政史》,1984 年出版。中央广播电视大学教材。中央财政金融学院承担了《财政学》《国家预算》和《财政史》等几门课,这在当时是光荣任务，各校都在努力争取承担。按照中央广播电视大学的规定，孙翊刚教授当时没有资格承担财政史的主编和主讲（那时他是讲师）。后来，经中财院领导研究，特批孙翊刚教授承担此任。孙翊刚教授的讲课录音提供给各地上课之用。

4)《简明中国财政史》。考虑到七校合编的财政史教材字数太多，而中央广播电视大学的教材似乎又太简单了一些，于是，孙翊刚教授主持重新编写了这本教材，以保证财政本科教学（68 小时）需要。此书获得中国财政学会 1979～1989 十年优秀科研成果佳作奖。

5)《中国赋税史》。此书最早由董庆铮、孙翊刚主编，财政部教材编审委员会确定为财经院校试用教材。几年后，财政部人教司指定孙翊刚教授重新修订此书，经财政部教材编审委员会审定，确定为"全国财经类通用教材"。

6)《中国农民负担简史》。此书于 1991 年由中国经济出版社出版。因中央财政金融学院奉命开设农财专业，结合此专业的特点，孙翊刚教授起草了该专业的教学计划，也编写了这本教材出版使用。

此外，孙翊刚教授于 1978 年参加了《国家预算》（财政部预算司主持，1980 年出版）的编写，这是自改革开放以来国内最早的国家预算专门教材。主编了《财政五十年——若干财政理论问题研究》，于 1999 年由经济科学出版社出版。孙翊刚教授还与王文素教授共同主编了《中国财政史》，列入普通高等教育"十一五"国家级规划教材，于 2007 年由中国社会科学出版社出版。与陈光焱教授于 2003 年编写了《中国赋税史》，与李炜光、叶青于 2007 年编写了《中国赋税史》（普通高校税收精品教材），由中国税务出版社出版。

这些教材为各有关机关、财经院校所采用，产生了较为广泛的影响。有的读者反馈，几乎把书翻坏了。可以说，孙老师参加编写的教材，奠基了中央财经大学乃至国内财政史的学科基础。近年来，孙翊刚教授仍然笔耕不辍，与王文素教授共同编著《中国古代财政史论》，于 2016 年由中国财政经济出版社出版。

（3）参加大型财经文献汇编和注释工作，为国内财政史的科研工作做出了奠基性的贡献。

1)《中国历代食货志汇编简注》。"食货志"是二十四史，包括《清史稿》之中的财经篇，是古代重要的财经文献。除了 20 世纪 30 年代上海大光书局汇集出版过二十四史中的历代食货志外（没有注释），近代很少有此类书籍的流传。考虑到财经类机关院校（所）的研究需要，孙翊刚教授决心将此书整理出版。期间一波三折。后来得到财政部陈部长批示：认真修改，符合出版要求后可以出版。原中国财经出版社财政编室主任也做了具体指导：一是找一位老教授牵头，后来请王子英教授牵头；二是多做比较多看书，把注释做准确。同时，为孙翊刚教授配了一位有水平的编辑，严格把关。考虑古代食货志的重要性，孙翊刚老师请当时的财政部戎子和部长题写了书名，还请他为此书写了序言，戎老也很爱财经古籍，欣然答应。

2)《中国财政历史资料选编》。共12辑，由中央财政金融学院、中南财经学院、东北财经学院、上海财经学院、厦门大学、西南财经学院和陕西财经学院七所院校的几位老教授、老教师和中年教师耗时八年完成。这部史料集内容庞大，字数很多，涉及中国几千年的财经历史，因此，属于"抢救性"的范围。在收集、整理和注释的几年里，老教授们来往信件很多，经过孙翊刚教授手中的信件就有好几厘米厚（后来，孙翊刚教授都送交学校档案室），从此事可以说明老教授治学的严谨。

为了回答各位教授的问题，孙翊刚教授起着上情下达下情上传的中介作用。在随后的两年，由孙翊刚教授编写"情况通报"，经赵春新副院长签署，按学校行文方式上报财政部，并转发各有关学校。

为了更好地解决共同性问题，几年内先后召开了八次研讨会或编委会。孙翊刚教授和王复华教授及王奕、王文素等年轻教师，协同有关财政部门承担会务工作，保障老教授的安全、健康和会议的有序进行。部里的领导特别是人教司，事事关心，会前发通知，会后发纪要；每会必派人到会指导。虽然戎部长年事已高，只要有时间，他必定到会。编辑部召开的八次会，戎老参加了四次，做了两次重要报告。

还要提到的是校对工作。由于字数多，参考的史籍也很多，出版社无力校对，孙翊刚老师只得求助各有关院校派人协助。在各校领导的大力支持下，派出了孙文学、李碧如（讲师）以及多名青年教师参加校对，孙翊刚老师等人自始至终参加校对，使这一大型史籍得以顺利交稿，出版发行。

3)《中国工商税收史料选编》（先秦至清部分）。这是财政部陈如龙副部长关注、刘志诚局长主持的又一大型史料集。具体操作同财政史料相差不多，还是由中央财政金融学院牵头组织编写。孙翊刚教授做具体组织工作。因为前期积累的资料收集和编辑经验，所以进展比较顺利。财政部刘志诚局长对该书以及后来《工商税收史》书稿的出版都给予了极大的支持。

4)《十通财经文献注释》。这是由王文素教授主持、孙翊刚教授等参加标点、注释的大型古代财经文献汇集。《十通》是从唐代至清各时期编辑的通典、通志、文献通考、续通典、续通志、续文献通考、清通典、清通志、清文献通考和清续文献通考十大财经典籍。记录上自夏商周三代、下至清末的财经专章,历代统治者都奉为宝鉴。其缺点是没有标点,其行文也因时代久远,后来者比较难读难懂。这部系列典籍对研究古代财经历史有着重要的作用,因此,孙翊刚等老师将此作为一个重要使命承担,希望对当代青年能有所影响。从目前来看,效果非常好,受到学界好评。

此外,孙翊刚教授还主编了两本专著,其中《财政问题源流考》是中财学校资助的项目。由于属于学术性图书,出版社刚开始只印刷了1000本,不到一年就卖光了,于是又加印了3000本,足以说明读者对此书的满意度。

三、社会活动及影响

1. 担任全国首个也是唯一一个中国财政史助教班班主任,为全国财经院校财政史人才培养做出突出贡献

1983年,面对改革开放的新形势,急需各类新型人才,其中包括高等院校,十年停招、停课造成后继乏人,急需培养一批年轻的学术骨干和年轻教师。于是,教育部下文,要求有条件的高校举办各类专业的助教班,学制1~2年。中央财政金融学院复校以后,尽管原先的教师调回了一部分,但还有很多中年教师没有归队,虽然补充了不少新人,但十年的耽误使有些老师底气不足,培养新生力量就成为当时亟须解决的问题。为培养全国财政史的教学科研人员,教育部批准中央财政金融学院举办财政史助教班,名额为120人,学制定为1年。由于当时中央财政金融学院是财政部领导的学校,需要经过申报、批准、下文等程序,加之有些地方传达缓慢,所以只有18个省市的20所院校和单位推荐报了名,最后录取了37位。

财政部对此事十分重视,责成中央财政金融学院一定努力办好此届助教班。学校把这项任务交给了财政系,并责成教务处、总务处、图书馆、医务室以及食堂配合,共同完成此任务。财政系指派孙翊刚教授担任这个班的班主任,王复华老师协助;王奕、王文素、刘燕宏三位年轻老师入读,另从大三的在读生中挑选两名学生入读培养,作为后备力量。赵春新副院长当面交代孙翊刚教授,这个班的人都是各个学校单位培养的年轻骨干,不能出任何差错!因孙翊刚教授还有七校编写财政史和五所学校编写工商税收史的任务(开会组织、情况交流等),不

能把全部精力都放在这个班上,平时就交代王复华老师多操心。

助教班组织完备,建立了党支部,支部书记是江西财经学院的刘汉屏;团支部书记是中财留校生郑丹阳;班长是中南财院的陈光焱,副班长是安徽财院的蒋大鸣。给助教班上课的都是资深教授、教师,可以说是"全国请老师",主要是主专业课财政史的老师,大部分是兄弟院校的教授,个别是有教学经验的中年教师。每人一章,有点"打擂台"的味道。他们确实是国内最好的财政史教授,风格各异,各有特点,以此传授给这批助教班学员。老教授尽职尽责,例如,著名的吕调阳教授,年龄偏大,夫人陪同照顾他的生活。他讲三国两晋南北朝时期的财政,他只讲自己如何看待这个时期的问题,他是从哪些方面去研究的,有哪些问题难以解决等。吕调阳教授以高标准要求学员,一些学员不适应这种教学方法,向孙翊刚"告状",孙翊刚教授向这些学员解释,这是最好的教学方法(启发思维),只有加倍努力才能听懂,并将终身受益。

又如马大英教授,他不仅讲计划内安排的课(《宋辽金时期的财政史》),还主动要求加一门课(《财政史研究法》)。为了讲好这两门课,马大英的夫人特地来照顾他的生活。当时中财条件不好(北京卷烟厂没有腾退完),也没有车接送。有一次孙翊刚教授看到马老刚讲完课,嘴唇发白,实在太辛苦,令人敬佩!还有陕西财经学院的宋寿昌教授,他到达北京站的时间太晚,找不到来校的车,又没有孙翊刚教授的电话(当时老师们都没有电话),只好在车站找旅馆睡了一晚。孙翊刚教授唯有声声道歉。《教学法》一课,中财院邀请首都师范学院的余友西先生讲授,他严格按规定要求,从穿着到板书,无一不规范,给大家留下了深刻的印象。《文物》(青铜器)专题,孙翊刚教授邀请国家博物馆的群工部主任齐吉祥先生讲授,他知识广博,对青铜礼器藏品的内容十分熟悉,语言生动,获得好评。

财政部有关领导对本次助教班也十分重视。人教司杨春一司长亲自参加了本班的开学典礼。1986年1月结业时,杨司长再次来校参加结业仪式并讲话。特别是财政部戎子和老部长,不仅为财政史助教班编写了革命根据地财政教材,为学员的纪念册题写了书名,题字鼓励,还冒着严寒同大家合影。孙翊刚老师和助教班学员至今仍记忆犹新。

这是全国第一个也是迄今唯一一个财政史助教班,这个团结友爱智慧的集体,出了不少人才。除了一部分人转到行政领导岗位以外,其余大都从事财政史教学科研工作,在国内做出了可喜可贺的成绩,有的至今仍活跃在学术舞台,成为著名的学术专家，例如，陈光焱、李炜光、刘孝诚、王文素、叶青等。其中博士生导师有陈光焱、叶青、李炜光、王文素、谭建立、黄天华等教授。

2. 1992~2000年担任中央财经大学财经研究所（现为财经研究院）所长，带领研究所魄力改革，锐意创新

孙翊刚教授于1992~2000年担任中央财经大学（原中央财政金融学院）财经研究所所长。20世纪90年代初，财经研究所的科研队伍发生了一些重大变化，一大批知名学者相继离休、退休，部分中青年学者调离，科研人员减少了将近一半。研究所原有的科研结构被打破，研究优势亦大多丧失，例如，因人员的离退、流失，欧美和日本经济的研究已无人接替或一时接不上来；由于在国内学术界有一定影响力的老教授、老专家离、退，不仅"名人效应"大大减弱，同时由于中青年研究人员一时还不能"补位"，出现了青黄不接的状态，科研成果既从面上失去平衡，也在量和质上大大逊色。另外，当时财经研究所的科研条件相对落后，一个研究所内只有一个风扇，连教职工新添一组书柜的需求也无法满足。

在当时的艰苦条件下，孙翊刚教授清楚地认识到，只有改革，才能推动发展，不改革是没有出路的。在孙翊刚教授的带领下，财经研究所根据学院总体改革方针，经学校批准，做了如下改革：①根据人员及专业方向，经报学校批准，设立财税理论、金融理论和综合经济研究三个研究室和办公室、资料室两个行政辅助科室；②全所人员根据学校聘任条件，实行聘任制，允许解聘和拒聘任；③根据学校确定的科研工作量，凡完不成科研定额，根据情况进行处理。

经过系列改革，1993~1999年研究所终于重新焕发了光彩：全所在国内学术刊物上发表论文371篇以上，出版专著及各类著作32部，共计743万字，其中有不少成果在国内具有一定的影响力。例如，谢莉同志获邀参加由中国国家科委、对外贸易合作部、美国泛太平洋商业协会共同举办的第十届泛太平洋经济技术合作与发展大会，其论文也被大会学术委员会审定为高质量论文，并获邀在大会上用英文宣读论文。刘姝威同志编著的《资产负债管理、信贷质量管理、外汇风险管理分析技术策略和实例》一书，适应我国金融体制改革需要，运用20世纪90年代国际通用的金融业管理技术，结合我国金融业实际情况，从战略决策到日常经营的各个层面进行了全方位研究。赵雪恒教授主编的《财政金融学》以体系完整、内容详简事宜、理论联系实际、文字通俗易懂的特色而颇受读者欢迎。孔令书、边立铭和童伟等编写的《俄罗斯联邦财政制度》和《匈牙利财政

制度》适应了财政部对于世界各种类型的国家财政制度的全面介绍和系统分析要求。姜维壮教授的《中国分税制的决策和实践》在社会上广受好评。财经研究所和北京市财政局的合作课题《首都财经研究》得到同行专家好评，并被建议将内容浓缩上报市领导和国务院，也为后来本校首个北京哲学社会科学研究基地——北京财经研究基地的成立奠定了基础。

四、获奖与荣誉

（1）《中国财政简史》（崔敬伯、王子英主编），于1988年荣获财政部优秀教材二等奖。

（2）《简明中国财政史》获得中国财政学会1979~1989十年优秀科研成果佳作奖。

（3）《中国财政史》（电视教学片）获1993年北京市普通高等学校优秀教学成果一等奖。

（4）《中国赋税史》于1998年获中央财经大学优秀教材一等奖。

图书馆

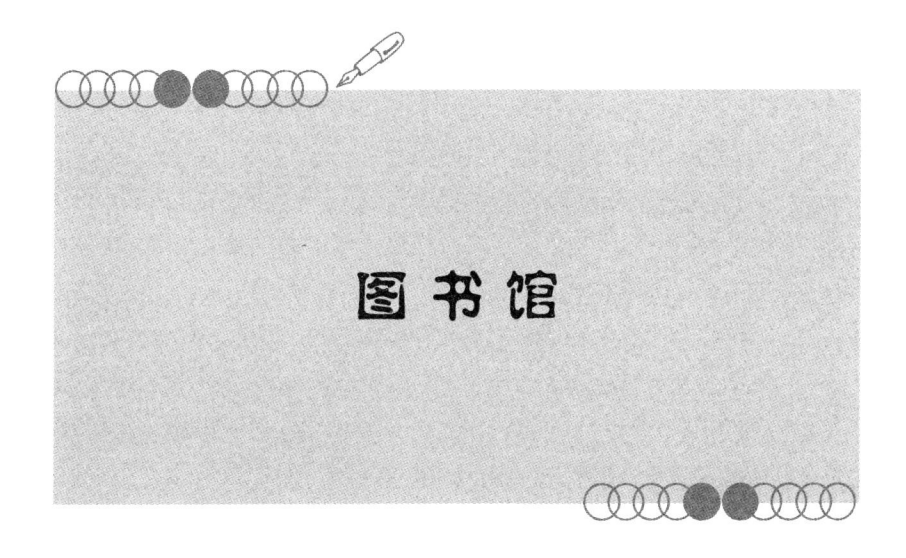

张继光研究馆员

一、个人履历

张继光，男，汉族，1940年12月出生，安徽省怀远县人，中共党员。1963年毕业于安徽财贸学院（现安徽财经大学）财政金融系银行专业，同年8月被分配到中央财政金融学院图书馆工作，1970年学院停办去河南"五七干校"劳动锻炼，1972年底被分配到北京理工大学图书馆工作。1982年调回中央财政金融学院图书馆，1989年被评为副研究馆员，1995年10月晋升为研究馆员，于2001年3月退休。

在北京理工大学图书馆工作期间曾担任社会科学部副主任，回中央财政金融学院后担任采编部负责人，1985年担任图书馆副馆长（主管业务工作），同时还兼任图书馆分工会主席及党支部书记等职，曾任中国图书馆学会及中国科协自然科学专门学会会员。

二、工作成就

"文革"前根据有关统计资料每个季度向当时的教务处和学生处上报一次《阅读倾向分析》，以便他们及时掌握学生的学习和思想动态，1970年学院下马张继光同志在此负责图书馆的搬迁及清理工作，1972年初借调到财政部帮助部图书馆的重建和恢复工作（因"文革"中遭到严重破坏），1978年在理工大学图书馆工作期间直接参与了近20万字的社科图书改编工作（由原来的分类法改编为国标"中国图书馆图书分类法"）。

复校后在采编部工作期间，张继光同志结合学校的性质和特点制定了中央财政金融学院图书馆图书分类细则并根据各个时期经费情况不断调整图书采购标准。在采购工作中，为避免重复购书，同采购员一起建立了ISBN号数据库以供查重使用。1990年由他主持编写的《财经文献检索手册》（社会科学文献出版社，1991年版）作为当时的《财经文献检索》课教材，指导读者如何查找各种文献资料。同年他还带领馆内部分同志参加了由北京高校图工委组织的"全国文献资源调查"工作，对馆藏文献进行了框架分析，并写出了《关于中央财政金融学院馆藏文献资源调查情况的初步分析》，有关资料都被收录在数据库中。为指导学生读书，他还带领馆内部分同志根据教务处编写的本院课程设置，写出每门课程的宗旨并请有关任课老师提出该门课程的主要参考书籍，写出每本书的内容提要，编写并出版了《财经学科导读书目》。1993年还参加了由财政部五所院校图书馆联合编写的《财经学科读书指南》一书的编辑工作。1997年根据校领导的指示，主持了图书馆的计算机工程，由过去的封闭式管理变为开放式管理，初步实现了图书馆工作的现代化。此外，他还参加了《经济科学学》和《档案学》等书的部分编写工作。

张继光同志先后在有关刊物上公开发表论文20余篇，有些文章被收录在《中国"八五"科学技术成果选》《中国图书馆情报工作文库》《中国改革成果通报》《21世纪论坛》等文库中。特别是《图书馆与市场经济》一文阐述了："作为社会公益性文化事业的图书馆，如何处理好商品经济中的各种矛盾和关系"，其中一些观点博得了同行和社会的赞赏。

张世兰研究馆员

一、个人履历

张世兰，女，汉族，1957年4月出生，北京市人，九三学社社员。1994年7月毕业于北京大学图书馆学、情报学系图书馆学专业，大学本科学历。1992年12月调入中央财政金融学院图书馆工作，2001年11月晋升为副研究馆员，2014年10月晋升为研究馆员，于2017年5月退休。张世兰曾担任图书馆办公室主任、阅览部主任等职务，曾任中国图书馆学会高等学校图书馆分会委员，曾任《中国图书馆年鉴》《中文核心期刊要目总览》编委。

二、工作成就

张世兰研究馆员先后在期刊部、办公室、阅览部、流通部工作。1993年针对期刊文献时效性强的特点，开展了二次文献服务，编制新颁布或新修订的经济法及其他法规资料目录共6辑223条（种），参考价值很大，利用率极高，及时满足了读者的需求。1995年她亲自系统、完整地建立了图书馆档案共计103卷，移交校综合档案室30卷，结束了学校档案室无图书馆任何档案的历史，1996年她获得校优秀档案工作者称号。1996年亲自起草建立了图书馆各项规章制度6

项，其中部分于1997年收入《中央财经大学规章制度汇编》，为图书馆的科学管理提供了前提条件和依据。1999年开展了课题服务及书目咨询，针对老师和学生的课题研究需求，主动提供相关文献及文献线索，保证了课题研究的顺利进行与完成，得到老师和学生们的肯定。2001年12月率先提出建立中央财经大学文库的构想，随后提交了方案，它是2002年图书馆唯一的校级研究项目。文库的创建对于图书馆特藏建设以及开展全方位、深层次的阅览服务具有实际意义和深远的影响。2006年进行了服务理念和服务方式的创新，其创新点在于提出零距离、零缺陷、零投诉的"三零"服务理念，并贯穿于图书馆的读者服务工作中，这是流通部工作的特色之一。2012年9月设立流通部咨询台和咨询邮箱，首任咨询员，对读者在利用文献和寻求信息情报方面提供帮助，协助检索、解答咨询和信息反馈。负责开展增设的读者所需图书跟踪服务、馆内图书传递服务、馆借互借服务及统计工作。

张世兰研究馆员的研究领域是图书馆学，主要侧重于图书馆读者服务的研究，具有较高的学术水平和科研能力。她认为，当今的图书馆工作者可以定义为文献信息工作者。其工作的主要特点是学术性、服务性以及两者的统一。在图书馆服务一线工作与科研相结合的实践能很好地体现这一特点。她的科研大部分是针对具体实际工作内容、任务而进行的深入思考与研究，基本都有相应的研究论文，并颇具新意和创新。有了长期、深厚的读者服务工作积累经验之后，就可以在工作中更好地发现问题、研究问题，进而解决问题，这样根植于实际工作的科研更有价值。用心、踏实、严谨是她对学术研究的态度。

张世兰研究馆员在学术科研方面积累了较多的学术成果。在著名的核心期刊《中国图书馆学报》《大学图书馆学报》《出版发行研究》《中国出版》《图书馆工作与研究》以及《现代情报》《高校图书馆工作》《图书馆学研究》《烟台大学学报》《河北科技图苑》《出版广角》等刊物上发表学术论文40余篇（其中A类期刊10篇），除两篇合著以外，其余均为独著。多篇论文被《人大报刊复印资料》等文献收入选用。有些论文颇有影响力，形成了一系列具有较高理论水平和实用价值的学术成果。例如，先后发表《大学生数字化阅读现状的调查与分析》《数字化时代应警惕大学生阅读的碎片化》《全民阅读公共服务体系建设研究》《要为儿童阅读立法》《图书馆管理创新和创新管理之我见》《图书馆2.0：谁之收获谁之梦——从"图书馆2.0：升级你的服务"说起》《论高校图书馆员的素质测评》《图书馆在文化传播与交流中的地位与作用》《评三部藏书文化著述》《1990年以来我国出版的商务工具书综述》《图书馆自动化管理的利弊分析》《高校图书馆在现代化建设中应注意的几个问题》《图书馆自动化与工作人员素质》《高校图书馆图书文献资源的开发与利用》《从信息价值看文献资源开发》《港台地区主要网络学术信息资源述略》《专业出版的数字化探讨》《浅析我国古代图书形制的流变及其对现代图书出版的影响》等论文。会议交流论文有《图情高等教育跨世纪的挑战和选择》1995年12月入选"全国图书馆学、信息管理学教育与培训"学术研讨会并在会议上交流。《社会主义市场经济下的图书馆》1996年9月分别作为出席"华北高校图协"第十届学术年会及"北京高校情报资料研究会科技分会"第三届学术讨论会的交流论文并收入《面向二十一世纪的大学图书馆》一书和《北京高校图书馆学刊》期刊。《简介中央财经大学图书馆文库工作》作为出席"中国图书馆学会"2002年学术年会的交流论文，并发表于《河北科技图苑》2003年第7期。《关于图书馆读者服务活动质量改进的探讨》2008年9月作为出席第十届"北京高校图书情报学术年会"的交流论文，并发表于《会议论文集》。

在张世兰研究馆员的诸多研究成果中，最具代表性的当属《高校图书馆读者心理研究及服务对策》《高校图书馆信息服务的个性化研究》《关于高校图书馆信息职能的思考》三篇论文，分别发表于核心期刊《高校图书馆工作》2010年第4期、《现代情报》2010年第7期和1998年7月由专利文献出版社出版的《高校文献信息中心建设与发展研究》一书。因为工作在读者服务的一线，有条件更多地接触学生、老师，用心观察、准确感知不同层次读者的心理变化、差异和需求，了解图书馆在满足读者心理需求及个性化服务等方面存在的主要问题，以此作为论文研究的线索和出发点。

《高校图书馆读者心理研究及服务对策》一文视角新颖，借鉴了心理学的研究方法，对高校读者群的阅读心理进行了深入剖析。她认为，由于读者心理特征不同，其表现出的阅读倾向也相异，因此，研究读者的阅读心理特征可以帮助馆员更深刻地把握读者的阅读心理，了解读者的阅读需求，以提高图书馆管理服务水平。论文开创性地将高校阅读群体划分为三大类，将读者阅读心理归纳为五个类别，并对不同阅读群体的心理特征进行了探析，这对研究高校图书馆用户需求具有积极的指导意义和理论价值。文章还剖析了高校读者阅读心理的影响因素，并提出了有针对性的服务改进建议，这对于指导图书馆开展读者服务工作具有较强的现实意义。

《高校图书馆信息服务的个性化研究》是《高校图书馆读者心理研究及服务对策》的姊妹篇，是在图书馆服务模式创新方面思考的一个延展和深入。她着眼于信息时代高校图书馆所处的网络环境，分析了高校图书馆个性化服务的基本内涵、基本特征和应具备的基本条件，探讨了开展个性化信息服务的若干模式，这是对高校图书馆信息服务研究的积极理论探索，使高校图书馆信息服务研究更加系统化、规范化。该文将高校图书馆个性化信息服务模式概括为三种，归纳科学、特征鲜明，给人启发。该文尝试设计出开展个性化信息服务的系统模型，模型的核心——用户需求分析，观点鲜明独到、可操作性强，现实指导意义较大，对促进高校图书馆深入开展信息服务具有重要的参考价值。

《关于高校图书馆信息职能的思考》一文从信息职能的角度，面对图书馆从传统走向现代化过程所面临的各种问题以及今后的出路，她指出，高校图书馆的信息处理水平是今后图书馆的价值所在，是高校教学科研实力的标志，对高校教育事业的发展具有举足轻重的影响。她提出了关于"提高文献信息采集、处理、传递和应用的速度，是高校图书馆面临信息时代挑战所迫切需要解决的问题"这一新观点，在加强专业队伍建设以及自动化网络化建设方面提出了全新的信息服务观念。

张世兰研究馆员作为主编、副主编、编委、参编的著作、教材和工具书 8 部。其主要著作有 2007 年 12 月由作家出版社出版的《教育改革与创新》、2008 年 6 月由吉林文史出版社出版的《信息管理概论》、2014 年 2 月由中国财政经济出版社出版的《网络学术信息资源与大学生利用研究》；教材有 1998 年 10 月由中国城市出版社出版的《1999 年全国各类成人高考专升本入学考试教程及全真模拟试卷精解·图书馆学》；工具书有 1997 年 10 月和 1999 年 12 月由北京图书馆出版社出版的《中国图书馆年鉴》，1995 年 11 月由中央财经大学姜维壮和赵秀英研究员鉴定、1996 年 8 月由北京大学出版社出版的《中文核心期刊要目总览》。参与多项课题研究，其中重点课题有 2011 年 9 月立项的北京市教育科学规划重点课题（省部级）——网络学术信息及对大学生自主学习的影响研究、1998 年 11 月由北京大学肖东发和张涵教授鉴定的中央财经大学校级重点课题——图书馆现代化建设与管理、中央财经大学校级重点课题——2007 年度党建和思想工作理论研究等。

张世兰研究馆员作为论文作者出席图书馆界有关学术会议 10 次。包括华北高校图协第十、第十二届学术年会；全国图书馆学、信息管理学教育与培训研讨会；北京高校情报资料研究会科技分会第三、第四、第五届学术讨论会；北京地区高校文献检索课教学研究会第二届学术年会；北京高校图书馆改革与发展研讨会；北京高校文库经验交流会；中国图书馆学会1999年会暨学会成立20周年学术年会。

三、获奖与荣誉

张世兰研究馆员在科研和工作方面均获得了多项荣誉。《论"文献检索与利用课"目标之实现》于1996年5月被评为"北京地区高校文献检索课教学研究会"第二届学术年会优秀论文。《关于高校图书馆信息职能的思考》《关于高校图书馆教育职能的思考》于1998年7月均被"世纪之交大学图书情报工作研究丛书编委会"评为优秀论文,并获优秀论文一等奖。《试论网络环境下图书馆的信息服务模式》于2008年5月获中央财经大学2007年度党建和思想工作理论研究课题二等奖。1993~1994学年被评为馆级先进工作者。1996年荣获本校优秀档案工作者称号。在本校2000年度、2014年度考核中被评为优秀。2013年6月获得中央财经大学滋兰树慧奖教金——优秀服务奖。

四、人物评价

张世兰研究馆员能够在图书馆读者服务的一线岗位踏实坚守、辛勤耕耘三十六个春秋,源于对图书馆事业的热爱、对学生的爱。她始终保持着饱满的热情,以踏实勤奋、认真细致、积极主动的态度投入到工作中。无论是作为研究馆员还是部室主任,都能够尽职尽责,严于律己,发挥自己的专业特长,不断开拓创新,与同事们团结协作,完成好部门的各项工作任务,得到领导和同事们的肯定,更是得到了读者的认可和赞扬。

张世兰研究馆员潜心研究图书馆学理论,致力于图书馆读者服务工作。她很好地践行了理论与实践、科研与工作的紧密结合,不断跟进图书馆学的新发展,提出创新观点和理念,做了多项对于图书馆具有创新性、指导性、时代性和发展意义的工作与研究,并取得了丰硕的成果。

学术期刊社

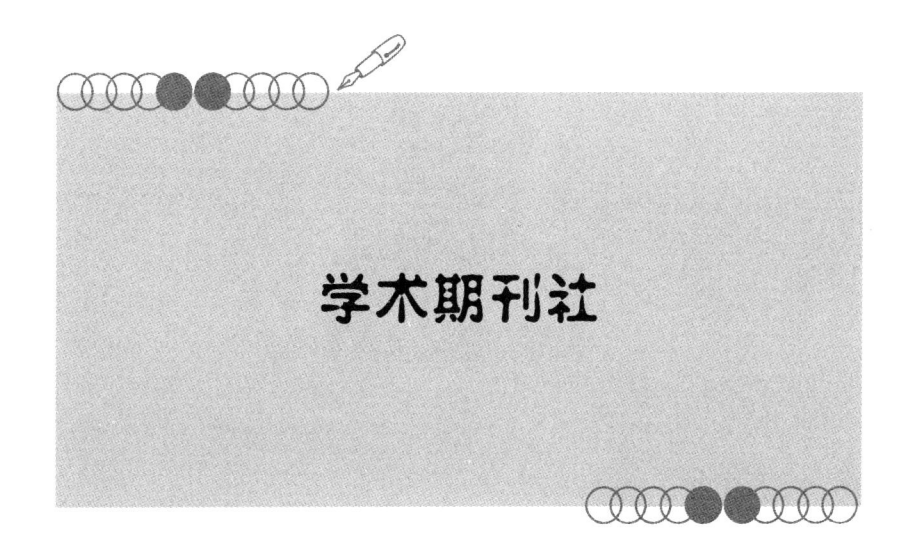

赵秀英研究员

一、个人履历

赵秀英，女，1941年出生，中共党员，北京市人。1962年考入中央财政金融学院财政系。毕业后先后在北京开关厂、甘肃天水长城开关厂工作。1979年5月被调回中央财政金融学院，先后在财政系、财经研究所、学报编辑部工作。曾担任过政治辅导员、班主任；后来担任财经研究所办公室主任；学报编辑部副主任、副主编职务。1988年11月晋升为副编审；1995年11月晋升为研究员。2001年9月退休。

二、工作成就

自调入学报担任编辑部任副主任、副主编以来，主要负责两项工作：一是编辑、校对、出版工作：虽然编辑部人手少、设备差，但为了给广大师生出好文章，从季刊发展到双月刊、月刊，有时还要出增刊，尽管工作比较累，经常加班加点，但工作起来很愉快。二是内部搞发行工作，发订单：为了节省学校开支，每月都是大家（5~6人）把学报从印刷厂运回到编辑部，进行一系列的写信封、装杂志、糊信封的工作，然后送往邮局。除了这项工作之外，还要搞每年一度的发订单工作，利用节假日写完大量的信封，然后把订单发往各省市财政、税务系统及作者。

除了编辑工作之外，她还挤时间搞科研，撰写了 90 多篇论文和 7 本论著，论文分别发表在《财政研究》《税务研究》《中国税务报》《中国财经报》《经济日报》《财政》《财贸研究》《税务与经济》《北京财会》《航空财会》《财经论丛》《当代财经》等杂志上。

另外，她还参加过财政部科研所主办的《财政研究》的编务工作和《财政研究资料》的编审工作及《财政教育》杂志的终审工作。

后 记

2018年6月宣传部、新闻中心发布征集通知，面向全校各个学院（单位）征集，各学院（单位）认真遴选和推荐，我们经过材料审核，最后共确定16个学院（单位）的90名退（离）休教授、专家学者。

本书的编排体例是按照我校二级单位（学院、部、处、中心、馆、社）的排序进行编排的，二级单位内部又按照这些教授专家的出生日期进行排序，出生日期在前的为先。

为了最大限度地保障编写内容的规范，我们还设计了《〈中财大学人〉专家学者编写模板》作为参考，模板涵括个人履历、职务兼职（行政职务、学术兼职、社会兼职）、专题讲座、个人成就（研究领域、讲授课程、学术科研）、社会活动及影响（国内活动及影响、域外出访及影响）、获得荣誉、获奖记录和人物评价等内容。由于教授专家的生平、学习工作经历年代跨度很大、成果和影响各异，再加之各二级单位的撰写人员的行文思路、写作风格各有千秋，因此，我们无法在短时间内形成一部严格规范乃至高度一致的"学人样貌"，以至于我们心怀一份忐忑之心而迟迟不敢将之付梓，这亦是此书之一大缺憾！此外，又由于历史原因，收集部分人员的材料极为困难，虽然工作人员多次到档案馆和人事档案室追踪索骥，力图复现相关教授、专家、学者的全貌，但是依然困难重重，还由于人员精力所限、时间紧迫，错误失漏之处在所难免。希望得到广大教授专家、读者及行内人士的批评指正。后续我们会进一步查缺补漏，出版系列丛书。

最后，我们对给予此书的关怀和厚爱以及积极投身于此项工作的领导、教师、学生、出版单位和个人致以最诚挚的感谢！

在本书的编撰中，学校党委副书记、纪委书记陈明为本书题写了书名，学校宣传部常务副部长、新闻中心主任吕世彦主要负责组织策划、格式规范、材料审核补充等工作，副部长、副主任武超群主要负责协调、组织编写、文稿审阅等工作，校史馆科科长杨怀超主要负责学人档案照片的翻拍和出版工作，校史馆科主任科员刘建主要负责材料征集、文稿统筹、资料补充和修改工作。此外，学校人事处对人事档案的查阅和学人照片的翻拍提供了许多帮助，学校关心下一代工作委员会在人员联系、材料搜集提供上给予大力配合，各学院（单位）组织撰写学人材料，部分学院（单位）以此为契机系统开展院史的研究和撰写工作。最后，我们对给予此书关心支持以及积极投身于此项工作的领导、教师、学生、离退休干部及其家属致以最诚挚的感谢！

编者
2019 年 5 月